全国示范性高职院校财经管理类专业建设成果

管理学实务

主　编　任　艳　陈鸿雁

山东人民出版社

图书在版编目(CIP)数据

管理学实务/任艳,陈鸿雁主编. —济南:山东人民出版社,2014.12(2019.8 重印)
ISBN 978-7-209-08546-5

Ⅰ.①管… Ⅱ.①任…②陈… Ⅲ.①管理学-教材 Ⅳ.①C93

中国版本图书馆 CIP 数据核字(2014)第 309960 号

管理学实务
任 艳 陈鸿雁 主编

山东出版传媒股份有限公司
山东人民出版社出版发行
社 址:济南市英雄山路 165 号 邮 编:250002
网 址:http://www.sd-book.com.cn
市场部:(0531)82098027 82098028
新华书店经销
日照报业印刷有限公司印装
规 格 16 开 (184mm×260mm)
印 张 19
字 数 320 千字
版 次 2014 年 12 月第 1 版
印 次 2019 年 8 月第 5 次
ISBN 978-7-209-08546-5
定 价 39.00 元

如有质量问题,请与印刷厂调换。电话:(0633)8221365

内容简介

本书是一部真正实现“任务驱动、项目引领”的高职高专《管理学实务》示范性教材。全书根据教育部2006年第16号文件《教育部关于全面提高高等职业教育教学质量的若干意见》精神，通过对企业管理工作岗位实地考察分析，以真实职业活动顺序（业务流程）为主线进行教材内容设计，形成了特征鲜明的“工作过程导向”教学蓝本。编写过程中，在不改变核心理论的前提下将知识内容进行了重组，真正做到了“必需与够用”，使理论的基础地位变为对实践操作的服务地位。从课程设计的角度，解决了财经管理类专业“工学结合”的难题。

按企业管理岗位业务流程，全书分为8个工作项目，分别是：管理认知、管理理论认知、计划职能、组织职能、领导职能、激励、沟通、控制职能。

本书是一本较为完整地论述管理学原理与操作的教材，适合高职高专财经管理类专业选用，也适合作为在职企业管理人员的工作实践指导用书，或参加人力资源师职业资格考试的参考用书，或高职学生参加企业管理专业专升本自学考试的参考用书。

前　言

尊敬的读者：拿到这本书，只要您大致浏览一遍，您会觉得这是一本非常"好"的教科书！与传统学科教材相比，本《管理学实务》教材在定位与设计方面有以下特点：

首先，是"好看"。考虑到我国高职高专学生的文化背景和基础教育以及养成的吸纳知识的习惯，增强了趣味性。尤其是精选的管理故事、实例，富有哲理，耐人寻味，让学生在笑声中得到思想启迪与管理智慧。在做到学习情景与职业情景紧密结合的同时，注意行文的活泼与优美，使其具有可读性。尽量运用形象化、具体化的语言，使学生可以直观、形象地获取经验，从而可以轻松获取实际管理能力。

其次，是"好教"。以任务驱动统领教学过程的实施，便于教师梳理教材，把握主干，同时可极大诱发学生学习的自主性、积极性，由过去教师讲、学生听的被动行为变为学生的主动探索行为，使学生通过课程学习逐步养成管理素养，完成"从实践到理论、从具体到抽象、从个别到一般"和"提出问题、解决问题、归纳总结"的教学程序。

第三，是"好学"。坚持知识的掌握服务于能力的构建，围绕现代企业管理能力的形成组织课程内容，以工作任务为中心来整合相应的知识和技能。不追求理论知识的体系完整，但求教学内容先进、重点突出、取舍合理、结构清晰、层次分明，表述深入浅出，用平实的语言阐释高深的管理学理论，信息传递高效简洁。

最后，是"好做"。以管理岗位具体工作项目为载体，设计、组织课程内容，形成以工作任务为中心、以技术实践知识为焦点、以技术理论知识为背景的课程内容结构，实现了课程内容由学科结构向工作结构的转变，提高了可操作性。加强了工作任务与知识、技能的联系，增强了学生的直观体验，诱发其学习的参与性和主动性。在关键技能环节，有针对性地设置实际操作练习，加大技能培训力度，从而方便学生将知识转化为专业性的技能技巧，提高学生解决和处理现实问题的综合能力。

《管理学实务》遵循高职教育教学规律，在进行企业咨询和企业调研的基础上，以真实企业基础管理岗位活动顺序为教材内容设计主线,面向应用,突出现代管理应用能力的培养。全书共设置8个工作项目,依次是:管理认知、管理理论认知、计划职能、组织职能、领导职能、激励、沟通和控制职能。每一个项目都设计了知识目标、技能目标、任务导入、任务知识、任务实施、任务评价、项目小结、项目测试等栏目,构建了相对完整的管理学理论及操作体系,回归了以培养学生技术应用能力为主线的高职高专教育本位,突出强调学生学习的参与性与主动性,体现了教材定位、规划、设计与编写等方面的高职教育教学改革示范性,适合高职高专院校财经管理类专业及相关专业选用。

《管理学实务》一书由名列全国百所示范性高职院校的淄博职业学院任艳、陈鸿雁副教授担任主编。在编写过程中,参阅了国内外一些企业管理专家学者的研究成果及相关文献,行业技术专家馈赠了一些国内外企业的宝贵资料,除注明出处的部分外,限于体例未能一一说明。另外,在编写过程中,还得到会计学院领导的大力支持和悉心指导,在此一并致以衷心感谢。

我们深知,作为全国百所示范性高职院校之一,不断探索与实践既是我们的责任,也是我们的使命。作为示范性高职院校建设的阶段性成果,本书难免会有错误与疏漏,敬请广大专家和读者批评、指正。

编　者

2014年11月

目 录

PROJECT 1 项目1

管理认知

【知识目标】

1.掌握管理的含义,了解管理的属性,认识管理的重要性;

2.掌握管理的基本职能,了解各职能之间的循环关系;

3.掌握管理系统的构成,了解各子系统的组成要素;

4.熟知管理者的基本素质与技能要求,理解管理者应扮演的角色;

5.了解管理学的研究对象、研究内容与研究方法。

【技能目标】

1.理解并能解释管理的基本概念;

2.有意识地培养自己的管理素质与管理技能;

3.能够结合有关管理的理论与方法以及具体情境,分析与解决企业实际管理问题。

【任务导入】

你接触过企业管理吗?你是不是觉得企业管理离我们很遥远呢?作为家庭中的一员,我们每天都在不知不觉地参与家庭的管理活动。那么企业呢?企业更是如此,它离不开管理。没有管理,企业如同无源之水、无本之木。企业是否采用科学的方法管理,关系到企业的生存、发展与壮大。从现在开始,我们将引领你走进企业管理, 层 层地揭开企业管理神秘的面纱!

要掌握管理学这门学科,先从管理谈起。可以说,在今天社会的各个领域、各个层面的活动中,"管理"都被放在了重要的位置,管理所显示的惊人力量,使人们对它的研究兴趣与日俱增。

根据**"管理认知"**作业流程,我们将这一项目分为三个分项任务。这三个任务分别是:

任务1.1　初识管理
↓
任务1.2　分析管理系统
↓
任务1.3　认识管理学

你可以对照知识目标和技能目标，反复演练，有的放矢地依次完成各分项任务，直至完成本项目，为早日成为现代企业管理所需的人才做好准备。

【任务知识】

任务 1.1　初识管理

1.1.1　什么是管理

在我国，自古就有比较丰富的管理思想和一些很有实效的管理方法，只可惜我们没能形成系统的管理理论。真正把"管理"提升到科学高度加以研究始于西方。但是由于管理问题的多样性和复杂性，时至今日，大家也还没有形成对管理的统一认识。在不同的时期，不同的学者对管理有着不同的描述。

在这些对管理的研究和解读中，比较有代表性的有：

"科学管理之父"弗雷德里克·W.泰罗（1856—1915）从管理的工作任务和结果角度，认为：管理是确切地知道要干什么，并使人们用最好、最经济的办法去干。

"一般管理理论之父"亨利·法约尔（1841—1925）从管理过程出发，认为：管理就是计划、组织、指挥、协调和控制。

"组织理论之父"马克斯·韦伯（1864—1920）认为：管理就是协调活动。

决策理论学派的代表人物赫伯特·西蒙（1916—2001）从管理的目标角度，认为：管理就是决策。

"现代管理之父"彼得·德鲁克（1909—2005）认为：管理是把一群乌合之众变成一个有效率、有目的、有生产力的特殊过程。

美国管理协会对管理下的定义是：管理是通过他人的努力来达到目标。

我国南京大学周三多（1933—　）教授认为：管理是社会组织中，为了实现预期的目标，以人为中心的协调活动。

可以说，他们都是从不同的侧面、不同角度揭示了管理的含义。借鉴中外学者对管理概念的认识，我们把管理的定义明确为：所谓管理，就是在特定环境中，管理者通过计划、组织、领导和控制，协调以人为中心的组织资源与职能活动，以有效实现目标的活动过程。

这个定义包含着以下特征：

(1)管理的载体是一个组织。这个组织可以是一个国家、一个企业、一个学校、一个家庭等，总之，是一个有特定目的的组织而不是个人。

(2)管理的基本对象是人。虽然管理也要涉及对物、财、信息、时间、技术的管理，但只有对人的管理才能称为真正意义上的管理活动。在某种意义上说，企业的竞争就是人力资源管理制度的竞争，有了好的制度，没有人才也能把人才吸引过来；反之，没有好的制度，即使暂时有了人才，也难以长久地留住人才。决定一个企业、一个城市，乃至一个国家综合竞争力的因素，就是人才。知人善任，用其所长，扬长避短，是人才配置的要诀。

(3)管理的基本职能是计划、组织、领导与控制。管理的职能就是管理者为了有效地管理必须具备的功能，或者说管理者在执行其职务时应该做些什么。也就是说，这四项职能在工作中是相互关联和相互依赖的。

(4)管理的本质是协调。在一般意义上说，管理的任务就是通过采取某些具体的手段和措施，创造一种环境，包括组织内部和外部的环境，使所有管理对象在特定的环境中，做到协调而有序地进行活动。

(5)管理的目的或任务是有效实现组织目标。

(6)管理工作是在一定的环境中进行的。不同组织以及同一组织的不同时期面临的内、外部环境不同，要采取不同的管理策略、管理手段和方法。有效的管理必须充分考虑组织内、外的特定环境条件。

(7)管理的活力在于创新。管理是一个动态的活动，没有章程可循，要达成组织目标需要具有一定的创造性。

【课堂活动1-1】你认为管理概念多样化的原因是什么？

【课堂活动1-2】你认为本书关于管理的定义，是否有不足的地方？如果有，请结合你对管理的理解，用自己的语言给管理下一个定义。

1.1.2　管理的性质

管理具有两重性，这是由生产过程本身的两重性决定的。由于生产过程是由生产力和生产关系组成的统一体，决定着管理也具有组织生产力与协调生产关系两重功能，从而使管理具有两重性。一方面，管理是人类共同劳动的产物，具有同生产力和社会化大生产相联系的自然属性；另一方面，管理同生产关系、社会制度相联系，具有社会属性。

(1)管理的自然属性。管理的自然属性是指同生产力、社会化大生产相联系的管理的普遍性或一般性。它是由生产力决定的。在管理过程中，为有效实现目标，要对人、

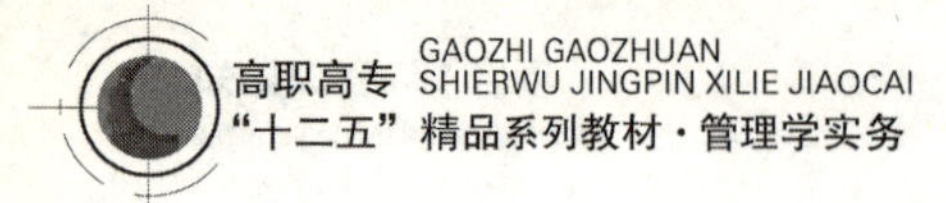

财、物等资源合理配置,对产、供、销以及其他职能活动进行协调,以实现生产力的科学组织。这种管理功能,是由生产力和生产社会化引起的,反映了人同自然的关系,因此称为管理的自然属性。

管理的自然属性只受生产力决定,而与生产关系、社会制度无关。在历史的发展过程中,它不随社会形态的变化而变化,具有历史长期性。因此,管理的这一属性又称为管理的普遍性。如一些资本主义国家的企业所采用的现代化管理方法与技术,只要适用,也完全可以为社会主义国家的企业管理所借鉴和应用。

(2)管理的社会属性。管理的社会属性是指同生产关系、社会制度相联系的管理的特殊性。它是由生产关系决定的。在管理过程中,为维护生产资料所有者利益,需要调整人们之间的利益分配,协调人与人之间的关系。这种调整生产关系的管理功能,反映的是生产关系与社会制度的性质,因此管理的这一属性称为管理的社会属性。

管理的社会属性是由与管理相联系的生产关系和社会制度的性质决定的。在历史发展的过程中,不同社会形态下,管理的社会属性体现着统治阶级的意志,带有明显的政治性。所以,管理的社会属性又称为管理的特殊性。社会主义国家的企业管理与资本主义国家的企业管理的区别也主要反映在管理的社会属性上。二者有本质区别:前者是为了维护资本主义生产关系,是资本家榨取工人创造的剩余价值的一种手段;而后者则是在维护社会主义生产关系条件下,充分发挥职工的积极性、主动性和创造力,搞活经营,提高效益,实现社会主义生产目的。

1.1.3 管理的职能

所谓管理职能,是指管理者为了有效地管理必须具备的功能,或者说管理者在实施管理中所体现出的具体作用。管理职能是管理者管理行为的主要体现。对于管理工作中应该具有多少种职能,国内外学者有着多种说法,如有二职能说、三职能说、四职能说、五职能说、七职能说等。本书采用管理学界公认的观点——四职能说,即把管理职能划分为计划职能、组织职能、领导职能和控制职能,如图 1-1 所示。

计划	组织	领导	控制		
确定目标 制定战略 确定分计划	决定需要做什么 怎么做 谁去做	指导和激励所有参与者 解决冲突	对活动进行监控以确保按计划完成	达到	组织目标

图 1-1 管理的四大职能

(1)计划职能。计划职能是指管理者为所管理的未来的组织活动确定目标,并为实现这一目标预先决定为什么做、做什么以及如何去做的一个工作过程。计划职能是管理者的首要职能。一般而言,计划职能包括预测、确定目标和决策等一系列工作。首先,计划从明确目标着手为实现组织目标提供了保障。其次,计划还通过优化资源配置保证组织目标的实现。最后,计划通过规划、政策、程序等的制定保证组织目标的实现。

(2)组织职能。组织职能是指管理者为保证计划的顺利实现,在组织中进行部门划分、权力分配和工作协调的过程。组织工作主要包括组织结构的设计与建立、组织关系的确立、人员的选拔与配置,以及组织的协调与变革等。不同层次以及不同类型的管理者总是或多或少地承担不同性质的组织职能。

(3)领导职能。领导职能是管理者利用组织所赋予的职权和个人影响力去指挥、影响和激励下属为实现组织目标而努力工作的过程。领导职能是管理过程中最经常也是最关键的职能。领导职能主要包括激励下属,调动其积极性;运用权威,指导和指挥下属活动;进行有效沟通以及营造良好的组织气氛,等等。不同层次以及不同类型的管理者,其领导职能的内容及侧重点各不相同。

(4)控制职能。控制职能是指管理者为保证实际工作与目标一致而进行的活动。它是衡量和纠正下属活动,以保证事态发展符合计划要求的过程。控制职能一般包括制定标准、衡量工作成效、纠正偏差等一系列工作过程。控制是一个过程,贯穿于整个管理活动的始末。组织的各项活动都离不开控制,控制工作能够保证组织活动的开展与预定的组织目标、计划协调一致,并最终保证组织目标的实现。管理者的层次和类型不同,控制的重点内容和控制方式则存在较大差别。

管理职能之间的联系十分密切。一方面,在管理实践中,计划、组织、领导和控制职能一般按顺序履行,即先要执行计划职能,然后是组织职能、领导职能,最后是控制职能,各自发挥着独特的功能和作用。另一方面,计划、组织、领导和控制职能之间又不是彼此孤立的,而是密切联系的。管理正是通过计划、组织、领导、控制这四个基本过程(手段)来展开和实施的。为了做好组织的各项工作,管理者首先要根据组织内外部环境条件,确立组织目标并制定出相应的行动方案。目标明确之后,就要组织力量去完成,为了落实计划,管理者要进行组织工作;由于目标的完成有赖于组织成员的共同努力,为了充分调动组织成员的积极性,在目标确定、计划落实下去以后,管理者还要加强领导工作;在设立目标、形成计划、建立组织、培训和激励员工以后,各种偏差仍有可能出现,为纠正偏差,确保各项工作的顺利进行,管理者还必须对整个活动过程进行控制。管理就是这样一个不断循环的过程,如图1-2所示。

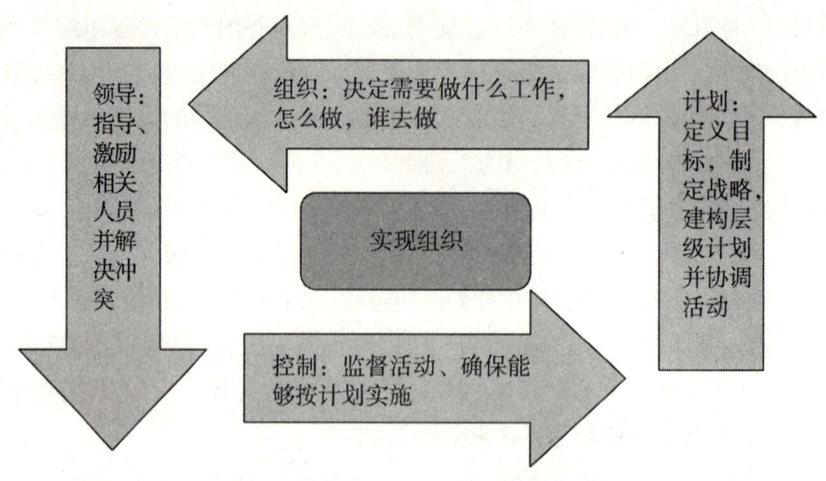

图 1－2　管理职能的循环关系

任务 1.2　分析管理系统

系统是由若干要素以一定结构形式连接构成的具有某种功能的有机整体。管理系统由管理主体、管理客体、管理目标、管理机制与管理环境等五个要素组成，如图 1－3 所示。

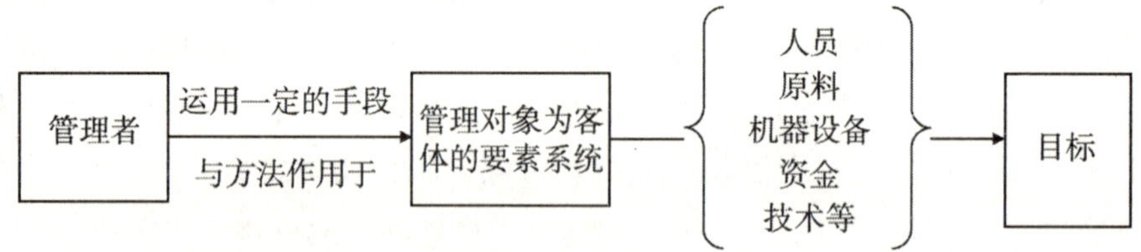

图 1－3　管理系统组成要素

1.2.1　管理主体

管理者是组织管理活动的主体，任何组织的管理活动都是与管理者密切相关的。大量事实证明，一个组织乃至一项活动的成功与失败，在很大程度上取决于管理者。

(1)什么是管理者。在组织中工作，但并非所有在组织中工作的成员都是管理者。管理者是一个组织中的核心人物。

传统的观点认为，管理者是运用职权、权力，指挥和统驭他人的人，它强调的是管理者在组织中正式的职位和职权，如企业的厂长、学校的校长、医院的院长等。他们虽然有时也做一些具体的事务性工作，如校长也可能讲课，医院院长也可能给患者做手术等，但其主要职责是指挥下属工作。

现代的观点认为,管理者是掌握特定组织资源,并通过资源的纵向和横向整合完成特定组织任务,实现组织目标的管理主体。纵向整合是指管理者要处理好自身工作同上级工作和下级工作的关系,通过有效配置和利用各种资源,高效地完成组织任务。这是传统定义所强调的。横向整合是指管理者需要把自己所管辖的资源同相关领域的资源结合起来,实现管理的协同效应,有效地完成组织的整体目标。

(2)管理者的分类。组织中的管理者,责任和权限不同,所处的地位和所起的作用不同,因此可以按不同的标准把一个组织中的管理者划分成不同的类型。

①按组织层次划分。按不同的组织层次进行划分,管理者可以分为高层管理者、中层管理者和基层管理者,如图1-4所示。

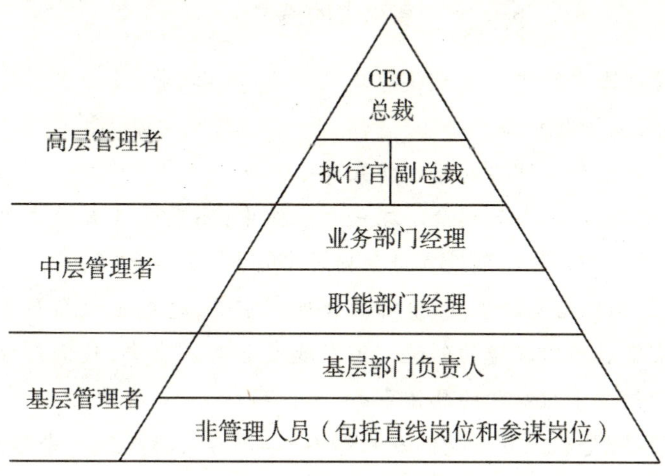

图1-4 管理者的层次

高层管理者。组织的高层管理者是指站在组织整体的立场上,对整个组织实行综合指挥和统一管理并负有全面责任的人员。高层管理者所考虑的问题和所从事的管理活动,都是与组织的总体发展和长远发展密切相关的。具体地说,高层管理者的主要职责是制定组织长远发展的战略目标和发展的总体战略,制定政策,使用干部,分配资源,评价组织的活动成效和业绩等。如企业中的董事长、首席执行官、总裁、副总裁、总经理、副总经理、学校的校长、医院的院长等,都属于高层管理者。

中层管理者。是指处于组织结构的中间层次,即高层管理者和基层管理者之间的一个或若干中间层次的管理者,其职责主要是执行高层管理者所做出的决策和大政方针,并使高层管理者制定的目标、战略付诸实现。他们或者对组织的某个部分(如车间)负责,或者领导某个职能部门(如人事处)。中层管理者要为他们所负责的部分或部门制定为达到组织总目标的次一级的管理目标;筹划和选择达到目标的实施方案;按部门分配资源;协调组织内各单位的活动;制定对偏离目标的行动的纠正方案。他们向组织的最高管理层直接报告工作,同时负责监督和协调基层管理者的工作,起着承上启下的作用。中层管理者的数量较多,如企业中的区域经理、部门经理、学校的系主任、政府机关的处长等，都属于中层管理者。

基层管理者。又称一线管理者，是指处于组织中最低层次的管理者，主要职责是按中层管理者的指示，组织、指挥和从事组织的具体管理活动，给下属人员分配工作，监督下属人员的工作情况等。如工厂里的车间主任、工段长、班组长等。

【课堂讨论1-3】请结合上述内容，分别界定下列管理者所属的类别：

(1)工长、领班、部门经理、项目经理、业务单位主管、总裁、总经理；

(2)大学校长、系办公室主任、系主任、教研室主任。

【知识连接1-1】

管理者的错位

错位是指管理者在组织中没有履行其应该履行的职责，或者在工作中搞错了自己的角色，做了别人应该做的事。

现实社会中常见的管理者的错位现象有：

(1)高层管理者错位：事必躬亲。在一个组织中，高层管理者的主要职责是决定组织发展的大政方针，并为组织创造良好的内外部环境，其具体任务是远景目标的提出、战略计划的制订、组织结构的调整、资源的合理调配等，也就是说高层管理者应致力于全局性问题的决策和组织环境的创造。但在现实管理实践中，我们却经常可以看到不少的高层管理者热衷于组织内的具体事务，不论事情大小，喜欢自己亲自出面，一竿子插到底。其原因：一是职业习惯或偏好的影响；二是喜欢指挥别人来体现地位；三是自身计划能力差；四是对他人的不信任。

(2)中层管理者错位：上传下达，导致信息不对称。在现实管理中，不少中层管理者误认为中层管理者的职责就是上传下达，即向下传达上级的指示精神，向上反馈基层的问题或呼声。因此，在履行自己的职责时，比较注重的是上级指示的准确记录和及时传达、下级问题或意见的收集和及时反映。

从信息传递的角度分析，由于信息和利益密切相关，从理论上而言，没有人愿意传递对自己不利的信息。据此，人们在传递信息的过程中会出现诸如报喜不报忧、欺上瞒下、伪造信息、歪曲信息等现象，如图1-5所示。随着信息技术日趋发展，中层管理者作为上传下达桥梁的作用也就大为削弱。

(3)基层管理者错位：只管贯彻落实，不管最终结果。作为一名基层管理者，最基本的任务是保证完成上级下达的各项任务，为此不仅要进行贯彻落实，而且要加强现场指导监督，及时解决工作中出现的各种问题，随时掌握工作进展情况。但不少的基层管理者却只管任务的贯彻落实而不管最终的结果。典型情况就是当其上级询问某项工作的进展时，只会说已经布置下去了，至于这项工作下属做了没有，做得怎么样，则一问三不知。基层管理者是组织中最底层的管理者，如果基层管理者对上级下达的各项任务不闻不问,那么整个组织也将随之漂浮。

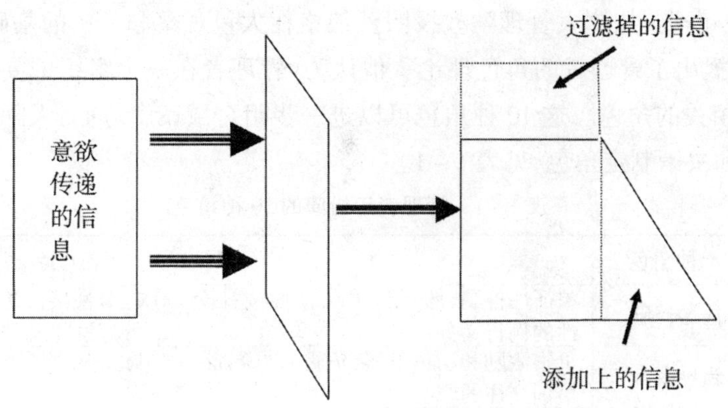

图1-5 信息传递失真

②按职权关系的性质划分。按职权关系的性质进行划分,管理者可以分为直线管理人员和参谋人员。

直线管理人员。是指有权对下级进行直接指挥的管理者。直线管理人员与下级之间存在着隶属关系,是一种命令与服从的职权关系,其主要职能是决策和指挥。直线管理人员主要指组织等级链中的各级主管,即综合管理者,如企业中的总经理、部门经理、班组长,他们是典型的直线人员,主要是由他们组成组织的等级链。

参谋人员。是指对上级提供咨询、建议,对下级进行专业指导的管理者。参谋人员与上级的关系是一种参谋、顾问与主管领导的关系,与下级是一种非领导隶属的专业指导关系,其主要职能是咨询、建议和指导。参谋人员通常是指各级职能管理者。

③按管理的不同业务内容划分。组织中的各层管理者在实际工作中,所从事的管理工作性质和业务内容是不同的,如以企业为例,管理者可分为以下几种:

业务管理人员。对组织目标的实现负有直接责任,负责计划、组织和控制组织内的日常业务活动的开展,如企业中的生产部、物料控制部、市场经营部、技术设计部等部门的负责人都属于业务管理人员。

人事管理人员。主要职责是从事对人力资源的管理,其任务是制定人力资源计划,招聘和选择组织所需要的合格人才,并对这些人才进行有效的培训和合理使用,建立合理而有效的业绩评估、晋升、奖励、惩罚及薪酬制度。

财务管理人员。任何一个组织的运转都离不开资金的有效运作,财务管理人员主要从事与资金的筹备、预算、核算和投资、使用等有关的活动的管理。

行政管理人员。主要负责后勤保障工作,以保证其他各部门各项工作的正常运转。

其他管理人员。除了上述几类管理人员以外的各类管理人员,如公共关系人员,负责处理与传媒之间的关系,提高组织的形象等。这些专业管理人员就其人数、性质及重要性来看,因不同的组织而异。

(3)管理者的角色。在一个组织中,管理者到底应该做哪些工作,应当扮演什么角色?对于这一问题,加拿大管理学教授明茨伯格在大量观察和分析的基础上,于20世纪60年代末提出了管理者的角色理论。他认为,管理者在一个组织中要扮演10种不同但又高度相关的角色。这10种角色可以进一步组合成三个方面:人际关系角色、信息传递角色和决策制定角色,见表1-1。

表1-1 管理者应扮演的10种角色

三个方面	十种角色	描述	特征活动
人际关系	1.挂名首脑	象征性首脑,履行许多法律性或社交性的例行义务	①礼节性接待访客 ②签署法律文件
	2.领导者	负责激励和动员下属,负责人员配备、培训交往的职责	实际上从事所有的下属参与的活动
	3.联络者	建立和维护外部关系网络	①给来函回复 ②从事外部董事会的工作 ③执行其他一些外事活动
信息传递	4.监听者	获取各种内外信息	①阅读期刊和报告 ②保持个人联系
	5.传播者	传递内外信息	①主持信息搜集工作会议 ②即时召开咨询电话会议
	6.发言人	向内外发布组织信息	①举行对外发布会 ②向媒体传递信息
决策制定	7.企业家	寻求机会,进行变革	发起新项目开发的战略性和审核性会议
	8.冲突管理者	处理重大的动乱	主持突发性和危机事件的战略性、审核性会议
	9.资源分配者	分配组织的各种资源	①安排进程 ②要求授权 ③执行预算编制 ④安排下属工作
	10.谈判者	组织中重要谈判的代表	参与合同谈判

①人际关系角色。人际关系角色是指所有的管理者都要在组织中履行礼仪性和象征性的义务。明茨伯格把管理者的人际关系角色分为三种,即挂名首脑角色、领导人角色和联络人角色。

挂名首脑。如工厂的厂长带领外来人员参观本企业生产车间时,就是在扮演着组织代表即挂名首脑的角色。事实上,这种角色对组织而言有时是非常重要的,足以影响组织的形象。

领导者。管理者是管理活动的发动者,他们必须按照组织目标和变动的环境激励、培训、惩罚下属员工,否则目标就很难得以顺利实现。

联络者。指管理者要在人群中充当联络员,一方面可以获得各方面对组织有用的信息,另一方面又可以发展组织的关系资源。

②信息传递角色。信息传递角色是指所有的管理者在某种程度上,都要从外部的组织和机构等接受和传递信息,而且他们还要从组织内部某些方面接受和传递信息。明茨伯格把管理者的信息传递角色分为三种,即监听者角色、传播者角色和发言人角色。

监听者。指从不同渠道用各种办法接受信息,了解信息,掌握信息。

传播者。指把组织的信息、自己所收集加工的信息等向组织成员加以宣布传递,以便组织成员共享信息,便于更好地工作。

发言人。指管理者有时必须代表组织向外界公布态度、决定、报表、报告及进行演讲等。

③决策制定角色。明茨伯格把决策制定分解为四个方面的工作,形成了决策方面的四种角色。

企业家。指管理者发起和监督那些将改进组织绩效的新项目。

冲突管理者。指管理者采取纠正行动应付那些未预料到的新问题。

资源分配者。指管理者负有分配人力、物力和财力的责任。

谈判者。指管理者需要为了自己组织的利益与其他组织协定合作和成交条件。

上面所论及的十种角色,在现实的管理实践中,由于组织类型不同、管理者在组织中所处的层次不同,其所扮演的角色的侧重点或重要程度存在着差异性。一般来说,小组织管理者最重要的是角色发言人,这是因为小组织的管理者要花大量时间让他人认识本组织,要花大量时间筹措资源,寻找新的机会促进发展。而大组织管理者最重要的角色是资源分配者,主要职责是处理组织内各种资源的有效配置,以获得最佳的资源配置效果。当管理者在组织中处于不同层次、从事不同层次不同岗位的管理工作时,他们在组织运行中所扮演的角色的侧重点也是不同的。

(4)管理者的素质与技能。由于管理者在组织中的特殊地位,在管理工作中充当着多种角色,执行多种职能,对管理者的素质也就有着特殊的要求。管理者的素质高低决定了他能否成为一个有效的管理者。现在管理理论研究和管理实践都可证明,有效的管理者都必须具备一定的思想政治素质、品德素质、知识素质、能力素质和身心素质等。

①思想政治素质。过硬的思想政治素质是现代管理者成功的首要条件。思想政治素质不仅决定着管理者自身的发展方向,而且也决定管理活动的性质,是管理者素质的根本和核心。

坚定正确的政治方向。管理者是社会主义现代化建设的组织者、决策者和指挥者,要执政为民,讲学习、讲政治、讲正气,思想上、政治上、行动上自觉与人民的利益保持高度一致。

全心全意为人民服务的思想境界。管理者的权力来源于人民。管理者要坚持以人民满意不满意,赞成不赞成,拥护不拥护作为自己的行为准则,始终同人民群众保持密切联系，坚持从群众中来，到群众中去，经常深入群众，了解群众，倾听群众的呼声，关心群众的冷暖，把群众视为自己的衣食父母，要少说空话，多干实事，做到权为民所用，情为民所系，利为民所谋。

廉洁奉公的政治道德修养。管理者由于所处职位的重要性和特殊性，其行为直接地对党、国家、人民的利益产生重要影响。因此，管理者必须具有高度的政治责任感，要站党性立场上观察、分析、处理问题，树立正确的权力观、人生观、价值观。任何时候都要保持清醒的头脑，做到自重、自省、自警、自律，树立起廉洁奉公、大公无私、求真务实的思想作风和工作风，自觉抵制各种诱惑，经受住各种考验，做到一身正气，两袖清风。

为国为民求贤若渴的精神。科教兴国、人才强国是我国现代化建设的基本战略，作为管理者要坚持以人为本，树立正确的人才观，要善于发现人才，团结人才和使用人才，充当“伯乐”，做到知人善任。

②品德素质。品德即道德品质，是一个人在依据一定社会的道德准则行动时所表现出来的行为特征。它是推动一个人行为的主观力量，决定一个人工作的愿望和热情。尽管不同的社会、不同的时代对品德的标准有不同的理解和要求，但把品德作为选才用人的首要条件却是每一个社会或组织所遵循的共同原则。

有强烈的事业心和责任感。管理者的事业心和责任感主要体现在他的管理意愿上。如果一个人缺乏为他人承担责任、缺乏激励他人取得更大成绩的愿望，那么他就不可能学会管理。所以，管理者首先要有强烈的管理意愿。管理意愿是决定一个人能否学会并运用管理基本技术的主要因素。现代管理科学研究认为，缺乏管理欲望的人是不可能敢为的，因此也就不可能在管理上取得成功。只有具有强烈的事业心和高度的责任感，才能勇于克服困难，不折不挠，锐意进取，才会在管理工作岗位上有所作为。

勇于开拓的进取精神。勇于开拓是管理者应具备的最基本的品质。这种品质表现为不断进取的精神，胸怀大志的气质，敢于拼搏的勇气，不怕失败的韧性。管理是一种开拓性的工作，不能开拓的人是无法成为一个好的管理者的，因为即便他有创新意识，也会因缺乏探索勇气而无法付诸行动。勇于开拓意味着改革创新，也就意味着向风险挑战，不怕失败，善于在失败中探索总结，将失败转化为成功。因此，管理者首先应该是个改革者、开拓者。

正直、诚实、公道的作风。管理者要想管好别人，首先必须管好自己。管理者一定要为人正直、诚实，对人对事的处理要公道正派，坚持原则，不徇私情。这是提高管理者影响力的重要因素。

谦虚谨慎、胸怀宽广。管理者要养成虚心听取别人意见的好作风，虚怀若谷，从善如流。要有宽广的胸怀，能容人容物，有拿得起、放得下的大将风范。

勤奋好学的钻研精神。管理科学也和其他科学一样，知识在不断更新，方法和手段在不断发展进步，因此在管理上也是学无止境。一个管理者一定要有一种勤奋好学、刻苦钻研的精神，且应具备较强的“学习力”，只有这样，才能使自己的素质不断提高，跟上时代的脚步。

③知识素质。管理科学是一门综合性科学，融汇了众多的学科知识。管理活动是涉及政治、经济、技术、文化等社会各个方面的复杂活动。知识是提高管理水平和管理艺术的基础，管理者对某方面知识的缺乏，会导致管理上的失误。一个管理者应力求掌握如下知识：

政治、法律方面的知识。管理者对政治、法律、外语、计算机、逻辑知识都要有一定的了解和涉猎，特别是政治学、法学、经济学、行政学等方面的知识，要熟练地掌握，以便更好地科学执政、民主执政、依法执政，以不断完善领导方式、领导方法，使自己工作起来游刃有余，运用自如，才能适应现代管理者工作的需要。

社会学、心理学方面的知识。管理者能够运用心理学和社会学的知识做人的思想工作，协调人与人之间的关系，调动员工的积极性。

经济学、管理学方面的知识。管理者要了解当今管理理论的发展趋势，掌握基本的管理理论和现代管理科学、公共管理、公共关系学和领导科学等学科知识，掌握必要的领导方法和领导艺术，这样才能使自己的管理工作规范化、制度化、科学化。

专业领域知识。随着社会的进步，社会分工越来越细，专业特点越来越明显，领导干部也都在不同的岗位从事着不同的工作。拥有良好的行业背景和丰富的从业经验会对下属产生较大的正面影响。广泛的行业知识便于管理者准确把握本行业的市场、竞争、产品、技术状况，对于领导目标决策及其各方面管理的信服力有重要的作用；同时，行业经验还可使领导人拥有良好的人际关系和声望。因此，要使自己的工作有成效，政绩卓著，就应当成为工作的内行和专家型的管理者。

④能力素质。能力是一个人的知识智慧在工作中的综合表现，从人才学的角度讲，知识、能力、业绩是构成人才的三要素，能力是本质的要素。

对于管理者应具备哪些基本能力，管理学界也有许多观点。美国管理学家卡特兹认为，管理者应具备三种基本的管理技能：技术技能、人际技能、概念技能。

技术技能。是指管理者执行某项特定的任务所必需的那些能力。技术技能包括：专业知识、经验、技术、技巧、程序、方法、操作以及工具运用熟练程度等。这些都是管理者对相应专业领域进行有效管理所必备的技能。可见，技术技能与一个人所从事的工作类型有关。对于管理者来说，就是要掌握和运用各种管理技术，并普遍熟悉和了解本部门及其他组织有关部门所从事的技术项目。这种能力对基层管理人员具有重要的意义。

人际技能。是指管理者与人共事、激励或指导组织中的各类员工或群体的能力。人际技能包括：观察人，理解人，掌握人的心理规律的能力；人际交往，融洽相处，与人沟通的能力；了解并满足下属需要，进行有效激励的能力；善于团结他人，增强向心力、凝聚力的能力，等等。可见，人际技能就是处理人际关系的能力。在当今社会，人际能力已经成为现代管理者一项极其重要的基本功。没有人际技能的管理者是难以做好管理工作的。研究表明,人际关系技能是管理者必须具备的最重要的一种技能。这种能力对各层次的管理人员都具有同等重要的意义。

概念技能。是指管理者综观全局,对影响组织的生存与发展的重大因素做出正确判断,并在此基础上做出正确决策、引导组织发展方向的能力。概念技能包括:对复杂环境和管理问题的观察、分析能力;对全局性的、战略性的、长远性重大问题的处理与决断能力;对突发性紧急处境的应变能力等,其核心是一种观察力和思维力。在组织既定的环境中,有众多的影响因素,从而使组织的发展充满着变数和不确定性。作为一名管理者,需要快速敏捷地从混乱而复杂的环境中辨清各种因素之间的相互关系,抓住问题的实质。对于管理者来说,概念技能对于组织的战略决策和发展是最为重要的,也是最难培养的。研究表明,概念性技能是高层管理者最重要的一项技能。

事实证明,有效的管理取决于管理者以上三种基本技能。管理者需要有:

足够的技术技能,以完成本职工作中的专业技术性任务。

足够的人际交往技能,以成为集体中富有成效的一员,并在所领导的团队中促成团结协作。

足够的概念性技能,以认清自己所处环境中各种因素之间的相互联系,这样才能采取使组织利益最大化的行动。

但由于不同层次的管理者所处的位置、所发挥的作用以及所履行的职能均有不同,对于不同层次的管理者而言,这三种技能的重要程度也是不同的。一般来说,对于高层管理者,最重要的是概念技能,因为由高层管理者负责的计划、政策、决策都需要有理解各种事物间相互关系的能力;对于基层管理者来说,由于最接近现场作业,技术技能显得特别重要;由于管理者的工作对象主要是人,人际技能对各个层次的管理者来说都是重要的。

各层次管理者应具备的三种技能的比例关系,如图 1-5 所示。

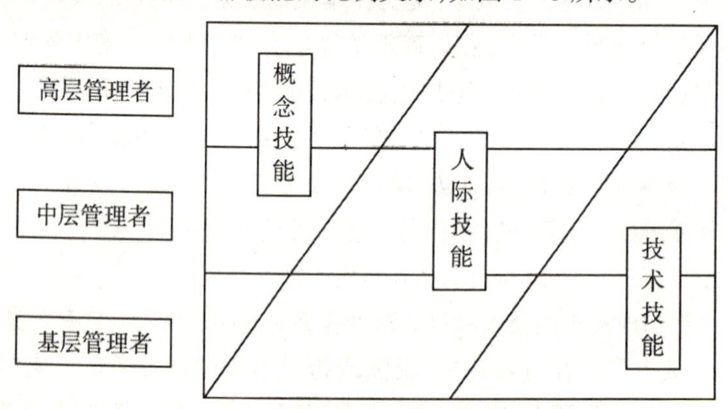

图 1-5 各层次管理者应具备的三种技能的比例关系

【课堂讨论 1-4】以上 3 种管理技能是管理学界普遍认同的技能,此外,你认为管理者还应具备哪些技能？请举例说明。

【课堂讨论 1－5】你认为高层管理者、中层管理者、基层管理者最重要的技能各是什么？

⑤身心素质。身心素质，也是管理者必备的素质。作为管理者，在决策、领导、执行、监督、组织、指挥、协调等工作等都需要大量的体力与脑力，因此，现代管理者必须有健康的体魄和良好的心理素质。

要有强健的体魄。身体健康是每位管理者必须具备的条件，管理工作是繁重的，可以说是日不出而作，日落而不归，如果没有强健的体魄，即使有好的思想、科学的思维，恐怕只会觉得力不从心，无法发挥领导才能。所以，管理者需要有科学的时间观念，处理好休息与工作时间上的冲突，加强体育锻炼。

要有成熟的心理素质。管理工作是一项复杂紧张压力极大的活动，没有稳定的情绪、成熟的心理，很难干好管理工作。对于经济大潮的冲击，对自己的付出和效益要有心理平衡感，心理容量要大，在员工面前能自觉地控制行为，办事讲话符合身份。

要有坚强的意志。对管理者而言，坚毅、顽强、果断不仅是其性格特征，更是其领导力的基础。自信和自控是管理者最需要具备的态度，缺乏自信和自控会使问题和局面复杂化，更加难以处理。进取心也是成功管理者的特质之一，他们不愿消极守成，对生活、对未来尤其是对事业和工作总是充满激情，具有胜不骄、败不馁的坚强意志。

总之，思想政治、品德、知识、能力和身心是现代管理者所应具备的基本素质，但要成为一个成功的管理者，还需要在具体的工作实践中将这些素质转化为实实在在的领导能力、领导方法、领导技巧和经验。

1.2.2 管理客体

管理对象也称为管理客体，是指管理者实施管理活动的对象。在一个组织中，管理客体主要是指人、财、物、信息、技术、时间等资源。

①人。人是管理客体系统中最重要的要素。在构成管理客体系统的诸要素中，人是核心。没有人，则就失去管理客体的属性。没有对人的管理，就谈不上对其他客体要素的管理。对人的管理主要涉及人员分配、工作评价、人力开发等。

②财。财包括经济与财务，是一个组织在一定时期内所掌握和支配的物质资料的价值表现。对财力的管理就应该按经济规律进行，使资金的使用保证管理计划的完成。对资金的管理主要涉及财务管理、预算控制、成本控制、资金使用、效益分析等。

③物。物指对设备、材料、仪器、能源以及物资的管理，使之物尽其用，提高利用率。对物的管理主要涉及资源利用、物料的采购、存储与使用，设备的保养与更新、办公条件和办公设施等。

④时间。时间是物质存在的一种客观形式，表现为速度、效率，由过去、现在、将来

构成连绵不断的系统。高效能的管理应该考虑如何在尽可能短的时间内做更多的事情,充分利用时间。

⑤信息。信息是具有新内容、新知识的消息。在整个管理过程中,信息是不可缺少的要素,信息的管理是提高管理效能的重要部分。对信息的管理主要涉及组织外部、内部信息的快速收集、传递、反馈、处理与利用,发展趋势的准确预测等。

1.2.3 管理目标

管理目标就是实现其宗旨所要达到的预期成果,没有目标的组织是没有希望的组织。管理目标就是组织发展的终极方向,是指引组织航向的灯塔,是激励企业员工不断前行的精神动力。

管理目标按时间分可分为当前目标(1年以内)、短期目标(1-3年)、中期目标(3-5年)与长期目标(5年以上);按整体与局部可分为整体目标与部门目标;按职能也可分为营销目标、销售目标、财务目标、生产目标、人力资源目标、研发目标等;按管理层级由低到高可分为基层作业目标、中层职能目标、高层战略目标。对组织来说,设定一个高目标就等于达到了目标的一部分。

1.2.4 管理机制

管理机制是指管理系统的结构及其运行机理。管理机制本质上是管理系统的内在联系、功能及运行原理,是决定管理功效的核心问题。

(1)管理机制的特征。

①内在性。管理机制是管理系统的内在结构与机理,其形成与作用是完全由自身决定的,是一种内运动过程。

②系统性。管理机制是一个完整的有机系统,具有保证其功能实现的结构与作用系统。

③客观性。任何组织,只要其客观存在,其内部结构、功能既定;必然要产生与之相应的管理机制。这种机制的类型与功能是一种客观存在,是不以任何人的意志为转移的。

④自动性。管理机制一经形成,就会按一定的规律、秩序,自发地、能动地诱导和决定企业的行为。

⑤可调性。机制是由组织的基本结构决定的,只要改变组织的基本构成方式或结构,就会相应改变管理机制的类型和作用效果。

(2)管理机制的表现形式。管理机制主要表现为三大机制:

①运行机制。运行机制是指组织基本职能的活动方式、系统功能和运行原理,其本

身具有普遍性。

②动力机制。动力机制是指管理系统动力的产生与运作的机理，主要由以下三个方面构成：

利益驱动。利益驱动是社会组织动力机制中最基本的力量，是由经济规律决定的。如在一个企业中，多劳多得，少劳少得，员工为了“多得”而“多劳”。

政令推动。政令推动是由社会规律决定的。管理者凭借行政权威，强制被管理者采取有利于组织实现的行为。如管理者通过下达命令等方式，要求员工完成工作。

社会心理推动。社会心理推动是由社会与心理规律决定的。如管理者通过对员工进行人生观教育，调动员工的积极性。

③约束机制。约束机制是指对管理系统行为进行限定与修正的功能与机理。约束机制主要包括以下四个方面的约束因素：

权力约束。权力约束既要利用权力对系统运行进行约束，又要对权力的拥有与运用进行约束。

利益约束。利益约束既要以物质利益为手段，对运行过程施加影响，又要对运行过程中的利益因素加以约束。

责任约束。责任约束是指通过明确相关系统及人员的责任，来限定或修正系统的行为。

社会心理约束。社会心理约束是指运用教育、激励和社会舆论、道德与价值观等手段，对管理者及有关人员的行为进行约束。

【管理故事1－1】

体　制

有七个人住在一起，每天共喝一桶粥，显然粥每天都不够。

一开始，他们抓阄决定谁来分粥，每天轮一个。

于是，每周下来，他们只有一天是饱的，就是自己分粥的那一天。

后来，他们开始推选出一个道德高尚的人出来分粥。强权就会产生腐败，大家开始挖空心思去讨好他，贿赂他，搞得整个小团体乌烟瘴气。

然后，大家开始组成三人的分粥委员会及四人的评选委员会，互相攻击扯皮后，粥吃到嘴里全是凉的。

最后想出来一个“轮流分粥”的方案，但分粥的人要等其他人都挑完后拿剩下的那一碗。

为了不让自己吃到最少的，每人都尽量分得平均，就算不平均，也只能认了。

于是，大家快快乐乐，和和气气，日子越过越好。

管理启示：管理的真谛在“理”不在“管”。管理者的主要职责就是建立一个像“轮流分粥,分者后取”那样合理的游戏规则,让每个员工按照游戏规则自我管理。游戏规则要兼顾公司利益和个人利益,并且要让个人利益与公司整体利益统一起来。责任、权力和利益是管理平台的三根支柱,缺一不可。缺乏责任,公司就会产生腐败,进而衰退;缺乏权力,管理者的执行就变成废纸;缺乏利益,员工就会积极性下降,消极怠工。只有管理者把“责、权、利”的平台搭建好,员工才能“八仙过海,各显其能”。

1.2.5 管理环境

任何组织都是在一定的环境中从事活动的。任何管理也都要在一定的环境中进行,这个环境就是管理环境。管理环境的特点制约和影响管理活动的内容和进行。管理环境的变化要求管理的内容、手段、方式、方法等随之调整,以利用机会,趋利避害,更好地实施管理。

管理环境分为外部环境和内部环境。

(1)外部环境。外部环境是组织之外客观存在的各种影响因素的总和。它是不以组织的意志为转移的,是组织的管理必须面对的重要影响因素。

①政治环境。政治环境包括一个国家的政治制度、社会制度、执政党的性质、政府的方针、政策、法规法令等。

②文化环境。文化环境包括一个国家或地区的居民文化水平、宗教信仰、风俗习惯、道德观念、价值观念等。

③经济环境。经济环境是影响组织特别是企业的重要环境因素,包括宏观和微观两个方面。宏观经济环境主要指一个国家的人口数量及增长趋势、国民收入、国民生产总值等。通过这些指标能够反映国民经济发展水平和发展速度。微观经济环境主要指消费者的收入水平、消费偏好、储蓄情况、就业程度等。

④科技环境。科技环境反映了组织物质条件的科技水平。科技环境除了直接相关的技术手段外,还包括国家对科技开发的投资和支持重点、技术发展动态和研究开发费用、技术转移和技术商品化速度、专利及其保护情况等。

⑤自然环境。自然环境包括地理位置、气候条件及资源状况。地理位置是制约组织活动的重要因素之一。

(2)内部环境。内部环境是指组织内部各种影响因素的总和。它是随组织产生而产生的,在一定条件下内部环境是可以控制和调节的。内部环境决定了管理活动可选择的方式方法,而且在很大程度上影响到组织管理的成功与失败。

①人力资源。人力资源对于任何组织都始终是最关键和最重要的因素。人力资源的划分根据不同组织、不同标准有不同的类型。如企业中根据员工所从事工作性质的不同,可分为生产工人、技术工人和管理人员三类。

【管理故事1-2】

为人才买公司

福特汽车公司是世界上大名鼎鼎的公司,该公司有个显著特点,就是非常器重人才。

一次,公司有一台马达坏了,公司所有的工程技术人员都未能修好,只好另请高明,这个人叫思坦因曼思,原是德国的工程技术人员,来到美国后,一家小工厂的老板看重他的才能雇用了他。

福特公司把他请来,他在电机旁听了听,之后要了一架梯子,一会儿爬上去,一会儿爬下来,最后在电机上某一个部位用粉笔画了一道线,写上几个字:“这儿的线圈多了16圈”。果然,把这16圈线圈一去掉,电机马上运转正常了。

福特对这个人非常欣赏,一定要他到福特公司来。

思坦因曼思却说:“我所在的公司对我很好,我不能见利忘义,跳槽到福特公司来。”

福特马上说:“我把你供职的公司买过来,你就可以来工作了。”

福特为了得到一个人才,竟不惜买下一个公司。

管理启示:“千军易得,一将难求”,福特求才若渴的举动很好理解,因为市场竞争归根结底就是人才竞争,设备需要人才去操作,产品需要人才去开发,市场需要人才去开拓,人才意味着高效率、高效益,意味着企业的兴旺发达。没有人才,即使硬件再好,设备再先进,企业仍然难以支撑长久。反观我们一些企业对待人才的态度,则令人忧虑。这些企业往往只有在遇到很大困难、火烧眉毛时才会想到人才,平时则把人才晾到一边,他们该享受的待遇不能享受,该得到的利益不能得到。在工作上,也不积极创造条件,甚至故意刁难,使人才伤透了心,纷纷离职,留下来的也是“做一天和尚撞一天钟”,这不仅仅是人才个人的悲哀,更是企业之不幸。

②物力资源。物力资源是指内部物质环境的构成内容,即在组织活动过程中需要运用的物质条件的拥有数量和利用程度。

③财力资源。财力资源是一种能够获取和改善组织其他资源的资源,是反映组织活动条件的一项综合因素,包括组织的资金拥有情况、构成情况、筹措渠道、利用情况等。财力资源的状况决定组织业务的拓展和组织活动的进行等。

④文化环境。文化环境是指组织的文化体系,包括组织的精神信仰、生存理念、规章制度、道德要求、行为规范等。

任务 1.3 认识管理学

1.3.1 什么是管理学

管理学是一门研究人类社会管理活动中各种现象及规律的学科，是在近代社会化大生产条件下和自然科学与社会科学日益发展的基础上形成的，是在自然科学和社会科学两大领域的交叉点上建立起来的综合性交叉学科。

管理活动自有人群出现便有之，与此同时，管理思想也逐步产生。事实上，无论是在东方还是在西方，我们均可以找到古代哲人在管理思想方面的精彩论述。现代管理学的诞生是以泰罗的名著《科学管理原理》(1911 年)以及法约尔的名著《工业管理和一般管理》(1916 年)为标志。现代意义上的管理学诞生以来，管理学有了长足的进步与发展，管理学的研究者、管理学的学习者、管理学方面的著作文献数量等均大幅上升，显示了其作为一门年轻学科勃勃向上的生机和兴旺发达的景象。进入 21 世纪，随着人类文明的进步，管理学仍然需要大力发展。

1.3.2 管理学的特点

(1)一般性。管理学是从一般原理、一般情况的角度对管理活动和管理规律进行研究，并从中找出规律，不涉及管理分支学科的业务与方法的研究；管理学是研究所有管理活动中的共性原理的基础理论科学，无论是“宏观原理”还是“微观原理”，都需要管理学的原理作为基础来加以学习和研究。管理学是各门具体的或专门的管理学科的共同基础。

(2)综合性。从管理内容上看，管理学涉及的领域十分广阔，它需要从不同类型的管理实践中抽象概括出具有普遍意义的管理思想、管理原理和管理方法；从影响管理活动的各种因素上看，除了生产力、生产关系、上层建筑这些基本因素外，还有自然因素、社会因素等；从管理学科与其他学科的相关性上看，它与经济学、社会学、心理学、数学、计算机科学等都有密切关系，是一门非常综合的学科。

(3)实践性。管理学是为管理者提供从事管理的理论、原则和方法的实用性科学，这些共同的原理、原则和方法，只能是实践经验的总结和提炼，这充分说明管理学的基础是管理实践。同时，管理的理论只有和实践结合起来，才能真正发挥这门学科的作用，也就是管理学只有服务于实践，才具有生命力，才能不断发展。管理学的实践性还表明管理学的研究不能闭门造车，也不能盲目照抄照搬他国管理学理论。一个国家管理学的发展，要借鉴他国的成果，学习他国先进经验，但更要深入本国的管理实践中去总结本国管理实践的新经验、新成果。因此，管理学又是一门实用学科，只有把管理理论同管理实践相结合，才能真正发挥这门学科的作用。如果仅仅停留在某些管理学理论方面的研究，就失去了这门学科本身的作用。管理学学习者应该全面结合国内外典型的案例分析学习，并且通过在实际工作中所取得的经济效益和社会效益来验证是否真正掌握了管理学的本质和精髓。

(4)社会性。构成管理过程主要因素的管理主体与管理客体，都是社会最有生命力的人，这就决定了管理的社会性；同时，管理在很大程度上带有生产关系的特征，因此没有超阶级的管理学。这也体现了管理的社会性。

(5)历史性。管理学是对前人的管理实践、管理思想和管理理论的总结、扬弃和发展，割断历史，不了解前人对管理经验的理论总结和管理历史，就难以很好地理解、把握和运用管理学。

1.3.3　管理学的研究内容

管理学作为一门科学，研究管理活动的规律性，解决与管理活动有关的生产力、生产关系和上层建筑等方面的问题，已经形成一个完整的科学体系。根据管理学研究的对象、性质和特点，在研究管理活动的基本规律时，具体涉及以下内容：

(1)从管理的二重性出发。

①生产力方面。管理学主要研究生产力三大要素之间的关系，即合理组织生产力问题。研究如何合理配置组织中的人力、财力、物力等各种资源，使其充分发挥作用的问题；研究如何根据组织目标、社会的需要，合理使用各种资源，以求得最佳经济效益和社会效益的问题。因此，怎样计划安排、合理组织以及协调、控制这些资源的使用，以促进生产力的发展，就是管理学研究的主要问题。

②生产关系方面。主要研究如何处理组织中人与人的相互关系，研究如何激励组织内成员，从而最大限度地调动各方面的积极性和创造性；研究如何完善组织机构与各种管理体制问题；研究组织与组织之间的关系，提供妥善处理这些关系的准则，为实现组织目标服务。

③上层建筑方面。主要是研究如何使组织内部环境与其外部环境相适应的问题；研究组织的规章制度，如何反映经济基础的要求，使其与社会的政治、经济、法律、道德等上层建筑的要求保持一致，从而维护正常的生产关系，促进生产力的发展。

(2)从历史的方面出发。着重研究管理实践、思想、理论的形成、演变、发展，知古鉴今。

(3)从管理者出发。着重研究管理过程，主要包括：管理活动中有哪些职能；职能涉及哪些要素；执行职能应遵循哪些原理，采取哪些方法、程序、技术等；执行职能会遇到哪些困难,如何克服。

1.3.4 学习和研究管理学的重要性

(1)管理的重要性决定了学习、研究管理学的必要性。管理是有效地组织共同劳动所必需的。随着生产力和科学技术的发展,人们逐渐认识到管理的重要性。从历史上看,经过了两次转折,管理学才逐步形成并发展起来。第一次转折是泰罗的科学管理理论的出现,意在加强生产现场管理,使人们开始认识到管理在生产活动中所发挥的作用。第二次转折是第二次世界大战后,人们看到,不依照管理规律办事,就无法使企业兴旺发达,因此要重视管理人员的培养,这促进了管理学的发展。

管理也日益表现出它在社会中的地位与作用。管理是促进现代社会文明发展的三大支柱之一,它与科学和技术三足鼎立。管理是促成社会经济发展最基本的、关键 的因素。先进的科学技术与先进的管理是推动现代社会发展的“两个轮子”,二者缺一不可。管理在现代社会中占有重要地位。经济的发展,固然需要丰富的资源与先进的技术,但更重要的还是组织经济的能力,即管理能力。从这个意义上说,管理本身就是一种经济资源,作为“第三生产力”在社会中发挥作用。先进的技术,要有先进的管理与之相适应,否则,落后的管理就不能使先进的技术得到充分发挥。管理在现代社会的发展中起着极为重要的作用。

(2)学习、研究管理学是培养管理人员的重要手段之一。判定管理是否有效的标准是管理者的管理成果。通过实践可验证管理是否有效,因此实践是培养管理者的重要一环。而学习、研究管理学也是培养管理者的一个重要环节。只有掌握扎实的管理理论与方法,才能很好地指导实践,并可缩短或加速管理者的成长过程。目前,我国的管理人才尤其是合格的管理人才是缺乏的。因此,学习、研究管理学,培养高质量的管理者成为当务之急。

(3)学习、研究管理学是未来的需要。随着社会的发展,专业化分工会更加精细,社会化大生产会日益复杂,而日新月异的社会将需要更加科学的管理。因此,管理在未来社会中将处于更加重要的地位。

1.3.5 学习和研究管理学的方法

同其他任何一门学科一样,管理学也有其自身的研究方法。从某种意义上讲,管理学领域产生的各种管理学派,实际上也可以说是因为采用了不同的研究方法的结果,管理学科的发展也就是研究方法的不断发展和进步。主要研究方法有以下几种:

(1)历史研究法。历史研究法就是运用管理理论与实践的历史文献,全面考察和研究管理的历史演变、重要的管理思想和流派以及管理实践,从中发现和找出规律性的东西,寻求对现在仍有意义的管理原则、方式和方法,做到"古为今用,洋为中用"。任何管理现象都不是孤立的,都有它产生的历史背景及其发生、发展的过程。因此,对管理学中的某一种管理理论、某一个定义和规律的研究,都应放在一定历史条件下,从其发生和发展的过程中去考察,才能掌握它的来龙去脉,了解它的实质所在,并给予恰当的评价。

(2)比较法。比较法是科学研究中较常用的研究方法,也是当今比较管理学产生与发展的基础。它把不同的或相类似的事物放在一起比较,用以鉴别事物之间的异同。比较法是管理理论研究及提高人的管理能力最基本、最常用的方法,通过历史的纵向比较和各个国家的横向比较,寻其异同,权衡优劣,取长补短,以探索管理的规律。这一方法在当今世界管理科学的发展和先进的管理经验、方法、理论的传播方面发挥着巨大的作用,推动了管理科学和管理实践的迅速发展。

(3)理论联系实际研究法。理论联系实际研究法有两个方面,一是把已有的管理理论与方法运用到实践中去,通过实践来检验这些理论与方法的正确性与可行性;二是通过管理实践和试验,把实践经验加以概括和总结,使之上升为理论,去补充和修正原有的管理理论。

(4)系统研究法。要进行有效的管理活动,必须对影响管理过程中的各种因素及其相互之间的关系,进行整体的、系统的分析研究,才能形成管理的可行的基本理论和合理的管理活动。整体的、系统的研究和学习方法,就是用系统的观点来分析、研究和学习管理原理,认识管理问题,以及开展管理活动。管理过程是一个系统,管理的概念、理论和技术方法也是一个系统。系统作为一种方法、手段或理论,则要求在研究和解决管理问题时,必须具有整体观点、"开放的"与相对"封闭的"观点等有关系统的基本观点。

(5)调查研究法。管理的理论和方法来自于实践。调查研究是我们进行管理活动的最基本要求,是搜集第一手材料的好办法。通过调查,才能掌握全面的真实的材料,弄清管理中的经验、问题和发展趋势,并从大量事实中提炼和概括出规律性的东西,作为理论的依据。在科学方法的指导下,采用科学的手段和技术,对有关的管理实践活动进行有目的的系统考察。

(6)试验研究法。试验研究法是在一定的环境条件下,经过严格的设计和组织,对研究对象进行某些试验考察,从而揭示管理的规律、原则和方法。试验研究法是一种有目的、有约束条件的研究方法,应事先做好计划和安排,方能收到良好效果。

(7)案例分析法。案例分析法是指在学习和研究管理学的过程中,通过对管理活动的典型案例进行全面的分析和讨论,总结出管理的理论、经验、原则、方法和规律。这种方法的最大优点是能够体现理论联系实际的原则,使一般管理原理的抽象性建立在大量的实际案例分析的基础上。这一方法在西方国家的管理学教学中被广泛采用,无论在理论上或实践上效果都很好。

(8)定量分析法。定量分析法是通过一定的观察、计量技术,对被观察对象的规模和发展状况进行研究的方法。任何事物不仅有其质的规定性,还有其量的规定性,量的变化突破了一定的临界点之后,就会引起质的变化。管理现象也不例外,为此就需要应用定量分析的方法。现代管理离不开数量分析的方法。在研究管理问题时,应尽可能地进行定量分析。

【任务实施】

工作任务 1　对企业管理人员实地调研

【实训目的】

通过对本地企业管理者的调查,初步了解管理的基本职能、管理者的角色定位、应具备的素质及管理技能等,为后续项目任务实施做好知识和技能储备。

【任务内容】

选择本地具有一定代表性的企业进行实地调研,观察管理的基本职能、管理者的角色定位、管理者应具备的素质及管理技能等,在此基础上对该管理者一天的活动效率与效果进行分析评价。

【任务要求】

1.将学生分组,以 6—8 人为一组,各组选出一名负责人,组内分工合作完成任务。

2.各组分任务进行实地调研,做好记录工作。

3.检查工作过程及成果,对此次调研过程进行回顾整理和总结,并写出调研报告。

4.负责人以 PPT 形式汇报调研报告。调研报告应包含以下内容:

(1)管理的基本职能;

(2)管理者在组织管理中所处的管理层次;

(3)管理者在组织管理中扮演的角色;

(4)管理者应具备的管理技能;

(5)判断管理者的管理效率与效果。

5.调研时间为 70 min,PPT 汇报时间为 20 min。

【任务评价】

根据列出的评价标准及分值,对**"工作任务 1　对企业管理人员实地调研"**要检查的内容进行评价,判断是否已达到项目 1 列出的知识目标与技能目标。

评价方式采取过程评价和结果评价两种方式,老师评价和小组内部成员互相评价相结合。过程评价和结果评价综合得分为学生的此工作任务得分。在工作任务实施时,要事先确定好两个比重:一是任务过程评分和任务成果评分占总得分的比重;二是老师评分和小组评分占总得分的比重。

任务过程评价表见表 1－2。

表 1－2 任务过程评价

被考核人		任务评价总得分		
检查内容	评价标准	分值	老师评价得分（ %）	小组评价得分（ %）
分工是否合理				
能否快速进入角色				
是否全员参与				
团队是否协作				
态度是否认真				
合　计				

任务成果评价见表 1－3。

表 1－3 任务成果评价

被考核人		任务评价总得分		
检查内容	评价标准	分值	老师评价得分（ %）	小组评价得分（ %）
调研报告	确定的管理的基本职能是否正确			
	确定的管理者在组织管理中所处的管理层次是否正确			
	管理者在组织管理中扮演的角色是否符合企业实际情况			
	分析的管理者应具备的管理技能是否正确			
	判断的管理者的管理效率与效果是否正确			
PPT 汇报	仪态仪表是否规范			
	语言表达是否流畅			
	思维逻辑是否清晰			
	PPT 制作情况			
时间	在规定时间内是否完成			
合　计				

任务总评价见表 1－4。

表1－4 任务总评价

被考核人		工作任务总得分	
工作任务	对企业管理人员实地调研		
	权重前得分		权重后得分
任务过程评价(　　%)			
任务成果评价(　　%)			
备　　注			

【项目小结】

根据企业管理活动顺序,本项目是第1个项目。通过本项目的学习,你应该能够体会:

管理就是通过计划、组织、领导和控制、协调以人为中心的组织资源与职能活动,以有效实现组织目标的社会活动。管理的核心是人,而人是一切组织与事业成功的决定性要素。管理具有自然属性和社会属性。管理的职能包括计划、组织、领导和控制。

管理系统是由管理主体、管理客体、管理目标、管理机制与管理环境等五个要素组成的。

管理的主体是管理者,管理者是指那些在组织中指挥他人完成具体任务的人。管理者可以按管理层次、职权关系和管理的不同业务和性质划分为不同类型。管理者的基本素质,包括政治素质、品德素质、知识素质、能力素质和身心素质。管理者的技能包括技术技能、人际技能和概念技能。

管理学是一门系统地研究管理活动的基本规律和一般方法的科学。管理学源于管理实践,反过来又指导管理活动,为管理所运用,为管理实践服务。

管理学研究的对象是揭示管理的客观规律性,即如何按照客观自然规律和经济规律的要求,合理组织生产力,不断完善生产关系,适时调整上层建筑以适应生产力的发展。管理学具有一般性、综合性、实践性、科学性、艺术性等特点,其研究方法主要有历史研究法、比较研究法、理论联系实际研究法、系统研究法、调查研究法、案例分析法等。

本项目围绕**"管理认知"**设计了各环节的基本知识,设置了**知识目标**、**技能目标**、**任务导入**、**任务知识**、**任务实施**、**项目小结**、**项目测试**、**课堂活动**、**管理故事**等栏目,体现了对重要知识的重组。

本项目进程以**任务导入**开始,以**项目测试**结束,希望读者在完成各分项任务之后,能够及时进行自我的过程性评价。

完成本项目将为学习**"项目2　管理理论认知"**奠定良好的基础。

【项目测试】

一、单项选择题

1.以下对于管理含义的描述不正确的是(　　)。

A.管理的目的是实现组织目标

B.管理的本质是决策

C.实现管理的手段是计划、组织、领导和控制

D.管理的对象是以人为中心的组织资源和管理活动

2.关于管理的定义,许多经济学家都有自己不同的见解。西蒙认为(　　)。

A.管理就是决策

B.管理就是制订并执行计划

C.管理就是组织

D.管理就是计划、组织、指挥、协调、控制

3.对资源进行计划、组织、领导、控制以有效地实现组织目标的过程称为(　　)。

A.管理　　B.组织　　C.战略计划　　D.激励

4.管理对象中的核心要素是(　　)。

A.时间　　B.物资设备　　C.信息　　D.人员

5.管理的“载体”是(　　)。

A.组织　　B.制度　　C.资源　　D.员工

6.管理的基本职能是(　　)。

A.计划、组织、指挥、协调　　B.计划、组织、领导、控制

C.计划、决策、选人、用人　　D.决策、计划、领导、协调

7.在管理理论中,被认为是实施其他管理职能的前提和基础的职能是(　　)。

A.计划　　B.决策　　C.组织　　D.领导

8.管理的二重属性是指(　　)。

A.科学性与艺术性　　B.自然属性与社会属性

C.主观性与客观性　　D.科学性和社会性

9.一个管理者所处的层次越高,面临的问题越复杂,越无先例可循,就越需要具备(　　)。

A.技术技能　　B.领导技能　　C.概念技能　　D.人际技能

10.管理是一定社会关系的体现,是为一定的生产关系服务的。这是管理的(　　)。

A.政治属性　　B.经济属性　　C.社会属性　　D.文化属性

二、多项选择题

11. 管理作为一种特殊的实践活动,具有独特的性质,比如管理具有(　　)。

A. 二重性　　B. 科学性　　C. 艺术性　　D. 时效性

12. 根据管理的二重性,管理具有同(　　)相联系的自然属性。

A. 生产力　　B. 生产关系　　C. 社会化大生产　　D. 社会制度

13. 根据管理的二重性,管理具有同(　　)相联系的社会属性。

A. 生产力　　B. 生产关系　　C. 社会化大生产　　D. 社会制度

14. 明茨伯格通过实证研究发现,管理者在组织中扮演十种角色,这些角色被分为(　　)。

A. 人际关系角色　　B. 组织设计角色　　C. 信息传递角色　　D. 决策制定角色

15. 下列选项中(　　)属于管理者所扮演的决策角色。

A. 企业家角色　　B. 干扰应对者角色

C. 资源分配者角色　　D. 谈判者角色

16. 管理者在履行各种管理职能、扮演三类管理角色时,必须具备(　　)。

A. 信息技能　　B. 技术技能　　C. 人际技能　　D. 概念技能

17. 对某一特定社会中的所有组织都发生影响的环境因素就是宏观环境,它主要包括(　　)。

A. 技术环境　　B. 政治法律环境　　C. 经济环境　　D. 社会文化环境

18. 物质环境是指组织拥有的各种资源,主要包括(　　)。

A. 人力资源　　B. 物力资源　　C. 财力资源　　D. 技术资源

19. 外部环境是指对组织的绩效具有潜在影响的外部因素,又分为(　　)。

A. 宏观环境　　B. 产业环境　　C. 物质环境　　D. 文化环境

20. 以下属于管理系统组成要素的有(　　)。

A. 管理主客体　　B. 管理环境　　C. 管理目标　　D. 管理机制

三、案例分析题

案例 1:升任公司总裁后的思考

郭宁最近被所在生产机电产品的公司聘为总裁。在他准备接任此职位的前一天晚上,他浮想联翩,回忆起他在该公司工作二十多年的情况。

他在上大学时学的是工业管理,大学毕业获得学位后就到该公司工作,任助理监督。他当时真不知道如何工作,因为他对液压装配所知甚少,可是他非常认真好学,仔细阅读该单位制定的工作手册,并努力学习有关的技术知识;监督长也主动帮助他,使他渐渐摆脱了困境,胜任了工作。经过半年多时间的努力,他已有能力独立担任液压装配的监督长工作。可是,当时公司没有提升他为监督长,而是直接提升他为装配部经理,负责包括液压装配在内的四个装配单位的领导工作。

在他当助理监督时,他主要关心的是每日的作业管理,技术性很强。而当他担任装配部经理时,他发现自己不能只关心当天的装配工作状况,他还得做出此后数周乃至数月的规划,还要完成许多报表和参加许多会议,他没有多少时间去从事他过去喜欢的技术工作。当上装配部经理不久,他就发现原有的装配工作手册已基本过时,因为公司已安装了许多新的设备,吸收了一些新的技术。他花了整整一年时间去修订工作手册,使之切合实际。在修订手册过程中,他发现要让装配工作与整个公司的生产作业协调起来是有很多讲究的。他主动到几个工厂去访问,学到了许多新的工作方法,他把这些也吸收到新修订的工作手册中去。由于该公司的生产工艺频繁发生变化,工作手册也不得不经常修订,郭宁对此都完成得很出色。他工作了几年后,不但自己学会了处理这些工作,而且还学会如何把这些工作交给助手去做,教他们如何做好,这样他可以腾出更多时间用于规划工作和帮助他的下属工作得更好,以及花更多的时间去参加会议、批阅报告和完成向上级的工作汇报。

当他担任装配部经理6年之后,正好该公司负责规划工作的副总裁辞职,郭宁便主动申请担任此职。在同另外5名竞争者较量之后,郭宁被正式提升为规划工作副总裁。他自信拥有担任这一新职位的能力。但由于此高级职务工作的复杂性,他刚接任时仍碰到了不少难题。例如,他感到很难预测一年之后的产品需求情况。可是一个新工厂的开工乃至一个新产品的投入生产,一般都需要在数年前做出准备。而且,在新的岗位上他还要不断处理市场营销、财务、人事、生产等部门之间的协调,这些他都不熟悉。他在新岗位上越来越感到:越是职位上升,越难于仅仅按标准的工作程序进行工作。但他还是渐渐适应了工作并做出了成绩,以后又被提升为负责生产工作的副总裁,而这个职位通常是由该公司资历最深的副总裁担任的。到现在,郭宁又被提升为总裁。他知道,担任了公司最高职务之时,他应该有处理可能出现的任何情况的才能,但他也明白自己尚未达到这样的水平。因此,他不禁想到自己明天就要上任了,今后数月的情况会怎么样?他不免为此而担忧!

根据以上案例,回答第21　23题:

21.郭宁当上公司总裁后,他的管理责任与过去相比有了哪些变化?他应当如何去适应这些变化?

22.请你从管理者职能的角度,对郭宁20多年的管理工作进行分析。

23.郭宁要胜任公司总裁的工作,哪些管理技能是最重要的?你觉得他具有这些技能吗?试加以分析。

案例2:查克·斯通曼的一天

查克·斯通曼真的相信那句老话“早鸟得虫”。这一天是星期二,清晨,他比往常早一个小时就起来了。先是骑车运动,接下来是洗澡、穿衣、吃早饭、快速地浏览晨报,当查克驱车上路时,他看了一眼手表——5:28,从家里开车到上班地点只需15分钟。查克是勒那食品公司奥马哈工厂的经理。勒那公司生产牛肉和猪肉产品,以私有商标卖给六七十家大型超级市场连锁店。

开着车时,查克的思绪回到昨天晚上。昨夜,查克和他的妻子安妮外出吃饭,庆祝他们结婚15周年纪念日。他们回忆起他们的初次约会,他们俩事先都没抱多大希望。他们还谈起一些老朋友,他们之间已经多年没有通过信了。昨天晚上的谈话使查克萌生出一种怀旧感,他的思绪开始漫游。他想到他是怎么最后来到奥马哈,经营一家肉类加工厂,手下管着650名工人的。

查克1979年毕业于伊利诺伊大学,获商学学士学位。毕业后他进入勒那食品公司,一直干到今天。开始是在芝加哥工厂做生产计划助理,在后来的12年中,他逐级晋升,先后任高级生产计划员、生产领班、轮班工长,以及塔萨斯城工厂的经理助理。1991年,他被提升担任了现在的职务。查克和安妮喜欢奥马哈,打算在这里把他们的两个儿子抚养成人,安妮最后利用她的统计学学位在奥马哈投资公司找到了一份保险统计员的工作。

查克今天早晨心情特别好,最后的生产率报告表明,奥马哈工厂超过了堪萨斯城工厂和伯明翰工厂,成为公司人均劳动生产率最高的工厂。经过10个月的经营,奥马哈工厂已成为公司所属7家工厂中获利最多的工厂。昨天,查克在与上司的通话中得知,他的半年绩效奖金为23000美元,而过去他最多只拿到过8500美元。

查克决定今天把手头的许多工作清理一下,像往常一样,他总是尽量做到当日事当日毕。除了下午3:30有一个幕僚会议以外,其他时间都是空着的,因此他可以解决许多问题。他打算仔细审阅最近的审计报告并签署他的意见,仔细检查一下工厂TQM计划的进展情况。他还打算开始计划下一年度的资本设备预算,离申报截止日期还有不到两个星期了,他一直抽不出时间来做这件事。查克还有许多重要的事项记在他的“待办”日程表上;他要与厂长讨论几个雇员的投诉;写一份10分钟的演讲稿,准备应邀在星期五的商会会议上致辞;审查他的助手草拟的贯彻《美国职业安全健康法》(OSHA)的情况报告,工厂刚接受过安全检查。

查克到达工厂时是5:45,他还没走到自己的办公室,就被会计总监贝斯拦住了,查克第一个反应是:她这么早在这里干什么?很快他就搞清楚了。贝斯告诉他:工资协调员昨天没有交上来工资表,贝斯昨晚一直等到10点,今天早上4:30就来了,想在呈报的最后期限之前把工资表造出来。贝斯告诉查克,实在没办法按时向总部上报这个月的工资表了。查克做了个记录，打算与工厂的总会计师交换一下意见，并将情况报告他的上司——公司副总裁。

查克总是随时向上司报告任何问题，他从不想让自己的上司对发生的事情感到突然。

最后，在他的办公室里，查克注意到他的计算机在闪烁，一定是有什么新到的信息。

在检查了他的电子邮件后，查克发现只有一项需要立即处理。他的助手已经草拟出下一年度工厂全部管理者和专业人员的假期时间表，它必须经查克审阅和批准。处理这件事只需10分钟，但实际上占用了查克20分钟的时间。

现在首先要办的事是资本设备预算，查克在他计算机的工作表程序上，开始计算工厂需要什么设备以及每项的成本是多少。这项工作刚进行了1/3，查克便接到工厂厂长打来的电话。电话中说在夜班期间，三台主要的输送机有一台坏了，维修工修好它得花费45000美元，这些钱没有列入支出预算，而要更换这个系统大约要花费120000美元。查克知道，他已经用完了本年度的资本预算，于是他在10:00安排了一个会议，与工厂厂长和工厂会计师研究这个问题。

查克又回到他的工作表程序上，这时工厂运输主任突然闯入他的办公室，他在铁路货车调度计划方面遇到了困难，经过20分钟的讨论，两个人找到了解决办法。查克把这件事记下来，要找公司的运输部长谈一次，好好向他反映一下工厂的铁路货运问题，其他工厂是否也存在类似的问题？什么时候公司的铁路合同到期重新招标？

看来打断查克今天日程的事情还没有完，他又接到公司总部负责法律事务的职员打来的电话，他们需要数据来为公司的一桩诉讼辩护，奥马哈工厂一位前雇员向法院起诉公司歧视他。查克把电话转接给人力资源部。查克的秘书又送来一大沓信件要他签署。突然，查克发现10:00到了，会计师和厂长已经在他办公室的外面等候。3个人一起讨论了输送机的问题并草拟了几个选择方案，准备将它们提交到下午举行的幕僚会议上讨论。现在是11:05，查克刚回到他的资本预算编制程序上，就又接到公司人力资源部部长打来的电话，对方花了半个小时向查克说明公司对即将与工会举行的谈判的策略，并征求他对与奥马哈工厂有关问题的意见。挂了电话后，查克下楼去公司人力资源部部长办公室，他们就这次谈判的策略交换了意见。

查克的秘书提醒他与地区红十字运动的领导约定共进午餐的时间已经过了，查克赶紧开车前往约定地点，好在不过迟到了10分钟。

下午1:45，查克返回他的办公室，工厂厂长已经在那里等他。两个人仔细检查了工厂布置的调整方案，以及通道面积是否符合专为残疾雇员制订的法律要求。会议的时间持续得较长，因为中间被三个电话打断。现在是3:35，查克和工厂厂长穿过大厅来到会议室，幕僚会议通常只需要1个小时，不过，讨论劳工谈判和输送系统问题的时间拖得很长。这次会议持续了2个多小时，当查克回到他的办公室时，他觉得该回家了。他和安妮今晚要在家中招待几位社区和企业的领导人。

开车回家的时间对查克来说仿佛用了1个小时而不是15分钟:他已经精疲力竭了。12个小时以前:他还焦急地盼望着一个富有成效的工作日,现在这一天过去了,查克不明白:我完成了哪件事?当然,他知道他干完了一些事,但是本来有更多的事他想要完成的。

是不是今天有点特殊?查克承认不是,每天开始时他都有着良好的打算,而回家时都不免感到有些沮丧。他整日就像置身于琐事的洪流中,中间还被不断地打断。他是不是没有做好每天的计划?他说不准。他有意使每天的日程不要排得过紧,以使他能够与人们交流,使得人们需要他时他能抽得出时间来。但是,他不明白是不是所有管理者的工作都经常被打断和忙于救火,他能有时间用于计划和防止意外事件发生吗?

根据以上案例,回答第24-27题:

24.用计划、组织、领导和控制四种职能理论评价查克的活动。

25.用系统方法评价查克一天的活动。

26.查克在完成他的职责上是有效率的吗?是有效果的吗?请说明理由。

27.查克要成为更好的管理者,应当做些什么?

PROJECT 2 项目 2
管理理论认知

【知识目标】

1.了解中西方早期管理思想的演进历程；

2.掌握古典管理理论的代表人物及其主要理论观点；

3.掌握人际关系理论的代表人物及其主要理论观点；

4.掌握现代管理理论各学派的代表人物及其主要内容；

5.了解当代管理理论的最新发展趋势。

【技能目标】

1.能应用现代管理知识分析与处理实际遇到的管理问题；

2.能从管理学的角度分析我国经济领域的管理体制改革活动。

【任务导入】

管理活动源远流长，自古即有，但形成一套比较完整的理论，则是经历了一段漫长的历史发展过程。因此，回顾管理学的形成与发展，了解一些管理先驱对管理理论和实践所做的贡献，以及管理活动的演变和历史，对每个学习管理学的人来说都是必要的。

历史上看，管理与人类社会几乎同时产生。自从有了人类社会，人们的社会生活就离不开管理，所以管理的实践早就出现了。而在有了人们的实践之后，才有人对这些实践活动，包括政治的、军事的、经济的、文化的或宗教的活动加以研究和探索。经过长期的积累和总结，对管理实践有了初步的认识和见解，从而开始形成管理思想。随着社会的发展，科学技术的进步，人们又对管理思想加以进一步的总结，提出管理中带有规律性的东西，并将其作为一种假设，结合科学技术的发展，在管理实践中进行验证，继而对验证结果加以分析研究，从中提炼出了属于管理活动普遍原理的东西。对这些原理的抽象综合，就形成了管理的基本理论。这些理论又被人们运用到管理实践中，指导管理活动的进行,同时又进一步对这些理论进行实践验证,这就是管理学的整个形成过程。也就是从实践到思想,再到理论,然后又将理论应用于实践。因此,将管理学的这样一个形成过程同人类社会发展的不同阶段加以比较,就可以比较全面地表示出管理学的形成过程。

根据**“管理理论认知”**作业流程,我们将这一项目分为四个分项任务。这四个任务分别是:

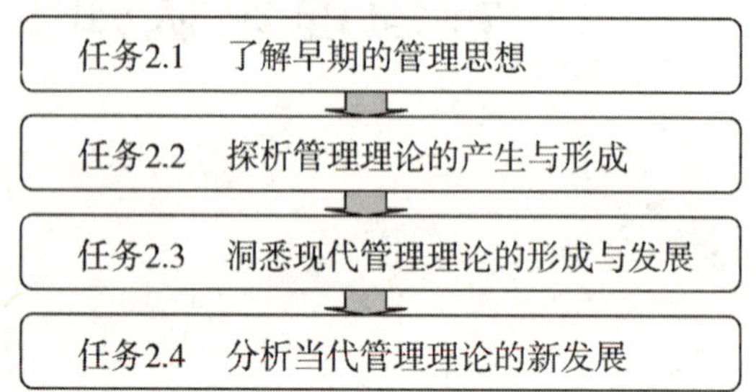

你可以对照知识目标和技能目标,反复演练,有的放矢地依次完成各分项任务,直至完成本项目,为早日成为现代企业管理所需的人才打好基础。

【任务知识】

任务 2.1 了解早期的管理思想

管理的实践活动由来已久,自有了人类活动就有了管理活动。例如,在古代埃及、中国、巴比伦、希腊和印度的文献中,就有对公共事业进行管理并取得辉煌成就的记载。有世界奇迹之称的埃及金字塔、巴比伦古城和中国的万里长城,其宏伟的建筑规模足以生动证明人类的管理能力和组织能力。这些浩大的建设工程,既是劳动人民勤劳智慧的结晶,同时也是历史上伟大的管理实践。伴随着管理实践活动的进行,人们逐步形成了各种各样的管理思想。但这些管理思想只是对管理的零碎研究,还没有形成一个比较完整的管理理论体系,只能说是管理理论的萌芽。

2.1.1 中国早期的管理思想

中国是世界四大文明策源地之一,曾经产生出光辉灿烂的物质文明和精神文明,有许多成功的管理经验,形成了丰富的管理思想。当今世界世界上许多管理问题都能从中国论著找到可以借鉴的哲理。

中国早期的管理思想,可分为宏观管理的治国学和微观管理的治生学。治国学适应中央集权的封建国家的需要,包括财政赋税管理、人口田制管理、市场管理、货币管理以及国家行政管理等方面。治生学则是在生产发展和经济运行的基础上通过官、民的实践逐步积累起来的,包括农副业、手工业、运输、建筑工程、市场经营等方面的学问。这两方面的学问极其浩瀚,作为管理的指导思想和指导原则,可以概括为如下要点:

(1)顺道。"道"在汉语中有多种含义。属于主观范畴的"道",主要指治国的理论;属于客观范畴的"道",主要是指客观经济规律。这里用的是后一种含义,指管理要顺应客观经济规律。比如,《管子》认为自然界和社会都有自身的运动规律:"天不变其常,地不易其则,春夏秋冬,不更其节。"

(2)重人。"重人"是中国传统管理的要素。它包括两个方面:一是重人心向背;二是重人才归离。要夺取天下,办成事业,人是第一位的,故我国历来讲究得人之道,用人之道。《管子》说:政之所兴,在顺民心;政之所废,在逆民心。国家必须"令顺民心","从民所欲,去民所恶",乃为"政之宝"。司马迁提倡"能巧致富",他说"巧者有余,拙者不足"。

(3)人和。"和"就是调整人际关系,讲团结,上下和,左右和。对治国来说,和能兴邦;对治生来说,和气生财。我国历来把天时、地利、人和作为事业成功的三大要素。孔子说:"礼之用,和为贵。"《管子》说:"上下不和,虽安必危。"

(4)守信。治国要守信,办企业也要守信。孔子说:"君子信而后劳其民。"《管子》特别强调要取信于民,提出国家行政应遵循的一条重要原则,"不行不可复"。也就是说,治理国家,必须言而有信。政策多变,出尔反尔,历来就是治国大忌。治国如此,治生亦然。我国历来都提倡"诚工""诚贾",商而不诚,苟取一时,终致瓦解,成功的商人多是商业信誉度高的人。

(5)对策。"运筹策帷帐之中,决胜于千里之外"。这句中国名言说明在我国古代治国、治军、治生等一切竞争和对抗的活动中,都必须统筹谋划,正确研究对策,以智取胜。《孙子》有云:"知彼知己,百战不殆;不知彼而知己,一胜一负;不知彼,不知己,每战必殆。"《管子》主张"以备待时,""事无备则废"。

(6)法治。我国的法治思想起源于先秦法家和《管子》,后来逐渐演变成一整套法治体系,包括田土法治、财税法治、人才法治、军事法治等等。韩非认为法治优于人治。他还主张应有公开性和平等性,在法律面前人人平等,人人都得守法。

2.1.2　外国早期的管理思想

外国的管理实践和管理思想也有着悠久的历史。但在18世纪以前,由于生产力发展较为缓慢,庄园式的自给自足的农村经济和作坊式的手工工业,基本上都是以家庭为单位进行的,家长在从事生产活动的同时进行简单的管理工作。尽管在古代中外都有一些浩大的工程,其组织工作的复杂连今人也都惊叹不已,但毕竟在当时的历史条件下,虽有管理实践,但无法形成系统的管理思想。

18世纪60年代，英国及其他一些资本主义国家发生了工业革命，以大机器工业代替工场手工业。工厂这一新的组织形式代替了以家庭为单位的手工作坊。工厂制度的出现，也带来了一系列新的管理问题，在专业化生产的条件下许多工人彼此之间如何协调工作，工人与机器之间、机器与机器之间如何配合，怎样对工人进行培训、激励和管理等等，这些问题与手工作坊的管理完全不同。在这样的背景下，管理工作中的计划、组织、控制等职能逐渐形成，同时专门从事管理工作的管理人员从工人中逐渐分离出来，在实践的基础上开始形成管理思想。也就是说，早期的管理思想是伴随着工厂制度的出现而形成的。

下面介绍比较有代表性的早期管理思想家及其主要思想。

(1)詹姆斯·斯图亚特的管理思想。詹姆斯·斯图亚特(1712—1780)是英国最早研究分工的经济学家。在《政治经济学原理研究》一书中，他提出了许多重要的管理思想，如阐述了货币流通的一般规律，主张国家全面干预经济生活，并提出“劳动分工”的概念，论述了工人由于重复操作而获得灵巧性，指出了工作研究方法和刺激工资的实质、管理人员与工作之间的分工等思想。

(2)亚当·斯密的管理思想。亚当·斯密(1723—1790)是英国古典政治经济学家，是最早对经济管理思想进行系统论述的学者。他最主要的代表作《国民财富的性质和原因的研究》(也称《国富论》)于1776年出版，该书的问世标志着资本主义商品经济理论体系构筑完成。全书以资本主义财富为中心，对资本主义的商品经济做了全面而系统的分析。亚当·斯密的视野开阔，涉及的问题很多。亚当·斯密的管理思想主要体现在以下几个方面：

①认为经济问题的出发点是人的本性，即资本主义的利己主义。而每个人的一切活动都受到利己心的支配，这种个人利益的追求者就是经济人。他的经济思想的中心是自由市场经济，他在著作中涉及许多现代管理的核心问题，其中对管理理论发展有较大影响的是劳动分工理论和“经济人”的观点。他认为劳动分工能够节约时间，促进技术进步，是提高劳动生产率的主要因素。

②认为劳动分工对提高劳动生产率具有重要的作用。劳动分工对提高劳动生产率的作用主要体现在三个方面：一是分工可以使劳动者专门从事一种单纯的操作，从而提高劳动者的熟练程度；二是分工可以减少劳动者的工作转换，节约通常由一种工作转换到另一种工作所损失的时间；三是分工可以使劳动简化，有利于发现比较方便的工作方法，促进工具的改良和机器的发明。亚当·斯密认为人们在经济活动中追求的是个人利益，个人利益的实现需要他人的协助，而社会利益是由于不同个人利益的相互牵制而产生的。

③提出“经济人”的观点。“经济人”的观点是资本主义生产关系的反映，对以后西方经济理论“经济人”和“社会人”假设的提出以及对其他学派的发展都有着深远的影

响。

(3)罗伯特·欧文的管理思想。罗伯特·欧文(1771—1858)是英国的空想社会主义者,也是一位企业家、慈善家,是“现代人事管理之父”“人本管理的先驱”。他最早注意到企业内部人的因素对提高劳动生产率的重要性。以前工厂的老板都把工人看作是机器,而他反对把人视为机器,强调人和机器的根本区别在于人是有需要的有机体。欧文的管理思想集中体现于他在苏格兰一家大纺织厂的改良措施中。他在这家大工厂中所做的试验,主要是针对当时的工厂制度下工人劳动条件和生活水平都相当低的情况。这些试验包括:改善工厂的工作条件,使生产设备布局合理化,缩短劳动时间;提高童工的年龄;提高工资,在厂内免费为工人提供膳食,开设工厂商店,设立幼儿园和模范学校,发放抚恤金;与工人接触,了解工人的生产、生活情况。他的改革试验证实,重视人的作用和尊重人的地位,也可以使工厂获得更多的利润。由于欧文率先在人事方面做了许多试验和探索,有人认为欧文是现代人事管理的创始人。

(4)查尔斯·巴贝奇的管理思想。查尔斯·巴贝奇(1792—1871)是英国数学家和机械工程师,是科学管理的先驱者。巴贝奇在亚当·斯密劳动分工的理论基础上,对专业化有关问题进行了系统的研究,并于1832年出版了《论机器与制造业经济》一书,该书着重论述了专业分工与机器、工具的使用、时间研究、批量生产、均衡生产、成本记录等。他还提出以专业技能作为工资与奖金的依据,主张实行有益的建议制度,并对有益的建议给予不同的奖励。

上述介绍的几种管理思想,虽然都只是反映在某个人、单个企业的单一管理实践和个别论述中,不系统、不全面,没有形成专门的管理理论和管理学派,但对于促进生产、加强早期企业管理和以后科学管理理论的形成,都有积极的影响。

任务2.2 探析管理理论的产生与形成

19世纪末以前,工业上实行的是传统的管理办法,管理方法、生产技术、工艺的制定以及人员培训都是凭个人的经验。随着生产力的发展,工业革命以后,西方各国社会发生了巨大的变化,自由资本主义过渡到垄断资本主义,企业规模不断扩大,管理日趋复杂。于是,一些有志之士开始致力于总结经验,进行各种试验研究,并把当时的科技成果应用于企业管理。

2.2.1 古典管理理论

19世纪末20世纪30年代,管理才真正成为一门科学,这一时期被称为科学管理时期,其主要代表人物是美国的泰罗、法国的法约尔和德国的韦伯。

(1)泰罗的科学管理理论。泰罗(1856—1915)被誉为“科学管理之父”,他是科学管理理论的杰出代表人物。泰罗出生于美国费城的一个中产阶级家庭,中学毕业后报考哈佛大学法学院,考取后因眼疾而辍学。1875年,泰罗进入费城的一家机械厂当学徒工;1878年,进入费城米德韦尔钢铁公司当技工;1884年升任总工程师。泰罗对科学管理的研究是在米德韦尔钢铁公司当工长时开始的。当时的工厂主和办公室人员不接触生产活动,工头负制造产品的全责,操作方法和选择工具都凭工人个人的经验和爱好办事,生产效率极低,劳资关系很不协调,工资制度不严密,工作干好干坏都一样,有些工厂虽然采取计件工资制,但当产量提高时,工厂主一般会把工资率降低。因此,工人的生产积极性很低,消极怠工现象相当普遍。针对这种情况,泰罗首先以进行工时测定开始他的研究,然后发展到研究作业分析、工资制度、生产进度、车间组织、人员选择、训练等一系列有关管理的基本问题。经过毕生的努力,他为管理的革新奠定了基础,成为古典管理学派的创始人。他的主要代表著作有《计件工资制》(1895年)、《车间管理》(1903年)、《科学管理原理》(1911年)。其中《科学管理原理》集中反映了泰罗的科学管理思想。

泰罗的科学管理理论主要有以下几个方面:

①工作定额原理。科学管理的中心问题是提高效率,而提高效率的首要问题是如何合理安排日工作量。要制定出有科学依据的工人的“合理的日工作量”,就必须进行工时和动作研究。方法是选择合适且技术熟练的工人,把他们的每一项动作、每一道工序所使用的时间记录下来,加上必要的休息时间和其他延误时间,就得出完成该项工作所需要的总时间,据此定出一个工人“合理的日工作量”。这就是所谓工作定额原理。

②标准化。要使工人掌握标准化的操作方法,使用标准化的工具、机器和材料,并使作业环境标准化。这就是所谓标准化原理。泰罗认为,必须用科学的方法对工人的操作方法、工具、劳动和休息时间的搭配,机器的安排和作业环境的布置等进行分析,消除各种不合理的因素,把各种最好的因素结合起来,形成一种最好的方法,他把这叫作管理当局的首要职责。

③差别计件工资制。为了鼓励工人努力工作,泰罗提出采取刺激性工资报酬制度——差别计件工资制。所谓差别计件工资制,就是按照工人完成其定额的情况而采取不同的工资率。

泰罗认为,工人磨洋工的一个重要原因是报酬制度不合理,多劳不一定多得。因此,他提出了一种新的报酬制度——差别计件工资制。如果工人达到或超过了劳动定额,按“高”工资率付酬,为正常工资率的120%,不仅超额部分而且定额内的工作量也以此计酬;如果完不成定额,则按“低”工资率付酬,为正常工资率的80%。泰罗还认为,工资的支付对象是工人而不是职位,即根据工人的实际工作表现和工作量而不是根据工作类别来支付工资。这样既能克服磨洋工现象,又有利于提高工人的劳动积极性。

④计划职能和执行职能相分离。为了提高劳动生产率,泰罗主张把计划职能与执行职能分开。泰罗的计划职能实际上就是管理职能,执行职能则是工人的劳动职能。此外,泰罗还主张建立专门的计划部门,专门进行标准化研究,制定标准,下达任务,工人按计划生产。在工长对工人的管理方面,泰罗提出一种"职能工长制",即将管理工作予以细分,一个工长只承担一项管理职能,每个工长在其职能范围内有权监督和指导工人的工作。

【课堂活动2-1】管理学中,泰罗提出的计划职能和执行职能相分离同亚当·斯密提出的劳动分工理论有何联系与区别?

⑤科学挑选"第一流的工人"。泰罗认为,为了提高劳动生产率,必须为工作选择"第一流的工人"。泰罗认为:那种能够工作而又不想工作的人不能成为"第一流的工人"。他也曾试图阐明,每种类型的工人都能找到某些工作使其成为"第一流的工人"。泰罗关于"第一流的工人"的要求包括以下内容:"第一流的工人"必须是有能力做"第一流工作的人";"第一流的工人"必须愿意工作,而不是被强迫去做某种工作;一般的工人可以被培训为"第一流的工人";"第一流的工人"必须干"第一流的工作",做到能力与工作相适应。

⑥实行职能工长制。泰罗主张实行"职能管理",即将管理工作予以细化,使所有的管理者只承担一种管理职能。泰罗设计出8个职能工长,代替原来的一个工长,其中4个在计划部门,4个在车间。每个职能工长只负责某一方面的工作。各工长在其职能范围内,可以直接向工人发出命令。

【课堂活动2-2】你认为泰罗的"职能工长制"在实践中能得到推广吗?请说出你的理由。

⑦在管理上实行例外原则。所谓例外原则,就是企业的高层管理者只集中精力处理组织中的重大经营决策问题,把那些经常出现、重复出现的"例行问题"的解决办法制度化、标准化,交给下级人员去处理。贯彻这一原则,有利于减轻组织中高层管理者的日常工作事务,使他们能集中精力进行组织重大问题的决策与控制。

⑧两方面的精神革命。泰罗认为,实施科学管理的核心问题,就是要求管理人员和工人双方在精神上和思想上进行一个彻底的变革。1912年,泰罗在美国众议院特别委员会所作的证词中强调指出:科学管理是一场重大的精神变革。他要求工厂的工人树立对工作、对伙伴、对雇主负责任的观念;同时也要求管理人员——领工、监工、企业主、董事会改变对同伙、对工人以及对一切日常问题的态度,增强责任观念。通过这种精神变革,可使管理人员和工人双方都把注意力从盈利的分配上转移到增加盈利上来。

【课堂活动2-3】泰罗对管理学发展的主要贡献是什么?泰罗理论主要有哪些局限性?

【知识链接 2-1】

泰罗的三大实验

1.搬运铁块实验

1898年,泰罗在伯利恒钢铁公司开展动作研究时进行了一项搬运铁块实验。

他在从事管理研究时看到公司搬铁块工作量非常大,有75名搬运工人负责这项工作,把铁块搬上火车运走。每个铁块重80多斤,搬运距离为30米,尽管每个工人都十分努力,但工作效率并不高,每人每天平均只能搬运12.5吨的铁块。

泰罗经过认真的观察分析,最后测算出,一个好的搬运工每天应该能够搬运47吨,而且不会危害健康。泰罗首先是科学地挑选工人,并进行了培训。经反复挑选,他找到的这个人是个大块头、强壮的荷兰移民,叫施米特。泰罗用金钱来激励施米特,使他按规定的方法装运生铁。泰罗的一位助手按照泰罗事先设计好的时间表和动作对这位工人发出指令,如搬起铁块、开步走、放下铁块、坐下休息等。泰罗试着转换各种工作因素,以便观察它们对施米特的日生产率的影响。例如,在一些天里工人可能弯下膝盖搬生铁块;而在另一些天,可能直膝盖去搬。在随后的日子里,泰罗还试验了行走的速度、持握的位置和其他变量的影响。通过长时间的试验,这名工人平均每天工作量从原来的12-13吨猛增至每天装运48吨,工资也增加了70%,于是其他人也渐渐要求泰罗指导他们掌握新的工作方法。从这以后,搬运工作的定额就提高到了47.5吨。

通过这个实验,泰罗归结出四点核心内容:

(1)精心挑选工人;

(2)诱导工人了解这样做对他们没有损害,还可以得到利益;

(3)对工人进行训练和帮助,使之获得完成既定工作量的技能;

(4)按科学的方法去做可节省体力。

泰罗的这项研究把工作定额一下提高了将近三倍,工人的工资也有所提高。期间泰罗几乎完成了每一项重要工作的动作研究,为制定合理的工作定额打下了良好的基础。

2.铁砂和煤炭的铲掘实验

早先铲掘工人是自备铲子到料厂去干活的,用铲子去铲铁砂,每铲的重量太大容易疲劳;而用同一个铲子去铲煤,则每铲的重量又不足。泰罗研究发现,当一个工人在操作中的平均负荷量大致是每铲21磅时,他就能干出最大的工作量。因此,他在进行实验时就不让工人自己带铲子,而是准备了8-10把不同的铲子,每种铲子只适合于铲特定的物料,这不仅是为了使工人能平均铲掘达到21磅,也是为了使这些铁铲能适应若干的条件。为此他建立了一间大型工具房,里面存放着精心设计的各种工具。同时他还设计了两张有标号的纸卡,一张说明工人在工具房所领的工具和该在什么地方干活,另一张是一份工人干活的说明书，说明一天工作的情况，上面还记载着前一天的收入。在工人们取得白色纸卡的时候，工人就会明白一切正常，而当取得黄色纸卡的时候就意味着要加油干了，否则的话就要调离工作。泰罗这项实验主要是要表明"每一项简单的动作都隐含一种科学的成分"。

通过这个实验，泰罗提出了新的管理思想：

(1)将实验的手段引入到经营管理领域；

(2)计划和执行相分离；

(3)标准化管理概念的形成；

(4)挖掘人和物的资源潜力，人尽其才，物尽其用是提高效率的最好办法。

3.金属切削实验

在米德维尔公司时，泰罗为了解决工人怠工问题，对金属切削进行了研究。

这时他已具备了相当的金属切削的作业知识，于是他对车床的效率问题进行了实验，预定从事6个月的金属切削实验开始了。在使用车床、钻床、刨床等机床切削金属时，无论何时都必须决定使用什么样的刀具、用多大的切削速度，以便获得最佳的金属加工效率。然而要确定这些要素需要分析多达12种变量，如金属的成分、T件的直径、切削的深度、进刀量等。

这项实验非常复杂和困难，原来预计的6个月实际上用了26个年头，并花费了巨额的资金，耗用了80万吨钢材。最后在巴思和怀特等十几名专家的帮助下取得了重大进展。这项实验的成果是成了金属加工方面的工作规范，另一重要的副产品是发明了高速钢并取得了专利。

(2)法约尔的一般管理理论。法约尔(1841—1925)是古典管理理论在法国的杰出代表。法约尔早期就参与企业的管理工作，并长期担任企业高级领导职务。泰罗的研究是从"车床前的工人"开始，重点内容是企业内部具体工作的效率。法约尔的研究是从"办公桌前的总经理"出发的，以企业整体作为研究对象。他认为，管理理论是"指有关管理的、得到普遍承认的理论，是经过普遍经验检验并得到论证的一套有关原则、标准、方法、程序等内容的完整体系"；有关管理的理论和方法不仅适用于公私企业，也适用于军政机关和社会团体。这正是其一般管理理论的基石。法约尔的著作很多，1916年出版的《工业管理和 般管理》是其代表作，标志着一般管理理论的形成。法约尔的管理理论对此后管理理论的发展一直起着重大作用，因而西方国家把法约尔称为"现代经营管理之父"。

法约尔一般管理理论的主要内容如下：

①企业的6种基本活动。法约尔指出任何企业的经营包括6种基本活动(图2-1)，管理活动在6种基本活动中处于核心地位。这6种基本活动是：

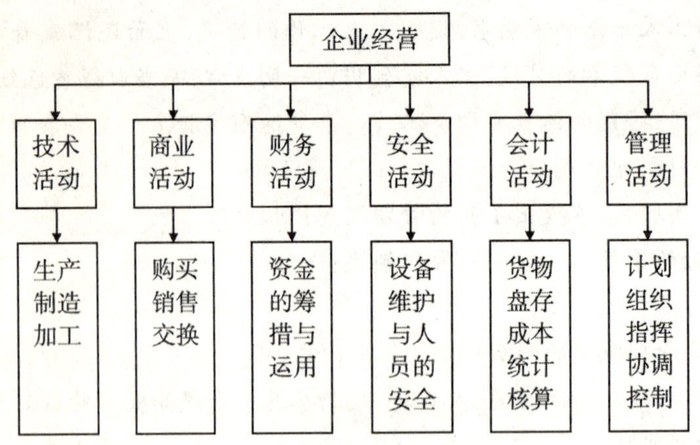

图 2-1 企业经营活动图

- 技术活动,指生产、制造、加工等活动;
- 商业活动,指采购、销售和交换等;
- 财务活动,指资金的筹措、运用和控制;
- 安全活动,指设备维护、商品和人员的保护;
- 会计活动,指货物盘点、会计、成本统计、核算;
- 管理活动,指计划、组织、指挥、控制和协调。

②管理的 5 项职能。法约尔第一次对管理职能做了明确的划分,提出了管理的 5 项职能,即计划、组织、指挥、协调和控制。

- 计划,是指预测未来并制定行动方案,是管理的首要职能。
- 组织,即为组织机构达到预定目标提供所需一切条件的活动,包括组织的建立、职工的招募和训练以及规章制度的建立等。
- 指挥,即为了使组织行动起来所必需的,可简述成为使组织能充分发挥作用的有效领导的艺术。
- 协调,即工作和谐配合,让企业中的所有人员团结一致,以便使工作顺利进行。
- 控制,即核定情况的进行是不是与既定的计划、发出的指示以及确定的原则相符合,以便加以纠正和避免重犯。

③管理的 14 条基本原则。法约尔根据自己的管理经验提出了管理的 14 条基本原则。

工作分工。这条原则与亚当·斯密的"劳动分工"原则是一致的。专业化使雇员的工作更有效率,从而提高工作量。

权责相符。管理者必须拥有权力以发布命令,但权力必须与责任相符。凡行使职权的地方,就应当确立责任。

纪律严明。雇员必须服从和尊重组织规定,良好的纪律是有效领导的结果。管理者和雇员对规章有明确理解和公平的奖惩，对于保证纪律的有效性是非常重要的。

统一指挥。组织中的每一个成员都应该只接受一个上级的指挥，并向这个上级汇报自己的工作。

统一领导。凡是从事同种工作或具有相同目标活动的任何部门，应该由同一个管理者，按一个统一的计划来加以领导。一个组织或一个部门，只能有一个正职。

个人利益服从整体利益。任何一位员工或员工团体的利益，不应当置于组织的整体利益之上。

报酬。对员工和下属单位应给予公平合理的报酬。

适当地集权和分权。集权反映的是下属参与决策的程度，决策是集中（由管理者做出）还是不集中（由下属做出），涉及一个适度问题，管理当局的任务是找到在每种情况下最适合的集中程度。

等级链。从最高领导层到基层应形成并保持权威等级系列制度，沟通应当按这种系列制度进行传递。但是，如果遵循等级链会导致信息传递的延迟，而所有当事人都同意并通知了各自的上级，则可以允许横向交叉沟通，即“跳板”形式。等级链又称法约尔桥。

秩序。人员和材料应当在恰当的时候放到恰当的位置上。

公平。每一个管理者对自己的下属人员都必须善意和公正。

保持人员的稳定。在人员安排上要避免杂乱无章的混乱现象，要有秩序地安排人员并补充人力资源。

首创精神。允许员工自发制订和实施计划将会极大地调动他们的积极性。

合作精神。要注意保持和维护组织中人与人之间团结、和谐、协作的关系，形成和谐与团结的气氛。

【课堂活动2－4】你认为哪条原则对组织来说是相对最重要的？

【知识链接2－2】

法约尔跳板

1.法约尔跳板的含义

在贯彻等级制度原则中，为了使组织既能坚持统一指挥原则，又能缩短信息联系的路线，法约尔提出可以在需要进行沟通的两个部门之间建立联系的渠道，即“法约尔天桥”。通过这个“法约尔天桥”就可以使需要进行联系的两个部门取得联系，从而缩短相互之间信息沟通的时间，有利于企业迅速决策，但其不利因素是会造成“多头指挥”的局面。

2.法约尔跳板的具体内容

法约尔跳板如图2－2所示，A代表这个组织的最高领导，按照组织系统，F与P之间发生了必须两者协商才能解决的问题，F必须将问题向E报告，E再报告D，如此层层由下而上、由上而下到达P，然后P将研讨意见向O报告，层层上报到A，再经过B、C……最后回到F。这样往返一趟，既费时又误事。所以法约尔提出，做一"跳板"使F与P之间可以直接商议解决问题，再分头上报。

如果工头F想同工头P联系，他可以直接进行联系，而不用向上级报告(F通过E到A)以及按顺序A向下传递给P。但是这种联系只有等级中所有各方都同意而且上级人员随时都了解情况的时候才能进行，E与O同意各自的下属F和P直接联系，就"捍卫了等级原则"；F与P分别向各自的上级汇报了情况，"整个情况就完全合乎规则"。因此，"跳板"原则使得侧向联系可以迅速有效地进行，而且既不使路线负担过重，又维护了统一指挥原则，捍卫了等级原则。法约尔的等级制度倾向于所有的员工安排均有明确的等级，但他也意识到上下级之间存在沟通问题，因此他也提倡适当的横向联系。

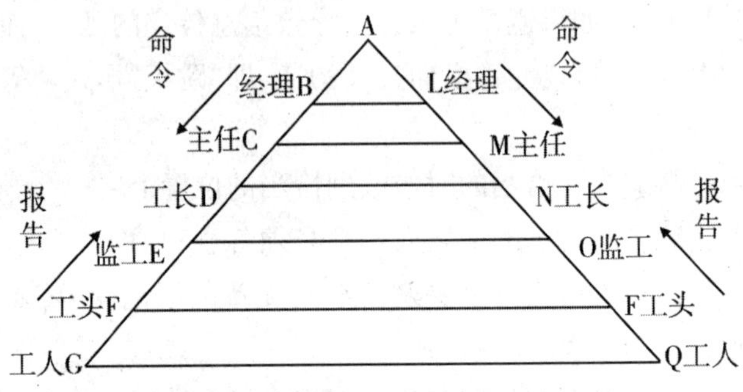

图2-2 法约尔天桥

3.法约尔跳板的应用意义

法约尔总结了"跳板"原则的优点：上述"天桥"的利用是简单的、迅速的、可靠的。它可以使F与P两方开一次会，在几小时之内就处理了某种问题，若通过等级线路，将经过20次的情报传达，打扰许多人，带来一大堆废纸文件，耗掉几个星期或几个月的时间，而得到的却是一个总的来说比人们让F与P直接接触而得到的要差的解决办法。

这样有效的沟通方法在"绝大多数事物"中都能看到，但也存在死板的等级线路沟通。一些行政机构之所以官僚主义盛行，究其原因，就在于许多人为了"逃避责任"而不采用"跳板"原则。法约尔认为其主要原因是"领导管理能力不足"。他还对如何运用"跳板"原则做了分析：如果高级领导A要求他的助手B与L都用这种"天桥"并也让他们的下级C……M……使用，那么敢于负责的习惯与勇气就建立起来了，同时也养成了使用这种最短线路的习惯。如果在不必要的情况下就离开了等级线路，则是一个错误；但如果遵循了等级线路而得到的结果是对企业的损害，则是一个更大的错误，而且这个错误在某种情况下可能是极其严重的。

层级原则与"跳板"原则之间会存在矛盾，因此，"天桥"不可随意使用，否则组织整体就会面临崩溃，但如果因循守旧按部就班，则只会对企业造成更大的损害。为此，法约尔指出："当一个职员迫于就某个问题做出决定，并且又得不到上司的帮助和支持时，他就必须具有足够的勇气和自由，根据由整体利益规定的原则做出决定。"

(3)韦伯的行政组织理论。马克斯·韦伯(1864—1920)1864年出生在德国爱尔福特的一个中产阶级家庭，1882年进入海德堡大学攻读经济学和法律，之后又就读于柏林大学。在此期间，他还曾入军队服役，1888年参与波森的军事演习，因而对德国的军事生活和组织制度有相当的了解，这对他今后建立组织理论有相当的影响。他一生担任过教授、政府顾问、编辑，对社会学、宗教学、经济学与政治学都有相当的造诣。韦伯的主要著作有《新教伦理与资本主义精神》《一般经济史》《社会和经济组织的理论》等，其中官僚组织模式的理论(即行政组织理论)，对后世产生了最为深远的影响。因此，韦伯被称为"组织理论之父"。

韦伯认为，任何组织都必须以某种形式的权力作为基础，没有某种形式的权力，任何组织都不能达到自己的目标。人类社会存在三种为社会所接受的权力：

①法定权力。法定权力是指依法任命并赋予行政命令的权力，对这种权力的服从是依法建立的一套等级制度，这是对确认职务或职位的权力的服从。韦伯认为，只有法定权力才能作为行政组织体系的基础，其最根本的特征在于它提供了慎重的公正。原因在于：一是管理的连续性使管理活动必须有秩序地进行，二是以"能"为本的择人方式提供了理性基础，三是领导者的权力并非无限，应受到约束。

②传统权力。传统权力是指以古老的、传统的、不可侵犯的和执行这种权力的人的地位的正统性为依据。对于传统权力，韦伯认为，人们服从是因为领袖人物占据着传统所支持的权力地位，同时领袖人物也受着传统的制约。但是，人们对传统权力的服从并不是以与个人无关的秩序为依据，而是在习惯义务领域内的个人忠诚。领导人的作用似乎只为了维护传统，因而效率较低，不宜作为行政组织体系的基础。

③超凡权力。超凡权力是指建立在对个人的崇拜和迷信基础上的权力。韦伯认为，超凡权力的合法性，完全依靠对于领袖人物的信仰，领袖人物必须以不断的奇迹和英雄之举赢得追随者。超凡权力过于带有感情色彩并且是非理性的，不是依据规章制度，而是依据神秘的启示。所以，超凡的权力形式也不宜作为行政组织体系的基础。

有了适合于行政组织体系的权力基础，韦伯勾画出理想的官僚组织模式。理想的官僚组织模式具有的特征体现在以下几个方面：

①组织中的人员应有固定和正式的职责并依法行使职权。组织是根据合法程序制定的，应有其明确目标，并靠着这一套完整的法规制度，组织与规范成员的行为，以期有效地追求与达到组织的目标。

②组织的结构是一层层控制的体系。在组织内，按照地位的高低规定成员间命令与服从的关系。

③人与工作的关系。成员间的关系只有对事的关系而无对人的关系。

④成员的选用与保障。每一职位根据其资格限制(资历或学历),按自由契约原则,经公开考试合格予以使用,务求人尽其才。

⑤专业分工与技术训练。对成员进行合理分工并明确每人的工作范围及权责,然后通过技术培训来提高工作效率。

⑥成员的工资及升迁。按职位支付薪金,并建立奖惩与升迁制度,使成员安心工作,培养其事业心。

韦伯认为,凡具有上述6项特征的组织,可使组织表现出高度的理性化,其成员的工作行为也能达到预期的效果,组织目标也能顺利的达成。韦伯对理想的官僚组织模式的描绘,为行政组织指明了一条制度化的组织准则,这是他在管理思想上的最大贡献。

【课堂活动2-5】如何理解"古典理论是古典的,然而也是现代的、科学的,古典管理的精华永存"?

2.2.2 行为科学管理理论

行为科学产生于20世纪20年代到60年代。行为科学的研究,基本上可以分为两个时期。前期以人际关系学说的结论为主要内容,这一时期从20世纪20年代梅奥的霍桑试验开始,到1949年在美国芝加哥讨论会上第一次提出行为科学的概念为止。

在行为科学的发展史中,被称为里程碑式的试验就是1924年开始的霍桑试验。美国哈佛大学心理学教授梅奥1927年接管并主持霍桑试验。霍桑试验是在美国芝加哥西部电器公司所属的霍桑工厂进行的一系列心理学研究的总称。试验从1924年开始,一直持续到1932年,历时8年之久。人际关系理论由此诞生。

(1)霍桑试验的主要内容。

①第一阶段:工厂照明试验。试验的目的是要研究工作环境与生产效率之间有无直接的因果关系。研究人员将接受试验的工人分成两组:一组采用固定照明,称为控制组;另一组采用变化的照明,称为试验组。研究人员原以为试验组的产量会由于照明条件的变化而发生变化。但结果是:当照明强度增加时,试验组的产量提高了,控制组的产量也提高了;当照明强度减弱时,试验组的产量不但没有减少,反而还有所提高,控制组的产量也相应提高。试验结果说明,照明条件与生产效率无直接的因果关系,照明条件仅是影响生产效率的一个因素,还有其他因素对工人劳动生产效率产生影响。

②第二阶段:继电器装配试验。试验的目的是通过试验发现各种工作条件变动对生产效率的影响。研究人员将装配继电器的6名女工从原来的集体中分离出来,成立单独的小组,同时改变原来的工资支付办法,以小组为单位计酬;撤销工头监督;增加工作的休息时间,实行每周五天工作制;工作休息时免费供应饮料等。采取这些措施后,

女工们的日产量增加了30%以上。试验一段时间，又取消了上述这些待遇，但生产率并没有因此而下降，反而仍在上升。研究发现原因是社会条件和监督方式的改变，导致了女工们工作态度的变化，因而产量仍在增加。同时也说明，各种工作条件包括福利待遇，也不是提高劳动生产效率的唯一因素。

③第三阶段：访谈试验。在照明试验和福利试验的基础上，研究人员又进行了为期两年的对2万多名职工进行的访谈调查。调查涉及的问题很广泛，允许职工自己选择话题、提建议、发牢骚，结果收到很好的效果，生产效率大幅度提高。试验证明：物质条件的变化往往对生产效率的影响不大，人们的工作绩效还受他人的影响，即人们的工作绩效不仅仅取决于个人自身，还取决于群体成员。

④第四阶段：接线板接线工作室试验。研究人员组织了"接线板小组观察室"试验，目的是研究社会因素对激发职工积极性的影响。试验过程中，选择了14名接线板工人，通过6个月的观察，发现许多行为准则会影响工人的行为。这些准则包括干的工作多少、与管理人员的信息交往等。例如，工作不应干得太多，也不应干得太少；不应向上司告发同事中出现的事情等。

(2)人际关系理论的主要内容。在总结霍桑试验研究成果的基础上，梅奥于1933年出版了《工业文明中的人的问题》一书，提出了与古典管理理论不同的新的管理理论——人际关系理论。这一理论的主要内容有以下几个方面。

①工人是"社会人"而不是"经济人"。在此之前，西方社会流行的观点是把劳动者看成"经济人"，认为金钱是刺激劳动者积极性的唯一动力。梅奥则认为，人是"社会人"，影响人的工作积极性的因素，除物质条件外，还有社会、心理等方面的因素，如安全感、归属感、相互尊重和友情，这些因素对人的积极性有极大的影响。

【知识链接2-3】

经济人与社会人

经济人又叫唯利人，起源于享乐主义哲学和亚当·斯密关于劳动交换的理论，认为人的行为动机在于经济诱因，都是为了追求自身最大的经济利益。以泰罗为代表的科学管理理论是经济人假设的典型代表。

经济人假设的基本观点有：职工们基本上都是受经济性刺激物激励的，不管是什么事，只要能够提供最大的经济利益，他们就会去干；因为经济性刺激物是在组织的控制之下，所以职工们的本质是一种被动的因素，要受组织的左右、驱使和控制；感情是非理性的，必须加以防范，以免干扰了人们对自己利害的理性的权衡；组织能够而且必须按照能中和并控制住人们感情的方式来设计，也就是要控制住人们那些无法预计的品质。

社会人也称社交人。这种假设是在梅奥的霍桑试验基础上提出来的。梅奥把重视社会需要和自我尊重需要而轻视物质需要与经济利益的人称为社会人。社会人假设的理论基础就是梅奥的人际关系理论。

社会人假设的基本观点有:人的行为动机不只是追求金钱和物质,而是人的全部社会需求;科技的发展及工作合理化结果,使工作本身失去了乐趣和意义,人们便从工作的社会关系中去寻求乐趣和意义;工人对同事之间的社会影响力要比组织所给予的经济报酬更为重要;工人的工作效率随上级满足他们社会需求的程度而变化。

②企业中存在着非正式组织。正式组织是为了实现企业目标而规定成员之间职责范围的一种结构。而组织成员在共同的工作中,必然相互间发生关系,由此而形成人们之间的共同感情,进而构成一个体系,称为非正式组织。非正式组织的存在对企业有利有弊。作为管理者,要认识非正式组织存在的作用,搞好成员之间的沟通和协作,充分发挥非正式组织的积极作用。

③生产效率的提高主要取决于职工的工作态度和其与周围人的关系。梅奥认为,提高生产效率的主要途径是提高职工的满意度,即职工对社会因素,特别是人群关系的满意程度,如自己的工作能否被社会、上级和同事认同等。如果满意度高,生产效率就高。所以,管理者要善于提高职工的士气,处理好人际关系。

④新型领导能力在于提高工人的满意度。梅奥提出领导者在了解人们合乎逻辑的行为的同时,还应了解不合乎逻辑的行为,要善于倾听和与职工沟通意见,使正式组织的经济需要与非正式组织的社会需要取得平衡。试验的结果证明,新型的领导能力在于通过职工心理需求的满足,来达到提高劳动生产率和工作效率的目的。

【课堂活动 2-6】你认为人际关系理论的上述观点是否全面?有片面之处吗?

【课堂活动 2-7】对于泰罗的科学管理理论和梅奥的人际关系理论,你赞成哪位学者的理论?试加以分析,说出你的理由。

后期行为科学的发展主要集中在四个领域:有关人的需要、动机和激励问题,有关企业中人的本性问题,有关企业中的“双因素”问题以及有关企业中领导方式的问题,主要理论有需要层次理论、双因素理论等。梅奥等人际关系理论的问世,开辟了管理和管理理论的新领域,并且弥补了古典管理理论的不足,更为以后行为科学的发展奠定了基础。

任务 2.3 洞悉现代管理理论的形成与发展

现代管理理论形成与发展时期主要是指 20 世纪 50 年代末到 20 世纪 80 年代。随着科学技术日新月异的发展,生产社会化程度的日益提高,以及系统论、控制论、信息论、电子计算机技术在管理领域中广泛的应用,许多管理学者都从各自不同的角度发表自己对管理学的见解。期间有代表性的管理理论学派至少发展到 11 个,其中主要的代表学派有：管理过程学派、管理科学学派、社会系统学派、决策理论学派、经验主义学派和权变理论学派等。这些管理学派研究方法众多，管理理论不统一，各个学派都有各有自己的代表人物，各有自己的用词意义，各有自己所主张的理论、概念和方法。1980年，美国著名管理学家哈罗德·孔茨（1908—1984）称其为管理理论丛林。

2.3.1　管理过程学派

管理过程学派，又叫管理职能学派、经营管理学派。这一理论是在法约尔一般管理理论的基础上，由美国加利福尼亚大学的教授孔茨和奥唐奈提出的。法约尔之后，孔茨和奥唐奈在仔细研究这些管理职能的基础上，将管理职能分为计划、组织、人事、领导和控制五项，而把协调作为管理的本质。孔茨利用这些管理职能对管理理论进行分析、研究和阐述，最终得以建立起管理过程学派。

（1）管理过程学派的主要观点。

①管理是一个过程，即让别人或同别人一起实现既定目标的过程。

②管理是由一些基本步骤（如计划、组织、控制等职能）所组成的独特过程。

该学派注重把管理理论和管理者的职能及工作过程联系起来，目的在于分析过程，从理论上加以概括，确定出一些管理的基本原理、原则和职能。由于过程是相同的，从而使实现这一过程的原理与原则具有普遍适用性。

（2）对管理过程学派的评价。

①管理过程学派的主要贡献。

一是相对于其他学派而言，它是最为系统的学派。该学派首先从确定管理人员的管理职能入手，并将此作为其理论的核心结构。该学派对后世影响很大，许多管理学教科书都是按照管理的职能展开论述的。

二是管理过程学派确定的管理职能和管理原则，为训练管理人员提供了基础。把管理的任务和非管理的任务（如财务、生产以及营销）加以区分，能使经理集中于经理人员的基本工作上。

②管理过程学派存在的缺陷。

一是管理过程学派所归纳出的管理职能不能适用所有的组织。该学派所归纳出的管理职能通用性有限，对静态的、稳定的生产环境较为合适，而对动态多变的生产环境难以应用。

二是管理过程学派所归纳的职能并不包括所有的管理行为。

三是在管理者日常管理中，一定是先有了目标和组织，然后进行管理，而不是先有一套典型的职能，能够运用到不同的组织中去。

2.3.2 管理科学学派

管理科学学派是泰罗管理学派的继续和发展，是近年来在西方管理学界形成的，布莱克特和伯法是该学派的代表人物。这个学派认为，管理就是制定和运用数学模式与程序的系统，就是用数学符号和公式来表示计划、组织、控制、决策等合乎逻辑的程序，求出最优的答案，以达到企业的目标。所以，所谓管理科学就是制定用于管理决策的数学和统计模式，并把这种模式通过电子计算机应用于管理之中。

(1)管理科学学派的主要观点。

①组织是由"经济人"组成的一个追求经济利益的系统，同时又是由物质技术和决策网络组成的系统。

②科学管理的目的是通过科学原理、方法和工具应用于管理的各种活动之中，着重在管理程序中的计划和控制这两项职能应用。解决问题的步骤有：提出问题；建立数学模型；得出解决方案；对方案进行验证；建立对解决方案的控制；把解决的方案付诸实施。

③管理科学应用的科学方法主要有线性规划、决策树、计划评审法和关键线路法、模拟、对策论、概念论、排队论。

④管理科学应用的先进工具主要是指计算机。

(2)对管理科学学派的评价。

①管理科学学派的主要贡献。

一是使复杂的、大型的问题有可能分解为较小的部分，更便于诊断、处理。

二是制作与分析模式必须重视细节并遵循逻辑程序，把决策置于系统研究的基础上，增进决策的科学性。

三是有助于管理人员估价不同的可能选择，明确各种方案包含的风险与机会，更有可能做出正确的选择。

②管理科学学派存在的缺陷。

一是管理科学学派的适用范围有限，并不是所有管理问题都能够定量，这就影响了它的使用范围。

二是实际解决问题中存在许多困难。管理人员与管理科学专家之间容易产生隔阂。实际的管理人员可能对复杂、精密的数学方法很少理解，无法做出正确评价。而管理科学专家一般又不了解企业经营的实际工作情况，因而提供的方案不能切中要害，解决问题。这样，双方就难以进行合作。

三是采用此种方法大都需要相当数量的费用和时间，往往只适用于那些大规模的复杂项目。

2.3.3 社会系统学派

社会系统学派的代表人物是美国著名的管理学家巴纳德(1886—1961),代表作为《经理的职能》。该学派认为组织是一个复杂的社会系统,应从社会学的观点来分析和研究管理的问题。由于他把各类组织都作为协作的社会系统来研究,后人把由他开创的管理理论体系称作社会系统学派。该学派奠定了现代组织理论的基础,对管理思想的发展特别是组织理论的发展产生了深远的影响。

(1)社会系统学派的主要观点。

①组织是一个是由个人组成的协作系统,个人只有在一定的相互作用的社会关系下,同他人协作才能发挥作用。

②组织作为一个协作系统包含三个基本要素:信息交流、做贡献的意愿与共同的目的。

③组织是两个或两个以上的人所组成的协作系统,管理者应在这个系统中处于相互联系的中心,并致力于获得有效协作所必需的协调。因此,经理人员要招募和选择那些能为组织目标的实现而做出最好贡献并能协调地工作在一起的人员。

④经理人员的作用就是在一个正式组织中充当系统运转的中心,并对组织成员的活动进行协调,指导组织的运转,实现组织的目标。根据组织的要素,巴纳德认为,经理人员的主要职能有三个方面:提供信息交流的体系;促成必要的个人努力;提出和制定目的。

(2)对社会系统学派的评价。巴纳德的组织理论是其管理理论的基础,他对组织的定义提出了与传统的管理理论截然不同的观点。他首先指出组织是一个由两个或两个以上的人组成的协作系统,在这里,巴纳德采用了与传统的组织理论不同的定义方式,传统的组织理论认为组织就是人的集合体。例如,一个医院,就是医生与病人的集合体等。由此可见,传统的组织概念还停留在对组织的表象和功能的表述上,并没有抓住组织的本质进行深入的研究。而巴纳德不是从组织结构的角度,而是从行为的角度对组织下定义。巴纳德把组织看成一个协作的系统。

2.3.4 决策理论学派

决策理论学派的主要代表人物是曾获1978年度诺贝尔经济学奖的西蒙,其代表作为《管理决策新科学》。西蒙虽然是决策学派的代表人物,但他的许多思想却是从巴纳德中吸取来的,他发展了巴纳德的社会系统学派,并提出了决策理论,创立了决策理论学派,形成了一门有关决策过程、原则、类型及方法的较完整的理论体系。

(1)决策理论学派的主要观点。

①管理就是决策,决策贯穿于整个管理过程。

②把决策分为程序化决策和非程序化决策,二者的解决方法一般不同。

③信息本身以及人们处理信息的能力都是有一定限度的,现实中的人或组织都只是"有限理性"而不是"完全理性"的。

④决策一般基于"满意原则"而非"最优原则"。

⑤组织设计的任务就是建立一种制定决策的"人—机系统"。

(2)对决策理论学派的评价。

①决策理论的主要贡献。一是从管理职能的角度来说,决策理论提出了一条新的管理职能。针对管理过程理论的管理职能,西蒙提出决策是管理的职能,决策贯穿于组织活动全部过程,进而提出了"管理的核心是决策"的命题,而传统的管理学派是把决策职能纳入到计划职能当中的。"决策是管理的职能"现在已得到管理学家普遍的认可。

二是首次强调了管理行为执行前分析的必要性和重要性。决策理论之前的管理理论研究重点集中在管理行为本身的研究中,而忽略管理行为的分析,西蒙把管理行为分为"决策制定过程"和"决策执行过程",并把对管理的研究重点集中在"决策制定过程"的分析中。任何实践活动,无不包含着"决策制定过程"和"决策执行过程"。

②决策存在的缺陷。决策理论尽管提出了许多其他理论所不具备的优点,但仍存在以下缺陷:

一是管理是一种复杂的社会现象,仅靠决策无法给管理者有效的指导,实用性不大。

二是决策学派没有把管理决策和人们的其他决策行为区别开来。决策并非只存在于管理行为中,人们日常的一些非管理行为中也普遍存在着决策。究其原因,是没有认识到管理的本质。

2.3.5 经验主义学派

经验主义学派的主要代表人物是德鲁克(1909—),代表作是《有效的管理者》。经验主义学派认为管理学就是研究管理经验,认为通过对管理人员在个别情况下成功的和失败的经验教训的研究,会使人们懂得在将来相应的情况下,如何运用有效的方法解决管理问题。

(1)经验主义学派的主要观点。

①管理应侧重于实际应用,而不是纯粹理论的研究,管理的实际应用是以知识和责任为依据的。

②管理者的任务是了解本组织的特殊目的和使命,使工作富有活力并使职工有成就;处理本机构对社会的影响及对社会的责任。

③实行目标管理的管理方法。德鲁克对管理学的最大贡献是提出目标管理法。目

标管理在当今仍是运用最多的管理方法。

(2)对经验主义学派的评价。在管理理论丛林中经验主义学派的方法可以说较具特色,但它受到了许多管理学家的批评。经验主义学派由于强调经验而无法形成有效的原理和原则,无法形成统一完整的管理理论,管理者可以依靠自己的经验,而无经验的初学者则无所适从。而且,过去所依赖的经验未必能运用到将来的管理中。由于组织环境一直处于变化之中,过分地依赖未经提炼的实践经验和历史来解决管理问题是无法满足需要的。但该学派认为,成功的组织管理者的经验和一些成功的大企业的做法是值得借鉴的。

2.3.6 社会技术系统学派

社会技术系统学派是在社会系统学派的基础上进一步发展形成的,其代表人物是特里司特及其在英国塔维斯托克研究所的同事,代表作是《社会技术系统的特性》。该学派认为只分析企业的社会方面是不够的,还必须注意其技术方面,必须把企业中的社会系统同技术系统结合起来考虑,而管理者的一项主要任务就是要确保这两个系统相互协调。

(1)社会技术系统学派的主要观点。

①该学派集中研究科学技术对个人、对群体行为方式,以及对组织方式和管理方式等的影响,因此特别注重工业工程、人—机工程等方面问题的研究。

②该学派认为组织既是一个社会系统,又是一个技术系统,并非常强调技术系统的重要性,认为技术系统是组织同环境进行联系的中介。

(2)对社会技术系统学派的评价。该学派虽然也没有研究到管理的全部理论,但却首次把组织作为一个社会系统和技术系统综合起来考虑,可以说是填补了管理理论的空白,并且对管理实践也是很有意义的。

2.3.7 人际关系学派

人际关系学派的代表人物是美国的梅奥、马斯洛、赫兹伯格、麦格雷戈、卢因等。这个学派的学者大多数都受过心理学方面的训练,他们注重个人,注重人的行为的动因,把行为的动因看成一种社会心理学现象。其中有些人强调处理人的关系是管理者应该而且能够理解和掌握的一种技巧;有些人把“管理者”笼统地看成是“领导者”,甚至认为管理就是领导,结果把所有的领导工作都当成管理工作;还有不少人则着重研究人的行为与动机之间的关系,以及有关激励和领导问题。所有这些,都提出了对管理人员大有助益的见解。

人际关系行为学派的主要理论有:梅奥的人际关系理论、马斯洛的需要层次论、赫兹伯格的双因素理论、麦格雷戈的 Y 理论及布莱克和穆顿的管理方格理论等。具体内容在本书的相关项目中都有论述。

2.3.8 群体行为学派

群体行为学派的代表人物是梅奥,最早的研究活动就是霍桑试验。

群体行为学派以社会学、人类文化学、社会心理学为基础,而不是以个人心理学习基础。这个学派着重研究各种群体的行为方式,从小群体的文化和行为方式到大群体的行为特点,均在研究之列。

德国学者卢因(1890—1947)于 1944 年首先提出“团体动力学”的概念,并用来描述团体中人与人相互接触、影响所形成的社会关系,对以后团体行为的研究产生了较大影响。

后来美国管理学家阿吉里斯(1923—)在 1957 年发表的《个性与组织:互相协调的几个问题》一文中提出所谓“不成熟、成熟交替循环的模式”,并指出:“如果一个组织不为人们提供使他们成熟起来的机会,或不提供把他们作为已经成熟的个人来对待的机会,那么人们就会变得忧虑、沮丧,甚至还会按违背组织目标的方式行事”。他认为,如何解决个体成长和组织原则之间的矛盾是管理者长期面对的挑战,领导者的任务之一就是努力减少这种不协调,从而提高组织运行的效率。

2.3.9 经理角色学派

经理角色学派的代表人物是明茨伯格,代表作是《经理工作的性质》。该学派对经理工作的特点、所担任的角色、工作目标及经理职务类型的划分,影响经理工作的因素以及提高经理工作效率等问题重点进行了考察与研究。

(1)经理角色学派的主要观点。明茨伯格认为经理有以下特点:大量的工作,始终不懈的步调;工作活动具有简短性、多样性、琐碎性;把现实的活动放在优先地位;爱用口头交谈方式;处在他的组织与联络网之间。他将经理所担任的角色分为互相联系、不可分割的三类十种,即:人际关系方面,有挂名首脑、领导者、联络人三种;信息传递方面,有信息收受者、传播者、发言人三种;决策制定方面,有企业家、混乱驾驭者、资源分配者、谈判者四种。

明茨伯格从以上十个角色中提炼出经理工作的六项目标,即:

①保证他的组织实现其基本目标——有效率地生产出某些产品或服务。

②经理必须设计和维持他的组织的业务稳定性。

③经理必须负责他的组织的战略决策系统,并使他的组织以一种可控制的方式适应于其变动的环境。

④经理必须保证组织为控制它的那些人的目的服务。

⑤经理必须在他的组织同其环境之间建立起要害的信息联系。

⑥作为正式的权威,经理负责他的组织的等级制度的运行。

(2)对经理角色学派的评价。经理角色理论是在现代企业组织理论基础上发展起来的,是在经营权与所有权分离以后经理成为一种职业的产物。该理论不仅对我们理解经理人的角色、工作性质、职能、经理的培养具有重要意义,而且还对如何提高经理工作效率具有重要的现实意义。

经理工作极为重要,权力非常大,其行为的影响又非常深远,因此,如何建立既不影响经理发挥职能,又能有效地发挥其积极性、创造性,同时又能约束其滥用职权的制度,是我国目前建立现代企业制度的当务之急。

经理角色学派对管理职能的归纳仍然是有问题的。首先,经理角色学派得出的管理十种角色靠归纳得出,对管理者的调查由于数量较少而受到怀疑;其次,明茨伯格所得出的管理行为是否包含了所有的管理行为,很值得怀疑。

2.3.10　系统管理学派

系统管理学派的主要代表人物是美国华盛顿大学的管理学教授卡斯特和罗森茨韦格,代表作是《组织与管理——系统方法与权变方法》(1970年)。

(1)系统管理学派的主要观点。

①组织是由多个子系统组成的。组织作为一个开放的系统,是由五个不同的分系统构成的整体。这五个分系统包括:目标与价值分系统、技术分系统、社会心理分系统、组织结构分系统和管理分系统。这五个分系统之间既相互独立,又相互作用,不可分割,从而构成一个整体。这些系统还可以继续分为更小的子系统。

②企业是由人、物资、机器和其他资源在一定的目标下组成的一体化系统,它的成长和发展同时受到这些组成要素的影响。在这些要素的相互关系中,人是主体,其他要素则是被动的。管理人员需要保持各要素之间的动态平衡和相对稳定,并保持一定的连续性,以适应情况的变化,达到预期目标。

③企业是一个投入—产出系统,投入的是物资、劳动力和各种信息,产出的是各种产品或服务。管理人员要致力于提高组织的整体效率。

(2)对系统管理学派的评价。

①系统管理学派的贡献。

一是系统理论通过对组织的研究来分析管理行为,体现了管理哲学的改变。它使人们从整体的观点出发,对组织各个子系统的地位和作用以及它们之间的相互关系,得到了更清楚地了解。

二是系统理论使人们注意到任何社会组织都具有开放系统的性质,从而要求管理者不仅要分析组织的内部因素,解决组织内部因素的相互关系问题,还必须了解组织的外部环境因素,注意解决组织与外部环境的相互关系问题,为人们处理和解决各种复杂组织的管理问题提供了一种十分有用的思路和方法。

三是从系统的观点来考察和管理企业,有助于提高企业的整体效率。企业领导人有了系统观点,就更易于在企业各部门的需要和企业整体的需要之间保持适当的平衡,使得企业的管理人员不至于因为只注意一些专门领域的特殊职能而忽略了企业的总目标。

②系统管理学派的缺陷。不少学者也指出,现代组织和管理面临着十分复杂的条件,系统管理理论企图用系统的一般原理和模式来解决如此复杂的现实问题是难以奏效的。他们认为,系统方法过于抽象,实用价值不大。与其他管理理论相比较,它在解决具体的管理问题上的研究显得不足,许多人只是把它看作解决管理理论的一种崭新的方法,而不是一种新的管理理论。

2.3.11 权变理论学派

权变理论学派的代表人物是美国尼勃拉斯加大学经济管理系教授卢桑斯,代表作是《权变管理理论:走出丛林的道路》(1973 年)和《管理导论:一种权变学说》(1976 年)。该学派认为,企业管理中要根据企业所处的内外条件随机应变,没有什么一成不变、普遍适用的"最好的"管理理论和方法。

(1)权变理论学派的主要观点。

①权变理论就是要把环境对管理的作用具体化,并使管理理论与管理实践紧密地联系起来。

②环境是自变量,而管理的观念和技术是因变量。如果存在某种环境条件,对于更快地达到目标来说,就要采用某种管理原理、方法和技术。

③权变管理理论的核心内容是环境变量与管理变量之间的函数关系就是权变关系。环境可分为外部环境和内部环境。

(2)对权变理论学派的评价。

①权变理论有很明显的优势。

一是权变理论为人们分析和处理各种管理问题提供了一种十分有用的方法。它要求管理者根据组织的具体条件及其面临的外部环境,采取相应的组织结构、领导方式和管理方法,灵活地处理各项具体管理业务。管理理论中权变的或随机制宜的观点无疑是应当肯定的。

二是权变学派首先提出管理的动态性,人们开始意识到管理的职能并不是一成不变的,以往人们对管理行为的认识大多是从静态的角度,权变学派使人们对管理的动态性有了新的认识。

②权变理论的缺陷。权变学派存在一个带有根本性的缺陷，即没有统一的概念和标准。权变理论强调变化，却既否定管理的一般原理、原则对管理实践的指导作用，又始终无法提出统一的概念和标准，每个管理学者都根据自己的标准来确定自己的理想模式，未能形成普遍的管理职能。权变理论使实际从事管理的人员感到缺乏解决管理问题的能力，初学者也无法适从。

任务 2.4　分析当代管理理论的新发展

20 世纪 80 年代以来，西方管理学界出现了许多新的管理理论，其中以迈克尔·波特的战略管理理论、迈克尔·哈默与詹姆斯·钱皮的企业再造和彼得·圣吉的学习型组织最具有影响力，这些理论思潮代表了当代管理理论发展的新趋势。

2.4.1　战略管理理论

迈克尔·波特(Michael E. Porter)是当今世界上竞争战略和竞争力方面公认的权威，被誉为“竞争战略之父”，是现代最伟大的商业思想家之一。他毕业于普林斯顿大学，后获哈佛大学商学院企业经济学博士学位，32 岁即获哈佛大学商学院终身教授之职。目前，他拥有瑞典、荷兰、法国等国大学的 8 个名誉博士学位，其代表作有《竞争战略》(1980 年)、《竞争优势》(1985 年)、《国家竞争优势》(1990 年)和《竞争论》(1998 年)，这四部著作不仅为他奠定了商界泰山北斗的地位，更是企业高层制定战略的指路明灯。

波特的主要贡献可以概括为：五力模型、三大一般性战略、价值链、钻石体系和产业集群等五部分。

(1)五力模型。波特提出了对产业结构和竞争对手进行分析的一般模型，即五种竞争力量模型，简称五力模型，如图 2 - 3 所示。五种力量模型确定了竞争的五种主要来源，即供应商和购买者的讨价还价能力、潜在进入者的威胁、替代品的威胁与同行业的竞争。这五种竞争力能够决定产业的获利能力，会影响产品的价格、成本与必要的投资，也决定了产业结构。企业如果要想拥有长期的获利能力，就必须先了解所处的产业结构，并塑造对企业有利的产业结构。

(2)三大一般性战略。竞争战略的第二个中心问题是企业在产业中的相对位置。竞争位置会决定企业的获利能力是高出还是低于产业的平均水平。企业将其基本的竞争优势与企业相应的活动相结合，就可导出让企业获得较好竞争位置的三种一般性战略：总成本领先战略、差异化战略与专一化战略。

①总成本领先战略。成本领先要求坚决地建立起高效规模的生产设施，在经验的基础上全力以赴降低成本，抓紧成本与管理费用的控制，以及最大限度地减小研究开

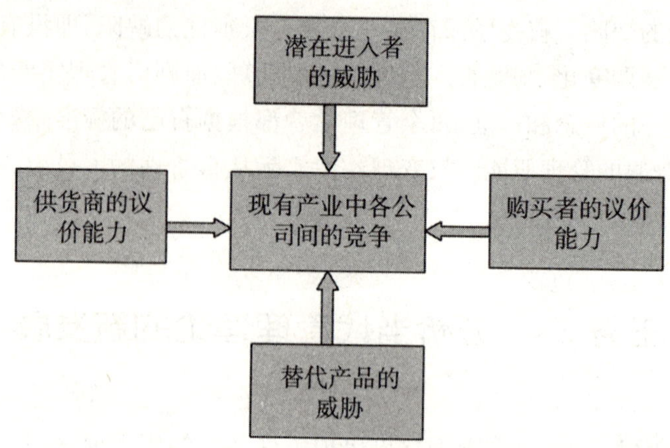

图 2-3　五种力量模型

发、服务、推销、广告等方面的成本费用。总成本领先地位非常吸引人。一旦企业赢得了这样的地位,所获得的较高的边际利润又可以重新对新设备、现代设施进行投资以维护成本上的领先地位,而这种再投资往往是保持低成本状态的先决条件。

②差异化战略。差异化战略是将产品或公司提供的服务差别化,树立起一些全产业范围中具有独特性的东西。实现差别化战略可以有许多方式:设计名牌形象、技术上的独特、性能特点、顾客服务、商业网络及其他方面的独特性。如果差异化战略成功地实施了,它就成为在一个产业中赢得高水平收益的积极战略,因为它建立起防御阵地对付五种竞争力量,虽然其防御的形式与成本领先有所不同。

③专一化战略。低成本与差异化战略都是要在全产业范围内实现其目标,而专一化战略是主攻某个特殊的顾客群、某产品线的一个细分区段或某一地区市场,其前提思想是:公司业务的专一化能够以较高的效率、更好的效果为某一狭窄的战略对象服务,从而超过在较广阔范围内竞争的对手。公司或者通过满足特殊对象的需要而实现差异化,或者在为这一对象服务时实现低成本,或者二者兼得。这样的公司可以使其赢利的潜力超过产业的平均水平。

(3)价值链分析。价值链是一个企业用来进行设计、生产、营销、供货以及对产品起辅助作用的各种活动的集合。企业的竞争优势最终是由其产品或服务的价值体现并由消费者接受与否以及接受程度决定,而消费者是否接受的关键则在于他们对企业所提供产品或服务与其他竞争者的价值判断,也可以说在于他们对公司设计、生产、销售、供货及支持活动完成方式的价值评价。因此,价值链分析法就是要分析企业的流程及流程中的活动对价值的贡献,如果某流程输出的本身对企业的输出(产品或服务)不是增值的,则这个流程就应该全部删除;同样,如果某活动对流程的输出是不增值的,则这个活动就应该去掉。企业应该根据价值链需要设计组织结构,有助于形成企业创造并保持竞争优势的能力。公司的价值链,进一步可与上游供应商和下游客户的价值链相连,构成一个产业的价值链。

(4)钻石体系。波特认为,在企业竞争的成功上,国家扮演了重要的角色,于是提出了“钻石体系”的分析架构。他认为可能会加强本国企业创造竞争优势的速度包括:

①生产要素。生产要素是指一个国家将基本条件(如天然资源、教育、基础建设)转换成特殊优势的能力。

②需求状况。需求状况是指本国市场对该项产业所提供或服务的需求数量和成熟度。

③企业的战略、结构和竞争对手。企业的组织方式、管理方式、竞争方式都取决于所在地的环境与历史。若企业所在地鼓励创新,有相关的政策与规则刺激企业朝训练技术、提升能力与固定资产投资的方向去努力,企业就会有竞争力。

④相关产业和支持产业表现。一个产业想要登峰造极,就必须有世界一流的供货商,并且从相关产业的企业竞争中获益,这些制造商及供货商形成了一个能促进创新的产业“族群”。

(5)产业集群。产业集群是指在特定区域中,具有竞争与合作关系,且在地理上集中,有交互关联性的企业、专业化供应商、服务供应商、金融机构、相关产业的厂商及其他相关机构等组成的群体。不同产业集群的纵深程度和复杂性相异,代表着介于市场和等级制之间的一种新的空间经济组织形式。

总体来说,产业集群有以下六个方面的特征:

①每个地理区域的大部分企业基本围绕同一产业或相关产业或有限的几个产业从事产品开发、生产和销售等经营活动。

②产业内部企业之间具有某个或某几个显著的产业特征作为连接,产业内部企业之间实行专业分工。

③通过集群成员之间供需关系的连接,实现采购本地化,形成整个集群的成本优势。

④产业内部的单个企业绝大部分属于中小企业,规模不大,但整个集群却具有显著的规模优势和很高的市场占有率。

⑤集群产品销售具有极强的市场渗透力,部分集群在发展过程中形成了产业集群和地区专业市场互动发展的局面。市场渗透能力强是中小企业产业集群发展的一个显著特征,尤其是在集群快速成长时期。

⑥中小企业集群发展,基本是从自发起步,依靠当地一批精英带动,逐渐形成某一种产业雏形,当形成一定规模后,政府部门再给予适当扶持,不断培育和发展其成为具有相当规模的中小企业集群。

2.4.2 企业再造理论

20世纪90年代以来，为适应新的世界竞争环境，美国管理学家迈克尔·哈默（M. Hammer）和詹姆斯·钱皮（J. Champy）提出了企业再造理论，代表作为《再造企业——工商业革命宣言》(1993年)。企业再造，就是以工作流程为中心，重新设计企业的经营、管理及运作方式。企业再造理论以一种再生的思想重新审视企业，是管理学发展史中的一次巨大变革。

企业再造主要表现为以下三个方面：一是企业再造对固有的基本信念提出挑战。企业在经营过程中会遵循一些事先假定式的基本信念，这些信念往往会深深植根于企业内部，影响企业各种经营活动的展开，也影响企业业务流程的设计和执行，有长期历史的企业尤其如此。企业再造需要对这些原有的、固定的思维定式进行根本性的手术，产生创造性思维，从而促进基本信念的重大转变。二是企业再造需要对原有的事物进行彻底的改造。企业再造不是仅仅满足于对组织的修修补补，而是努力开辟完成工作的崭新途径，就是要重建企业的业务流程，使企业产生脱胎换骨一样的巨大变化。三是改革要在经营业绩上取得显著的改进。企业再造不是要在业绩上取得点滴的改善或逐渐提高，而是要在经营业绩上取得显著的改进。

企业再造在具体实施过程中，可以按以下程序进行：

(1)对原有流程进行全面的功能和效率分析，发现其存在的问题。根据企业现行的作业程序，绘制细致、明了的作业流程图。一般地说，原来的作业程序是与过去的市场需求、技术条件相适应的，并由一定的组织结构、作业规范为其保证。当市场需求、技术条件发生变化，使现有作业程序难以适应时，作业效率或组织结构的效能就会降低。因此，必须从以下方面分析现行作业流程的问题：

①功能障碍。随着技术的发展，技术上具有不可分性的团队工作、个人可完成的工作额度就会发生变化，这就会使原来的作业流程或者支离破碎增加管理成本，或者核算单位太大造成权责利脱节，并会造成组织结构设计的不合理，形成企业发展的瓶颈。

②重要性。不同的作业流程环节对企业的影响是不同的。随着市场的发展，顾客对产品、服务需求的变化、作业流程中的关键环节以及各环节的重要性也在变化。

③可行性。根据市场、技术变化的特点及企业的现实情况，分清问题的轻重缓急，找出流程再造的切入点。

为了对上述问题的认识更具有针对性，还必须深入现场，具体观测、分析现存作业流程的功能、制约因素以及表现的关键问题。

(2)设计新的流程改进方案，并进行评估。为了设计更加科学、合理的作业流程，必须群策群力、集思广益、鼓励创新。在设计新的流程改进方案时，可以考虑：

①将现在的数项业务或工作组合，合并为一；

②工作流程的各个步骤按其自然顺利进行；

③给予职工参与决策的权力；

④为同一种工作流程设置若干种进行方式；

⑤工作应当超越组织的界限，在最适当的场所进行；

⑥尽量减少检查、控制、调整等管理工作；

⑦设置项目负责人。

对于提出的多个流程改进方案，还要从成本、效益、技术条件和风险程度等方面进行评估，选取可行性强的方案。

(3)制定企业再造方案。制定与流程改进方案相配套的组织结构、人力资源配置和业务规范等方面的改进规划，形成系统的企业再造方案。企业业务流程的实施，是以相应组织结构、人力资源配置方式、业务规范、沟通渠道甚至企业文化作为保证的，只有以流程改进为核心形成系统的企业再造方案，才能达到预期的目的。

(4)组织实施与持续改善。实施企业再造方案，必然会触及原有的利益格局。因此，必须精心组织，谨慎推进。既要态度坚定，克服阻力，又要积极宣传，达成共识，以保证企业再造的顺利进行。

企业再造方案实施并不意味着企业再造的终结。在社会发展日益加快的时代，企业总是不断面临新的挑战，这就需要对企业再造方案不断地改进，以适应新形势的需要。

2.4.3 “学习型组织”理论

“学习型组织”理论的提出者是麻省理工学院斯隆管理学院教授彼得·圣吉，代表作是《第五项修炼》(1990年)。“学习型组织”的含义为面临剧烈变化的外在环境，组织应力求精简、扁平化、终生学习、不断自我组织再造，以维持竞争力。其主要观点有：

(1)组织成员拥有一个共同的愿景。组织的共同愿景，来源于员工个人的愿景而又高于个人的愿景。它是组织中所有员工共同愿望的景象，是他们的共同理想。它能使不同个性的人凝聚在一起，朝着组织共同的目标前进。

(2)组织由多个创造性个体组成。在学习型组织中，团体是最基本的学习单位，团体本身应理解为彼此需要他人配合。组织的所有目标都是直接或间接地通过团休的努力来达到的。

(3)善于不断学习。这是学习型组织的本质特征。所谓“善于不断学习”，主要有四点含义：

一是强调“终身学习”。即组织中的成员均应养成终身学习的习惯，这样才能形成组织良好的学习气氛，促使其成员在工作中不断学习。

二是强调“全员学习”。即企业组织的决策层、管理层、操作层都要全身心投入学习，尤其是经营管理决策层，他们是决定企业发展方向和命运的重要阶层，因而更需要学习。

三是强调“全过程学习”。即学习必须贯彻于组织系统运行的整个过程之中。

四是强调“团体学习”。即不但重视个人学习和个人智力的开发，更强调组织成员的合作学习和群体智力(组织智力)的开发。

学习型组织通过保持学习的能力，及时铲除发展道路上的障碍，不断突破组织成长的极限，从而保持持续发展的态势。

(4)“地方为主”的扁平式结构。传统的企业组织通常是金字塔式的，学习型组织的组织结构则是扁平的，即从最上面的决策层到最下面的操作层，中间相隔层次极少。它尽最大可能将决策权向组织结构的下层移动，让最下层单位拥有充分的自主权，并对产生的结果负责，从而形成以“地方为主”的扁平化组织结构。

(5)自主管理。“学习型组织”理论认为，“自主管理”是使组织成员能够边工作边学习，并使工作和学习紧密结合的方法。通过自主管理，组织成员可以自己发现工作中的问题，自己选择伙伴组成团队，自己选定改革、进取的目标，自己进行现状调查，自己分析原因，自己制定对策，自己组织实施，自己检查效果，自己评估总结。团队成员在“自主管理”的过程中，能形成共同愿景，能以开放求实的心态互相切磋，不断学习新知识，不断进行创新，从而增加组织快速应变、创造未来的能力。

(6)组织的边界将被重新界定。学习型组织边界的界定，建立在组织要素与外部环境要素互动关系的基础上，超越了传统的根据职能或部门划分的“法定”边界。

(7)员工家庭与事业的平衡。学习型组织努力使员工丰富的家庭生活与充实的工作生活相得益彰。学习型组织对员工承诺支持每位员工充分的自我发展，而员工也以承诺对组织的发展尽心尽力作为回报。这样个人与组织的界限将变得模糊，工作与家庭之间的界限也将逐渐消失，二者之间的冲突也必将大为减少，从而提高员工家庭生活的质量，达到家庭与事业之间的平衡。

(8)领导者肩负新的使命。在学习型组织中，领导者是设计师、仆人和教师。领导者的设计工作是一个对组织要素进行整合的过程，而不只是设计组织的结构和组织政策、策略，更重要的是设计组织发展的基本理念；领导者的仆人角色表现在对实现愿景的使命感；领导者作为教师的首要任务是界定真实情况，协助成员对真实情况进行正确、深刻的把握，提高成员对组织系统的了解能力，促进每个成员的学习。

(9)重视文化开放和系统思考。学习型组织建立了新的学习模式，有开放的文化，也重视开发系统的思考能力。在学习型组织中，一方面，组织成员彼此接纳，坦诚相见，相互信任，相互学习，分享所得的信息及结论；另一方面，学习型组织用系统的思考和整体观看待问题并解决问题，帮助组织的领导者和其他成员重新审视组织价值观念和组织文化，更全面地分析组织内部和外部的环境，增加组织对于外部环境挑战的能力，促进组织的持续发展和创新。

【课堂活动2-8】结合学习型组织的基本理念，谈谈该理念对自己有何启示。

【课堂活动2-9】你认为世界管理科学今后将呈现怎样的发展趋势？

【管理故事】

博士的惊愕

有一个博士分到一家研究所，成为单位里学历最高的一个人。

有一天他到单位后面的小池塘去钓鱼，正好正、副所长也在钓鱼。他只是微微点了点头，心想：这两个本科生，有啥好聊的呢？

不一会儿，正所长放下钓竿，伸伸懒腰，“蹭、蹭”从水面上如飞地走到对面上厕所去了。

博士眼睛瞪得都快掉下来了。水上飘？不会吧？！这可是一个池塘啊！

正所长上完厕所回来的时候，同样也是“蹭、蹭、蹭”地从水上飘回来了。

怎么回事？博士生又不好去问，自己是博士生呐！

过一阵，副所长也站起来，走几步，“蹭、蹭、蹭”地越过水面上厕所。

这下子博士差点昏倒：“不会吧，到了一个武林高手集中的地方？”

过了一会儿，博士生也内急了。但这个池塘两边有围墙，要到对面上厕所得绕十分钟的路，而回单位上厕所又太远，怎么办？

博士生不愿意去问两位所长，憋了半天后，也起身往水里跨：“我就不信本科生能过的水面，我博士生不能过。”

只听“咚”的一声，博士生栽到了水里。

两位所长将他拉了出来，问他为什么要下水。

博士生问：“为什么你们可以走过去呢？”

两位所长相视一笑：“这个池塘里有两排木桩子，由于这两天下雨涨水，正好在水面下。我们都知道这木桩的位置，所以可以踩着桩子过去。你怎么就不问一声呢？”

管理启示：学历代表过去，只有学习力才能代表将来。尊重经验的人，才能少走弯路。一个好的组织，也应该是学习型的组织。

【任务实施】

工作任务2　分析管理思想理论

【实训目的】

通过分析某企业的管理理论，更好地理解古典管理理论的内容和现代管理理论各学派的观点，培养运用中外管理思想理论来解决管理实践问题的能力。

【任务内容】

某公司 2013 年利润持续下降,公司全体员工对此甚为关心。为了找出利润下降的原因,公司董事长对公司各方面进行了一次深入的调研。调研结果如下:

1.公司的组织结构完整,对各级管理人员的职责也有明确而严格的规定,公司还对员工的升迁和奖惩建立了完善的考核机制。

2.2013 年公司各部门对自身的职责都有详细的计划和安排,也制定了合理的工作目标。

3.在薪酬待遇方面,公司为员工加薪了好几次,但员工们的生产量并未增加。

4.公司员工的变动较大,在 2013 年年底的员工统计中,仅销售部门工作经验未满一年的员工就占了 46%。

5.公司员工普遍认为,公司的工作环境枯燥,缺乏活力,员工很难在工作中实现自我能力的提升。

针对上述情况,公司决定召开一次董事会,商讨解决对策以改进公司效益。

【任务要求】

1.将学生分组,以 6—8 人为一组,各组选出一名学生担任董事长,其他组员担任董事会成员,进行分组讨论。

2.讨论现行指导公司管理活动的管理理论是否可行?若不可行,应如何完善?

3.讨论公司还应参考哪些管理理论改进自身的管理活动?可采取哪些具体措施?

3.讨论完毕后,各组制作一份有关问题分析和解决对策的报告。

4.董事长负责以 PPT 形式汇报。汇报应包含以下内容:

(1)指导该公司管理活动的管理理论是什么?

(2)该公司还应参考哪些管理理论改进自身的管理活动?

(3)该公司利润下降的原因有哪些?

(4)提出该公司解决问题的具体措施。

5.讨论时间为 70 min,PPT 汇报时间为 20 min。

【任务评价】

根据列出的评价标准及分值,对**“工作任务 2　分析管理思想理论”**要检查的内容进行评价,判断是否已达到项目 2 列出的知识目标与技能目标。

评价方式采取过程评价和结果评价两种方式,老师评价和小组内部成员互相评价相结合。过程评价和结果评价综合得分为学生此工作任务得分。在工作任务实施时,要事先确定好两个比重:一是任务过程评分和任务成果评分占总得分的比重;二是老师评分和小组评分占总得分的比重。

任务过程评价表见表 2-1。

表 2－1　任务过程评价

被考核人		任务评价总得分		
检查内容	评价标准	分值	老师评价得分（　　%）	小组评价得分（　　%）
分工是否合理				
能否快速进入角色				
是否全员参与				
团队是否协作				
态度是否认真				
合　　计				

任务成果评价见表 2－2。

表 2－2　任务成果评价

被考核人		任务评价总得分		
检查内容	评价标准	分值	老师评价得分（　　%）	小组评价得分（　　%）
调研报告	确定的指导公司管理活动的管理理论是否正确			
	分析的公司利润下降的原因是否全面			
	确定的公司以改进自身的管理活动还应参考的管理理论是否科学			
	提出的公司解决问题的具体措施是否可行			
PPT 汇报	仪态仪表是否规范			
	语言表达是否流畅			
	思维逻辑是否清晰			
	PPT 制作情况			
时间	在规定时间内是否完成			
合　　计				

任务总评价见表 2－3。

表 2－3　任务总评价

被考核人		工作任务总得分	
工作任务	分析管理思想理论		
	权重前得分	权重后得分	
任务过程评价（　　%）			
任务成果评价（　　%）			
备　　注			

【项目小结】

根据企业管理活动顺序,本项目是第2个项目。通过本项目的学习,你应该能够体会:

管理活动源远流长,人类进行有效的管理活动已有数千年的历史,但从管理实践到形成一套比较完整的理论,则是一段漫长的历史发展过程。回顾管理学的形成与发展,了解管理先驱对管理理论和实践所做的贡献,以及管理活动的演变和历史,这对每个学习管理学的人来说都是必要的。

一般来说,管理理论的形成可分成四个阶段:早期管理实践与管理思想阶段(从有了人类集体劳动开始到18世纪)、古典管理理论阶段(20世纪初到20世纪30年代)、现代管理理论阶段(20世纪30年代到20世纪80年代)和当代管理理论阶段(20世纪80年代至今)。

早期管理思想阶段,列举了欧洲一批具有代表性的早期管理思想家如詹姆斯·斯图亚特、亚当·斯密、查尔斯·巴贝奇和罗伯特·欧文等的主要管理思想。

古典管理理论阶段,主要展现了泰罗的“科学管理”理论、法约尔的“一般管理”理论、韦伯的“行政组织”理论以及梅奥的“人际关系”学说,这些管理理论是现代管理学的重要理论基础,对现代管理思想产生了极大的影响。

现代管理理论阶段,主要介绍了孔茨所谓“管理理论丛林”中十一大学派的理论观点,并对其贡献和存在的缺陷进行了客观评价。

当代管理理论阶段,主要介绍了波特的战略管理理论、企业再造理论和“学习型组织”理论。

本项目围绕**“管理理论认知”**设计了各环节的基本知识,设置了知识目标、技能目标、任务导入、任务知识、任务实施、项目小结、项目测试、课堂活动、管理故事等栏目,体现了对重要知识的重组。

本项目进程以**任务导入**开始,以**项目测试**结束,希望读者在完成各分项任务之后,能够及时进行自我的过程性评价。

完成本项目将为学习**“项目3　计划职能”**奠定良好的基础。

【项目测试】

一、单项选择题

1.在管理思想史上,被称为“现代经营管理之父”的是(　　)。

A.梅奥　　B.法约尔　　C.泰罗　　D.韦伯

2.古典管理理论认为,人是(　　)。

A.经济人　　B.自我实现人　　C.复杂人　　D.社会人

3.组织理论之父是指(　　)。

A.泰罗　　B.韦伯　　C.梅奥　　D.法约尔

4.梅奥是(　　)管理学派的代表学者。

A.科学管理学派　　B.行为科学管理学派

C.管理科学学派　　D.现代管理学派

5.关于科学管理,下属说法中不正确的是(　　)。

A.实行刺激性的工资报酬制度　　B.通过动作研究和时间研究,制定标准

C.工人是社会人　　D.实行例外原则

6.主张通过分析经验来研究管理学问题的学派是(　　)。

A.管理过程学派　　B.社会技术系统学派

C.经验主义学派　　D.决策理论学派

7.认为没有"放之四海而皆准"的普遍适用的"最好的"管理学派是(　　)。

A.权变理论学派　　B.社会系统学派

C.管理科学学派　　D.管理过程学派

8.决策理论学派的代表人物是(　　)。

A.韦伯　　B.孔茨　　C.巴纳德　　D.西蒙

9.提出"管理是一种实践,它的本质不在于知,而在于行"的管理学家是(　　)。

A.孔茨　　B.科林斯　　C.德鲁克　　D.泰罗

10."学习型组织"理论的提出者是(　　)。

A.哈默　　B.彼得·圣吉　　C.波特　　D.巴纳德

二、多项选择题

11.古典管理理论的代表人物主要有(　　)。

A.纽曼　　B.泰罗　　C.法约尔　　D.韦伯

12.梅奥人际关系学说的基本内容包括(　　)。

A.人是"社会人"而不是"经济人"　　B.企业中存在着"非正式组织"

C.生产效率主要取决于工人的士气　　D.科学管理方法可以提高效率

13.马克斯·韦伯指出,任何组织都必须由某种形式的权力作为基础,才能实现目标,这些权力包括(　　)。

A.传统的权力　　B.理性—合法的权力

C.纯粹的权力　　D.超凡的权力

14.1990年,美国的彼得·圣吉出版了《第五项修炼——学习型组织的艺术与实务》一书,其主要内容(　　)。

A.系统思考　B.改变心智模式　C.超越自我　D.建立共同愿景

15.霍桑试验包括(　　)。

A.工厂照明试验　B.继电器装配试验

C.访谈试验　D.接线板接线工作室试验

16.关于科学管理理论,下列说法中正确的是(　　)。

A.实行刺激性的工资报酬制度　B.通过动作研究和时间研究,制定标准

C.工人是社会人　D.实行例外原则

17.关于行为科学管理理论,下列说法中不正确的是(　　)。

A.人的需要及人的相互关系对生产经营活动的影响

B.管理的中心问题是提高效率

C.把计划职能同执行职能分开

D.在组织机构的控制上实行例外原则

18.下列关于企业再造理论的描述,正确的是(　　)。

A.促进基本信念的重大转变

B.原有事务进行彻底改造

C.在企业经营业绩上取得显著改进

D.要重建完整和高效的新业务流程

19.美国学者波特认为,除了现有厂商和潜在竞争者外,还有一些因素影响到竞争结构,比如(　　)。

A.替代品生产者　B.零售网络　C.供应商　D.用户

20.以下属于学习型组织的特征的是(　　)。

A.组织成员拥有一个共同的愿景　B.组织有多个创造性个体组成

C.善于不断学习　D.金字塔式的组织结构

三、案例分析题

案例1:司机的工作时间流程

联合邮包服务公司(UPS)雇佣了15万员工,平均每天将900万个包裹发送到美国各地和180个国家。为了实现他们的宗旨——"在邮运业中办理最快捷的运送",UPS的管理当局系统地培训他们的员工,使他们以尽可能高的效率工作。下面以送货司机的工作为例,介绍一下他们的管理风格。

UPS的工业工程师们对每一位司机的行驶路线进行了时间研究,并对每种送货、暂停和取货活动都设立了标准。这些工程师们记录了红灯、通行、按门铃、穿院子、上楼梯、中间休息喝咖啡的时间甚至上厕所的时间,将这些数据输入计算机,从而给出每一

位司机每天工作的详细时间标准。为了完成每天取送130件包裹的目标，司机们必须严格遵循工程师设定的程序。接近发送站时，他们松开安全带，按喇叭，关发动机，拉起紧急制动，把变速器推到1挡上，为送货车完毕后的启动离开做好准备，这一系列动作严丝合缝。然后，司机从驾驶室出溜到地面上，右臂夹着文件夹，左手拿着包裹，右手拿着车钥匙。他们看一眼包裹上的地址并记在脑子里，然后以每秒3英尺（1英尺合0.3048米）的速度快步跑到顾客的门前，先敲一下门以免浪费时间找门铃。送完货后，他们在回卡车上的路途中完成登录工作。

这种刻板的时间表是不是看起来有点烦琐？也许是。它真能带来高效率吗？毫无疑问！生产率专家公认，UPS是世界上效率最高的公司之一。举例来说吧，联邦捷运公司平均每人每天不过取送80件包裹，而UPS却是130件。在提高效率方面的不懈努力，看来对UPS的净利润产生了积极的影响。虽然这是一家未上市的公司，但人们普遍认为它是一家获利丰厚的公司。

根据以上案例，回答第21－23题：

21．联合邮包服务公司（UPS）的高效率得益于什么？

22．该案例反映了哪种管理理论的思想？该理论的主要内容有哪些？

23．从现代管理的角度看，对该理论如何进行评价？

案例2：春兰集团的发展

在我国相当数量的国有企业面临效益低下、经营困难、亏损严重的困境下，地处苏北泰州的春兰集团却超常规地飞速发展，创造了中国企业发展史上的奇迹。1985年时，公司仅仅拥有总资产1379万元，净资产465万元，库存积压严重，流动资金靠银行贷款周转；到1996年时，公司资产跃升到近100亿元，净资产40亿元，年均增速达到85%和76%。春兰集团的发展是从陶建幸任原泰州冷气设备厂厂长开始的，经历了高速发展、超常规发展两个阶段，现正向国际化大集团发展。就企业管理角度而言，春兰集团从强化基础管理、建立健全规章制度做起，结合企业改制，逐步推进管理科学化、现代化。

第一阶段：高速发展阶段。

1986—1990年，春兰强化基础管理，建立健全规章制度。1985年，陶建幸上任时，企业管理混乱，纪律松散，库存积压严重。从1986年开始，他一手抓产品结构调整，推动企业技术进步；一手抓内部管理，使企业逐步从管理无序、发展缓慢的状态步入高速发展的快车道。在这一阶段，春兰主要抓了三件事：

（1）强化基础管理，制定了一套较完整的规章制度，如《生产管理条例》《职工奖惩条例》《厂长工作细则》《职工考勤制度》等，以此来规范全厂职工的行为。陶建幸以身作则，严守厂规厂纪，并要求各级管理人员带头执行。为了保证规章制度的落实，公司设立监察室、工厂设立监察组,专司监督检查之责,依章办事,违者必究。

(2)强化生产经营管理运行机制,推行一长三师事业部制,明确各层次、各部门的职责范围。其中,决策权归于厂长和工厂管理委员会;管理权归于总经济师、总工程师、总会计师和厂长助理,以及有关职能部门;实施权归于工厂下属的各事业部。由于权责分明,分工得当,各司其职,能够保证工厂决策不折不扣地实施,大大提高了工作效率。

(3)强化竞争机制,推行三项制度改革,把竞争和激励引入到人事、用工和分配等各项活动中,较好地解决了干好干坏一个样的“大锅饭”问题。

第二阶段:超常规发展阶段。

从1991年开始,春兰推进企业管理科学化、现代化。1990年,春兰集团胜利完成了第一个四年规划,企业处处生机盎然。从1991年开始,他们借中央领导到企业视察的东风,上规模、上水平,大力推进企业管理科学化、现代化。从1990年到1996年的这几年间,春兰人在推进企业管理现代化中主要抓了如下几项:

(1)加强质量管理,全面推行ISO 9000质量管理和质量保证体系标准。主要措施包括:严抓生产现场质量控制,实行质量外延管理;严格考核,实行招聘制,考核合格者上岗;开展全面的售后服务,提高售后服务质量,等等。为适应市场需要,保证生产现场质量,春兰全面推行设备定置管理,实施“不落地”生产。他们把生产现场合理划分为生产、储存、流转、安全通道等区域,严格分区管理,使物流畅通,大大提高了生产效率。

(2)探索“以人为本”的管理。在以严格的规章制度来规范人的行为的同时,春兰也非常重视员工素质的提高、员工积极性和创造性的发挥。首先,结合人事、用工和分配等三项制度改革,继续强化竞争机制和激励机制,激发工作热情和干劲。全体干部实施聘任制,竞争上岗;销售人员按销售额提成;报酬与贡献紧密挂钩,真正体现多劳多得。其次,加强员工培训工作,不断提高员工素质。自1988年以来,公司先后投入3000多万元举办各类培训班100多项、210期,职工实际操作技能普遍提高1到2个等级,高学历人才占企业职工总数的比例从6%提高到1996时的20%。为了进一步做好培训工作,公司还成立了春兰大学,在加强与科研院所、高校合作的基础上,保证了不同层次的人都能接受到新知识、新技能的培训。此外,陶建幸还十分关心职工生活、职工健康,以热诚来温暖人,正因为如此,尽管春兰的制度非常严格,但人们都感觉不到压抑,并且基本形成了团结、奉献、务实、拼搏的风气。

(3)推行扁平化管理。集团公司总部为决策层,不设部、处一级的管理层。投资决策权、资金营运权、重要的人事决策归集团总部,而日常管理权则下放给各事业部或子公司。这样做,不仅提高了生产经营效率,而且也保证了资本运营的正确与企业资产规模的扩张。

(4)科学运筹,降低产品成本。在市场经济下,谁能牵紧提高经济效益的牛鼻子——多方降低成本,谁就能够赢得胜利。春兰人主要从以下方面来降低成本:第一,通过抓产品、工艺改进，优化产品设计；第二，通过采用看板管理、库存控制、ABC分类管理等现代管理方法，推进物资管理科学化和物耗成本的降低；第三，优化技改资金和基建资金投入，实现规模经济。

目前，春兰公司正结合实施新的战略规划，推进企业国际化，建立现代企业制度，把企业管理推进到一个新的阶段，实现管理的现代化、科学化。

根据以上案例，回答第24－25题：

24.春兰集团在两个发展阶段，其管理思想有没有变化？

25.你认为春兰集团的管理经验超出了泰罗等人的古典管理理论了吗？

项目3 PROJECT 3 计划职能

【知识目标】

1.了解计划的含义、类型及计划的编制方法；

2.掌握目标管理的制定过程及优缺点；

3.掌握决策的含义、类型及其在管理中的运用；

4.理解影响决策的因素；

5.熟悉各种决策运用的条件。

【技能目标】

1.学会制定企业计划书；

2.学会利用滚动计划法和网络计划法；

3.能够在管理中灵活运用决策的方法与技巧。

【任务导入】

在当今社会复杂多变的市场竞争条件下，影响组织稳定发展的各种因素不断发生变化，企业面临着复杂的经营过程，生存挑战也因此日益加剧。这就决定了计划是任何组织都必不可少的管理活动，管理者在管理过程中必须做到正确决策，科学制订计划和设定目标。

企业管理中的计划职能就是对未来的生产经营管理活动进行规划和统筹安排。它为企业未来的发展描绘蓝图，指导企业未来的活动。正如哈罗德·孔茨所言，"计划工作就是预定决定做什么，如何去做和谁去做，计划工作就是在我们所处的地点和要去的地方之间铺路搭桥。""计划工作是一座桥梁，它把我们所处的这岸和我们要去的对岸连接起来，以克服这一天堑。"计划工作给组织提供了通向未来目标的明确道路，给组织、领导、控制等一系列管理工作提供了基础。

根据**“计划职能”**作业流程,我们将这一项目分为四个分项任务。这四个任务分别是:

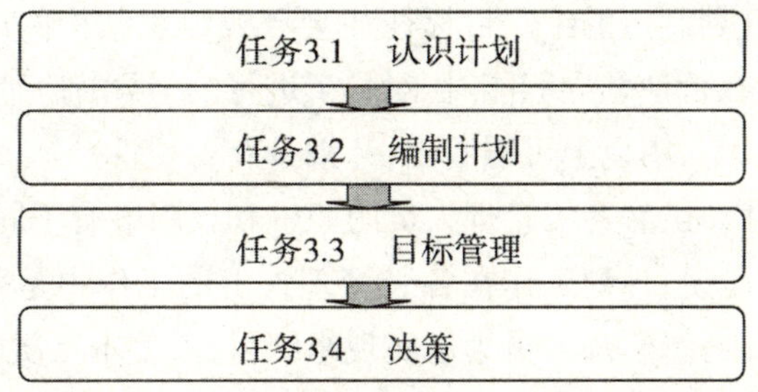

你可以对照知识目标和技能目标,反复演练,有的放矢地依次完成各分项任务,直至完成本项目,为早日成为现代企业管理所需的人才做好准备。

【任务知识】

任务3.1 认识计划

3.1.1 计划的概念

任何组织和管理活动都需要计划,任何管理人员都必须制订计划。一个组织的计划能力决定其适应未来技术发展和市场竞争的变化能力。无论组织所处现实情境与预期目标有多远,计划能明确实现预期目标的路径和方法。

计划作为名词,是指计划工作的结果文件,记录了组织未来所采取行动的规划和安排,即是组织预先制定的行动方案。

计划作为动词,是指计划职能。计划职能又有广义和狭义之分。广义的计划职能是指管理者制订计划、执行计划和检查计划执行三个紧密衔接的工作过程;狭义的计划职能是指根据组织的外部环境内部条件,通过科学的调查预测,权衡客观的需要和主观的可能,提出在一定时期内组织所需达到的具体目标及实现目标的途径,即制订计划的过程。

3.1.2 计划的性质

(1)计划的首位性。计划是进行管理职能的基础或前提条件。常言道,“计划在前,行动在后。”从管理过程的角度看,计划工作先于其他管理职能。组织的管理过程首先应当明确管理目标、筹划实现目标的方式和途径,而这些恰恰是计划工作的任务,因此计划位于各项管理职能的首位。例如,在制定控制的标准时,必须以计划为主要依据,并且控制的目的就是为了更好地实现计划的目标，所以没有计划就谈不上控制。组织职能、领导职能也都与计划职能相关联。组织结构设计和组织权责的划分是以实现组织目标为目的的，由计划制定的组织目标往往会导致组织结构的调整和组织权责的重新划分。各级管理者在行使领导职能时，对员工进行的引导、激励、约束，也都是为了实现计划设定的组织目标。由以上可以看出，计划具有首位性。

(2)计划的普遍性。虽然各级管理人员的职责和权限各有不同，但是他们工作中始终有决策存在。也就是说，计划工作在各级管理人员的工作中是普遍存在的。一个组织的总目标确定以后，各级管理人员为了实现组织目标，使本层次的组织工作得以顺利进行，都需要制定相应的分目标及分计划。这些具有不同广度和深度的计划有机结合在一起，便形成了一个多层次计划系统。

(3)计划的目的性。计划充分体现了管理的目的，即作为实现组织目标的手段。每一个计划以及它的派生计划都旨在促使组织使命、战略和目标的实现。长期计划是为了实现组织的战略目标，中短期计划是为了实现组织的中短期目标。

(4)计划的实践性。计划是面向未来的，计划所面临的是多变的环境和层出不穷的新问题。因此，计划工作并不是固定不变的行为，它是一种创造性的实践活动，是一种非常规的选择过程和设计过程。这就要求管理者具有对环境的预见能力、应变能力以及规划决策能力。

(5)计划的明确性。计划包括实施的指令、规则、程序和方法，直接指引行动。所以，它不仅需要明确的定性解释，而且应具有定量的标准和时间界限。具体地讲，计划应明确表达出组织的目标和任务，明确表达出实现目标所需用的资源(人力、物力、财力、信息等)以及所采取行动的程序、方法和手段，明确表达出各级管理者在执行计划过程中的权力和职责。

(6)计划的效率性。效率是指在资源一定的情况下，如何使方案产生最大的效益。对于营利性组织来说，效率是指计划的成本收益比率。计划的编制和实施是要支付成本费用的，如果其收益大于成本，就可以称为有效率的，反之就是没有效率或者效率低的。效率和目标并不冲突，虽然就短期目标而言，有时存在成本大于收益的现象，但就长期计划而言，效率的要求和长期目标是一致的，因为长期目标的实现程度主要是以收入是否大于成本衡量的。对于非营利性组织来说，计划的结果取决于决策者的价值标准。这些价值标准往往同社会价值观以及组织文化有密切的联系。

【课堂活动 3-1】有人说："计划总是赶不上变化，所以制订长期计划是没有用的。"这种观点是否正确？关于计划的作用和意义，你是如何理解的？

3.1.3 计划的内容和分类

(1)计划的内容。计划内容可以概括为"5W2H + 前提 + 应变措施"，即计划必须清楚地确定和描述以下内容，见表3-1。

表3-1 计划的内容

要素	所要回答的问题	内容
前提	计划在何种情况下实施	预测、假设、实施条件
目标	做什么(what)	最终结果、工作要求
目的	为什么要做(why)	理由、意义、重要性
战略	如何做(how)	途径、基本方法、主要战术
责任	由谁做(who)	人选、奖惩措施
时间表	何时做(when)	起止时间、进度安排
范围	涉及哪些部门或地域(where)	组织层次或地理范围
预算	需要投多少资源(how much)	费用、代价
应变措施	实际与前提不相符怎么办	最坏情况下的计划

对于计划来说，以上要素缺一不可，在计划实施过程中，一旦出现计划前提与事实不一致的情况，根据目标来确定是放弃计划还是创造条件继续实施计划。

(2)计划的分类。计划按照不同的标准可以划分为不同的类型，概括起来主要有以下几种分类，见表3-2。

表3-2 计划类型

分类标准	类型
按计划涉及范围的广狭程度	战略计划、战术计划、作业计划
按计划的时间期限	长期计划、短期计划、中期计划
按计划的约束力	指令性计划和指导性计划
按计划的职能	业务计划、财务计划和人事计划
按计划重复程度	程序性计划、非程序计划

①战略计划、战术计划和作业计划。按根据计划涉及范围的广狭程度可以将计划分为战略计划、战术计划和作业计划。战略计划是指应用于整体组织的、为组织未来较长时期设立总体目标，事关企业兴衰成败，带有全局性、长远性的计划。战略计划主要由组织最高层领导制订。战术计划是一种局部性的、阶段性的计划，其需要解决的是组织的具体部门在未来各个较短时期内的行动方案。战术计划主要由中层管理人员负责制订。作业计划通常具有个体性、可重复性和较大刚性。作业计划往往由中、基层管理人员负责制订。

战略计划是战术计划和作业计划的依据，战术计划和作业计划是战略计划指导下制定的，是战略计划的落实。

②长期计划、中期计划和短期计划。根据时间期限的不同可以将计划分为长期计划、中期计划和短期计划。长期计划通常指5年以上,短期计划一般指1年以内,中期计划介于两者之间。长期计划描述了组织在较长时期的发展方向和方针,规定了组织内各部门在较长时期内从事某种活动应达到的目标和要求。短期计划具体规定了组织内各个部门从目前到未来各个较短的时期阶段,应从事何种活动以及从事该活动应达到的要求。

③指令性计划和指导性计划。根据对计划执行者的约束力不同可以将计划分为指令性计划和指导性计划。指令性计划是由上级主管部门下达的具有行政约束力的计划。指令性计划一经下达,各级计划执行单位必须遵照执行,而且尽一切努力完成。指导性计划是由上级主管部门下达的具有参考作用的计划。这种计划下达之后,执行单位不一定完全遵照执行,可考虑自己单位的实际情况,决定可否按指导性计划工作。

④业务计划、财务计划和人事计划。根据计划职能不同可以把计划分为业务计划、财务计划和人事计划。业务计划是组织的主要计划。财务计划与人事计划是为业务计划服务的,也是围绕着业务计划而开展的。

业务计划主要涉及业务方面的调整或业务规模的发展及业务活动的具体安排。财务计划研究如何从资本(金)的提供和利用上促进业务活动的有效进行,人事计划则分析如何为业务规模的维持或扩展提供人力资源的保证。

⑤程序性计划与非程序计划。西蒙把组织活动分为两类:一类是例行活动,指一些重复出现的工作,如订货、材料出入库等。这类活动的决策是经常反复的,而且具有一定的结构,因此可以建立一定的决策程序。每当出现这类工作或问题时,就利用既定的程序来解决,而不需要重新研究,这类决策就叫做程序性决策,与此对应的计划是程序性计划。另一类活动不重复重现,进行这类活动时没有一成不变的方法和程序,解决这类问题的决策叫做非程序化决策,与此对应的计划是非程序性计划。

3.1.4 计划的层次体系

计划的不同表现形式是计划多样性的重要方面,确定计划形式对于发挥计划职能有着重大意义。哈罗德·孔茨和海因茨·韦里克把计划从抽象到具体划分为不同层次。

(1)宗旨(使命)。宗旨或使命反映了社会赋予组织的基本职能,即组织在社会上应起的作用、所处的地位。它决定组织的性质,决定此组织区别于彼组织的标志。每个组织都有自己的宗旨或使命。

(2)目标。组织的目标是在充分理解组织宗旨的条件下建立起来的,是组织活动在一定条件下要达到的预期结果,是管理者和成员的行动指南。组织各个时期的目标和各部门的目标是围绕组织存在的使命所制定的,并为完成组织使命而努力。

(3)战略。战略是为了实现组织长远目标而确定的组织行动方向和资源配置纲要。

它通常规定组织长远的发展方向、发展重点、组织的行为方式，以及资源分配的优先领域，是组织制定各类具体规划的重要依据。

(4)政策。政策是对组织成员做出决策或处理问题所应遵循的行动方针的一般规定。政策是用来指导决策和行动而不是采取行动。政策有助于将一些问题先确定下来，避免工作重复，有助于主管人员进行授权。

(5)程序。程序规定了例行问题的解决方法和步骤。与战略不同，程序是行动的指南，而非思想指南。与政策不同，程序没有给行动者自由处理的权利。在实践工作中，程序往往表现为组织的政策。

(6)规则。规则是综合性的、粗线条的、纲要性的计划。它详细、明确地阐明必需行动或无需行动，其本质是一种管理决策。规则通常是最简单形式的计划。

规则不同于程序。其一，规则指导行动但不说明时间顺序；其二，可以把程序看做是一系列的规则，但一条规则可以是也可以不是程序的组成部分。

规则也不等于政策。政策的目的是指导行动，并给执行人员留有酌情处理的余地；而规则虽然也起指导作用，但在运用规则时执行人员没有自行处理之权。

(7)方案(规划)。方案是一个综合的计划，包括目标、政策、程序、规则、任务分配、要采取的步骤、要使用的资源以及为完成既定行动方针所需要的其他因素。通常情况下，一个主要方案(规划)可能需要很多支持计划。在主要规划进行之前，必须把这些支持计划制订出来，并付诸实施。所有计划都必须加以协调和安排时间。

(8)预算。预算是一份用数字表示预期结果的报表。预算通常是为规划服务的，其本身可能也是一项规划。

任务 3.2 编制计划

3.2.1 计划的过程

计划编制本身也是一个过程。为了保证编制的计划合理，能实现决策的组织落实，计划编制必须采用科学的方法。虽然计划的类型和表现形式各种各样，但科学地编制计划所遵循的步骤却具有普遍性。管理者在编制各类计划时，都可遵循如下八个步骤。

(1)估量机会。计划从估量机会开始。估量机会是根据外部环境的机会和威胁以及组织的优势和劣势的分析对组织当前状况做出的判断。严格地说，估量机会不是计划过程的一个组成部分，但它却是整个计划工作的真正起点，在估量机会的基础上，确定可行性目标。

(2)确定目标。确定目标是指确定组织的发展方向和短期目标以及实现目标的时间。主要包括:确定组织的战略、政策、程序、规则和预算的任务,并指出工作的重点。目标一般应解决三方面的问题:一是目标的层次和价值,计划设立的各层次目标应对组织的总目标有明确的价值并与之相一致,这是对计划目标的基本要求;二是目标的内容及其优先顺序,在一定的时间和条件下,几个共存的目标各自的重要性可能是不同的,不同目标的优先顺序将导致不同的行动内容和资源分配的先后顺序;三是目标的量化,目标应有其明确的衡量指标,不能含糊不清,目标应该尽可能地量化,以便度量和控制。

(3)确定前提条件。前提条件是计划实施时的环境状态。为了实现组织目标,所制订的计划必须切实可行,必须准确地预测出实施计划时的环境和资源状况。组织环境是复杂的,各种影响因素很多,有组织内部的可控因素(如组织政策、人员素质、生产技术与设备等),也有组织外部的不可控因素(如国家政策、竞争组织的策略、外部资源等)。不可控的因素越多,预测工作的难度也就越大。要把未来环境的每一种因素都做出预测是不切实际的,应将这种预测限于关键性的或具有重要意义的因素上。

(4)确定备选方案。围绕组织目标,要尽可能多地提出各种实施方案,充分发扬民主,吸收各级管理者、专家、技术人员、基层员工代表参与方案的制订,也可通过专门的咨询机构提出方案,做到群策群力、集思广益、大胆创新。多个方案的提出为选择最优方案或满意方案打下了基础。

(5)评估备选方案。根据计划的目标和前提条件评估备选方案。通过考察、分析来对各种备选方案进行评价。然后依据方案评价的结果从若干可行方案中选择一个或几个优化方案。计划前期工作的质量直接影响到方案评估的质量。

(6)选择方案。选择方案是整个计划流程中的关键一步。往往可能会选择两个甚至两个以上的方案并决定首先采取哪个方案,将其余的方案也进行细化和完善,作为备选方案。这样可以加大计划工作的弹性,一旦计划实施的条件有变化,管理者也能够从容应对,迅速适应变化的环境。

(7)拟订派生计划。总计划都需要派生计划的支持保证,完成派生计划是实施总计划的基础。拟订派生计划是指在总计划下制订各个部门的计划。如服装公司计划完成以后,就要制订生产计划、原材料采购计划、库存计划、人力资源计划和财务计划等。这些分计划是完成总计划的保证。

(8)编制预算。将计划转变为预算,使之数字化,预算实质上是资源的数量分配计划。计划离不开资源的分配,资源的分配是用预算来体现的。预算既是对各部门所要使用的资金的统筹规划,又是衡量计划完成程度的标准。

3.2.2 计划工作原理

在管理实践中,组织根据组织内外环境确定目标,选择适合组织管理实际需要的计划方法。不管采取何种计划方法,都必须遵循计划工作的基本规律和原则,即限定因素原理、许诺原理、灵活性原理和改变航道原理。

(1)限定因素原理。所谓限定因素,是指妨碍组织目标实现的因素。也就是说,在其他因素不变的情况下,仅仅改变这些因素,就可以影响组织目标的实现程度。主管人员越是能够了解对达到目标起主要限制作用的因素,就越能够有针对性地、有效地拟定各种行动方案。限定因素原理时又被形象地称作“木桶原理”。

木桶原理是指一只木桶想盛满水,必须每块木板都上端平齐且无破损,如果这只桶的木板中有一块稍短或者某块木板下面有破洞,这只桶就无法盛满水。一只木桶能盛多少水,并不取决于最长的那块木板,而是取决于最短的那块木板。木桶原理也称为短板效应。

(2)许诺原理。在计划工作中选择合理的期限应当有某些规律可循。许诺原理即任何一项计划都是对完成各项工作所做出的许诺。按照许诺原理,计划必须有期限要求,对于大多数情况来说完成期限往往是对计划的最严厉的要求。必须合理地确定计划期限并且不应随意缩短计划期限,每项计划的许诺不能太多,因为许诺越多,则计划时间越长。如果主管人员实现许诺所需的时间长度比他能正确预见的未来期限还要长,或者他不能获得足够的资源,使计划具有够的灵活性,那么他就应当减少许诺,或者将他所许诺的期限缩短。

(3)灵活性原理。计划必须具有灵活性,当出现意外情况时,有能力改变方向而不必花费太大的代价,计划的灵活性越大,由意外事件引起损失的危险性就越小。灵活性原理就是制订计划要留有余地。对主管人员来说,灵活性原理是计划工作中最重要的原理,在承担的任务重、目标计划期限长的情况下,灵活性便显出它的作用。当然,灵活是有一定限度的,它的限制条件是:第一,不能总是以推迟决策的时间来确保计划的灵活性。因为未来的肯定性是很难完全预料的,如果我们一味等待收集更多的信息,尽量地将来可能发生的问题考虑周全,当断不断,就会坐失良机,导致失败;第二,使计划具有灵活性是要付出代价的,如果由此而得到的好处补偿不了它的费用支出,这就不符合计划的效率性;第三,有些情况往往根本无法使计划具有灵活性,即存在这种情况,个别派生计划的灵活性,可能导致全盘计划的改动甚至计划落空。

为了确保计划本身具有灵活性,在制订计划时,应量力而行,不留缺口但要留有余地。本身具有灵活性的计划又称为“弹性计划”,即能适应变化的计划。

(4)改变航道原理。改变航道原理即计划的总目标不变,但实现目标的进程(即航道)可以因情况的变化随时改变。这个原理与灵活性原理不同,灵活性原理是使计划本身有适应性,而改变航道原理是使计划执行过程具有应变能力,为此,计划工作者就必须经常性地检查计划,重新调整、修订计划,以此达到预期的目标。

计划制订出来后,计划工作者就要管理计划,促使计划的实施,而不被计划“管理”,不能被计划框住。必要时可以根据实际情况做出必要的检查和修订。因为未来情况随时都可能发生变化,制订出来的计划就不能一成不变。尽管在制订计划时预见了未来可能发生的情况并制定出相应的应变措施,但却不可能面面俱到,情况是在不断变化,计划往往赶不上变化,总有一些问题是不可能预见到的,所以要定期检查计划。如果情况已经发生变化,就要调整计划或重新制订计划,就像航海家一样,必须经常核对航线,一旦遇到障碍就可绕道而行。

3.2.3 现代计划技术与方法

(1)网络计划技术。网络计划技术是指用于工程项目的计划与控制的一项管理技术。计划编制在以往的项目进度中常采用甘特图,甘特图简单明了、形象直观,但不适合用于大型和复杂信息工程项目的建设和监理工作。因为甘特图不反映各项工作之间的逻辑关系,因而难以确定某项工作推迟对完成工期的影响;实际进度与计划有偏差时也难以调整。另外,甘特图虽然直观清晰,但一项工作何时开始,何时结束,却是需要通过计算来实现的,甘特图并没有给出好的算法。而网络计划技术可以有效解决这些问题。

网络计划技术是把一项工作或项目分成各种作业,然后根据作业顺序进行排列,通过网络计划对整个工作或项目进行统筹规划和控制,以便用最少的人力、物力和财力资源,用最快的速度完成任务。

【知识链接 3-1】

网络计划技术的发展和运用

1956 年,为了适应对复杂系统进行管理的需要,美国杜邦·耐莫斯公司的摩根·沃克与莱明顿公司的詹姆斯·E.凯利合作,利用公司的 Univac 计算机,开发了面向计算机描述工程项目的合理安排进度计划的方法,即 Critical Path Method,后来被称作关键路线法(简称 CPM);1958 年初,该方法被用于一所价值一千万美元的新化工厂的建设,经过与传统的横道图对比,结果使工期缩短了 4 个月。后来,此法又被用于设备维修,使因设备维修需要停产 125 小时的工程缩短到停产 78 小时。从此,网络计划技术的关键线路法得以广泛应用。

1958 年,美国海军特种计划局开始研制北极星导弹核潜艇,北极星计划规模庞大,组织管理复杂,整个工程由 8 家总承包公司、250 家分包公司、3000 家三包公司、9000 多家厂商承担。该项目采用网络计划评审技术(Program Evaluation and Review Technique,简称 PERT),使原定 6 年的研制时间提前 2 年完成。

1960 年后,美国又采用了 PERT 技术,组织了阿波罗载人登月计划,该计划运用了一个 7000 人的中心实验室,把 120 所大学、2 万多个企业、42 万人组织在一起,耗资 400 亿美元,于 1969 年登上了月球。这使 PERT 声誉大振,随后网络技术风靡全球。

后来,为了适应各种计划管理的需要,以CPM方法为基础,又研制出了其他一些网络计划法,如搭接网络技术(DLN)、图形评审技术(GERT)、决策网络计划法(DN)、风险评审技术(VERT)、仿真网络计划法和流水网络计划法等。从此,网络计划技术被许多国家认为是当前最为行之有效的、先进的、科学的管理方法。

我国是从20世纪60年代开始运用网络计划的,著名数学家华罗庚教授结合我国实际,在吸收国外网络计划技术理论的基础上,将CPM、PERT等方法统一定名为统筹法。网络计划技术在我国已广泛应用于国民经济各个领域的计划管理中。

①网络计划图的构成要素。

• 工序,也叫工作、活动或作业。工序是由计划任务分解成的具体活动或工作,或是从一个事件达到下一个事件之间完成的活动或作业。工作一般使用箭线表示,每一条箭线都表示一项工作,任意一条箭线都需要占用时间、消耗资源,工作名称写在箭线的上方,而消耗的时间则写在箭线的下方。实际的网络计划图中常用虚箭线表示虚工序,虚工序是实际工作中不存在的虚设工作,一般不占用资源,不消耗时间,虚箭线一般用于表达工作之间的逻辑关系。

• 节点,也叫事件或事项。节点是指活动开始或结束的时间点,或前后工序的交接点。节点不消耗资源,也不占用时间。接点用圆圈"○"或方框"□"表示。圆圈或方框中后续工序的节点的编号比前面工序节点的编号大,且不得有重复。

• 线路,也叫路线。线路是指网络图中从起始节点开始,沿箭头方向通过一系列箭线与节点,最后达到终点节点的通路。一个网络图中一般有多条线路,线路的长度就是线路上各工作的持续时间之和。在各条线路中,有一条或几条线路的总时间最长,称为关键线路。确定了关键路线,就知道了影响整个项目最短工期的活动内容,就可以有针对性地安排各项计划。

【典型事例3-1】某园艺师根据要求建一个温室,这一项目包括三个活动(表3-3),试绘制该项目的网络计划图。

表3-3 主要工序及时间估计

作业名称	代号	紧前作业	时间(天)
整理地面	A	——	3
搭建框架	B	A	2
安装玻璃	C	B	1

根据表3-3中的数据及关系,绘制网络计划图,如图3-1所示。

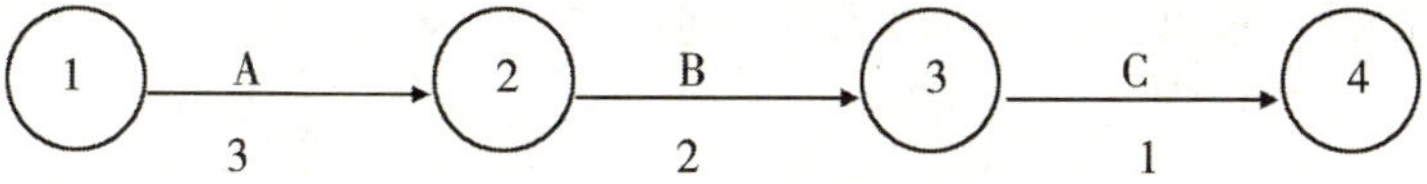

图3-1 温室建造网络计划图

②网络计划图绘制规则。

• 有向性。各项工序顺序排列,从左到右,不能反向。节点之间严禁出现带双向箭头的连线。

• 相邻两节点只能有一条箭线。不允许从一条箭线中间引出另一条箭线。

• 箭线首尾必须有节点。两个节点之间只允许画一条箭线,若出现几项工序平行或交叉作业,应以虚箭线表示。

• 事件顺序编号。从左向右,从小到大,不能重复。

• 只有一个起点节点和一个终点节点。网络计划图只允许有一个起点节点和一个终点节点,而其他所有节点均是中间节点。

【课堂活动 3-2】李先生早晨 7 点 50 分离家上班,上班前的活动如下:起床后立即打开煤气烧水,水烧开需 12 分钟。然后马上穿衣服,5 分钟即完。接着就去取牛奶,来回共需 5 分钟。取回牛奶后立即开始煮牛奶,10 分钟即开。同时完成洗漱,5 分钟即毕。喝完牛奶(需 5 分钟)后出门去上班。如果李先生家只有一个灶头(热源),他最晚必须在什么时候起床?

③网络计划图绘制步骤。

• 项目分解。项目分解就是将一个工程项目分解成各种活动。在把一个项目分解之前,必须确定分解的详细程度。项目分解的详细程度按需要决定。

• 确定各项目之间的先后关系,绘制网络计划图。项目分解成活动之后,要确定各种活动之间的先后次序,即一项活动的进行是否取决于其他活动的完成,它的紧前活动或紧后活动是什么。

• 估计活动所需的时间。活动所需的时间是指在一定的技术组织条件下,为完成一项任务或一道工序所需要的时间,是一项活动的延续时间。其时间单位可以是小时、日、周、月等,活动时间一般在箭线的下方标示。

• 确定关键路线。在关键路线中,每个工作的时间之和等于工程工期。关键路线决定着一项计划的工期,掌握和控制关键路线是网络计划技术的精华。确定了关键路线,就知道了影响整个项目最短工期的活动内容,就可以有针对性地安排各项计划。

• 优化监控。包括时间优化、资源优化和费用优化。利用网络计划对项目进行监视和控制,以保证项目按期完成。

• 调整。按实际发生的情况对网络计划进行必要的调整。

【典型事例 3-2】根据某办公楼建设的主要工序(表 3-4)图绘制网络图,并指出哪条路线是关键路线,最短多长时间内完成任务。

表 3-4 主要工序及时间估计

作业名称	代号	紧前作业	时间(周)
审查设计和批准动工	A	—	10
挖地基	B	A	6
立屋架和砌墙	C	B	14
建造楼板	D	C	6
安装窗户	E	C	3
搭屋顶	F	C	3
室内布线	G	D、E、F	5
安装电梯	H	G	5
铺地板和嵌墙板	I	D	4
安装门和内部装饰	J	I、H	3
验收和交接	K	J	1

根据表 3-4 中的数据,绘制网络计划图,如图 3-2 所示。

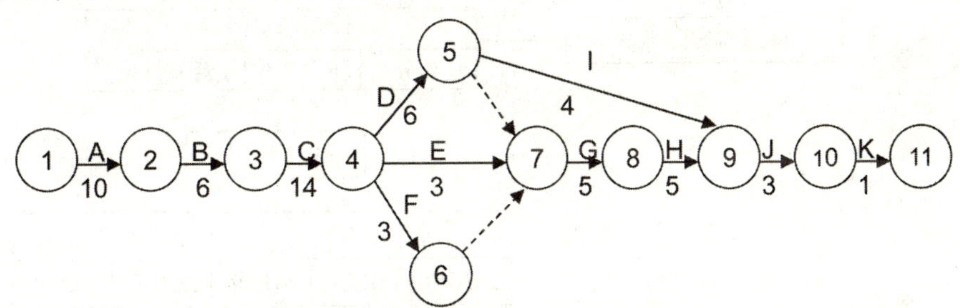

图 3-2 某办公楼建设网络计划图

分析:如图 3-1 所示,从起始点①到终点⑪的路线有 4 条。

路线 1:①→②→③→④→⑤→⑦→⑧→⑨→⑩→⑪;

路线 2:①→②→③→④→⑤→⑨→⑩→⑪;

路线 3:①→②→③→④→⑦→⑧→⑨→⑩→⑪;

路线 4:①→②→③→④→⑥→⑦→⑧→⑨→⑩→⑪。

其中,路线 1 是最长路线,即关键路线,完成某办公大楼最短需要 50 周。

④网络计划技术法的评价。通过网络计划技术把一项工程中各有关的工作组成有机的整体,能全面、明确地表达出各项工作之间的先后顺序和相互制约、相互依赖的关系。通过网络计划的优化,可以在若干个可行方案中找到最优方案。利用网络计划中某些工作的时间储备,可以合理地安排人力、物力和资源,达到降低工程成本和缩短工期的目的。在网络计划执行过程中,能够对其进行有效的监督和控制,若某项工作提前或推迟完成,管理者可以预见到它对整个网络计划的影响程度,以便及时采取技术、组

织措施加以调整。可以使参加项目的各单位和有关人员了解他们各自的工作及其在项目中的地位和作用。

在网络计划编制过程中,各项时间参数计算比较繁琐,绘制劳动力和资源需要量曲线比较困难。

(2)滚动计划法。滚动计划是一种动态编制计划的方法,如图 3-3 所示。与静态分析相比,它不是等一项计划全部执行完了之后再重新编制下一时期的计划,而是在每次编制或调整计划时,均将计划按时间顺序向前推进一个计划期,即向前滚动一次。滚动计划法是按照“近细远粗”的原则制订一定时期内的计划,然后按照计划的执行情况和环境变化,调整和修订未来的计划,并逐期向前移动,把短期计划和中期计划结合起来的一种计划方法。

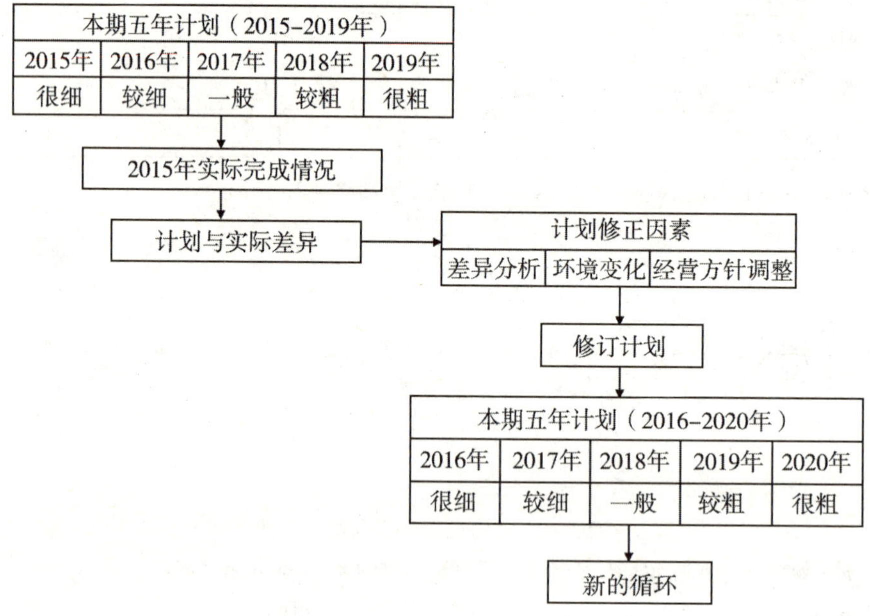

图 3-3　滚动计划法

①滚动计划编制的方法。首先,确定计划执行期。滚动计划法,既可用于编制长期计划,也可用于编制年度、季度生产计划和月度生产作业计划。不同计划的滚动期不一样,一般长期计划按年滚动;年度计划按季滚动;月度计划按旬滚动等。滚动间隔期的选择要适应企业的具体情况,如果滚动间隔期偏短,则计划调整较频繁。生产比较稳定的大量大批企业宜采用较长的滚动间隔期,生产不太稳定的单件小批生产企业则可考虑采用较短的间隔期。

在计划编制过程中,尤其是编制长期计划时,为了能准确地预测影响计划执行的各种因素,可以采取近细远粗的办法,近期计划订得较细、较具体,远期计划订得较粗、较概略。在一个计划期终了时,根据上期计划执行的结果和市场需求环境条件的变化,经营方针的调整,对原计划进行必要的调整和修订。

②滚动计划法的评价。滚动计划方法的可以使短期计划、中期计划和长期计划相互衔接,可根据变化及时调整,使各期计划基本一致,大大增强了计划的弹性,提高了组织对环境的应变。较好地解决了计划的相对稳定性和实际情况的多变性这一矛盾,使计划更好地发挥其指导生产实际的作用。另外,可以解决生产的连续性与计划的阶段性之间的矛盾;可以解决建立新的产业部门、实施重大科技措施、培养专门人才等问题,从而有利于实现企业预期的目标。

滚动计划方法也有其缺点。例如,一年一滚动的方法影响了五年计划中年度计划的协调性,并且难以区分每个五年计划的方针和任务。计划的不断调整可能会降低计划的严肃性,编制工作量比较大。

任务 3.3 目标管理

3.3.1 目标管理的概念和特点

(1)目标管理的概念。目标管理(Management by Objective,MBO)是由美国管理大师彼得·德鲁克(Peter F.Drucker)在总结日本企业管理实践的基础上,于 1954 年出版的《管理实践》中最先提出的。目标管理提出以后便在美国迅速流传,并很快为日本、西欧国家的企业所仿效,如今目标管理已成为一种基础管理工具,在企业内部管理中发挥着举足轻重的作用。

目标管理又称为成果管理,目标贯穿于组织管理活动的全过程。目标管理是一种程序和过程,一切管理活动以制定目标开始,以目标为导向,以目标情况作为管理依据,组织的管理者和员工共同参加目标的制定,并决定上下级的责任和分目标,工作中员工实行自主控制并努力完成工作目标,管理者实行最终成果控制,并把这些目标作为经营、评估和奖励每个单位和个人贡献的标准。

(2)目标管理的特点。目标管理理论的指导思想是以 Y 理论为基础建立起来的,即认为在目标明确的条件下,员工是愿意负责的,愿意在工作中发挥自己的聪明才智和创造性。在管理方法上,目标管理继承了泰罗科学管理的思想。它与传统管理方式相比有鲜明的特点:

①重视人的因素。目标管理是一种参与的、民主的、自我控制的管理制度,也是一种把个人需求与组织目标结合起来的管理制度。目标管理充分发挥每一个员工的最大能力。在这一制度下,上级与下级的关系是平等、尊重、依赖、支持的,下级在承诺目标和被授权之后是自觉、自主和自治的。

②建立目标链与目标体系。目标管理通过专门设计的过程，将组织的整体目标逐级分解，转换为各单位、各员工的分目标。从组织目标到经营单位目标，再到部门目标，最后到个人目标。在目标分解过程中，权、责、利三者已经明确，而且相互对称。这些目标方向一致，环环相扣，相互配合，形成协调统一的目标体系。只有每个人员完成了自己的分目标，整个企业的总目标才有完成的希望。

【管理故事 3-1】

石匠的故事

有个人问三个石匠在干什么？三个石匠有三个不同的回答：

第一个石匠回答："我在做养家糊口的事，混口饭吃。"

第二个石匠回答："我在做整个国家最出色的石匠工作。"

第三个石匠回答："我正在建造一座大教堂。"

管理启示：这个故事最早出现在管理大师彼得·德鲁克的《管理实践》一书中。德鲁克说，只有第三个石匠才是真正的管理者。第三个石匠的回答说出了目标的真谛，这类员工在把自己的工作目标和组织目标关联，通过自己的工作影响组织的绩效，这样的员工在组织中才能充分发展潜能，发展自己。

③强调工作成果。目标管理以制定目标为起点，以目标完成情况的考核为终结。工作成果是评定目标完成程度的标准，是人事考核和奖评的依据，也是评价管理工作绩效的唯一标准。至于达成目标的具体过程、途径和方法，上级并不过多干预。所以，在目标管理制度下，监督的成分很少，而控制目标实现的能力却很强。

【知识链接 3-2】

传统管理方式

以工作为中心的管理方式。以工作为中心的管理方法注重工作科学化，其理论依据是人是有感情的，人的行为往往是非理性的，很难与组织的要求相一致。这种方式的主要问题是它会促使组织走向官僚化，会使组织成员失去工作的意愿。

以人为中心的管理方法。以人为中心的管理方法注重人际关系，其理论依据是即使工作非常科学化，若担任工作的人员缺乏工作热情，组织目标仍然难以达到。这种管理方式的主要问题是人际关系与组织业绩的提高并无必然的联系。

以工作为中心和以人为中心是两种极端的管理方法，以工作为中心的管理重视组织的业绩，强调工作因素，忽视人的因素；而以人为中心的管理则重视担负工作责任的人，强调人的因素，忽视工作因素。目标管理则结合以工作为中心和以人为中心的管理方法，使员工发现工作的兴趣和价值，从工作中满足其自我实现的需要，同时，组织的目标也因员工的自我实现而实现,这样就把组织目标与个人目标、工作因素与人的因素统一起来了。

3.3.2 目标管理的基本步骤

(1)目标建立。目标建立是目标管理实施的第一阶段,主要是指目标制定和目标分解过程。目标体系是目标管理的依据,这一阶段是保证目标管理有效实施的前提和基础。这一阶段可以细分为四个步骤:

①高层管理预定目标。这是一个暂时的、可以改变的目标预案,既可以上级提出,再同下级讨论,也可以由下级提出,上级批准。无论哪种方式,必须共同商量决定。领导必须根据企业的使命和长远战略,估计客观环境带来的机会和挑战,对该企业的优劣有清醒的认识,对组织应该和能够完成的目标心中有数。

②重新审议组织结构和职责分工。目标管理要求每一个分目标都有确定的责任主体。因此预定目标之后,需要重新审查现有组织结构,根据新的目标分解要求进行调整,明确目标责任者和协调关系。

③确立下级的目标。首先,下级明确组织的规划和目标,然后商定下级的分目标。在讨论中上级要尊重下级,平等待人,耐心倾听下级意见,帮助下级发展一致性和支持性目标。分目标要具体量化,便于考核;分清轻重缓急,以免顾此失彼;既要有挑战性,又要有实现可能。每个员工和部门的分目标要和其他的分目标协调一致,支持本单位和组织目标的实现。

④上级和下级就实现各项目标所需的条件以及实现目标后的奖惩事宜达成协议。分目标制定后,要授予下级相应的资源配置的权力,实现权责利的统一。由下级写成书面协议,编制目标记录卡片,整个组织汇总所有资料后,绘制出目标图。

【知识链接 3-3】

目标制定的SMART原则

明确性(Specific)。明确性就是要用具体的语言清楚地说明要达成的行为标准。明确的目标几乎是所有成功团队的一致特点。很多团队不成功的重要原因之一就因为目标定得模棱两可,或没有将目标有效地传达给相关成员。目标设置要有项目、衡量标准、达成措施、完成期限以及资源要求,使考核人能够很清晰地看到完成部门或科室月计划要做哪些事情,计划完成到什么程度。

可衡量性(Measurable)。可衡量性就是指目标应该是明确的,而不是模糊的。应该有一组明确的数据,作为衡量是否达成目标的依据。如果制定的目标没有办法衡量,就无法判断这个目标是否实现。

可实现性(Attainable)。目标必须是可以实现的、可操作的。目标设置要坚持员工参与、上下左右沟通，使拟定的工作目标在组织及个人之间达成一致。既要使工作内容饱满，也要具有可达性。

相关性(Relevant)。目标的相关性是指实现此目标与其他目标的关联情况。如果实现了这个目标，但对其他的目标完全不相关，或者相关度很低，那这个目标即使被达到了，意义也不是很大。

时限性(Time-bound)。时限性就是指目标是有时间限制的。目标设置要具有时间限制，根据工作任务的权重、事情的轻重缓急，拟定达成目标项目的时间要求，定期检查项目的完成进度，及时掌握项目进展的变化情况，以方便对下属进行及时的工作指导，以及根据工作计划的异常情况变化及时调整工作计划。

无论是制定组织的工作目标，还是员工的绩效目标，都必须符合上述原则，五个原则缺一不可。

【课堂活动 3-3】你觉得你的时间够用吗？你是怎样管理自己时间的？

(2)目标的实施。目标控制强调是自我控制和民主管理，但不能因此对目标体系建立后放手不管。目标体系的内在逻辑关系决定了组织任何个人或部门在达成目标时出现问题，都将影响到组织目标的实现。目标控制的目的是随时了解目标实施的情况，及时发现问题，及时解决问题或者根据环境变化的要求对目标进行修订。因此，目标实施过程中要注意以下几点：

①领导进行定期检查，利用双方经常接触的机会和信息反馈渠道进行沟通。

②上级要向下级通报进度，便于互相协调。

③上级要帮助下级解决工作中出现的困难问题，当出现意外、不可测事件严重影响组织目标实现时，也可以通过一定的手续，修改原定的目标。

(3)目标评估与考核。目标管理注重结果，目标的完成情况如何，要借助于目标评定工作。通过评定，肯定成绩，发现问题，奖优罚劣，及时总结目标执行过程中的成绩与不足，完善下一个目标管理过程。成果评价一般实行自我评价和上级评价相结合，上下级一起对目标完成情况进行考核，决定奖惩。成果评价既是实行奖惩的依据，也是上下左右沟通的机会，同时还是自我控制和自我激励的手段。目标评估要注意以下几点：

①下级先进行自我评定，提出书面报告。

②上级评定要全面、公正。

③目标评定与人事管理相结合。

④及时反馈信息是提高目标管理水平的重要保证。

3.3.3 目标管理评价

(1)目标管理的优点。

①目标管理有助于诱发人们对自己的工作绩效承担责任。对于那些在技术上具有可分性的工作,由于责任、任务明确,目标管理常常会起到立竿见影的效果,而对于技术不可分的团队工作则难以实施目标管理。

②目标管理有助于明确组织机构的作用和职权关系,有助于企业组织机构的改革。目标管理的自我控制原则要求机构的设定以分权为基础,即授权充分,职责明确。

③能有效地激励员工完成企业目标。员工参与目标的设定,通过授权自主完成,同时实行"能力至上"的人事考核与评价体系,对员工产生强大的激励作用。目标管理启发了自觉,调动了员工的主动性、积极性、创造性。由于强调自我控制,自我调节,将个人利益和组织利益紧密联系起来,提高了员工积极性。

④目标管理促进了意见交流和相互了解,改善了人际关系。

(2)目标管理的局限性。

①目标难以制定。组织内的许多目标难以定量化、具体化,由于企业是开放的系统,在市场经济条件下,企业的活动受外部环境的影响较大,要把企业的目标具体化有一定困难。组织环境的可变因素越来越多,变化越来越快,组织的内部活动日益复杂,使组织活动的不确性越来越大,这些都使得组织的许多活动制定量化目标时变得更困难。

②目标管理的哲学假设不一定都存在。目标管理的哲学假设是组织可以形成自觉、自愿、愉快的工作环境,员工乐于发挥潜力,承担责任,实现自我管理,体验工作成就感,而且认为工作中的成就感比金钱更重要,但实践并不完全如此。Y 理论对于人类的动机做了过分乐观的假设,实际中的人是有"机会主义本性"的,尤其在监督不力的情况下。因此,许多情况下目标管理所要求的承诺、自觉、自治气氛难以形成。

③目标制定可能增加管理成本。目标制定要上下沟通、统一思想是很费时间的;每个单位、个人都关注自身目标的完成,很可能忽略了相互协作和组织目标的实现,滋长本位主义、临时观点和急功近利倾向。

④目标成果的考核和奖惩难以完全一致。有时奖惩不一定都能和目标成果相配合,目标设定中对不同部门的目标过错程度很难做出精确判断,很难保证公正性,从而削弱了目标管理的效果。

目标管理在管理实践中的应用,为企业带来了良好的经济效益,但由于条件的限制,目标管理只能逐渐推行,需要长期坚持,才能逐渐挖掘出它的效益。

任务3.4 决 策

3.4.1 决策的概念

在日常的生活和工作中,人人都可能是决策者。作为一个管理者,决策是其管理工作的核心,管理者无时无刻不在进行决策,从企业目标、企业计划到人事、财务等方方面面,都需要管理者拍板定夺。决策贯穿于管理过程的始终,贯穿于计划、组织、领导和控制等管理的各项职能活动中。决策在整个管理活动中具有非常重要的地位和作用,它是管理活动的核心,是管理人员的主要任务。

无论是管理学家、心理学家,还是社会学家、科学家,都非常关注和重视决策活动。关于决策的定义,许多学者都进行过探讨,看法不尽相同。在这些对决策的研究和解读中,比较有代表性的有以下观点。

赫伯特·西蒙认为:“管理就是决策。决策是管理的核心,贯穿管理的全过程”。

路易斯、古德曼和范特认为:“决策是管理者识别并解决问题以及利用机会的过程”。

艾伯斯认为,决策有广义和狭义之分。狭义的决策是指在若干个可供选择的行动方案中做出抉择。广义的决策还包括在做出选择之前必须进行的一切活动。也就是说,广义上的决策是一个过程,不仅仅是最终某个方案的选择。

通过上述分析,我们可以将决策定义为:决策就是决策者为了实现某一特定目标而在若干个备选方案中选择一个满意方案的分析、判断和选优的过程。这一定义主要包括以下四层含义:

①决策必须有明确的目标。目标是构成决策活动不可缺少的基本因素。没有目标,决策只能是盲目的,甚至是无用的。任何决策问题都是为了实现某一目标。因此,在决策之前,必须要搞清楚为什么要进行决策,决策到底要解决什么问题。

②决策必须有若干个可行的备选方案。方案也是构成决策活动的基本因素之一,科学决策的一个重要原则就是多方案抉择。

③决策是一个对备选方案进行分析比较选优的过程。在做出最终决策之前,要对各个备选方案进行详细的分析评价,并能反映出各方案优点和缺点,在此基础上从众多方案中选取一个较满意的方案。

④决策的结果是选择一个满意的方案。决策遵循的是满意原则,而不是最优原则。对于决策者来说,实现最优决策,必须具备三个条件:一是获得与决策有关的全部信息;二是真实了解全部信息的价值,并据此制定所有可能的方案;三是准确预期每个方案在

未来的执行结果。但在现实中上述条件往往得不到满足。因此,现实中决策者难以做出最优决策,只能做出相对满意的决策。

【管理故事3-2】

囚徒困境

警方逮捕甲、乙两名嫌疑犯,但没有足够证据指控两人有罪。于是警方分开囚禁嫌疑犯,分别和二人见面,并向双方提供以下相同的选择:

若一人认罪并作证检控对方(即“背叛”对方),而对方保持沉默,此人将立即获释,沉默者将判监10年。

若二人都保持沉默(即互相“合作”),则二人同样判监1年。

若二人都互相检举(即互相“背叛”),则二人同样判监8年。

甲、乙作为集体,最优的决策理论上是什么?甲、乙作为个人,事实上最可能决策会是什么?

管理启示:1950年,就职于兰德公司的梅里尔·弗勒德(Merrill Flood)和梅尔文·德雷希尔(Melvin Dresher)拟定出解决相关困境的理论。这种现象反映了决策满意原则理论。

【课堂活动3-4】唐氏玩具公司市场营销部副总裁萨玛德·阿瑞夫说:“我们中的每一个人,无论职位高低,被雇用是希望成为一名专业的合理化主义者。我希望我们所有的人不仅知道自己在做什么和为什么做,而且知道他们的决策是正确的”。根据这段话讨论:你认为人生最重要的能力是什么?

3.4.2 决策的影响因素

任何决策都是在一定的条件下进行的,都要受到一些因素的影响和制约。影响决策的因素主要有环境、组织文化、过去的决策、决策者对待风险的态度、决策者的能力、时间因素等。

(1)环境。环境总是不断变化的,组织在进行决策时,都要分析组织所处的环境,在相对稳定的环境中,决策只需要按照原来的决策程序进行,决策调整的机会不多,在环境发生剧变的情况下,决策就需要一定程度的改革,组织就需要对其经营活动需要频繁地做出相应调整。

(2)组织文化。任何一个决策都要受到组织文化的影响。组织文化影响着组织及其成员的行为和行为方式,在决策层次上,组织文化通过影响人们对改变的态度而发生作用。任何决策的制定,都是对过去决策在某种程度上的否定;任何决策的实施,都会给组织带来某种程度的变化。

(3)过去的决策。决策大多都是建立在过去决策的基础上的,决策者必须考虑过去决策对现在的延续影响。过去的决策对现行决策的影响程度,取决于过去决策与决策者的关系,关系越紧密,现行决策受到的影响就越大。

(4)决策者对待风险的态度。任何决策都有一定程度的风险。决策者对待风险的不同态度会影响决策方案的选择。愿意承担风险的决策者,通常会在被迫对环境做出反应以前就已采取积极行动;而不愿承担风险的决策者,通常在不利的环境下被迫做出反应,其活动要受到过去决策的严重限制。

(5)决策者的能力。决策者在决策过程中起决定作用,决策者个人的能力是决策成败的关键。决策者的能力包括拥有的知识与经验、战略眼光、获取信息的能力、沟通能力、组织能力等。决策者的能力越强,越容易解决新问题,越有利于实现预期的效果。

(6)时间因素。时间相对宽裕时选择方案,决策的执行效果主要取决于其质量,而非速度。制定这类决策时,要求人们充分利用知识、经验做出尽可能正确的选择。时间紧迫的压力可能限制人们能够考虑的方案数量,使人们得不到足够的评价方案所需的信息,偏重消极因素,忽视积极因素,仓促决策。

【管理故事 3-3】

布里丹之驴

布里丹养了一头小毛驴,需要向附近的农民买草料来喂它。这天,送草的农民出于对哲学家的景仰,额外多送了一堆草料放在旁边。这下子,毛驴站在两堆数量、质量和与它的距离完全相等的干草之间,可为难坏了。它虽然享有充分的选择自由,但由于两堆干草价值相等,客观上无法分辨优劣,于是它左看看,右瞅瞅,始终无法分清究竟选择哪一堆好。

于是,这头可怜的毛驴就这样站在原地,一会儿考虑数量,一会儿考虑质量,一会儿分析颜色,一会儿分析新鲜度,犹犹豫豫,来来回回,在无所适从中活活地饿死了。

管理启示:"布里丹毛驴效应"是决策大忌。面对两堆同样大小的干草时,有的人"非理性地"选择其中的一堆干草,有的人则"理性地"等待下去,直至饿死。这就要求我们在已有知识、经验的基础上,运用直觉、想象力、创新思维,找出尽可能多的方案进行抉择,以"有限理性"求得"满意"结果。

3.4.3 决策的类型

管理决策的种类很多,依据不同的划分标准,可以分为不同的类型。

(1)按照决策的层级性,可以将决策分为战略决策、战术决策和业务决策。战略决策是指关系到一个组织的发展方向或发展全局的决策,如组织目标和方针的制定、组织机构的调整、企业产品的更新换代、重大项目的投资等，都属于战略决策。这些决策牵涉组织的方方面面，具有长期性和方向性，事关组织成败，决策权由最高领导层行使。战略决策往往是由组织中高层管理者负责进行，如总裁、CEO、总经理等。

战术决策，又称管理决策，是指为了保证组织总体战略目标的实现而解决局部问题的局部性、短期性和执行性的决策。它属于战略决策执行过程中的具体决策，如企业生产计划的制订、设备的更新、新产品的定价等，都属于战术决策的范畴。它对战略决策具有指导和决定性的作用，是战略决策的具体落实，决策权主要由中层领导行使，如分公司经理或部门经理等。

业务决策，又称日常管理决策或执行性决策，是组织为了提高日常的工作效率而做出的决策，如工作任务的日常分配和检查、工作日程的安排、岗位责任制的制定和执行等，都属于业务决策。这类决策一般牵涉的范围较窄，只对组织产生局部影响，决策由基层领导负责进行。

(2)按照决策的确定性，可以将决策划分为确定型决策、风险型决策和不确定型决策。确定型决策是指在稳定(可控)条件下进行的决策，未来影响决策方案的所有因素是非常明确而固定的，而且每个方案只有一个确定的结果，最终选择哪个方案取决于对各个方案结果的直接比较。

风险型决策，又称随机决策，是指各种决策方案未来的各种自然状态不能预先肯定，是随机的，但能知道存在多少种自然状态以及每种自然状态发生的概率。

不确定型决策是指在不稳定(不可控)状态下进行的决策，各种自然状态不能预先估计，而且也没有客观概率可估计，完全凭借决策者的经验和心理等因素来确定一个主观概率的决策。

(3)按照决策问题的重复程度，可以将决策分为程序化决策和非程序化决策。程序化决策，又称规范性决策、常规决策或重复性决策，是对反复发生的问题进行的决策。如管理者日常遇到的产品质量、设备故障、现金短缺等问题的决策，都属于程序化决策。由于这些问题是经常出现的例行问题，有必要也有可能预先把决策过程标准化和程序化。这类决策有固定的程序、规则和方法，多属于业务决策。

非程序化决策，又称一般性决策或非常规决策，是指具有偶然性、随机性、没有先例可循且具有大量不确定性的决策活动。如组织结构变化、企业的新产品开发或新市场的开拓、重大政策的制定等，都属于非程序化决策。这类决策一般不能按照常规的程序和方法进行处理，而是依据决策者的经验、知识、价值观和决断能力进行。

【课堂讨论3-5】企业高层管理者面临的决策大多是非程序化决策还是程序化决策？中层管理者和基层管理者面临的决策大多是非程序化决策还是程序化决策？

(4)按照决策主体的不同，可以将决策分为集体决策和个人决策。集体决策是群体成员制定决策的过程，其优点是能够更大范围地搜集信息，能够制定更多的备选方案，能够得到更多的认同,能够更好地沟通,能够做出更好的决策,增加决策结果的可接受性。但这种决策也具有决策迟缓、效率低下消耗时间、产生小群体意识和“从众现象”以及责任不清等缺点。

个人决策则是指根据个人的判断力、知识、经验和意志所做出的决策。个人决策一般用于日常工作中程序化的决策和管理者职责范围内事情的决策,它具有合理性和局限性。个人决策的合理性在于速度快,责任明确;局限性是决策质量不高,决策者受到个人的经验、知识和能力的限制,可执行性差。一般来说,在需要对问题迅速做出反应时适合个人决策,而在有关企业发展重大问题的决策上适合群体决策。

(5)根据决策的初始性,可以将决策划分为初始决策和追踪决策。初始决策是决策者对未从事的活动或新的活动所进行的决策,主要是确定未从事的活动或新的活动的方向、目标、方针及方案。初始决策是零起点决策,初始决策面临的问题都是首次遇到的问题,因此首先需要认真调查研究,认识问题的本质。

追踪决策是决策者在初始决策的基础上对已从事的活动的方向、目标、方针及方案的重新调整。组织环境已经发生了变化,组织需要对原来面临的问题重新进行一次决策,它不是对原决策的简单重复和根本否定,而是通过对原决策过程的再次分析,使原决策中的错误转向正确,是对原决策的扬弃。

3.4.4 决策的过程

决策是一项比较复杂而严肃的工作。不同问题的决策在过程上有所差异,同时也存在一定的普遍性和相似性,决策过程应遵循基本决策程序来进行。一般来说,决策程序主要包含以下七个步骤:

(1)识别机会。识别机会是决策的第一个步骤。决策就是为了解决问题,任何决策都是从问题开始的。这里的问题就是指理想达到的状况同现实状况之间存在的差距。决策者要在全面调查研究的基础上发现差距,识别机会,界定问题,抓住问题的关键。对决策问题的准确把握,有助于提高决策工作的效率,确保决策方案的质量。

(2)确定目标。目标是决策所要达到的预期结果和要求。所要达到的结果的数量和质量都要明确下来,因为无论是目标的数量还是目标的质量,都最终指导决策者选择合适的行动路线。目标的衡量方法有很多种,如通常用货币单位来衡量利润或成本目标,以单位时间的产出来衡量生产率目标,以次品率或废品率来衡量质量目标。

(3)拟定备选方案。拟订备选方案即提出两个或两个以上能成功解决问题的可行方案。决策过程中管理者尽量将各种可能实现预期目标的方案都设计出来,这样最终决策的质量才会有切实的保证。注意:不要在决策之前就做出选择,否则会影响决策本身。

(4)评估备选方案。备选方案设计出来之后,就要采用现代化的分析、评估和预测方法，对各项预选方案进行对比和综合评估。在分析和评价的过程中，重点是对每个方案的可行性、满意程度以及可能产生的结果进行分析和评价，并反映出各个方案的长处和短处、优点和缺点。

(5)选择方案。选择方案是对拟定的多个备选方案进行分析评价，从中选出一个满意方案。在选择最佳方案时，决策者不能只顾及备选方案的优越性，还必须考虑到可利用资源的有限性。满意方案必须具备以下条件：一是决策结果符合预定目标的要求；二是决策方案实施所带来的效果大于所付出的代价，即有合理的费用效果比或成本收益比；三是能够妥善处理决策方案的正面效果与负面效果、收益性与风险性的关系。

(6)实施方案。方案的实施即执行决策，是决策过程中至关重要的一步。要为所选择的方案提出实施的规划，制定出执行措施，明确实施的途径、方法和手段以及应变措施。同时，还要健全机构，组织力量，对所需的资源进行组合。具体地说，要做好以下四项工作：一是制订实施方案相应的具体措施和步骤，以保证方案正确实施；二是确保与方案有关的各种指令能够为组织人员充分接受和彻底了解；三是把决策目标层层分解，落实到每一个执行单位和个人；四是建立重要的工作报告制度，了解方案的进展情况，以便及时地进行调整。

(7)监督和评估。对决策方案进行监督和评估是决策过程的最后一个步骤。一个方案可能要涉及较长的时间。在这段时间内，情况可能会发生许多变化，管理者就必须通过定期的检查评价，及时掌握决策执行的进度，不断地对方案进行修改和完善，以适应变化了的环境。对客观情况发生重大变化，原先目标无法实现的，则要重新寻找问题或机会，确定新的目标，重新拟定可行的方案，并对其进行评估、选择和实施。

【课堂活动3-6】讨论改革开放初期日本家用电器进占中国市场战略，分析其决策过程。

3.4.5 决策的方法

现代决策的方法基本上可以归纳为两大类。一类是定性决策法。即指依靠决策者的知识、经验和智慧，运用社会学、经济学、心理学等方面的理论进行决策的方法。这类方法是根据所掌握的信息，在把握事物内在本质联系的基础上进行决策，又被称为“软技术”。另一类方法是定量决策法，即指决策者利用数学模型和电子计算机等现代化管理手段，进行定量分析，做出科学决策的方法，这类方法也被称为“硬技术”。

(1)定性决策方法。

①道斯矩阵分析法。道斯矩阵也称SWOT模型，20世纪80年代初由美国旧金山大学的管理学教授韦里克提出，运用这种方法，可以对研究对象所处的情景——企业本身的竞争优势(strength)、竞争劣势(weakness)、机会(opportunity)和威胁(threat)进行全面、系统、准确的研究，将公司的战略与公司内部资源、外部环境有机结合，从而根据研究结

果制定相应的决策。

SWOT 可以分为两部分：一部分为 SW，主要用来分析内部能力；一部分为 OT，主要用来分析外部条件。利用 SWOT 矩阵最困难的工作是进行企业内外部环境关键因素的匹配。一般来讲，由于客观上不存在最佳匹配方式，需要决策者根据自己的主观分析对每个要素做出适当的判断。利用这种方法可以从中找出对自己有利的、值得发扬的因素，以及对自己不利的、要避开的东西，发现存在的问题，找出解决办法，并明确以后的发展方向。可以帮助企业把资源和行动聚集在自己的优势和有最多机会的地方，有利于决策者做出较合理的决策。通过优势、劣势和机会、威胁的匹配，可以得到相应的四种战略，如图 3－4 所示。

内部能力 / 外部因素	优势(S)	劣势(W)
机会(O)	SO 战略 发挥优势，利用机会	WO 战略 利用机会，回避弱点
威胁(T)	ST 战略 利用优势，减低威胁	WT 战略 减小劣势，回避威胁

图 3－4　道斯矩阵

②经营单位组合分析法。经营单位组合分析法也叫波士顿矩形分析法。这种方法由美国波士顿咨询公司建立，其基本思想是，大企业都有两个以上的经营单位，企业要为不同的经营单位确定不同的活动方向，确定方向时要综合考虑企业或该经营单位在市场上的相对竞争地位和业务增长情况。

相对竞争地位往往从企业的市场占有率上得到体现。它决定了企业获取先进的能力和速度，因为较高的市场占有率可以为企业带来较高的销售量和销售利润，从而给企业带来较多的现金流量。

业务增长率对活动方向的选择有两方面的影响：它有利于市场占有率的扩大，因为在稳定的行业中，企业产品销售量的增加往往来自竞争对手市场份额的下降；它决定着投资机会的大小，因为业务增长迅速可以使企业迅速收回投资，并取得可观的投资报酬。

根据相对竞争地位和业务增长率这两个标准，可把企业的经营单位分成四大类，如图 3－5 所示。企业应根据各类经营单位的特征，选择合适的活动方向。

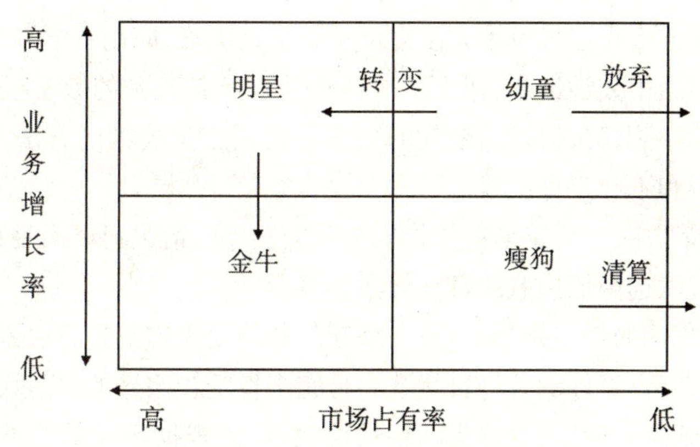

图3-5 企业经营单位组合图

"金牛"经营单位的特征是市场占有率较高,而业务增长率较低。较高的市场占有率为企业带来较多的利润和现金,而较低的业务增长率需要较少的投资。"金牛"经营单位所产生的大量现金可以满足企业的经营需要。

"明星"经营单位的市场占有率和业务增长率都较高,因而所需要的和所产生的现金都很多。"明星"经营单位代表着最高利润增长率和最佳投资机会,因此企业应投入必要的资金,增加它的生产规模。

"幼童"经营单位的业务增长率较高,而目前的市场占有率较低,这可能是企业刚刚开发的很有前途的领域。由于高增长速度需要大量投资,而较低的市场占有率只能提供少量的现金,企业面临的选择是投入必要的资金,以提高市场份额,扩大销售量,使其转变为"明星"。否则,应及时放弃该领域。

"瘦狗"经营单位的特征是市场份额和业务增长率都较低。由于市场份额和销售量都较低,甚至出现负增长,"瘦狗"经营单位只能带来较少的现金和利润,而维持生产能力和竞争地位所需的资金甚至可能超过其所提供的现金,从而可能成为资金的陷阱。因此,对这种不景气的经营单位,企业应采取收缩或放弃的战略。

经营单位组合分析法通常应遵循如下步骤:把企业分成不同的经营单位;计算各个经营单位的市场占有率和业务增长率;根据其在企业中占有资产的比例来衡量各个经营单位的相对规模;绘制企业的经营单位组合图;根据每个经营单位在图中的位置,确定应选择的活动方向。

经营单位组合分析法以"企业的目标是追求增长和利润"这一假设为前提。对拥有多个经营单位的企业来说,它可以将获利较多而潜在增长率不高的经营单位所产生的利润投向那些增长率和潜在获利能力都较高的经营单位,从而使资金在企业内部得到有效利用。

除了以上介绍的两种方法外,定性决策方法还有头脑风暴法、德尔菲法、名义小组技术、政策指导矩阵法、戈登法等。

(2)定量决策方法。定量决策方法常用于数量化决策,应用数学模型和公式来解决一些决策问题,即运用数学工具、建立反映各种因素及其关系的数学模型,并通过对这种数学模型的计算和求解,选择出最佳的决策方案。定量决策的方法主要包括确定型决策、风险型决策和不确定型决策。

①确定型决策方法。确定型决策指未来可能发生的情况只要满足数学模型的前提条件,决策者就可以选择最满意的行动方案。

确定型决策方法的特点是:每当对一个新问题的发生需要进行决策时,只需按原来规定的程序处理即可;事件的各种自然状态是完全肯定和明确的,经过分析计算可以得到各方案明确的结果。所以,对这类问题的决策,可以根据不同的约束条件,采用不同的数学模型求得最优或较优方案。

确定型决策最常见的方法是盈亏平衡法。该种方法是研究一个项目的成本、业务量和利润之间函数关系的一种数量分析方法。在这里,成本(C)是指变动成本(V)和固定成本(F);业务量(Q)通常是指生产量或销售量;利润(M)是指税前利润。其中变动成本是指那些与业务量成正比例关系的成本;固定成本是指一定时期和一定业务量范围内不随业务量的变化而变化的那部分成本,如厂房和机器设备的折旧费、企业管理费等;总成本为变动成本和固定成本之和。

运用盈亏平衡法进行盈亏分析,关键的问题是找出盈亏平衡点,即利润为零时的业务量,如图 3-6 所示。

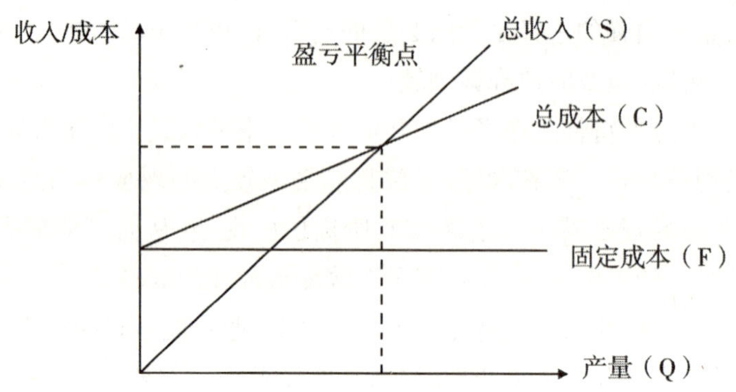

图 3-6 盈亏平衡图

从图 3-6 中可以看出,销售总收入线与总成本线有一个交点,即盈亏平衡点。在这一点上,总收入=总成本,亦即利润为零。由盈亏平衡点所对应的业务量 Q_0 为盈亏平衡时的业务量。当业务量小于 Q_0 时,企业处于亏损状态,当业务量大于 Q_0 时,企业处于盈利状态。

因为盈亏平衡分析法可以反映上述关系,所以它在确定型决策中有较大的用途,主要体现在以下五个方面,见表 3-5。

表3-5 盈亏平衡法公式

变量	公式
变动成本 V	$V = V_a \cdot Q$
总成本 C	$C = F + V = F + V_a \cdot Q$
总收入 S	$S = P \cdot Q$
利润 M	$M = S - C = P \cdot Q - (F + V_a \cdot Q)$
盈亏平衡点产量 Q_E	$C = S$，即 $F + V_a \cdot Q_E = P \cdot Q_E$，$Q_E = F/(P - V_a)$
盈亏平衡点销售额 S_E	$S_E = P \cdot Q_E$
盈亏目标为 M′时的产量 Q′	$M' = P \cdot Q' - (F + V_a \cdot Q')$，$Q' = (F + M')/(P - V_a)$

在给定产品售价、变动成本和固定成本的条件下，可以确定生产或销售多少产品（业务量）达到保本，即确定利润为零的企业销售水平。由此也可确定企业在实现目标利润时的销售水平；

预计销售量、售价、变动成本和固定成本已定的条件下，可以确定盈亏平衡点和预期利润；

在销售量、成本和目标利润已定的条件下，确定产品的变动成本和固定成本；

在销售量、成本和目标利润已定的条件下，确定企业产品的售价；

当市场需求量、原材料价格和产品售价等各种要素发生变化时，可用此法进行不确定分析。

【典型事例3-3】某公司生产某设备固定费用为3000万元，产品单价为1200元/台，单位变动成本1000元/台。试计算其盈亏平衡点产量。若当年产量在12万台，为实现目标利润200万元，最低销售单价应定在多少？

解析：盈亏平衡点的产量为：

$Q_E = F/(P - Va) = 30000000 \div (1200 - 1000) = 150000$ 台

由 $Q' = (F + M')/(P - Va)$ 得，最低销售单价为：

$120000 = (30000000 + 2000000)/(P - 1000)$ 解得 $P = 1267$ 元

②风险型决策方法。在比较和选择活动方案时，如果未来情况不止一种，管理者不知道到底哪一种情况会发生，但知道每种情况发生的概率，这时就必须采用风险型决策方法。

进行风险型决策方法，需要具备以下条件：一是存在着决策者要达到的一个明确目标，如利润最大，成本最低；二是存在着可以选择的两个以上的行动方案；三是存在两种以上不可控的自然状态；四是各种自然状态出现的概率可以估算出来；五是不同方案在不同自然状态下的损益值可以计算出来。

决策树法是风险型决策应用最广的方法。决策树法是用树状图来描述各种方案在不同情况（或自然状态）下的收益，计算每种方案的期望收益，据此做出决策的一种方法。用决策树可以使决策问题形象化。

决策树有五个要素构成，即决策点、方案枝、状态结点、概率枝和损益值。其中，决策树的决策点(一般用符号“□”表示)表示决策的结果；状态节点(一般用符号“○”表示)表示各种自然状态所能获得收益的机会；由决策点引出若干条方案枝，并联结状态节点，再由状态节点引出若干条概率枝，每一条代表一种自然状态，在概率枝末端列出不同自然状态的期望值。

决策树法的决策一般按照以下步骤进行：

第一步，绘制树型图。绘制程序是自左向右分层展开，必须在对决策条件进行细致分析的前提下，确定可供选择的方案，以及这些方案在实施中可能会发生的自然状态。当遇到多级决策时，就要确定几级决策，并逐级展开方案枝、状态结点、概率枝。

第二步，计算期望值。期望值的计算要从右往左依次进行，首先将各种自然状态的收益值分别乘以概率枝上的概率，再乘以决策有效期限，最后将各概率枝的值相加，标于状态结点上。

第三步，剪枝决策。比较各方案的期望值，如方案实施有费用发生，则应将状态结点值减去方案费用后再进行比较。凡是期望值小的方案枝一律剪掉，最终剩下一条贯穿始终的方案枝，其期望值最大。将此最大值标于决策点上，即为最佳方案。

【典型事例3-4】为满足市场需求，某地提出了两个扩大电冰箱生产的方案，一个方案是建设大工厂，一个方案是建设小工厂，两个方案均有使用期限，有关资料见表3-6，试通过计算判断哪种方案好。

表3-6　新产品三种方案分析表

方案	投资(万元)	年收益(万元)		使用年限
		销路好(0.6)	销路差(0.4)	
A:建设大厂	300	100	0	10年
B:建设小厂	100	60	40	10年

请用决策树法进行决策。

解析：绘制决策树，如图3-7所示。

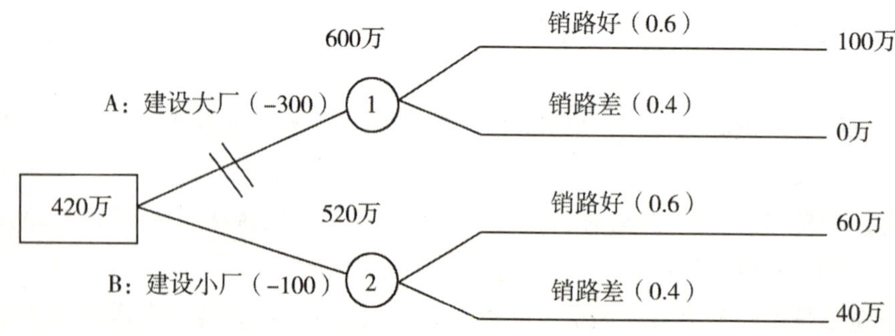

图3-7　决策树

计算状态节点的利润期望值：

方案A：[100×0.6+0×0.4]×10-300=300(万元)

方案B：[60×0.6+40×0.4]×10-100=420(万元)

剪枝决策：从计算结果可以看出，B方案为最佳方案，将A方案枝剪去。

③不确定型决策方法。不确定型决策方法所面临的问题是决策目标和各种备选方案都已知道，但各种自然状态出现的概率却无法预测，这时的决策主要取决于决策者的经验和智慧。由于决策者各有特点，会有不同的决策标准。掌握同一数据，根据不同的分析方法和原则，可以有完全不同的方案选择。常见的不确定型决策方法有悲观法、乐观法、后悔值法、折中法和平均法。下面结合实例对以上几种方法分别加以介绍。

【典型事例3-5】某公司计划生产一新产品，据市场预测，产品销售有三种情况：销路好、销路一般和销路差。现有3个方案可供选择：A方案是改造生产线，B方案是引进生产线，C方案是与其他企业协作。据估计，各方案在不同情况下的收益，见表3-7。

表3-7　各方案在自然状态下的预期损益

损益值／方案	年收益(万元)		
	销路好	销路一般	销路差
A方案	200	130	-40
B方案	240	100	-80
C方案	100	70	16

决策者可采用不同的方法进行决策：

方法一，悲观法(小中取大法)。这种方法又称为瓦尔特标准、最小最大法则，是适合“保守型”投资者决策的行为依据。它是依据保守求稳的态度来“小中取大”，即先从每一个方案中选择一个最小的收益值，然后从这些最小的收益值中选取一个最大值，该值对应的方案就是最优方案。例题中，三种方案各自对应的最小收益值见表3-8。

表3-8　各方案在悲观法下的预期损益

损益值／方案	年收益(万元)			最小收益值(万元)
	销路好	销路一般	销路差	
A方案	200	130	-40	-40
B方案	240	100	-80	-80
C方案	100	70	16	16

表中，A、B、C三个方案的最小值依次是-40万元、-80万元、16万元，根据小中取大的原则，应该选择C方案。

方法二，乐观法(大中取大法)。这种方法又称为逆瓦尔特标准、最大最大法则，是风险偏好者进行投资决策的选择依据。该原则与悲观原则正好相反，它先在各种方案的收益值中选取一个最大值,然后将各方案的最大值进行比较,再选取其中的最大值,则该最大值所对应的方案就是最优方案。用乐观法为本例问题进行决策时,表 3-9 中,A、B、C 三个方案的最大值依次是 200 万元、240 万元、100 万元,根据大中取大的原则,应该选择 B 方案。

表 3-9 各方案在乐观法下的预期损益

损益值 方案	年收益(万元)			最小收益值(万元)
	销路好	销路一般	销路差	
A 方案	200	130	-40	200
B 方案	240	100	-80	240
C 方案	100	70	16	100

方法三,后悔值法(大中取小法)。这种方法又称为萨维奇标准、最大最小后悔值法则、遗憾值标准。其基本思想是如何使选定的决策方案可能产生的后悔程度最小。因为当某一种自然状态出现时,决策者应该明确选择某一方案,但由于选择了其他方案,就会感到后悔。这种应选择方案的最大收益值与实际采用方案的收益值之间的差额,就叫后悔值。应用这种方法进行决策时,首先把每个方案的最大后悔值选出来,然后选择其中的最小后悔值所对应的方案。

下面应用后悔值法对本例进行决策,用最大损益值减去同种状态的损益值,得出各后悔值,见表 3-10。

表 3-10 各方案后悔值法下的预期损益

损益值 方案	年收益(万元)			最小后悔值(万元)
	销路好	销路一般	销路差	
A 方案	240-200=40	130-130=0	16-(-40)=56	56
B 方案	240-240=0	130-100=30	16-(-80)=96	96
C 方案	240-100=140	130-70=60	16-16=0	140

可见各方案的最大后悔值分别为 56 万元、96 万元、140 万元,A 方案的最大后悔值最小,即应选择 A 方案。

方法四,折中法(乐观系数准则)。折中法也叫赫威兹准则,是悲观法和乐观法的折中,决策者根据自己的风险偏好程度给定一个乐观权重系数 α[$(1-\alpha)$为悲观系数],求解各方案最大收益值和最小收益值的加权平均值,并选择加权平均值最大的方案作为合理方案。用折中法为本例问题进行决策,见表 3-11。

表3-11 各方案折中法下的预期损益

损益值 方案	年收益(万元)			平均收益值(万元)
	销路好(乐观系数为0.7)	销路一般	销路差(乐观系数为0.3)	
A方案	200	130	-40	128
B方案	240	100	-80	144
C方案	100	70	16	118

从表中可以看出,B的平均收益值最大〔240×0.7+(-80)×0.3=144〕,B方案为最优方案。

方法五,平均法(等概率法)。这种方法又称莱普勒斯法,即决策者假定各种状态发生的概率是相同的,以此为权数计算各方案的期望收益。它的决策程序是:先将每一个方案在各种自然状态下的损益值相加,然后除以自然状态的个数,求得每个方案的平均损益值,再选择平均损益值最大的方案作为最优方案(表3-12)。

表3-12 各方案平均法下的预期损益

损益值 方案	年收益(万元)			平均收益值(万元)
	销路好	销路一般	销路差	
A方案	180	130	-40	1/3(180+130-40)=90
B方案	240	100	-80	1/3(240+100-80)≈86.7
C方案	100	70	16	1/3(100+70+16)=62

从表中可以看出,A的平均值最大,即改造生产线为最优方案。

【任务实施】

工作任务3 撰写决策方案

【实训目的】

通过组建模拟企业撰写决策方案,提高决策能力,培养对决策方案分析评价的能力,并掌握决策的程序。

【任务内容】

你和你的同学在学校附近开一家餐馆,但这个地段已经有多家餐馆,而且他们能够提供各种价位、不同种类的餐饮服务。假设你们拥有50万资金,那么你们打算开一家什么样的餐馆最有可能成功?

【任务要求】

1.将学生分组,以6—8人为一组,各组选出一名学生担任负责人,其他组员担任合伙人,进行分组讨论。

2.按照决策程序和方法拟定决策方案。

3.检查和评定所拟定方案的决策质量。

4.负责人负责以PPT形式汇报。汇报应包含以下内容:

(1)开设餐馆决策的过程。

(2)开设餐馆决策的方法。

(3)评定拟定决策方案的质量。

5.讨论时间为70 min,PPT汇报时间为20 min。

【任务评价】

根据列出的评价标准及分值,对**“工作任务3　计划职能”**要检查的内容进行评价,判断是否已达到项目3列出的知识目标与技能目标。

评价方式采取过程评价和结果评价两种方式,老师评价和小组内部成员互相评价相结合。过程评价和结果评价综合得分为学生的此工作任务得分。在工作任务实施时,要事先确定好两个比重:一是任务过程评分和任务成果评分占总得分的比重;二是老师评分和小组评分占总得分的比重。

任务过程评价表见表3-13。

表3-13　任务过程评价

被考核人		任务评价总得分		
检查内容	评价标准	分值	老师评价得分 (　　%)	小组评价得分 (　　%)
分工是否合理				
能否快速进入角色				
是否全员参与				
团队是否协作				
态度是否认真				
合　　计				

任务成果评价见表3-14。

表3－14　任务成果评价

被考核人			任务评价总得分	
检查内容	评价标准	分值	老师评价得分（　%）	小组评价得分（　%）
调研报告	对餐馆设立存在问题的界定是否正确			
	备选方案是否全面			
	评估备选方案是否科学			
	实施方案是否可行			
	决策方法是否合理			
	评估决策方案			
PPT汇报	仪态仪表是否规范			
	语言表达是否流畅			
	思维逻辑是否清晰			
	PPT制作情况			
时间	在规定时间内是否完成			
合　计				

任务总评价见表3－15。

表3－15　任务总评价

被考核人		工作任务总得分	
工作任务	撰写决策方案		
	权重前得分	权重后得分	
任务过程评价（　%）			
任务成果评价（　%）			
备　注			

【项目小结】

根据企业管理活动顺序，本项目是第三个项目。通过本项目的学习，你应该能够体会：

决策在整个管理活动中具有非常重要的地位和作用，它是管理活动的核心，是管理人员的主要任务。决策贯穿于管理过程的始终，贯穿于计划、组织、领导和控制等管理各项职能活动中。决策就是决策者为了实现某一特定目标而在若干个备选方案中选择一个满意方案的分析、判断和选优的过程。决策的结果是选择一个满意的方案，而不是最优方案。这是因为任何决策都是在一定的条件下进行的，都要受到环境、组织文化、过去的决策、决策者对待风险的态度、决策者的能力、时间等因素的制约。决策分为七个步骤：识别机会、确定目标、拟定备选方案、评估备选方案、选择方案、实施方案。现代决策的方法可分为两大类：定性决策法和定量决策法。

计划职能是管理职能的首要职能。计划具有首位性、普遍性、目的性、实践性、明确性、效率性。孔茨和韦里克从抽象到具体把计划分为八个不同层次，即宗旨或使命、目标、战略、政策、程序、规则、方案或规划、预算。计划工作的主要原理有：限定因素原理、许诺原理、灵活性原理和改变航道原理。现代计划技术与方法主要有网络计划技术、滚动计划法等。

目标管理是由美国管理大师彼得·德鲁克最先提出的。目标管理是一种程序和过程，一切管理活动以制定目标开始、以目标为导向，以目标情况作为管理依据，组织的管理者和员工共同参与目标的制定，并决定上下级的责任和分目标，在工作中员工实行自主控制并努力完成工作目标，管理者实行最终成果控制，并把这些目标作为经营、评估和奖励每个单位和个人贡献的标准。目标管理是一种参与的、民主的、自我控制的管理制度，强调工作成果，以制定目标为起点，以目标完成情况的考核为终结。

本项目围绕**“计划职能”**设计了各环节的**基本知识，设置了知识目标、技能目标、任务导入、任务知识、任务实施、项目小结、项目测试、课堂活动、管理故事**等栏目，体现了对重要知识的重组。

本项目进程以**任务导入**开始，以**项目测试**结束，希望读者在完成各分项任务之后，能够及时进行自我的过程性评价。

完成本项目将为学习**“项目4　组织职能”**，奠定良好的基础。

【项目测试】

一、单项选择题

1.针对欧美国家对我国纺织品的配额限制，某公司决定在北非投资设立子公司，这种决策属于（　　）。

A.管理决策　　B.战略决策　　C.业务决策　　D.程序化决策

2.相对于个人决策而言，集体决策既有其优点，也存在着比较明显的缺点。因此，必须根据所做决策的具体情况，决定采用相应的决策方式。以下几种情况中，哪一种通常不采取集体决策方式？（　　）

A.确定长期投资于哪一种股票　　B.决定一个重要副手的工作安排

C.选择某种新产品的上市时机　　D.签署一项产品销售合同

3.你正面临是否购买某种奖券的决策。你知道每张奖券的售价以及该期共发行奖券的总数、奖项和相应的奖金额。在这样的情况下，该决策的类型是什么？加入何种信

息以后该决策将变成一个风险型决策？(　　)

A.确定型决策,各类奖项的数量

B.风险型决策,不需要加其他信息

C.不确定型决策,各类奖项的数量

D.不确定型决策,可能购买该奖券的人数

4.下面哪种说法不能反映群体参与决策的情况？(　　)

A.一个好汉三个帮　　　　B.众人划桨开大船

C.三个和尚没水喝　　　　D.十根筷子折不断

5.某生物制品企业运用原有技术优势,开发了一种固定资产投资极大的新产品,投产后非常畅销。几家竞争对手看出该产品的巨大潜力,也纷纷跃跃欲试。此时,有资料证实,该产品可以通过完全不同的其他途径方式加以合成,而投资只是原来的几分之一。该企业顿时陷入一片恐慌之中。从计划过程来看,该企业最有可能在哪个环节上出了问题？(　　)

A.估量机会、确立目标

B.明确计划的前提条件

C.提出备选方案,经过比较分析,确定最佳方案

D.拟订派生计划,并通过预算使计划数字化

6.业务决策如任务的日常安排、常用物资的订货与采购等诸如此类的决策属于(　　)。

A.风险型决策　　B.不确定型决策　　C.程序化决策　　D.非程序化决策

7.决策理论的代表人物是(　　)。

A.泰罗　　B.巴纳德　　C.西蒙　　D.德鲁克

8.“凡事预则立,不预则废。”这句话最恰当地体现了(　　)职能的重要性。

A.组织　　B.预测　　C.预防　　D.计划

9.越是组织的上层主管人员,所做出的决策越倾向于(　　)。

A.战略的、常规的、肯定的　　　　B.战术的、非常规的、风险的

C.战略的、非常规的、风险的　　　　D.战术的、非常规的、肯定的

10.在管理决策中,许多管理人员认为只要选取满意的方案即可,而无须刻意追求最优的方案。对于这种观点,你认为以下哪种解释最有说服力？(　　)

A.现实中不存在所谓的最优方案,所以选中的都只是满意方案

B.现实管理决策中常常由于时间太紧而来不及寻找最优方案

C.由于管理者对什么是最优决策无法达成共识,只有退而求其次

D.刻意追求最优方案,常常会由于代价太高而最终得不偿失

二、多项选择题

11.滚动计划法的作用是(　　)。

A.计划更加符合实际,并且使战略计划的实施也更加切合实际

B.使长期短期计划、中期计划与短期计划相互衔接

C.使长期计划内部各阶段相互衔接

D.大大加强了计划的弹性

12.风险型决策需要具备的条件有(　　)。

A.决策者对未来可能出现何种自然状态不能确定

B.具有一个决策者企图达到的明确目标

C.存在两个以上可供选择的行动方案

D.存在着不以决策者意志为转移的两种以上的自然状态

13.集体决策的缺点包括(　　)。

A.产生的备选方案少　　B.花费时间多

C.产生群体思维　　D.责任不明

14.下列属于非例行活动的是(　　)。

A.新产品的开发　　B.品种结构的调整

C.工资制度的改革　　D.生产规模的扩大

15.决策者只寻求满意结果的原因有(　　)。

A.只能满足于在现有方案中寻找

B.决策者能力的缺乏

C.选择最佳方案需要花大量的时间和金钱

D.决策者只需要有满意的结果

16.决策树的构成要素是(　　)。

A.概率枝　　B.方案枝　　C.决策节点　　D.状态节点

17.常用的不确定型决策方法有(　　)。

A.决策树法　　B.小中取大法　　C.线性规划　　D.大中取大法

E.最小最大后悔值法

18.经营单位组合分析法中所用的两个维度是(　　)。

A.销售额　　B.相对竞争地位　　C.业务增长率　　D.投资回收期

19.下面对经营单位组合分析法的说法正确的是(　　)。

A.经营单位组合分析法由美国麦肯锡咨询公司创立

B.经营单位组合分析法主张,在确定每个经营单位的活动方向时,应综合考虑企业或该经营单位在市场上的相对竞争地位和业务增长情况

C.经营单位组合分析法以“企业的目标是追求增长和利润”这一假设为前提

D.经营单位组合分析法的基本思想是,大部分企业都有两个以上的经营单位,每个经营单位都有相互区别的产品市场,企业应该为每个经营单位确定活动方向

20.关于经营单位组合图,下列说法正确的是(　　)。

A.“金牛”经营单位的特征是业务增长率较高,而目前的市场占有率较低

B.“明星”经营单位的市场占有率和业务占有率都较高,因而所需要和所产生的现金都较多

C.“幼童”经营单位的特征是市场占有率较高,而业务增长率较低

D.“瘦狗”经营单位的特征是市场份额和业务增长率都较低

三、计算题

21.某企业决定生产一批产品。基建与机器设备投资等总固定成本为38万元;单位产品售价26元;单位变动成本为18元。请计算:

(1)生产该产品的盈亏平衡点产量是多少?

(2)产量是多少时能实现6万元利润?

(3)盈亏平衡点对应的销售额是多少?

(4)销售额为多少时可实现利润8万元?

22.某商场要经营一种全新商品:第一个方案是大批进货,销路好时可获利40万元,销路一般时可获利30万元,销路不好时亏损10万元;第二方案是中批进货,销路好时可获利30万元,销路一般时可获利20万元,销路不好时仍可获利8万元;第三个方案是小批进货,销路好时可获利20万元,销路一般时可获利18万元,销路不好时仍可获利14万元。假设市场预测结果显示,此种产品销路好的概率为0.2,销路一般的概率为0.5,销路不好的概率为0.3。使用年限为3年。请用决策树法选择最佳方案。

四、案例分析题

案例1:百年柯达的陨落

柯达公司,即伊士曼柯达公司,曾是世界上最大的影像产品及相关服务的生产和供应商,总部位于美国纽约州罗切斯特市,是一家在纽约证券交易所挂牌的上市公司,业务遍布全球150多个国家和地区,全球员工约8万人。柯达因战略问题错失了许多良机,于2011年10月传出提交破产保护申请的消息,造成股价暴跌;2012年1月,柯达公司因股价低迷面临摘牌退市的危机,美国柯达公司及其美国子公司正式提出破产保护申请。

1880年,当时还是银行职员的乔治·伊士曼开始利用自己发明的专利技术批量生

产摄影干版，这就是伊士曼柯达公司的前身。伊士曼在干版生意上大获成功，翌年与商人斯特朗合伙成立了伊士曼干版公司。

1881 年末，伊士曼从罗切斯特储蓄银行辞职，投入全部精力经营自己的新公司，同时继续研究简化摄影术的方法。

1883 年，伊士曼发明了胶卷，摄影行业发生了革命性的变化。1888 年，柯达照相机推出，伊士曼奠定了摄影大众化的基础。

1900 年，柯达的销售网络已经遍布法国、德国、意大利和其他欧洲国家。柯达的生产厂遍及加拿大、墨西哥、巴西、英国、法国、德国、印度、中国和美国。同时，柯达产品通过其遍布世界各地的子公司销往 150 多个国家。

1976 年开发出了数字影像技术，并将数字影像技术用于航天领域。

1991 年柯达就有了 130 万像素的数码相机。但是到 2000 年，柯达的数码产品只卖到 30 亿美元，仅占其总收入的 22%。

2002 年柯达的产品数字化率也只有 25%左右，而竞争对手富士已达到 60%。这与 100 年前伊士曼果断抛弃玻璃干版转向胶片技术的速度，形成莫大反差。

2004 年 1 月 13 日，柯达宣布将停止在美国、加拿大和欧洲生产传统胶片相机。

2004 年底，柯达停止制造使用 Advanced Photo System 和 35mm 胶片的相机，但胶片的生产还将继续。

2011 年 10 月 1 日凌晨，美国当地时间周五，拥有 131 年历史的相机制造商柯达公司(EK)可能提交破产保护申请。受此消息影响，美国股市盘中柯达股票一度暴跌 68%，创下该公司自 1974 年以来最大的单日跌幅。

2012 年 1 月 19 日，美国伊士曼柯达公司宣布已在纽约申请破产保护，以争取渡过流动性危机，确保业务继续运营。

直至 1999 年，美国市场传统胶卷的销售增长速度仍高达 14%。仅仅一年时间，2000 年底胶卷需求开始停滞。一直将胶卷带来的巨大现金流作为“主菜”、将数码产品作为“小菜”的柯达，在此刻仍认为胶卷的没落是整体经济衰退造成的。以每年 10%的速度迅速萎缩的胶卷市场，从柯达的财务数据上得到最为直观的体现：1997 年后，除 2007 年外再无盈利记录。

在拍照从“胶卷时代”进入“数字时代”之后，昔日影像王国的辉煌也似乎随着胶卷的失宠，而不复存在。柯达曾参与了数码相机崛起的每一个环节，在其拥有的超过 10000 项专利中，有 1100 项的数字图像专利组合，远超其他任何一个同行，价值超过 20 亿美元。2002 年底，柯达终于意识到，在数码影像技术的冲击下，传统胶卷的辉煌时代已经一去不返了。于是柯达公司试图转型，于 2003 年宣布放弃传统的胶卷业务，重心向新型的数字产品转移，并且在公司形象、品牌定位和产品创新方面进行了尝试，但一切为时已晚。从 2003 年开始，柯达销售利润急剧下降，甚至从 2008 年开始柯达就靠出卖专利来维持公司的运转,但到2012年1月公司再也维持不下去了。

根据以上案例,回答第23-24题:

23.柯达的陨落主要是哪些因素引起的?

24.根据案例材料,决策时应该还需要考虑哪些因素?

案例2:新民钟表公司的决策

新民钟表公司位于W市城乡结合部,约有固定资产5000万元,是一个拥有1000名员工的国有大型企业。公司自1950年成立以来,有过辉煌的历史。进入20世纪90年代以后,全国手表行业中除飞亚达、罗西尼等少数经营情况尚好外,大多数经营状况都不好,新民钟表公司也出现了经济效益恶化的局面。市轻工局撤换了企业原有的领导班子,经过竞选李茂盛担任公司总经理。李茂盛一上任就大刀阔斧地精简结构,把公司科室人员由80人精简到40人,加强了现场管理和质量管理。

新民钟表公司的主要产品是机械表和机芯。经市场调查,机械表在国内市场已不受欢迎,全行业销售额呈逐年下降趋势。公司年产机芯100万只,主要卖给中国香港地区的中间商,每个机芯的售价在12.6~12.7元之间。由于没有达到约1000万只的生产规模,每个机芯的成本为12.5元左右,比同行厂家高出许多。公司生产的低档机械表在省外根本卖不出去,在本省的市场占有率已由前几年的10%下降到了5%,并且其主要购买对象在农村。

目前企业实际上已处于亏损状态。李茂盛担心,一旦中国香港地区中间商停止订货,企业将陷入更大的困难。公司经过多次研究,认为必须搞多角化经营。为此,公司在厂区外租了几间房和一块空地,开设了餐厅与卡拉OK厅,建造了钓鱼池和游泳池,并办起了一个"新民度假村"。公司还进入第一产业,办了养猪、养鸡、养兔场。

公司了解到在距公司100多千米的山区,许多农民开采铁矿砂非常赚钱。李经理通过亲自考察,并经全体员工讨论,决定开办新民铁矿砂厂。在征得有关金融部门同意后,公司召开了全体员工大会,李经理在会上说:"当前公司严重亏损,机芯和机械表的销售情况不好,资金极为短缺。我们每个员工只要认清形势,团结一心,黄土也能变成金。今天我动员大家集资自救,自力更生。我本人愿出1万元。希望同志们在保证生活不受影响的情况下,自愿集资,不要勉强。我们保证集资款的利率高于银行利息率。将来铁矿砂厂盈利后,再按资分红。尽快把铁矿砂厂办起来,就可以帮助公司解决当前发展的难题。"

在李经理的号召和带动下,仅两周时间,公司就集资100余万元。再从各车间抽调了得力人员,经过紧张的筹备,半年后新民铁矿砂厂就土法上马了。开工第一个月盈利40万元。李经理非常兴奋地说:"我们现在是一、二、三产业并举,农工商齐上,照这样的势头发展下去,我们的公司是大有希望的。"

但是好景不长，过了不久，土法上马的铁矿砂厂出了事故，山坡上的废泥浆由于堆放过多，流进了农民的庭院，冲毁了几间民房。环保部门勒令新民铁矿砂厂停产并处以罚款。由于地理位置不好，游客不多，再加上经营不善，"新民度假村"也出现了亏损。公司的养殖业原来是由一个农大毕业生管理，但他认为公司没有发展前途，不久前离职而去。这些使李经理及公司陷入了困境。

根据以上案例，回答第25－27题：

25.根据案例中给出的背景资料，你认为新民钟表公司还要不要继续生产机械表？为其进行决策，说出你的决策根据。

26.新民钟表公司上马铁矿砂厂属于什么类型的决策？这个决策是否正确？为什么？根据案例材料，决策时应该还需要考虑哪些因素？

27.新民钟表公司对度假村、养殖业和铁矿砂厂的决策在哪些方面存在着共同性？为什么三个决策都不成功？

PROJECT 4 项目4
组织职能

【知识目标】

1.了解组织的概念、作用及重要性；

2.掌握组织结构设计的原则和设计内容；

3.掌握组织结构设计的类型、特点、优缺点及其适用范围；

4.认识组织文化的含义、结构、功能；

5.理解组织变革的动因、内容、基本模式及组织变革的阻力。

【技能目标】

1.能够模拟组织工作的基本过程；

2.能结合组织的实际情况，设计出合理有效的组织结构；

3.能够根据组织的实际情况，引入适当的企业文化；

4.能分析组织变革中人的心理与行为变化，能找出积极应对的措施。

【任务导入】

人一生下来就离不开组织，任何人都不可能脱离组织天马行空，任何人都必须依附组织而存在。组织可以使你实现自己单个人无法实现的目标。对于企业而言，组织功能的发挥在很大程度上决定着计划目标能否得以实现。艾尔弗雷德·P.斯隆曾说过："若拿走我的财产，留下我的组织，五年之内，我就能卷土重来！"那么，组织是如何发挥自己的强大功能的呢？

组织职能的发挥对西方经济文明近一百多年的飞速发展起了不可磨灭的作用。组织职能对于发挥集体力量、合理配置资源、提高劳动生产率具有重要的作用。管理学认为，组织职能一方面是指为了实施计划而建立起来的一种结构，另一方面是指为了实现计划目标所进行的组织过程。要掌握好管理的其他职能，学好"组织"这部分内容最为重要。

根据“组织职能”作业流程,我们将这一项目分为四个分项任务。这四个任务分别是:

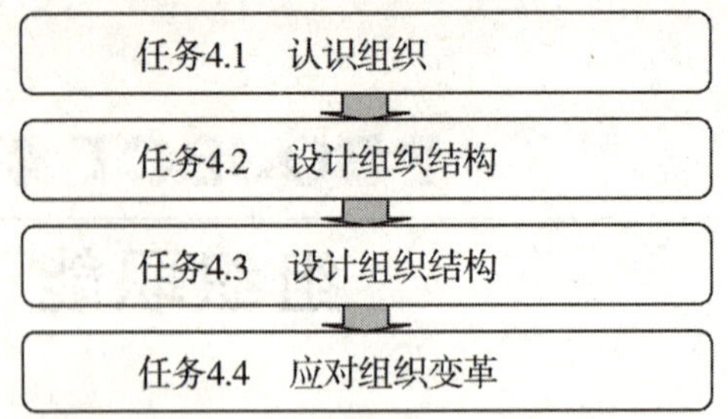

请对照知识目标和技能目标,反复演练,有的放矢地依次完成各分项任务,直至完成本项目。通过学习,你就会敬畏组织,尊重组织,知道如何成为一名合格的组织成员。

【任务知识】

任务 4.1　认识组织

4.1.1　什么是组织

(1)组织的含义。在现代社会生活中,组织不仅是社会的细胞、社会的基本单元,而且可以说是社会的基础。

管理学家切斯特·巴纳德(1886—1961)认为:“组织是一个有意识地协调两人以上的活动或力量的合作体系。”

管理学家孟尼和雷列则认为,“组织是为达成共同目的的人所组合的形式。一个组织群体,如果想有效地达成其目标,就必须在协调合作的原则下,各人做各人不同的事。”

可以看出,所谓组织,是指人们为实现一定的目标,按照一定形式组成的集体或团体。组织不是集团,而是相互协作的关系,是人们相互作用的系统。具体地说,组织的含义包含以下几个方面:

①目标是组织存在的前提。组织是一个有明确目标导向的实体,没有目标就不是组织,而仅是一个人群,任何组织都是为了实现某些特定目标而存在的。目标是组织的愿望和外部环境结合的产物,是组织存在的前提和基础。

②分工是组织管理的根本方法。组织把工作任务划分成若干步骤来完成的细化程度,一个人不是承担一项工作的全部,而只是完成某一步骤或某一环节的工作。这是对组织机构的纵向划分,组织目标是否能够实现,就要看组织内各要素之间的协调、配合

程度。一个组织为了达到目标,其中很重要的一个方面就是要看组织结构是否合理有效。

③组织是由人组成的社会实体。组织的实质是一种社会实体,其目标与人的世界观、价值观密切相连,因而组织中人员的行为方式与组织目标之间就会表现出多层次化、多元化的差异。为了弥合这种差异,就必须对组织中人员的行为进行管理。行为管理包括人员激励、个体行为的研究,领导和群体动态的研究,以及组织的沟通、组织冲突和组织压力等。

④外部系统与组织密切联系。组织不仅与内部的子系统相互联系,而且与外部环境也必须成为有机结合的统一体。组织要不断地从外界接受资源、能源和信息,经过转换后将生成物输送到外界中去,从而使组织更好地进行自我调节和适应环境变化。

【课堂活动4-1】结合你的理解谈一谈:组织实现组织目标的最根本的方法是什么?

(2)组织职能的含义。组织职能是指管理者为保证计划的顺利实现,在组织中进行部门划分、权力分配和工作协调的过程。组织职能主要包括组织结构的设计与建立、组织关系的确立、人员的选拔与配置,以及组织的协调与变革等。不同层次、不同类型的管理者总是或多或少地承担不同性质的组织职能。

4.1.2 组织的作用

(1)组织的功能。组织作为一项重要的管理职能,其形成和存在的基础在于,由于各种因素的限制,一个人或几个人的独立活动不能实现既定的目标。因此,组织的基本作用可以概括为以下几个方面:

①人力汇聚和放大作用。个人的联合和协作是以各种组织的形式完成的,组织把分散的个人汇集成集体,进而借助集体的力量实现组织成员的共同目标,这便是组织的人力汇聚作用。人力汇集起来的力量绝不等于个体力量的算术和,而是“整体大于各个部分之和”。通过人力之间的分工和协作,组织可以实现任何个人都无法单独实现的目标,这便是组织的人力放大作用。

②分配工作。通过组织工作,把组织的总体目标分解、落实到每位组织成员身上,转化成每位组织成员的任务。

③确定责权关系,促进沟通与协调。责权关系是组织的核心要素,责权关系确定了组织的信息沟通渠道,并使领导功能得以体现。组织工作使每一位组织成员都明确其具体的责任,清楚其必须对谁负责,是谁向其分配工作并对其进行管理,进而使组织全体成员对组织的权力结构和权力关系有清晰的了解。

④构建分工协作体系,提高效率和工作质量。通过组织工作,使有助于预定目标实现的各项活动彼此得以相互配合,把不同的任务有机地协调起来,实现人们常说的“协

同效应”,即一个有效群体的共同努力往往要大于他们单独努力的效果的总和。

【管理故事 4－1】

鱼和渔竿

从前,有两个饥饿的人得到了一位长者的恩赐:一根鱼竿和一篓鲜活硕大的鱼。其中,一个人要了那篓鱼,另一个人要了那根鱼竿,于是他们分道扬镳了。得到鱼的人原地就用干柴搭起篝火煮起了鱼,他狼吞虎咽,还没有品出鲜鱼的肉香,转瞬间,连鱼带汤就被他吃了个精光,不久,他便饿死在空空的鱼篓旁。另一个人则提着鱼竿继续忍饥挨饿,一步步艰难地向海边走去,可当他已经看到不远处那片蔚蓝色的海洋时,他最后一点力气也使完了,只能眼巴巴地带着无尽的遗憾撒手人间。

又有两个饥饿的人,同样得到了长者恩赐的一根鱼竿和一篓鱼。只是他们并没有各奔东西,而是商定共同去找寻大海,他俩每次只煮一条鱼,经过遥远的跋涉,他们来到了海边,从此,两人开始了捕鱼为生的日子,几年后,他们盖起了房子,有了各自的家庭、子女,有了自己建造的渔船,过上了幸福安康的生活。

管理启示:助人就是助己,生存就是共存。社会分工越细,每个人对组织的依存度就越高,不会与别人合作,就会限制自身进步,也会妨碍组织发展。合则双赢,分则必亡。

⑤组织能力的培养。组织工作的深层次功能是为了培养出一种能力,一种能够支撑与促进组织成长的能力,这是组织的核心功能所在。

(2)组织对个人和社会的重要性。我们现在所认识的“组织”还是人类历史上近期才出现的。即使在 19 世纪末,也很少有较大规模和重要性的组织——没有工会,没有贸易协会,也很少有大的企业、非盈利性组织或政府部门。但是,从那时开始,就发生了巨大的变化!工业革命和大型组织的发展使全社会发生了翻天覆地的变化。渐渐地,组织变成了人们生活的中心,并且在今天对我们的社会产生巨大的影响。

组织包围着我们,并以多种方式改变着我们的生活。美国管理学家理查德·L.达夫特(Richard L. Daft)从七个方面说明了组织对个人和社会的重要性,见表 4－1。

表 4－1　组织的重要性

作用	内容描述
1	集结资源以达到期望的目标和结果
2	有效地生产产品和服务
3	促进创新
4	使用现代制造技术及以计算机为基础的技术
5	适应并影响变化的环境
6	为所有者、顾客和员工创造价值
7	适应多样化、伦理和员工激励与协调等不断发展中的挑战

①组织将资源集合在一起,实现特定的目标。

②组织要生产顾客想以竞争价格获得的产品和服务。因此,企业不断寻找新的方式,以便更有效地生产和分销其产品及服务。其中一种方式便是提供电子商务和以计算机为基础的制造技术。

③重新设计组织结构和管理实务也能够改进效率。组织创造出新的动力,而不依赖标准的产品和陈旧的做事方式。学习型组织的趋向就反映了在各领域寻求改进的愿望。

④计算机辅助设计和制造以及新信息技术也有利于促进创新。

⑤组织适应并影响着迅速变化的环境,有些大公司设有专门的部门负责监视外部环境并找出适应或影响环境的方法。当今,外部环境中的一个最重要的变化就是全球化。

⑥组织为所有者、顾客和员工创造着价值。管理者需要清楚哪些经营活动会创造价值而哪些活动并不创造价值。

⑦组织还必须应对和适应今天劳动力多样化以及不断增强的对伦理和社会责任的关注等挑战,并要找出有效的办法来激励员工,有效实现组织目标。

4.1.3 组织的类型

组织不仅改变着我们的生活,而且掌握充分信息的管理者也能够改变组织。因此,对组织理论的全面理解有助于促进管理者们设计出更有效运作的组织。

(1)组织的分类。依据不同的标准,组织可以分为不同的类型,见表4-2。

表4-2 组织的分类

分类标准	组织类型
组织满足心理需求的不同	正式组织、非正式组织
组织的性质	经济组织、政治组织、文化组织、学术组织、军事组织、宗教组织
组织的目标	互益组织、工商组织、服务组织、公益组织
组织的人数或生产能力	大型组织、中型组织、小型组织
组织与外部关系	独立组织、非独立组织

(2)正式组织和非正式组织。有效地发挥管理的组织职能作用,需要对正式组织和非正式组织加以深刻的认识,因为在组织结构化和组织变革的过程中,除了必须考虑正式组织的需要外,还必须考虑非正式组织的存在和影响。

①正式组织。正式组织是指人们按照一定的规则,为完成某一共同的目标,有意识组织起来的人群集合体。它有明确的目标、任务、结构和相应的机构、职能和成员的权责关系以及成员活动的规范。

正式组织具有以下特征:经过规划而不是自发形成的,其组织机构的特征反映出一定的管理思想和信念;有明确的组织目标;组织运行中讲究效率,协调地处理人、财、物之间的关系,以最经济有效的方式达到目标;分配角色任务,影响人们之间关系的层次;建立权威,组织赋予领导以正式的权力,下级必须服从上级;制定各种规章制度约束个人行为,实现组织的一致性;组织内个人的职位可以相互替代。我们一般谈到的组织都是指正式组织。

②非正式组织。非正式组织产生于正式组织内部。最早由美国管理学家梅奥通过霍桑试验提出,是人们在共同的工作过程中自然形成的以感情、喜好等情绪为基础的松散的、没有正式规定的群体。组织内虽没有明确规定的正式结构,但在其内部也会形成一些特定的关系结构,并要求成员遵循共同的、不成文的行为准则和规范。

非正式组织具有以下特征:组织的建立以人们之间具有共同的思想,相互喜爱,相互依赖为基础,是自发形成的;组织最主要的作用是满足个人不同的需要;组织一经形成,会产生各种行为规范,约束个人的行为。这种规范可能与正式组织目标一致,也可能不一致,甚至发生抵触。

③非正式组织的作用。非正式组织的作用对正式组织具有两重性。当非正式组织行为取向与正式组织保持一致或基本一致时,非正式组织往往能发挥积极作用,有助于营造组织内部融洽的人际关系,促进组织目标的实现;当非正式组织不积极配合正式组织的工作时,特别是非正式组织的领导行为与正式组织的领导行为发生冲突时,非正式组织就会产生消极作用,破坏既有的人际关系,激化矛盾,涣散人心,影响正式组织的变革,阻碍组织目标的实现。

所以,管理者要处理好它与正式组织的关系。正视并正确认识非正式组织,因势利导,趋利避害,最大限度地发挥非正式组织的积极作用,抑制其消极作用。

【课堂活动 4-2】家庭属于正式组织还是非正式组织?

【课堂活动 4-3】如果你是企业管理者,你如何有效管理企业中的非正式组织?

任务 4.2　设计组织结构

组织结构设计就是进行专业分工和建立使各部分相互有机地协调配合的系统的过程。通过对组织资源的整合和优化,确立企业某一阶段的最合理的管控模式,实现组织资源价值最大化和组织绩效最大化。

4.2.1　组织结构设计遵循的原则

组织结构是指依据一定原则,把组织从纵向和横向划分为不同的层次和不同的管理部门，确定岗位和人员分工，规定相应的权利和责任而形成的组织系统。组织结构设计是指对一个组织的组织机构进行规划、构造、创新或再造，以便从组织的结构上确保组织目标的有效实现。

彼得·德鲁克在《21世纪的管理挑战》中指出，没有唯一正确的组织结构，只有普遍适用的组织原则。组织结构的设计要受到企业战略、内外部环境、人员素质、企业生命周期等因素的影响，并且在不同的环境、不同的时期、不同的使命下有不同的组织结构模式。因此，只要能实现组织目标，提高组织运营效率，就是合适的组织结构。没有所谓先进的组织结构模式，也不可照搬优秀企业的组织结构。

在组织结构设计的过程中，应该遵循一些最基本的原则，这些原则都是在长期管理实践中经验积累的结果，应该为组织设计者所重视。

(1)目标一致性原则。目标一致性原则是指组织中每个部门或个人的贡献越是有利于实现组织目标，组织结构就越是合理有效。组织结构的目的在于把人们承担的所有任务组成一个体系，然后把组织目标分解到各个层次，以便有利于他们共同为实现组织的目标而工作。

(2)专业分工协作原则。专业分工协作原则是指组织结构越能反映为实现组织目标所必要的各项任务和工作分工，以及相互间的协调，组织结构就越精干、高效。分工协作一致原则规定了组织结构中部门的分工(即部门划分)、管理层次的分工(即分级管理)和职权的分工。划分部门是为了把整体任务分散化，是为了有效地完成组织目标。因此，部门划分应该是有利于目标的完成，有利于部门间的协调。组织层次一般分上、中、下三层，每一管理层次都有相对应的责权，均有相应才能的人与之适应。管理层次须分明。

(3)统一指挥原则。统一指挥原则就是要求每位下属应该有一个并且仅有一个上级，要求在上下级之间形成一条清晰的指挥链。如果下属有多个上级，就会因为上级可能存有彼此不同甚至相互冲突的命令而无所适从。虽然有时在例外场合必须打破统一指挥原则，但为了避免多头领导和多头指挥，应该对组织的各项活动进行明确的区分，并且应该明确上下级的职权、职责以及沟通联系的具体方式。

(4)控制幅度原则。控制幅度原则是指一个上级直接领导与指挥下属的人数应该有一定的控制限度，并且应该是有效的。管理幅度不能无限度增加，毕竟每个人的知识水平、能力水平都是有限的。组织中主管人员监督管辖其直接下属的人数越是适当，就越能够保证组织的有效运行。影响管理幅度的因素很多，主管人员应根据自己的实际情况确定自己的理想幅度。值得注意的是，在信息时代新背景下，运用信息技术处理信息的速度大大加快，每个管理者对知识和信息的掌握以及实际运用的能力都有普遍提高，这使得管理幅度有可能大大地增加，协调上下左右之间关系的能力也有可能大幅度提高。

(5)权责对等原则。这一原则是指在组织结构设计中,职位的职权和职责越是对等一致,组织结构就越是有效。组织中的每个部门和部门的每个人员都有责任按照工作目标的要求保质保量地完成工作任务,同时,组织也必须授之以自主完成任务所必需的权力。也就是说,职权与职责要对等。如果有责无权,或者权力范围过于狭小,责任方就有可能因为缺乏主动性、积极性而导致无法履行责任,甚至无法完成任务;如果有权无责,或者权力不明确,权力人就有可能不负责任地滥用权力,甚至助长官僚主义的习气,这势必会影响到整个组织系统的健康运行。

【管理故事 4-2】

狱官李离之死

春秋晋国有一名叫李离的狱官,他在审理一件案子时,由于听从了下属的一面之词,致使一个人冤死。真相大白后,李离准备以死赎罪,晋文公说:官有贵贱,罚有轻重,况且这件案子主要错在下面的办事人员,又不是你的罪过。李离说:“我平常没有跟下面的人说我们一起来当这个官,拿的俸禄也没有与下面的人一起分享。现在犯了错误,如果将责任推到下面的办事人员身上,我又怎么做得出来?”他拒绝听从晋文公的劝说,伏剑而死。

管理启示:管理者所拥有的权力应当与其所承担的责任相适应,权责对等原则的贯彻和落实,对管理绩效有十分重要的影响。

(6)柔性经济原则。组织的柔性原则是指组织的各个部门、各个人员都可以根据组织内外部环境的变化,进行灵活的调整与变动。组织的结构应当保持一定的柔性,以减小组织变革所造成的冲击和震荡。组织的经济原则是指必须设计合理组织的管理层次与幅度、人员结构以及部门工作流程,以达到管理的高效率。组织的柔性与经济是相辅相成的,一个柔性的组织必须符合经济的原则,而一个经济的组织又必须使组织保持一定的柔性。这样有利于保证组织机构既精简又高效,避免形式主义和官僚主义作风的滋长和蔓延。

4.2.2 组织结构设计的内容

(1)部门设计。部门设计是组织设计的横向结构。部门设计是将组织中的工作和人员编制成可管理的单位,目的在于有效的分工。

组织的部门有多种不同的划分方式,依据不同的划分标准,形成不同的部门化形式。其中,职能部门化和流程部门化是按工作的过程标准来划分的,而其余几种则是按工作的结果标准来划分的。对组织内容各种职能加以分类后所组成的专业化的亚单位称为部门。

①职能部门化。职能部门是一种传统而基本的组织形式,如图4-1所示。职能部门化就是按照生产、财务管理、营销、人事、研发等基本活动相似或技能相似的要求,分类设立专门的管理部门。

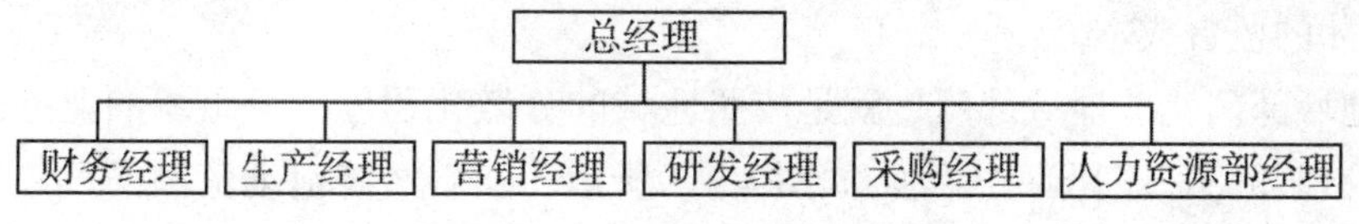

图4-1　职能部门化组织图

职能部门化的优点主要是:能够突出业务活动的重点,确保高层主管的权威性,符合活动专业化的分工要求,能够充分有效地发挥员工的才能,调动员工学习的积极性,同时简化了培训,强化了控制,避免了重叠,最终有利于管理目标的实现。

职能部门化的缺点主要是:由于人、财、物等资源的过分集中,不利于开拓远区市场或按照目标顾客的需求组织分工。同时,各职能部门往往从自身利益和需要出发,助长部门主义风气,使得部门之间难以协调配合。部门利益高于组织整体利益的后果可能会影响到组织总目标的实现。另外,由于职权的过分集中,部门主管虽然容易得到锻炼,却不利于高级管理人员的全面培养和提高,也不利于"多面手"式的人才成长。

②产品或服务部门化。在品种单一、规模较小的组织,按职能进行组织分工是理想的部门化划分形式。然而,随着组织的进一步成长与发展,组织面临着增加产品线和生产规模以获取规模经济和范围经济的经营压力,管理组织的工作也将变得日益复杂。这时,就有必要按业务活动的结果为标准来重新划分组织的活动。按照产品或服务的要求对组织活动进行分组,即产品或服务部门化,就是一种典型的结果划分法,如图4-2所示。

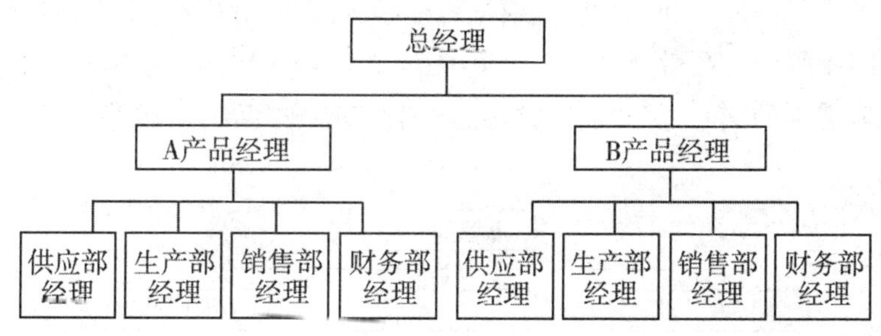

图4-2　产品或服务部门化组织图

产品或服务部门化的优点主要是:各部门会专注于产品的经营,并且充分合理地利用专有资产,提高专业化经营的效率水平,这不仅有助于促进不同产品和服务项目间的合理竞争,而且有助于比较不同部门对组织的贡献,有助于决策部门加强对组织产品与服务的指导和调整。另外,这种分工方式也为"多面手"式的管理人才提供了较好的成长条件。

产品或服务部门化的缺点是:组织需要更多的“多面手”式的人才去管理各个产品部门;各个部门同样有可能存在本位主义倾向,这势必会影响到组织总目标的实现。另外,部门中某些职能管理机构的重整会导致管理费用的增加,同时也增加了总部对“多面手”人才的监督成本。

③地域部门化。地域部门化就是按照地域的分散化程度划分组织的业务活动,继而设置管理部门管理其业务活动,如图 4-3 所示。随着经济活动范围的日趋广阔,组织特别是大型组织越来越需要跨越地域的限制去开拓外部的市场。而不同的文化环境,造就出不同的劳动价值观,组织根据地域的不同划设管理部门,目的是更好地针对各地的特殊环境条件组织业务活动的开展。

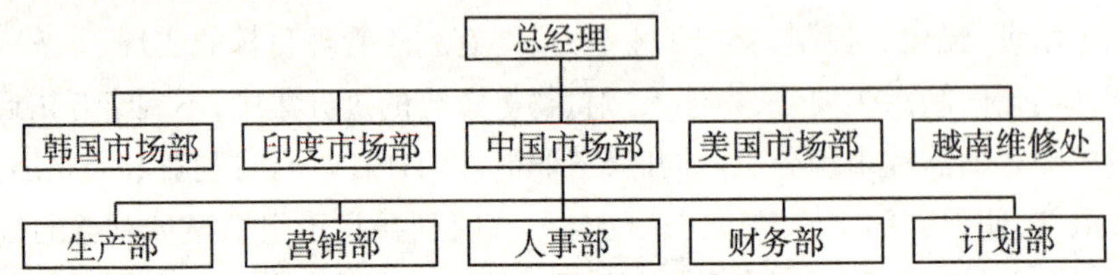

图 4-3 按地域划分的部门化组织图

地域部门化的主要优点是:可以把责权下放到地方,鼓励地方参与决策和经营;地区管理者还可以直接面对本地市场的需求灵活决策;通过在当地招募职能部门人员,既可以缓解当地的就业压力,争取宽松的经营环境,又可以充分利用当地有效的资源进行市场开拓,同时减少了许多外派成本,减小了许多不确定性风险。

地域部门化的主要缺点是:组织所需的能够派赴各个区域的地区主管比较稀缺,且比较难控制。另外,各地区可能会因存在职能机构设置重叠而导致管理成本过高。

④顾客部门化。顾客部门化就是根据目标顾客的不同利益需求来划分组织的业务活动,如图 4-4 所示。在激烈的市场竞争中,顾客的需求导向越来越明显,组织应当在满足市场顾客需求的同时,努力创造顾客的未来需求,顾客部门化顺应了需求发展的这种趋势。

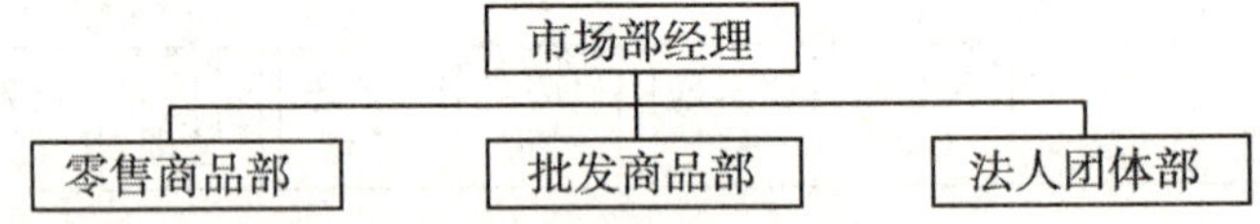

图 4-4 按顾客划分的部门组织图

顾客部门化的优点是:组织可以通过设立不同的部门满足目标顾客各种特殊而广泛的需求,同时能有效获得用户真诚的意见反馈,这有利于组织不断改进自己的工作;另外,组织能够持续有效地发挥自己的核心专长,不断创新顾客的需求,从而在这一领域内建立持久性竞争优势。

顾客部门化的缺点是:可能会增加与顾客需求不匹配而引发的矛盾和冲突,需要更多能妥善协调和处理与顾客关系问题的管理人员和一般人员;另外,顾客需求偏好的转移,可能使组织无法时时刻刻都能明确顾客的需求分类,结果会造成产品或服务结构的不合理,影响对顾客需求的满足。

⑤流程部门化。流程部门化就是按照工作或业务流程来组织业务活动,如图4-5所示。人员、材料、设备比较集中或业务流程比较连续紧密,是流程部门化的实现基础。例如,一家发电厂的生产流程会经过燃煤输送、锅炉燃烧、汽轮机冲动、电力输出、电力配送等几个主要过程。

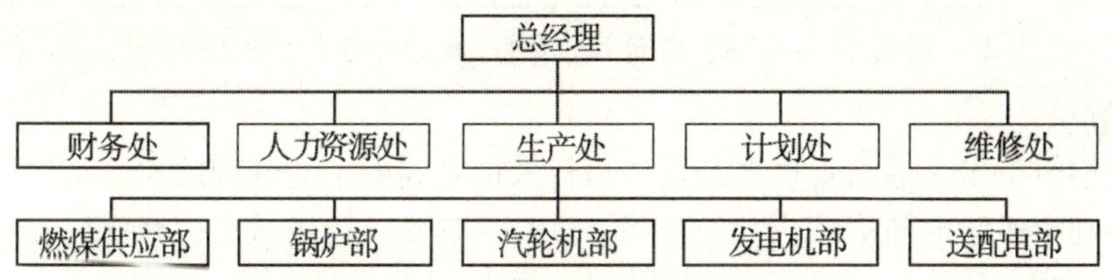

图4-5　流程部门化组织图

流程部门化的优点是:组织能够充分发挥人员集中的技术优势,易于协调管理,对市场需求的变动也能够快速敏捷地反应,容易取得较明显的集合优势;另外,也简化了培训,容易在组织内部形成良好的相互学习氛围,会产生较为明显的学习经验曲线效应。

流程部门化的缺点是:部门之间的紧密协作有可能得不到贯彻,也会产生部门间的利益冲突;权责相对集中,不利于培养出"多面手"式的管理人才;另外还会造成一定人员的重复和浪费。

(2)层次设计。层次设计是组织结构的纵向设计,主要解决管理层的划分和职权分配问题。由于管理幅度的限制,当组织的人员规模达到一定程度时,即当组织的人员规模突破管理幅度的限度时,就需要而且必须划分出不同的管理层次。这样,组织就由有阶层的单位组织构成,即形成了组织的纵向层次结构。

组织的层次设计,首先根据企业的具体情况,确定基本的管理幅度;然后按照提高组织效率的要求,确定具体的管理层次,建立纵向结构;最后,根据组织特点,对管理层次进行局部调整。

①管理幅度与管理层次。管理幅度又称管理宽度,是指在一个组织结构中,上级主管能够直接、有效地指挥和领导下属的人数。

任何一个管理者所能管辖的下属人数必定有个限制和限额,因为任何人的知识、经验、能力和精力等都是有限度的,居于权力中心的管理者,绝不可能无限制地直接管理和指挥很多人,而又使他们的活动配合无间。就是一个管理者的管理幅度是否能无限制地扩大,许多学者对管理幅度问题进行过定性和定量的研究,绝大多数管理学著作都引用了法国管理学家格兰丘纳斯(Graicunas)的论证公式:

$$N = n(2^{n-1} + n - 1)$$

式中,N表示管理者与其下属之间相互交叉作用的最大可能数,即各种关系的数目;n表示下属人数。我们可以试将具体数值代入式中,其结果便会告诉我们研究管理幅度的必要性,见表4-3。

表4-3 关系数与下属人数

下属人数 n	1	2	3	4	5	6	7	8	…
关系数 N	1	6	18	44	100	222	490	1080	…

【课堂活动4-4】*某公司有82名员工,管理幅度为9人,则公司有几名管理人员?几层管理?*

管理层级是指从最高管理者到具体执行人员之间的不同管理层次。组织层级受到组织规模和组织幅度的影响,它与组织规模成正比,组织规模越大,包括的人员越多,组织工作也越复杂,则层级也就越多;在组织规模已确定的条件下,组织层级与组织幅度存在互动性,它与组织幅度成反比,即上级直接领导的下属越多,组织层级也就越少,反之则越多。

在组织管理过程中,要正确处理好管理幅度与组织层次之间的关系。管理层次与管理幅度的反比关系决定了两种基本的组织结构形态:扁平式结构和高耸式结构。扁平式结构是指管理层次少管理幅度大的一种组织结构形态;高耸式结构是指管理层次多、管理幅度小的一种组织结构形态。这两种组织结构各有优缺点。

扁平式组织结构的优点是:由于管理的层级比较少,信息的沟通和传递速度比较快,信息的失真度也比较低,同时,上级主管对下属的控制也不会太呆板,从而有利于发挥下属人员的积极性和创造性。这种组织结构的缺点主要体现在:过大的管理幅度不仅增加了主管对下属的监督和协调控制难度,同时也使下属减少了提升的机会。

高耸式组织结构的优点是:由于管理的层级比较多,管理幅度比较小,每一管理层级上的主管都能对下属进行及时的指导和控制;另外,层级之间的关系也比较紧密,这有利于工作任务的衔接,同时也增加了下属提升的机会。这种组织结构的缺点主要体现在:过多的管理层级往往会影响信息的传递速度,因而信息的失真度可能会比较大,这又会增加高层主管与基层之间的沟通和协调成本,增加管理工作的复杂性。

②影响管理幅度设计的因素。一是管理者与下属的素质和能力。如果管理人员和下属的工作能力都比较强,管理人员就能准确而又迅速地把握问题的关键,及时提出指导性的建议和方法,而下属也同样能准确领会上级的命令和意图,从而减少协调和沟通的频率,有效扩大管理幅度。

二是工作本身的性质和内容。管理工作内容越多,上下左右之间的联系就越多,需要花费的工作时间也就越多;管理工作越是复杂多变,管理人员需要耗费的时间和精力就越多,组织也就越需要缩小控制幅度。此外,下属人员工作的相似性越大,管理的指挥和监督工作就越容易,扩大管理幅度就越有可能。

三是下属的空间分布状况。如果下属人员在空间上的分布比较分散,就会增加上下左右之间协调和沟通的难度。尽管现代通信手段提供了较为便捷的联系渠道,但这多少会影响上级主管增加管理幅度的主动性。

四是组织环境和组织本身的变化速度,即组织变革的速度。每一个组织都必须根据内外部环境的变化进行及时的调整,环境变化越快,组织遇到的问题就越多,组织变革的速度也就越快,主管人员对下属的指导时间和精力耗费也就越多,组织也就越不容易扩大管理幅度。

五是信息沟通的情况。信息充分、及时是有效管理的前提。如果组织上下级之间的信息交流能够充分快捷,并且具有较高的横向沟通效果,组织就可以适当扩大管理幅度。

对于一个组织来说,选择合适的管理幅度是至关重要的。首先,它会对一个部门的工作关系产生影响,较宽的管理幅度意味着管理者异常繁忙,结果会导致组织成员得到较少的指导和控制,降低组织效率;与此相反,过窄的管理幅度意味着管理人员多开支大,中基层管理人员权力有限,而难以充分发挥工作的能动性。其次,它会对组织决策活动产生影响,如果组织层次过多,决策速度将会减缓,在环境瞬息万变的今天,这是一个致命的弱点。

(3)职权设计。组织内部部门和组织层次确定后,就要进行职权设计。职权设计就是全面、正确地处理组织上下级之间和同级之间的职权关系,将不同类型的职权合理分配到各个层次和部门,明确规定各部门、各种职务的具体职权,建立起集中统一、上下左右协调配合的职权结构。职权设计是正确处理组织内的各部门和各层次职权关系的关键。

①职权设计的划分。职权是指组织内部授予的指导下属活动及其行为的决定权,这些决定一旦下达,下属必须服从。职权跟组织层级化设计中的职位紧密相关,跟个人特质无关。职权分为三种形式:直线职权、参谋职权和职能职权。

直线职权,是指管理者直接指导下属工作的职权。这种职权由组织的顶端开始,延伸向下至最低层,形成所谓的指挥链。在指挥链上,拥有直线职权的管理者有权领导和指挥其下属工作。当组织规模逐渐增大且日渐复杂时,直线主管将发现他们在时间、技术知识、精力、能力和资源等各个方面都不足以圆满完成任务,这就必须创造出参谋职权,以支持和弥补直线主管在能力等方面的缺陷和障碍。

所谓参谋职权,是指管理者拥有某种特定的建议权或审核权。它可以评价直线方面的活动情况,进而提出建议或提供服务。

所谓职能职权,则是一种权益职权,是由直线管理者向自己辖属以外的个人或职能部门授权,允许他们按照一定的程度和制度,在一定的职能范围内行使的某种职权。职能职权的设立，主要是为了能发挥专家的核心作用，减轻直线主管的任务负荷，提高管理工作的效率。

直线职权指的是直线的和等级的职权关系，它在上下级直线主管人员之间发生和起作用，是上级主管命令和指挥下一级主管的权力。参谋职权就是参谋人员和参谋部门所拥有的一种权力，它在本质上是一种筹划、咨询和建议性的权力。在组织权力关系中，直线权力是主导的，参谋职权是从属的。因为在组织职务结构中，直线人员是主管人员，参谋人员是从属于主管人员的，他们是主管人员的助手和谋士。上级主管有指挥下一级主管的权力，而上级参谋人员却无权命令下一级主管人员。但在有些情况下，由于知识、能力等种种原因，上级主管人员将直线组织中的某些专门职能和权力授予参谋人员和部门，由参谋人员来直接领导和组织下级部门去完成某些工作和处理某些事情。这样就发生了部分直线职权的转移问题。转移到参谋人员和部门的直线职权称为职能职权。使用职能职权是必要的，这样可以使工作做得更好或提高工作效率。在使用职能职权时应注意以下三点：第一，职能职权要与参谋人员或部门的业务工作相一致；第二，使用职能职权应限于具体工作方面，不能危及主管人员正常的管理工作；第三，要加强协调工作，不要因此而形成责任不清和工作上的混乱。

【知识链接 4－1】

职权和权力

职权和权力两个词经常被混淆。职权是一种基于掌握职权的人在组织中所居职位的合法权利。职权是与职务相伴随的。权力则是指一个人影响决策的能力。职权是更广泛的权力概念的一部分。换句话说，来自组织中某一职位的正式权利，只不过是影响决策过程的一种手段而已。

一个人可以不必拥有职权，但却可以拥有权力，权力可来自各个领域。按照法兰西和雷温等人的划分方法，权力可以分为强制权力、奖励权力、合法权力、专家权力和感召权力。

强制权力是通过恐吓、威胁等生理上或安全上的压力控制手段对他人施加的一种权力，如肉体上的制裁、精神上的磨难等。

奖励权力是通过报酬、晋升、工作表彰、提供满意的工作环境等奖赏手段对他人施加的一种权力。

合法权力是指一个人在正式层级组织中由于占据某一职位所相应得到的一种权力。这种权力具有命令权和指挥权，要比上述两种权力的影响范围广得多。

专家权力是指通过个人专长、特殊技能或知识获取的一种影响力。随着知识经济时代的到来，专家权力越来越成为组织中一种有效的权力。当组织中的工作变得更加专门化、知识化、复杂化之后，管理部门越来越需要更多职能专家来实现组织目标。

感召权力是指一个人所拥有的独特智谋或个人品质对他人产生的一种独特影响力,它能够使他人产生一种深刻的倾慕和认同心理。拥有这种权力的人往往被称为具有领袖魅力的人,他们的一举一动都可能会对他人产生很大的影响力,特别是对其上级、同事及下级的工作会产生直接的影响。

上述五种权力存在于正式组织的任何层级之中,权力大小的拥有程度取决于权力拥有者对资源的占有份额以及这些资源对他人的吸引强度。组织在层级化设计中,必须根据任务活动的重要性程度,科学合理地分配组织中的这些稀缺资源,并使这些资源能够产生最大的效用。

②职权运行方式。集权和分权是组织层级化设计中两种相反的权力分配方式。职权的集中和分散是一种趋向性,是一种相对状态。在组织管理中,集权和分权是相对的,绝对的集权或绝对的分权都是不可能的。

集权是指决策指挥权在组织层级系统中较高层次上的集中,也就是说,下级部门和机构只能依据上级的决定、命令和指示办事,一切行动必须服从上级指挥。组织管理的实践告诉我们,组织目标的一致性必然要求组织行动的统一性。所以,组织实行一定程度的集权是十分必要的。

分权是指决策指挥权在组织层级系统中较低管理层次上的分散。组织高层将其一部分决策指挥权分配给下级组织机构和部门的负责人,可以使他们充分行使这些权力,支配组织的某些资源,并在其工作职责范围内自主地解决某些问题。一个组织内部要实行专业化分工,就必须分权。否则,组织无法运转。

集权和分权不是一个非此即彼的概念,它只是关于程度的概念。这就是说,没有绝对的集权也没有绝对的分权。绝对的集权意味着组织中的全部权力集中在一个主管手中,组织活动的所有决策均由主管做出,主管直接面对所有的命令执行者,中间没有任何管理人员,也没有任何中层管理机构。这在现代社会经济组织中几乎是不可能的,也是做不到的。而绝对的分权则意味着将全部权力分散下放到各个管理部门中去,甚至分散至各个执行、操作层,这时主管的职位变得多余,一个统一的组织也不复存在。因此,将集权和分权有效地结合起来是组织存在的基本条件,也是组织既保持目标统一性又具有柔性灵活性的基本要求。

影响组织分权程度的主要因素有:

一是组织规模的大小。组织规模增大,管理的层级和部门数量就会增多,信息的传递速度和准确性就会降低。因此,当组织规模扩大之后,组织需要及时分权,以减缓决策层的工作压力,使其能够集中精力于最重要的事务。

二是政策的统一性。如果组织内部各个方面的政策是统一的,集权最容易达到管理目标的一致性。然而,一个组织所面临的环境是复杂多变的,为了灵活应对这种局面,组织往往会在不同的阶段、不同的场合采取不同的政策,这虽然会破坏组织政策的统一性，却可能有利于激发下属的工作热情和创新精神。

三是员工的数量和基本素质。如果员工的数量和基本素质能够保证组织任务的完成，组织就可以更多地分权；组织如果缺乏足够受过良好训练的管理人员，其基本素质不能符合分权式管理的基本要求，分权将会受到很大的限制。

四是组织的可控性。组织中各个部门的工作性质存在很大差异性，有些关键的职能部门，如财务会计等部门往往需要相对地集权，而有些业务部门，如研发、市场营销等部门，或者是区域性部门，却需要相对地分权。组织需要考虑的是围绕任务目标的实现，如何对分散活动进行有效的控制。

五是组织所处在的成长阶段。在组织成长的初始阶段，为了有效地管理和控制组织的运行，组织往往采取集权的管理方式。随着组织的成长，管理的复杂性逐渐增强，组织分权的压力也就比较大，管理者对权力的偏好就会减弱。

【课堂活动4－5】用组织的观点分析"人走茶凉"。

【课堂活动4－6】一家公司的总裁感叹道："我们对地方分权的长期、坚定和近乎狂热的承诺，造成与产品相关的不同部门为争取客户而彼此竞争，结果造成一股有悖整体的力量和一种人人为我却无我为人人的精神。"他还说："表面上把企业分成较小的单位，应该能够鼓励地方的主动性和承担风险，事实上恰巧相反，部门分立与自治产生了更短期导向的管理者，他们比以前更受利润的影响。"据此，试分析组织的分权和扁平式组织有何缺点？

【知识链接4－2】

分权与授权

授权，即规定职权，是指上级委授给下属一定的权力，使下属在一定的监督之下，有相当的自主权和行动权。授权者对于被授权者有指挥和监督的权力，被授权者对授权者负有报告及完成任务的责任。授权的实质就是职权流动，职权流动的方向总是向下的。上级为下级规定职权，同时也为自己规定职权。在一个有效的企业组织中，从总经理到工人都有一定的职权。上级有指挥、命令下级的权限，工人有操纵设备和处置作业任务的权限。作为一个单位的主管人员，最重要的就是要知道哪些职权应当授出去，哪些职权应当由自己掌握。

授权并不意味着授责。授权只是把一部分权力分散给下属，而不是把与权力并存的责任分散下去。当上级把某几种决策权授给下属时，上级仍然负有相同的责任。

授权和分权都是组织管理的手段，授权和分权的实施也都是分配任务和权力下放过程，但授权和分权是有严格区别的。授权是上级授予下属责任和权力，分权是组织中权力的再分配。授权是在上下级进行，分权是在同一级进行。授权者对所授权力负有责任，授权者拥有决策权，被授权者没有决策权；分权者对分配后的职责不负有责任，被分权者具有决策权。分权是授权的基础,授权以分权为前提。

4.2.3 组织结构设计的类型

组织结构是组织成员为实现组织目标,在管理工作中进行分工协作,在职务范围、责任、权利方面所形成的结构体系。根据组织结构的设计形式,我们可以把常见的组织结构类型分为五种:直线制、职能制、直线职能制、事业部制和矩阵制。

(1)直线制结构。直线制组织结构也称为单线型组织结构,是最早使用也是最为简单的一种组织结构类型。“直线”是指在这种组织结构中职权从组织上层“流向”组织的基层,如图4-6所示。

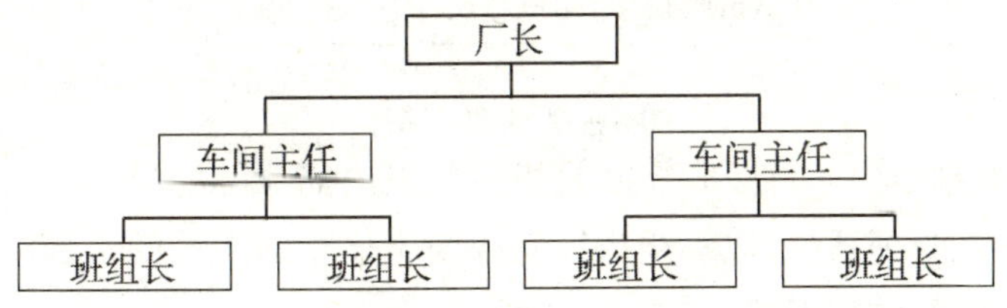

图4-6 直线制结构

在直线制组织结构中,权力关系非常明确,反应迅速,非常灵活,运行成本低,且责任清晰。然而,它仅仅在小型组织中才有效。当组织成长以后它就不适合了,因为这种低度正规化和高度集权的结构会导致最高管理层的信息超载。所有管理职能集中于一人,当规模扩大以后,由于个人的知识、能力和精力有限而难以深入、细致、周到地管理所有问题。如果组织结构再不转变并与其规模相适应,企业将失去发展的势头,并最终倒闭。直线制的另一个缺陷是,每个部门只关心本部门的工作,组织部门间的横向联系与协调性比较差。

直线制结构只适用于规模较小、生产技术比较简单的企业,对生产技术和经营管理比较复杂的企业并不适用。

(2)职能制结构。职能制结构是指在组织内设置若干职能部门,并都有权在各自业务范围内向下级下达命令,也就是各基层组织都接受各职能部门的领导,如图4-7所示。

职能制结构的优点是适应现代化工业技术比较复杂、管理工作比较精细的特点,能充分发挥职能机构的专业管理作用,减轻直接领导人员的工作负担,减少人员和设备的重复配置。职能制结构有明显的缺点:由于实行多头领导,妨碍对组织活动的统一指挥,各职能部门容易过分强调本部门的重要性而忽视与其他部门的协调、忽视组织的整体目标,不利于明确划分直线人员和职能科室的职责权限,容易造成管理混乱;不利于明确划分直线领导人员和职能机构的职责和权限。这种组织形式比较适用于中小型组织,在实践中这种形式组织一般很少采用。

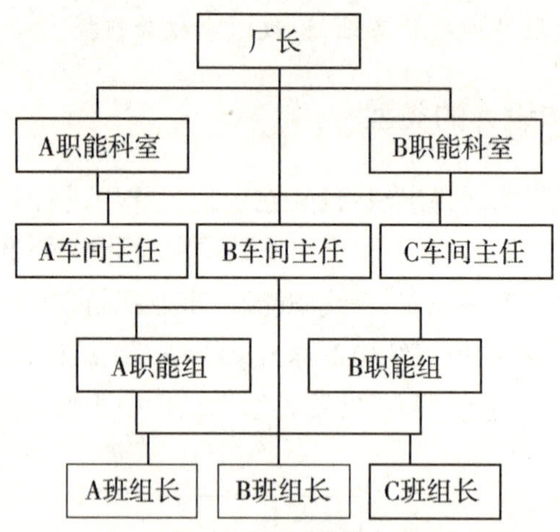

图 4－7 职能制结构

(3)直线职能制结构。直线职能制是指在组织内部,既设置纵向的直线指挥系统,又设置横向的职能管理系统,以直线指挥系统为主建立的两维的管理组织。它是现代企业中最常见的组织结构形式,如图 4－8 所示。

直线职能制结构的特点是建立在直线制和职能制基础上,直线部门担负着实现组织目标的直接责任,并拥有对下属的指挥权;职能部门只是上级直线管理人员的参谋与助手,主要负责提建议、提供信息,对下级机构进行业务指导,但不能对下级之间管理人员发号施令。优点是既保证组织的统一指挥,又加强了专业化管理;职能高度集中,职责明确,工作效率高,整个组织也具有较高的稳定性。缺点是如果授权职能部门权力过大,容易干扰直接指挥命令系统;各职能部门自成体系,不重视横向沟通,造成工作重复,加大管理成本。目前绝大多数组织均采用这种组织模式。

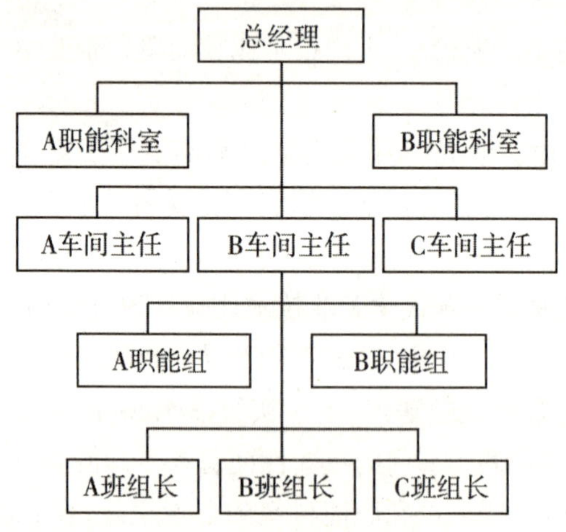

图 4－8 直线职能制结构

(4)事业部制结构。事业部制最早是由 20 世纪 20 年代初担任美国通用汽车公司副总经理的斯隆研究和设计出来,因而也被称为“斯隆模型”,也叫“联邦分权化”。

事业部制是在直线职能制框架基础上,设置独立核算、自主经营的事业部,在总公司领导下统一政策,分散经营,是一种分权化体制,其结构如图 4－9 所示。

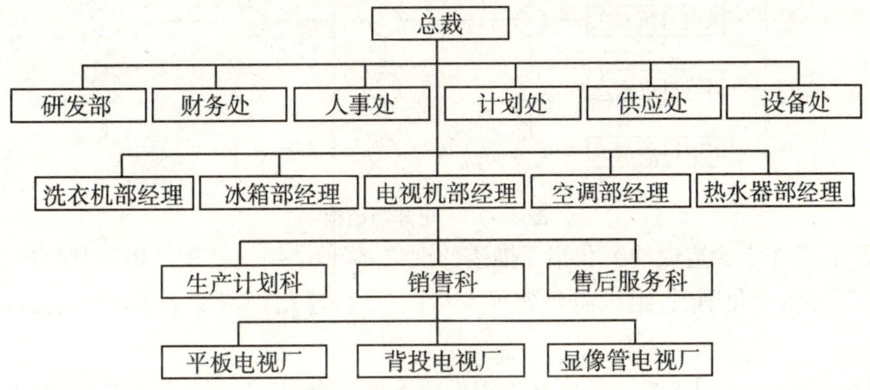

图 4－9　事业部制结构

具体来说,事业部制是在总公司领导之下或按产品、或按市场、或按地区划分,统一进行产品设计、原料采购、生产和销售,相对独立核算、自负盈亏的部门分权化结构。它的结构图是 M 形的,其特点是集中决策,分散经营,适应性、稳定性较强,有利于组织的最高管理者摆脱日常事务而专心致力于组织的战略决策和长期规划;有利于调动各事业部的积极性和主动性,并且有利于公司对各事业部的绩效进行考评;事业部经理要从事业部整体来考虑问题,有利于培养和训练管理人才。缺点是职能机构重叠,管理成本较高;事业部实行独立经营,各事业部之间相互支援较差;事业部之间考虑问题往往从本部门出发,各事业部之间独立的经济利益会引起相互间激烈竞争,可能发生内耗;总公司领导人不易了解企业的全貌,在信息沟通和决策权力方面也存在一定缺陷。它是目前国内外大型组织普遍采用的一种组织形式。

(5)矩阵制结构。为了改进直线职能制横向联系差、缺乏弹性的缺点而形成了矩阵制结构。矩阵制是由按职能划分的纵向指挥系统与按产品或项目划分的横向指挥系统结合而成的组织,结构如图 4－10 所示。

矩阵制结构的特点是员工至少有两个上司——职能部门经理和产品或项目经理。项目经理对其项目小组中的职能人员拥有领导权,但职权是由两位经理分享的。通常,项目经理对项目小组成员拥有与项目目标有关的职权,但其他诸如职位提升、薪酬建议、年终评议等决策依旧属于职能经理的职责。为了更有效地工作,项目经理和职能经理应该经常相互沟通,并协调各自对共同员工提出的要求。

矩阵制结构的主要优点在于具有较大的机动性和适应性,克服了各职能部门相互脱节、各自为政的现象,有利于协调条块关系;有利于提高各项资源的利用率。矩阵制组织的主要缺陷是成员不固定在一个位置,稳定性差;人员受双重领导,权责不清,如果

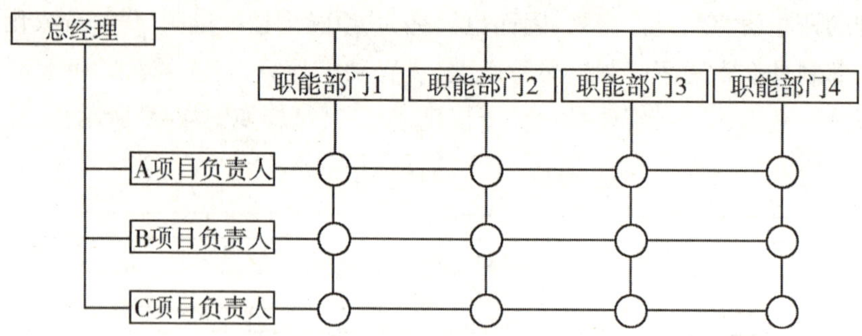

图 4－10　矩阵制结构

处理不当,工作中会造成冲突和相互推诿的现象,降低了组织效率。矩阵制结构一般适用于外部环境变化剧烈,组织需要处理大量信息、分享组织资源的要求特别迫切的组织。

【课堂活动 4－7】王厂长总结自己多年的管理经验,提出在改革工厂的管理机构中必须贯彻统一指挥原则,主张建立执行参谋系统。他认为,一个人只有一个领导,即对全厂的每个人来说,只有一个人对他的命令是有效的,其他的是无效的。如书记有什么事只能找厂长,不能找副厂长。下面的科长只能听一个副厂长的指令,其他副厂长的指令对他是不起作用的。你对王厂长的做法有何评论?

没有哪一种组织结构形式是十全十美的,组织应依据目标和实际情况进行灵活选择,组织的结构应与组织的战略和组织的业务相匹配,当组织结构不符合组织战略实施时,有必要采取组织变革。组织是社会系统的一部分,随着社会系统的变化,也需要进行不断调整。可以说组织的稳定性是相对的,而变革对于任何组织则是绝对的。

任务 4.3　探析组织文化

4.3.1　组织文化的内涵

(1)组织文化产生的背景。

①社会背景。组织文化,又称企业文化,源于美、日比较管理学热潮的兴起。第二次世界大战以后,日本作为战败国,政治、经济、文化都曾受到严重打击。1952 年,日本的国内生产总值只有 172.2 亿美元,而美国则是 3457 亿美元,日本的人均国内生产总值只有 200 美元,而美国已达到 2194 美元。而日本 20 世纪 60 年代经济起飞,20 世纪 70 年代安然渡过石油危机,1980 年国内生产总值已高达 10300 万亿美元,占世界生产总值的 8.6%,在不足 20 年的时间里,不但赶上了西方发达国家,而且一跃成为世界第二经济大国,创造了 20 世纪世界经济的一大奇迹。西方经济学家们在研究、比较中发现,

日本经济的崛起和腾飞，内在原因是在日本企业内部有一种巨大的精神因素在起作用，这个内在因素就是企业文化、企业精神。日本经济热在管理理论层面引发了企业文化研究热潮。

②理论背景。企业文化理论是反映现代化生产和市场经济一般规律的新兴的管理思想和理论。它是在经验主义管理、科学管理的基础上，逐步演变产生的现代管理学说。人们在研究企业管理理论和实践的过程中，越来越清楚地认识到，人的管理是现代企业管理的核心，现代企业管理的重心已经从过去对物的管理转移到对人的管理。“它在管理上以人为中心，重视文化和精神因素，运用新的思维方式和选择标准，但它并不忽视经济、技术因素的重要性”。企业文化理论是在科学技术迅速发展，生产过程的现代化、社会化水平不断提高，市场竞争日趋激烈的背景下发展起来的。

(2)组织文化的含义。组织文化是指在长期的生存和发展中所形成的为组织多数成员所共同遵循的基本信念、价值标准和行为规范。它是通过组织长期经营与培育而形成的有别于其他组织的、能反映本组织特有经营管理风格的、被组织成员所共同认可和自觉遵守的价值观念与群体行为规范。这一定义包括以下几个方面的内容：

①共同价值观是组织文化的核心。著名管理学者托马斯·彼得曾说：“一个伟大的组织能够长期生存下来，最主要的条件并非结构、形式和管理技能，而是我们称之为信念的那种精神力量以及信念对组织全体成员所具有的感召力。”这种信念是组织认定的最有价值的对象。一旦这个信念成为能够统一本组织及所有成员的共同价值观，就会形成强劲的组织内聚力和整合力，便可用来统帅、制约、支配组织的宗旨、信念、行为规范和追求目标。

②以人为主体的人本文化是组织文化的中心。人本文化也就是以人为中心，为主体，充分重视人的价值，调动人的积极性，发挥人的主观能动性，全员共建组织人文氛围。而为了使组织和成员成为真正的命运共同体和利益共同体，就要塑造依靠人、理解人、培养人、造就人、凝聚人、团结人的人本文化。

③软性管理是组织文化的主要管理方式。组织文化是以一种文化的形式出现的现代管理方式，由于其本身的文化特性——表现为非外化为刚性的制度、层级以及严格的监督、控制，采用柔性的文化来引导，有利于帮助组织形成和谐的人际关系，团结奋进的团队精神；也有利于内化为组织成员的共同文化心理机制，使政治的共同目标转化为成员的自觉行动。组织文化以柔性管理方式为主所产生的协同力比组织刚性管理有着更为强烈的控制力和持久力。

④增强群体凝聚力是组织文化的重要任务。组织中的成员作为个体，具有不同的文化背景、工作态度、思维模式、方式方法等，都容易导致成员间的矛盾。而组织文化的重要任务就在于通过建立共同的价值观和共同目标，使得组织成员之间的合作、信任和团结得以强化，使之产生认同感、亲近感和归属感，实现文化的认同和交汇，最终实现组

织强大的向心力和凝聚力,创造有利于组织目标实现的整体氛围。

【管理故事4-3】

螃蟹效应

钓过螃蟹的人或许都知道,竹篓中放一只螃蟹时,必须要记得盖上盖子,多钓几只后,就不必再盖上盖子了,因为这时螃蟹是爬不出来的。因为当有两只或两只以上的螃蟹时,都争先恐后地朝出口处爬。但篓口很窄,一只螃蟹爬到篓口时,其余的螃蟹就会用威猛的大钳子抓住它,最终把它拖到下层,由另一只强大的螃蟹踩着它向上爬。如此循环往复,结果没有一只螃蟹能够成功逃脱。

管理启示:一个优秀的团队,应该相互补台而不是拆台,合唱不是独唱,如果一个组织受制于这种人,久而久之,工作单位里只剩下一群互相牵制、毫无生产力的“螃蟹”。

4.3.2 组织文化的层次

(1)组织物质文化。组织物质文化是由组织员工创造的产品和各种物质设施等构成的器物文化,它是一种以物质为形态的表层组织文化,是组织行为文化和组织精神文化的显现和外化结晶。它是组织文化的物质表现,包含组织标识、产品设计、生产或服务、产品质量、工作环境或厂容、技术装备、后援服务、人才资源、福利待遇等。

(2)组织制度文化。组织的制度文化是由组织的法律形态、组织形态和管理形态构成的外显文化。合理的制度必然会促进正确的组织经营观念和员工价值观念的形成,并使职工形成良好的行为习惯。制度文化是组织文化的中间层次,是精神文化层与物质文化层的中介。组织制度是实现组织目标的保障,是调节组织内人际关系的基本准则,是组织生产经营、规范组织行为的基本程序和方法,是组织的基本存在和功能发挥的实际根据。

组织制度文化主要包括组织目标和制度文化两个内容。组织目标是以组织经营目标形式表达的一种组织观念形态的文化。制度是一种行为规范,是任何一个社会及组织团体正常运转所必不可少的因素之一。它是为了达到某种目的,维护某种秩序而人为制定的程序化、标准化的行为模式和运行方式。

(3)组织精神文化。组织精神文化是组织在生产经营中形成的一种组织意识和文化观念。相对于组织物质文化和行为文化来说,它是一种意识形态上的深层组织文化,在整个组织文化系统中,它处于核心的地位。组织精神文化包括以下几个方面:

①组织哲学。组织哲学的根本问题是组织中人与物、人与经济规律的关系问题。

②组织价值观。组织价值观指导组织有意识、有目的地选择某种行为去实现物质产品和精神产品的满足的思想体系。

③组织精神。组织精神是现代意识与组织个性结合的一种群体意识。“现代意识”是现代社会意识、市场意识、质量意识、信念意识、效益意识、文明意识、道德意识等汇集而成的一种综合意识。“组织个性”包括组织的价值观念、发展目标、服务方针和经营特色等基本性质。

④组织道德。组织道德是调整组织之间、员工之间关系的行为规范的总和。组织道德的本质是一种组织意识,而其特殊本质则表现在它区别于其他组织意识的内在特质上。

组织文化的上述三个层次中,最为重要的是组织精神文化,它是支配组织及其员工行为趋向,决定组织物质文化和制度文化的内核所在。组织物质文化和制度文化也会反作用于组织的精神文化,也即深层文化。组织文化的这三个层面相互依赖、相互连接,构成了具有组织个性的组织文化。

【知识链接4-3】

IBM的企业文化——“7C管理”模式

美国国际商用机器公司(IBM)是由奥尔森父子创办的,是世界上第一家因研制电脑而获得巨大成功的企业。奥尔森父子创办IBM的成功,不仅在于创造了数以千亿计的物质财富,更重要的在于奥尔森父子创造了无与伦比的精神财富。

美国管理学家罗伯特·沃特曼(Robert Waterman)在1987年出版的《创新经营——优秀公司如何赢得并保持竞争优势》一书中在IBM成功的基础上提出了“7C管理”模式。这7个因素分别是:交流沟通(communication)、机会与信息(chance and information)、事业和献身精神(causes and commitment)、危机点(crisis point)、控制(control)、企业文化(culture)、能力(capability)。

“7C管理”模式包括:

第一,职责承担。企业职工必须忠于职守,个人利益服从于企业利益。

第二,合作。表现在良好的人事关系与集体协作精神。

第三,磋商。让职工参与企业管理,不采用命令的形式而采用协商的形式。

第四,竞争。有竞争才有创新,才能提高产品质量、降低成本;有一支实力雄厚、敢于竞争的队伍,才有机会在竞争中获胜。

第五,交流。企业领导与职工双方经常互相交流情况,让职工更好地了解企业的做法,从而减少差错。

第六,信心。信心十足地把工作搞好,提高效率。

第七,团体精神。企业如同一个大家庭,每个职工都是其中的成员,大家同心协力,企业才能在激烈的竞争中生存,并获得长足发展。

4.3.3 组织文化的功能

(1)自我内聚功能。组织文化通过培育组织成员的认同感和归属感,建立起成员与组织之间的相互依存关系,使个人的思想、感情、信念、习惯和行为与整个组织有机地统一起来,形成相对稳定的文化氛围,凝聚成一种无形的合力与整体趋向,以此激发出组织成员的主观能动性,为组织的共同目标而努力。正是组织文化这种自我凝聚、自我向心、自我激励的作用,才构成组织生存发展的基础和不断成功的动力。

(2)自我改造功能。组织文化能从根本上改变员工的旧有价值观念,建立起新的价值观念,使之适应组织正常实践活动的需要。一旦形成,就会对组织本身及其成员产生强大的作用力,改变其原有的价值观念,建立新的价值体系,使组织与其成员契合起来,尤其使成员适应组织正常运行所需的观念、模式。对于刚刚进入组织的员工来说,为了减少他们个人带有的在家庭、学校、社会所养成的心理习惯、思维方式、行为方式与整个组织的不和谐或者矛盾冲突,就必须接受组织文化的改造、教化和约束,使他们的行为与组织保持一致。

(3)自我调控功能。组织文化作为团体共同价值观,并不对组织成员具有明文规定的具体硬性要求,而只是一种软性的理智约束,更多的是通过潜移默化的渗透和内化过程,达到使组织自动生成一套自我调控机制,调控、规范和操纵着组织的管理活动和事务活动。组织文化的这种软性约束调控功能,往往比硬性控制更具有控制力和持久力。

(4)自我完善功能。组织在不断的发展过程中所形成的文化积淀,通过无数次的辐射、反馈和强化,会不断地随着实践的发展而更新和优化,推动组织文化从一个高度向另一个高度迈进。而相应的,组织的成长又会极大地促进组织文化的丰富、完善和升华。

(5)自我延续功能。组织文化的形成是一个历史的过程,绝不是朝夕之事。它的形成和塑造必须经过长期的耐心倡导和精心培育,以及不断地实践、总结、提炼、修改、充实、提高和升华,同时又要受到社会的、人文的和自然环境等因素的影响。一旦固化成型,不会轻易改变和消失;相反,会在对自我的不断认可、强化和修正中延续和保持下去。

4.3.4 组织文化建设

(1)组织文化建设的原则。

①以人为本。组织文化实质是“人的文化”,人是生产力中最活跃的因素,人是组织的立足之本,组织员工是组织的主体,建设组织文化就必须以提高人的素质为根本,把着眼点放在人上,充分反映人的思想文化意识,通过组织全体人员的积极参与,发挥首

创精神，组织才能有生命力，组织文化才能健康发展，凝聚人心，树立共同理想，规范行动形成良好行为习惯，塑造形象，扩大社会知名度。

【课堂活动4-8】在企业中，如何做到"以人为本"？

②重在领导。领导在组织文化塑造过程中发挥着核心作用，要树立"管理者首位"思想，领导要率先垂范。原因有以下三个方面：

组织领导是组织价值观的缔造者。组织文化在很大程度上表现为领导(群体)文化。从一定意义上说，组织文化是领导者理念的升华，领导是组织文化的倡导者、缔造者、推行者，不仅个人的理念要领先于他人，更重要的是能把领先的理念转化为组织的理念、组织的体制、组织的规则。

组织领导是观念转变的带头者。随着经济全球化，组织面临的环境迅速发生变化，组织领导必须克服惯性思维，把观念调整到适合市场经济和时代发展的高度上来。组织观念的转变带来组织机制的更新，组织领导要带领全体成员不断打破固有的僵化机制，在动态中追求开放的富有生机的新机制，组织文化随之更新。

组织领导是组织文化的实践者。组织领导是组织文化的龙头，领导的行为是无声的号召，对员工起着重要示范作用。组织领导只有自觉地实践组织文化，与组织成员分享，并号召大家学习践行，才能让组织成员感受到组织的亲和力、凝聚力、向心力，组织文化才能逐步完善、定型和深入。

③统一认识。强化员工认同感。一旦选择和确立组织价值观和组织文化模式之后，就应该把基本认可的方案通过一定的强化灌输方法使其深入人心，具体做法包括：充分利用一切宣传工具和手段，大张旗鼓地宣传组织文化的内容和要求，使之家喻户晓，人人皆知，以创造浓厚的环境氛围。

树立英雄人物。典型榜样和英雄人物是组织精神、组织文化的人格化身与形象缩影，能够以其特有的感染力、影响力和号召力为组织成员提供可以仿效的具体榜样；而组织成员也正是从英雄人物和典型榜样的精神风貌、价值追求、工作态度和言行表现之中深刻理解到组织文化的实质和意义；尤其是组织发展的关键时刻，组织成员总是以英雄人物的言行为尺度来决定自己的行为导向。

培训教育。有目的地培训与教育，能够使组织成员系统接受和认同组织所倡导的组织精神和组织文化。但是，培训教育的形式可以多种多样。

④系统运作。组织文化建设作为一项战略性、长期性的工作，是一项庞大的、复杂的系统工程。它的建设是一个渐进过程，必须运用系统论的方法，搞好整体设计，分步推进，层次落实。必须明确总体目标和阶段性目标，管理层应该做什么、如何做，实践层应该做什么、怎么做，只有上下努力同心，协调运作，才能把企业文化建设的任务落实到实际工作中去。

(2)组织文化建设的步骤。

①深入调查研究,提炼核心理念。选择正确的组织价值观是塑造组织文化的首要战略问题。选择组织价值观有两个前提:一是要立足于本组织的具体特点。不同的组织有不同的目的、环境、习惯和组成方式,由此构成千差万别的组织类型,因此必须准确地把握本组织的特点,选择适合自身发展的组织文化模式,否则就不会得到广大员工和社会公众的认同和理解。二是要把握住组织价值观与组织文化各要素之间的相互协调,因为各要素只有经过科学的组合与匹配才能实现系统整体优化。

②设计实施方案。设计实施方案是组织文化建设的重要内容,是组织文化建设落实的方法,方案的制订有利于组织文化建设全面、系统的落实。设计实施方案,领导应该高度重视,设计应周密系统,实施步骤具体,责任分工明确。

③制度渗透和建立制度。对组织现有的制度逐个分析,将企业的核心理念渗透其中。制度是整个企业对文化的一种规范,它也是企业管理的薄弱环节。将组织文化建设与人力资源管理相结合,规范培训制度和体系,丰富培训内容和层次,健全公司绩效考评管理制度,建立健全公司激励和约束机制。

④塑造组织形象,导入CI(企业形象识别)系统。CI系统由理念识别、行为识别和视觉识别三方面构成。CI设计系统是以企业定位或企业经营理念为核心的,对包括企业内部管理、对外关系活动、广告宣传以及其他以视觉和音响为手段的宣传活动在内的各个方面,进行组织化、系统化、统一性的综合设计,力求使企业各方面以一种统一的形态显现于社会大众面前,产生出良好的企业形象。

⑤定期论证和不断完善。组织文化建设是一个系统工程,要在企业经营过程中,根据发展的需要不断完善,要形成定期分析论证制度。吸收有关专家和员工的合理化意见,把经过科学论证和实践检验的组织精神、组织价值观等予以条理化、完善化、格式化,在加以必要的理论加工和文字处理,用精练的语言表述出来。

任务4.4 应对组织变革

4.4.1 认识组织变革

(1)组织变革的含义。组织的发展离不开组织变革,内外部环境的变化、组织资源的不断整合与变动都给组织带来了机遇与挑战,这就要求组织关注组织变革。

组织变革,是指组织根据自身功能和组织环境需要,运用科学管理理论和方法,有计划、有组织地整合组织要素,以期提高组织运作能力和组织效益的行为。变革是组织所面临的现实,是每个管理者工作中不可缺的部分,能否抓住时机顺利推进组织变革则成为衡量管理工作有效性的重要标志。

【管理故事4-4】

鱼和土虱

喜欢钓鱼者都晓得,把鱼钓上来超过个把小时,放在篓子里的鱼儿往往奄奄一息,所以有经验的钓鱼者经常在鱼篓里放一尾土虱,由于土虱生性喜欢攻击身边的鱼,鱼儿必须持续躲闪以免受攻击,即使经过数个小时,钓上来的鱼还是活蹦乱跳。

管理启示:为了增加组织的战斗活力、延续组织的生命力,领导者可以在组织中安排一些"土虱"。组织里一片和谐之声也不见得是一件好事,只有不断变革,才能保持组织成员的生存活力。

(2)组织变革的类型。

①激进式变革。激进式变革是通常会影响整个组织的变革。一旦成功实施变革,会得到非常显著的效果,组织内外都可明显受到其影响。激进式变革包括下面一些特点:

- 根本性。激进式变革会对整个组织产生重大影响,并能够改变组织的根本。例如,组织机构重组和组织流程再造都是能够使组织的产品和服务的发生根本性改变。

- 转变性。成功的激进式变革会转变人们的思维方式和行为方式。如果组织进行了重组,说明组织的部门设置必然改变,员工也必须随之建立新的工作关系和新的工作方式。

- 非连续性。激进式变革常常要求与旧工作方式断然决裂。生产或服务中的陈旧方式总会失去活力,而新的方法必定会取而代之。有时激进式变革发生在危机爆发之时,这时事物已经不能按照旧的方式运行。

- 自上而下。激进式变革通常是由高级管理层发动的。团队管理者要做的就是贯彻和实施影响到自己团队的那部分变革。当然,他们也要对整个组织的变革计划有所了解,以便在整体计划的精神指导下进行改革。

激进式变革应该具备充足正当的理由、目的明确并且以适当的方式进行,否则整个组织将会陷入危机中。

②渐进式变革。渐进式变革是持续进行的变革,不像激进式变革那样剧烈。与其说它是一种变革,不如说是演变更准确。比如,处理消费者投诉方法的改善、电子元件装配顺序的改进等等。这些渐进式变革影响着你,但是不会明显地改变整个组织。渐进式变革包括下面一些特点:

- 细微的。渐进式变革对组织整体的影响很小,常常只对组织的一部分进行影响,比如说某个团队。

- 变革是一个不间变革是一个不间式变革那样没有连续性。人们能够看到新的行为方式是怎样一步步从旧状态中转变而来的。实施渐进式变革的组织会积极地鼓励员工不断寻找更好的方法来提供服务或制造产品,这些组织始终处于不断的变革中。能够不断改进的组织被称为"学习型组织",因为他们全心投入、不断学习,通常都有详尽的发展计划。

• 自然发生、自下而上。渐进式变革通常是由那些做具体工作的人向上级提出的。由于渐进式变革着重对运营和操作过程进行改变,通常比激进式变革更容易进行。作为组织领导者,应该倡导和鼓励组织成员在工作中进行渐进式的变革。

进行渐进式变革时,需要确定每个小变革是否适当,也就是说变革应该有正当理由,有明确目的,有最佳的改进方法。

4.4.2 引发组织变革的原因

环境变化是导致组织结构变革的一个主要影响力量。环境作用于组织,对其管理活动及生产经营活动产生影响,同时,组织还可以作用于环境,可以改变甚至创造适应组织发展所需要的新环境。一般来说,引起组织变革的原因,包括来自组织外部的原因和来自组织本身即组织内部的原因。

(1)组织外部环境的变化。组织变革是适应外部环境变化而进行的,以改善和提高组织效能为根本目的的管理活动。外部环境的变化是企业组织变革的最大诱因。组织外部环境的变化包括组织的市场、资源、科技和社会等环境的变化,这些因素是管理者自身不能控制的,但如果不重视,往往会给组织带来毁灭性后果。以下是一些引发变革的外部因素:

①科学技术的进步。通信和信息技术的进步是引发变革的主要原因之一。例如,互联网的普及为网上购物、电子银行和全球化开辟了市场。

②市场环境变化。竞争者采取的新举措会带来变革。比如,竞争对手主动降低价格或改善服务,在市场竞争中占据优势地位,就会促使同样处于竞争地位的组织采取变革措施。一个组织要想立于不败之地就必须率先变革,否则会处于被动地位,丧失市场份额。计算机和移动电话等行业发展迅速,其组织文化的精髓就是不断变革。

③消费者需求的变化。消费者的需求或投诉也会成为引发变革的原因。例如,对绿色水果和绿色蔬菜的需求增加,就会引发相关产业的结构调整。

④人口统计学因素的影响。人口年龄结构的变化,如老年人的比例不断增长,会引发相应的需求,因此组织需要为了迎合他们的需求进行变革。

⑤全球化影响。很多公司开始在全球范围内开展业务,因此员工需要了解其他国家的文化背景并具有"国际头脑"。

(2)组织内部环境的变化。一些变革是由组织内部因素引起的。这些变革可能来自:

①管理战略的变化。企业在发展过程中需要不断地对其战略的形式和内容作出不

断的调整。新的战略一旦形成,组织结构就应该进行调整、变革,以适应新战略实施的需要。结构追随战略,战略的变化必然带来组织结构的更新。

②技术条件的变化。技术以及技术设备的水平,不仅影响组织活动的效果和效率,而且会对组织的职务设置与部门划分、部门间的关系,以及组织结构的形式和总体特征等产生相当程度的影响。如企业实行技术改造,引进新的设备要求技术服务部门的加强以及技术、生产、营销等部门的调整。

③组织规模和成长阶段。伴随着组织的发展,组织活动的内容会日趋复杂,人数会逐渐增多,活动的规模和范围会越来越大,这样,组织结构也必须随之调整,才能适应成长后的组织的新情况。组织变革伴随着企业成长的各个时期,不同成长阶段要求不同的组织模式与之相适应。

管理者如果不能在组织步入新的发展阶段之际及时地、有针对性地变革其组织设计,那就容易引发组织发展的危机。这种危机的有效解决,必须依靠组织结构的变更。

【知识链接4-4】

组织生命周期理论

组织生命周期即组织成长阶段。1972年,格林纳(Greiner)提出了组织成长与发展的五阶段(后补到六个阶段)。格林纳认为,组织像任何有机体一样存在生命周期,企业发展壮大的历程要经过不同的发展阶段。一个组织的成长大致可以分为创业、集合、规范化、成熟、再发展或衰退五个阶段。每个阶段的组织结构、领导方式、管理体制、员工心态都有其特点。每一阶段最后都面临某种危机和管理问题,都要采用一定的管理策略解决这些危机以达到成长的目的。

(1)创业阶段。这一阶段是组织诞生初期,规模小,人心齐,关系简单,一切由创业者决策指挥。企业能否生存发展完全取决于高层管理者的素质和能力,企业组织结构相当不正规,对协调的需要还很低,因创业者一般是“业务型”,不擅管理,于是到了这个阶段的后期,一场领导力危机引发第一次组织变革,标志着第一阶段的结束。

(2)指令阶段。企业进入持续成长期,这一阶段是企业的青年时期,企业人员增多,组织不断扩大,职工情绪饱满,对组织有较强的归属感。为了整顿正陷入混乱状态的组织,必须确立发展目标,以铁腕作风与集权的管理方式来指挥各级管理者,这就是“成长经由命令”。在这种管理方式下,中下层因为事事听命于上级而感到不满,要求获得自主决定权,自主权危机引发第二次组织变革,标志着第二阶段的结束。

(3)授权阶段。分权型组织结构引发组织又进入了一个成长期,随着企业经营范围的扩大,由职能机构引起的问题增多,日久则使高层主管感到由于采取过分分权与自主管理,使组织陷入了控制危机,当管理层试图重新控制整个公司时,新的剧变又开始了,第三阶段结束了。

(4)协调与监督阶段。这个时期是企业的成熟阶段,高层主管加强监督,强化各部门间的协调、配合,加强整体规划,建立管理信息系统,成立委员会组织,或实行矩阵式组织。至此,许多规章制度、工作程序和手续逐渐形成了官样文章,文牍主义盛行,产生了官僚主义危机或硬化危机。虽然企业获得了成长,却又使组织陷入了一场官僚危机,新的变革又开始了,第四阶段结束了。

(5)协作阶段。组织进入新的成长阶段,这个阶段也叫成熟后的阶段,组织的发展前景既可以通过组织变革与创新重新获得再发展,也可以更趋向成熟、稳定,也可能由于不适应环境的变化而走向衰退。为了避免过分依赖正式规章制度和刻板的手续所形成的文牍主义,必须通过团队合作与自我控制以达到协调配合的目的。另外,要进一步增加组织的弹性,采取新的变革措施,如精简机构、开拓新的经营项目、更换高级管理人员等。这一阶段最终结束于组织的又一次内部成长危机。

(6)外部组织解决方案阶段。通过并购、持股及组织网络等外部手段实现组织成长。

4.4.3 组织变革的内容

组织变革具有互动性和系统性,任何一个因素的变革都会带来其他因素的变化,各阶段由于环境不同,变革的内容和侧重点也有不同。综合而言,组织变革过程的主要变量因素包括人员、结构、技术、战略和产品或服务等。

(1)组织结构变革。以组织结构为重点的变革。即通过改革组织结构来实现组织的变革。所谓改革组织结构,一般包括划分或合并新的部门、改变职位及其权责范围、协调各部门之间的关系、调整管理幅度和管理层次、下放部分自主权等。

(2)技术变革。以任务和技术为重点的变革。主要是指对组织各部门、各层次工作任务进行重新组合,改革原有的工作流程,更新企业的生产设备,采用新工艺、新方法,进行技术革新挖潜,实行控制技术和生产进度等一套新的管理技术,从而提高生产效率和产品质量,实现组织变革的目的。

(3)人员与文化变革。以人和组织文化为重点的变革。这是实现所有变革的基础。人员的变革是指员工在态度、技能、期望、认知和行为上的改变。无论是组织结构的变革,还是任务和技术的变革,都离不开人的重要作用,都是通过改革职工的观念和态度而实现的。

(4)战略变革。以组织战略为重点的变革。战略变革是一个自上而下的整体性规划过程,包括设计组织的宗旨、经营方向、经营方针和范围的调整等问题。

(5)产品或服务变革。以组织的产品或服务产出为重点的变革。在全球经济迅猛发展的过程中,产品生命周期越来越短,顾客需求也越来越多样化和个性化,企业需要根据竞争激烈、复杂多变的市场环境进行产品或服务的变革。

4.4.4 面对变革的不同反应

变革的关键是人。无论面对何种变革,要想获得成功都需要得到各方支持,这包括团队内部的合作和组织其他部门的协作,但团队领导很难判断一个人对变革的态度。面对变革,组织成员的反应不外乎以下四种:

(1)领导者。赞同并倾尽全力实施变革。团队领导自己要担当起这一角色,同时领导可能还会发现组织中也有这种"领导者"的反应成员,鼓励他们。

(2)伪装者。同意变革,但不会为此付出努力。设法找出这些人不肯尽力的原因,因为领导需要得到尽可能多的鼎力相助。

(3)追随者。并不真正认同但会尽力推动变革,因为他们信任变革的领导者。一定要得到追随者的信任,并让他们看到变革的光明前景。

(4)反对者。抵制变革、消极怠工,甚至私下破坏变革。努力找出反对者的抵制原因,并消除他们的疑虑。

4.4.5 组织变革的障碍和阻力

组织变革不是一帆风顺的,常常会碰到许多障碍和阻力。产生这种阻力的原因既有传统价值观念和组织惯性,也有对变革不确定后的担忧,主要表现在两个方面:

(1)个人对变革的阻力。个体对待组织变革的阻力,主要是因为其固有的工作和行为习惯难以改变、安全需要、经济收入变化、对未知状态的恐惧以及对变革的认识存有偏差等。

①职业心向对变革的障碍。经常性的工作和长期从事的职业,容易使员工形成心理上的准备状态(即定式),称为职业心向。职业心向对常规性的工作起积极作用,可以大大提高工作效率;对变革和变通性的工作来说,职业心向起消极作用,会大大降低生产和工作效率。

②组织成员在个人利益和整体利益上难以取舍。一些领导或员工只顾个人利益和短期利益,盲目抵制变革,使得组织变革难以有效实施。

③员工不了解变革,对变革的发动者缺乏信心。员工对变革后果不确定,往往会对变革产生猜疑甚至抵制。

上述各种阻力可能形成人们对改革的认知障碍(对改革和改革趋势缺乏正确认识和理解)、感情障碍(对变革和变革者抱敌视或抵触情绪)、意向障碍(对变革持反对行为,背离改革要求),从而对变革造成较大的危害。

(2)组织对变革的阻力。

①组织结构的障碍。任何一种新的想法和对资源的新用法,都会触犯组织的某些

权力,所以往往会受到抵制。典型的等级制组织结构,强调信息从高层流向基层,职工只能按特定渠道来获取信息,只反馈工作的积极信息,对实际存在的问题和应该采取的变革方法避而不谈。这实际是封锁消息抵制变革。

②资本(或资金)的限制。许多企业常常由于资金的局限性而不得不维持现状。如果能够得到可用的资源,则企业是愿意通过变革来渡过难关的。

③经济亏损造成处境困难。无论是国内外,无论是资本不足还是资本雄厚的企业,经常由于亏损而处境艰难,而使变革受挫或不能变革。

④社会经济环境问题造成的障碍。良好的社会经济环境是企业改革的动力,不良的经济环境是企业改革的阻力和破坏因素。

4.4.6 应对组织变革的举措

(1)组织成员层面。当阻力来自组织成员,组织成员可能会反对变革、阻挠变革甚至对抗变革。可以采取以下方法减少变革阻力,见表 4-4。

表 4-4 减少变革阻力的方法

方法	何时使用	优点	缺点
教育和沟通	阻力源自信息失真时	消除误会	双方缺乏信任时可能失败
参与	反对者有技术能为组织做出贡献时	提高参与程度及接受程度	耗费时间,可能采取下下策
促进与支持	反对者害怕并焦虑不安时	可以促进所需要的调整	花费较大,没有成功的把握
谈判	阻力来自权力集团时	可以收买人心	潜在成本高,也会面临来自其他人的压力
操纵与合作	需要一个权力集团的支持时	成本不高,便于得到支持	可能后院起火,会导致变革推动者丧失信誉
强制	需要一个权力集团的支持时	成本不高,便于得到支持	可能是非法的;可能有损变革推动者的信誉

①教育与沟通。可以通过让员工了解变革努力的合理性来减少变革的阻力。当然,这一方法是假定大部分阻力源自信息失真或者沟通不善。

②参与。让那些直接受到变革影响的成员参加决策的制定过程,并允许他们表达自己的感受,以提高决策过程的质量,增加员工对最终决策的责任感。

③促进和支持。帮助员工处理因变革而带来的忧虑和焦急。这种帮助包括向员工提供咨询、新技能培训以及提供短暂的带薪休假。

④谈判。通过讨价还价,交换某种有价值的东西达成一种协议以减少变革的阻力。当变革的阻力来自某一权力集团时,这一方法尤为适用。

⑤操纵和合作。操纵和合作指的是努力施加影响促进变革,如有意扭曲或歪曲事

实而使变革显得更具有吸引力。

⑥强制。强制也可用于应付变革的阻力,如对反对者使用直接威胁或暴力。

(2)组织变革领导层面。

①大胆起用年富力强、具有开拓精神的经理人才。实行管理人员特别是领导人员的聘任制、任期制和退休制,把具有开拓精神、支持变革的年轻人员提拔到各级领导岗位上来;采取各种措施,吸收年老的富有经验的经理人员参加组织变革工作。例如,聘其担任顾问、参加有关的委员会、充当“智囊团”成员等形式,化阻力为动力。

②培植组织具有开拓精神的精神领袖。要进行变革,领导就需要具有更高的领导才能,并有较强的管理资源的能力,同时变革领导者也要勇于冒险。变革领导者要具备以下素质:

- 开放的思维。变革领导者需要有开放的思维,能够接受新的想法、不同的观点和可能的解决办法。要让其他人做出变革,先要在很多方面改变自己。找出其他人真正思考和相信的事;站在别人的立场看变革的利与弊;少说多听;对变革持开放态度。
- 具有灵活性。灵活地对待不断变换的环境、人们的观点和领导别人的方式。
- 能够激励他人。需要有正义感,热情、乐观,有时还要有激情。
- 能够影响他人。包括通过树立榜样引导他人、通过倾听他人的想法和互换立场考虑得失以及接受意见等,建立自己与团队成员和关系人间的信任关系。
- 具有坚强的毅力。即使在矛盾重重、无路可走的艰难时刻,仍要继续坚持。
- 给予支持的能力。能够预见人们的不同反应并了解人们应对变革的周期。要帮助人们顺利度过变革。
- 沟通交流技能。沟通要及早、清晰、时常、真诚,同时需要积极倾听他人观点;提出问题与人们讨论,引出信息并对他们的观点提出质疑;提倡、宣扬团队和关系人对变革的支持。
- 处理危机的能力。在变革过程中,不可避免地会面临并处理冲突和难题。
- 终身学习的能力。终身学习包括广泛接受新思想、新办法,并愿意进行学习。

4.4.7 组织变革的过程

每次变革参与的人不同,所处的环境也不尽相同,变革是没有惯例可以遵循的。变革过程分为六个阶段:

(1)确定变革目标。假如人们已经明确意识到工作中需要变革,其理由无外乎如下几条:整个组织正在进行一次激进式变革,消费者的要求、新的目标、工作中出现问题或其他部门的要求,一旦有了变革的需求,就要清晰地描绘出变革的蓝图,确定变革的目标。组织用这个目标来赢得支持者和捍卫者,因此一定要使之清楚易懂。按照变革规模的大小,可将目标表现为愿景、目的和目标。

①愿景。愿景可以表现为一个简短的句子，能迅速地呈现出变革成功后的完美景象。愿景是直接的、鼓舞人心的。对激进式变革有效的愿景应该是：可想象的、令人向往的、可行的、有重点的、弹性的和可交流的。

②目的和目标。制定的目的和目标应该有以下特点：具体的、可测量的、可实现的、实际的和有时间限制的。

(2)分析影响变革力量。确定了变革的目的后，就需要找出什么力量将能帮助变革，什么力量会阻止变革的进行。影响变革的力量有两种：

①驱动力量。驱动力量包括引发变革的原因充分、人们对变革认可、变革具有明显好处、资源充足、当前遇到了问题等。这些力量是积极、合理、合乎逻辑和能够被意识到的。

②阻碍力量。阻碍力量包括团队、顾客、同事、管理层及个人的反对，缺乏变革的资源，不欢迎变革的组织文化等。

分析影响变革的力量时，还需要认真考虑驱动力量和阻碍力量。对于激进式变革，需要从组织外部和内部广泛地搜寻各种影响力量。识别两种力量后，就要想办法影响它们，使之推动变革的进行。也就是说，要加强动力，减弱阻力。但是要注意：物极必反，不要过分地强化动力，否则可能适得其反。

(3)预见反应。只有预见团队成员和关系人的反应，才可以减少反抗并帮助人们顺利渡过应对周期。

(4)赢得支持与参与。只有得到成员的支持，变革才能顺利进行。变革中组织领导需要尽量得到关系人和组织成员的支持，以推动变革的发展。在一些变革中，团队领导还必须获得强势人物的支持，如经理或主管资源的人。赢得支持与参与的秘诀有：

①明确变革目标，展示变革的理由和利益(描绘变革成功后的美好景象和变革所期待的结果)；

②预见反应和反抗，准备好应对的方法；

③为每个关系人列出利益清单；

④关系人从不同的角度看待变革，需要告诉他们变革为其带来的诸多利益；

⑤接受反馈，进行商讨，确定变革的最佳时间；

⑥让团队成员参与变革的计划过程；

⑦让每个人了解计划；

⑧直面反抗；

⑨对变革充满热情。

(5)变革的三个阶段。组织变革是一个过程。心理学家库尔特·勒温从变革的一般特征出发，总结出组织变革过程的三个基本阶段，得到广泛认可，如图 4－12 所示。

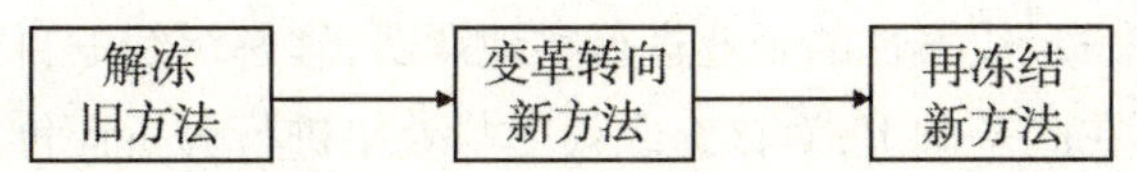

图 4－12　变革的三阶段模型

①解冻阶段。第一阶段是改革前心理准备阶段，中心任务是激励员工改革的动机。要动摇人们的习惯性思维和行为方式，让他们意识到变革的必要性。首先要展示变革的目标和益处，然后与人交流并使其融入变革。这样可以帮助人们改变习惯和放下顾虑。

②变革阶段。第二阶段是改革过程中行为转换阶段，在此阶段让人们进入理想中的新状态，在这一阶段，人们必须转变他们的思想和态度。这个阶段也包括确定新的工作方式，如制定新的策略、系统和程序。这可能像排一个新的值班表那样简单，也可能像重组组织那样复杂。

③再冻结阶段。第三阶段是改革后的行为强化阶段，需要使组织成员能够坚持新的工作方法，以免人们再回到过去的老习惯中去。但在持续变革的组织中，再冻结这一想法值得商榷，因为下一个变革即将到来。另一种替代再冻结的方法就是对变革进行回顾和总结。

(6)实施、监控和核查。如果分析了影响变革的力量、预见了变革反应、获得了员工支持与参与并准备了现实的计划执行方案，变革就会比较顺利地进行。但是，再好的计划也难免出现意外，因此，在变革的过程中，要不断地修正自己的计划，特别是在大规模的变革中，更需要如此。所以，在变革进行时我们要注意以下几点：

①在前进中改进。如果在变革实施过程中遇到困难，组织领导一定要在团队其他成员的帮助下，战胜困难，在变革和改进中前进。

②监控变革的进展。团队领导需要设计一种方法来监控变革的进展，即检查变革目标的完成情况。因此要有可测量的变革目标，如消费者投诉率降低了 10%，这是否意味着变革有效呢？也有一些目标是模糊的，如目标是增加操作员对新软件的信心，就要想办法核查他们的信心水平。

③巩固。为了防止人们恢复旧的工作方式，组织领导需要想好如何巩固变革。如可以进一步强调变革的原因并核查新系统的使用状况。在激进式变革过程中，总是存在自满的危险情绪。

【任务实施】

工作任务 4　对组织实地调研

【实训目的】

通过对你熟悉的某一组织的调查，初步了解该组织的愿景、组织的目的或目标、组织结构、组织文化及组织变革等，为后续项目任务实施做好知识和技能储备。

【任务内容】

选择本地具有一定代表性的企业进行实地调研，理解组织的目标、组织结构的运行效果、组织文化等，在此基础上，对该组织效率与效果进行分析评价，如果组织不能有效实现组织目标，组织是否需要变革。

【任务要求】

1.将学生分组，以6—8人为一组，各组选出一名负责人，组内分工合作完成任务。

2.各组分任务进行实地调研，做好记录工作。

3.检查工作过程及成果，对此次调研过程进行回顾整理和总结，并写出调研报告。

4.负责人以PPT形式汇报调研报告。调研报告应包含以下内容：

(1)组织的目标；

(2)组织结构类型及优缺点；

(3)组织的文化及组织文化发挥的功能；

(4)组织的运行效果；

(5)组织当前是否需要变革，如何变革。

5.PPT汇报时间为20 min。

【任务评价】

根据列出的评价标准及分值，对**"工作任务4　对组织实地调研"**要检查的内容进行评价，判断是否已达到项目4列出的知识目标与技能目标。

评价方式采取过程评价和结果评价两种方式，老师评价和小组内部成员互相评价相结合。过程评价和结果评价综合得分为学生的此工作任务得分。在工作任务实施时，要事先确定好两个比重：一是任务过程评分和任务成果评分占总得分的比重；二是老师评分和小组评分占总得分的比重。

任务过程评价表见表4-5。

表4-5　任务过程评价

被考核人			任务评价总得分	
检查内容	评价标准	分值	老师评价得分（　%）	小组评价得分（　%）
分工是否合理				
能否快速进入角色				
是否全员参与				
团队是否协作				
态度是否认真				
合　计				

任务成果评价见表4-6。

表 4-6　任务成果评价

被考核人		任务评价总得分		
检查内容	评价标准	分值	老师评价得分（　%）	小组评价得分（　%）
调研报告	确定组织目标是否准确			
	确定的组织结构类型及其优缺点是否准确			
	确定的组织文化是否全面，评判组织文化发挥的功能是否准确			
	判断的管理者的管理效率与效果是否正确			
	判断组织当前是否需要变革、变革是否得当			
PPT 汇报	仪态仪表是否规范			
	语言表达是否流畅			
	思维逻辑是否清晰			
	PPT 制作情况			
时间	在规定时间内是否完成			
合　计				

任务总评价见表 4-7。

表 4-7　任务总评价

被考核人		工作任务总得分	
工作任务	对组织实地调研		
	权重前得分	权重后得分	
任务过程评价（　　%）			
任务成果评价（　　%）			
备　　注			

【项目小结】

根据企业管理活动顺序，本项目是第四个项目。通过本项目的学习，你应该能够体会：

组织是指人们为实现一定的目标，按照一定形式组成的集体或团体。

目标是组织存在的前提，分工是组织管理的根本方法，组织是由人组成的社会实体，环境与组织密切联系。

组织工作的重点是组织结构的设计和变革、组织关系的明确与协调；建立分工合理、协作关系明确的组织结构体系是贯彻落实计划工作的基础；进行合理的权力配置的目的在于有效聚集各组织成员的力量，以实现共同目标。

组织文化是组织生存和发展的灵魂和精神支柱。共同价值观是组织文化的核心，以人为主体的人本文化是组织文化的中心，增强群体凝聚力是组织文化的重要任务，软性管理是组织文化的主要管理方式。优秀的组织文化必须体现到行动上。

组织变革是由多种因素相互作用的综合结果。这是任何组织都不可回避的问题，而能否抓住时机顺利推进组织变革则成为衡量管理工作有效性的重要标志。

本项目围绕**“组织职能”**设计了各环节的基本知识，设置了**知识目标**、**技能目标**、**任务导入**、**任务知识**、**任务实施**、**项目小结**、**项目测试**、**课堂活动**、**管理故事**等栏目，体现了对重要知识的重组。

本项目进程以**任务导入**开始，以**项目测试**结束，希望读者在完成各分项任务之后，能够及时进行自我的过程性评价。

完成本项目将为学习**“项目5　领导职能”**奠定良好的基础。

【项目测试】

一、单项选择题

1.摩西带领以色列人走出埃及时，几千人都直接受他领导，因此他非常忙，以至于睡觉的时间都不多，他的岳父建议他把十个人分为一组，十个组组成一小队，十个小队为一个大队，只有大队长才直接被他领导，现在摩西既能工作好，又有休息时间。请问：这主要应用了管理的(　　)原则。

A.统一指挥原则　　B.分权原则　　C.控制幅度原则　　D.分工原则

2.如果你是一位公司的总经理，当你发现公司中存在许多小团体时，你的态度应该是(　　)。

A.予以取缔　　B.提出警告　　C.听之任之　　D.积极引导

3.某企业在成立之时根据业务活动的相似性设立了生产、营销、财力等各个管理部门，近年来，随着企业的发展壮大，产品由原来的单一品种发展出三个大的品种，它们的制造工艺和用户特点有很大不同，因此各个部门的主管都感觉到管理上有诸多不便。在这种情况下，企业应当进行如下哪种组织结构调整？(　　)

A.按职能标准划分部门　　B.按产品划分部门

C.按地区划分部门　　D.设立矩阵组织

4.某公司总经理把一项物资采购工作授权给采购部经理完成，结果采购出现差错，给公司造成巨大损失。如下(　　)说法是正确的。

A.总经理和采购经理都对损失负有责任

B.总经理对损失有责任

C.采购经理对损失没有责任

D.只有采购经理对损失负有责任

5.确定合理的管理幅度是组织设计的一项重要内容,下列说法正确的是( )。

A.管理幅度越窄,越易控制,管理人员的费用也越低

B.管理幅度越宽,组织层次越少,但管理人员的费用会大幅度上升

C.管理幅度的确定并不是对任何组织都普遍重要的问题

D.不同的管理者能力、下属素质、工作性质等因素将决定管理幅度

6.组织的( )是一种意识形态上的深层组织文化,也是组织文化的核心和主体。

A.物质文化 B.精神文化 C.制度文化 D.行为文化

7.下面四种情形中,最能体现集权的组织形式的是( )。

A.公司总经理电话通知销售部经理:把这批产品尽快发到深圳可龙公司,我刚刚与他们联系好。

B.面对激烈的竞争市场,总经理在高层管理会议上讲到:截至昨天,我全面审查了各部门上个月的工作情况,发现生产和销售都没能完成当月指标;而其他部门也出现各种各样的问题。现在,我命令每个部门必须严格按照公司规定的各项指标开展工作。凡是上个月没完成任务的部门,礼拜五必须拿出整改方案。

C.陈经理是一个严肃认真的人,员工很难看到他露出笑容。员工一旦出现差错总会受到严厉的批评。因此,员工都感觉到公司的气氛非常紧张,有些员工甚至因此而退出了公司。

D.总经理每天在上班开始之前,都微笑地在公司大门迎接员工的到来;每逢员工过生日,他也总要亲自向员工本人道一声:“生日快乐!”

8.“听着!如果不是我们把产品生产出来,咱们这组织就什么都没有。”生产部经理说道。“你错了!”产品开发部经理打断他,“如果我们不开发出产品,那才是什么也没有!”销售部经理立即嚷道:“开发也好,生产也好,没有我们把产品卖出去,咱们这组织也就该关门了!”财务经理最后气愤地说:“你们都有理,可是如果不是我们记好账,管好钱,咱组织这点儿家底早就没了。”这是职能型结构弊病的典型表现。职能型结构的优点是( )。

A.有利于培养管理者 B.结构简单,上下级关系清楚

C.专业划分上有利于发挥专家的作用 D.决策迅速

9.勒温认为组织变革的过程包括三个阶段:解冻、变革和( )。

A.再冻结 B.激励 C.管理 D.目标

10.人们发现,对一些历史悠久的组织进行变革所遇到的阻力比在历史不长的组织中遇到的大得多,其程度有时甚至超乎人们的想象。你认为最根本的原因是( )。

A.历史悠久的组织往往规模比较大,因而问题多,情况复杂,不太容易进行变革

B.习惯势力的作用

C.历史悠久的公司的社会影响较大,所以一般不敢轻举妄动

D.以上A,B,C三条都是

二、多项选择题

11.影响有效管理幅度的因素主要有(　　)。

A.管理者工作内容　　B.管理者的工作能力

C.被管理者的工作能力　　D.环境变化

12.矩阵组织的缺点有(　　)。

A.稳定性较差　　B.多头领导　　C.适应性不强　　D.灵活性不够

E.部门之间难以协调

13.组织变革主要表现在(　　)。

A.战略变革　　B.技术变革　　C.文化变革　　D.人员变革

E.结构变革

14.组织结构设计的原则包括(　　)。

A.目标一致性原则　　B.分工与协作原则

C.责权利对等原则　　D.统一指挥原则

15.组织文化的结构包括(　　)。

A.物质文化　　B.制度文化　　C.精神文化　　D.科技文化

16.张教授到某企业进行管理咨询,该企业总经理热情地接待张教授并介绍公司的具体情况,才说了15分钟,就被人叫了出去,10分钟后回来继续,不到15分钟,又被叫出去。这样,整个下午3个小时总经理一共被叫出去10次之多,使得企业情况介绍时断时续。这说明(　　)。

A.总经理不重视管理咨询　　B.企业可能这几天遇到了紧急情况

C.总经理可能过度集权　　D.该企业没有集权和分权的关系

17.下列关于直线职能制的说法正确的(　　)。

A.不能保证统一指挥　　B.不重视横向沟通

C.管理成本高　　D.组织也具有较高的稳定性

18.下列关于事业部制的说法正确的有(　　)。

A.集中决策,分散经营　　B.适应性、稳定性较强

C.职能机构重叠,管理成本较高　　D.实行独立经营

19.当代组织结构变革的趋势有(　　)。

A.管理层次复杂化　　B.组织结构扁平化

C.管理幅度增大　　D.高耸型组织结构更受欢迎

20.非正式组织满足的需要类型可能是(　　)。

A.生理需要　　B.社交需要　　C.自尊需要　　D.安全需要

三、案例分析题

案例1:松下精神

松下电器公司是全世界有名的电器公司,松下幸之助是该公司的创办人。松下是日本第一家用文字明确表达企业精神或精神价值观的企业。松下精神,是松下及其公司获得成功的重要因素。

1.松下精神的形成和内容

松下精神并不是公司创办之日一下子产生的,它的形成有一个过程。松下有两个纪念日:一个是1918年3月7日,这天松下幸之助和他的夫人、他的内弟一起,开始制造电器双插座;另一个是1932年5月,他开始理解到自己的创业使命,所以把这一年称为“创业使命第一年”,并定为正式的“创业纪念日”。两个纪念日表明,松下公司的经营观、思想方法是在创办企业后的一段时间才形成。直到1932年5月,在第一次创业纪念仪式上,松下电器公司确认了自己的使命与目标,并以此激发职工奋斗的热情与干劲。

松下幸之助认为,人在思想意志方面有容易动摇的弱点。为了使松下人为公司的使命和目标而奋斗的热情与干劲能持续下去,应制定一些戒条,以时时提醒和警戒自己。于是,松下电器公司首先于1933年7月,制定并颁布了“五条精神”,其后在1937年又议定附加了两条,形成了松下七条精神:产业报国的精神、光明正大的精神、团结一致的精神、奋斗向上的精神、礼仪谦让的精神、适应形势的精神、感恩报德的精神。

2.松下精神的教育训练

松下电器公司非常重视对员工进行精神价值观即松下精神的教育训练,教育训练的方式可以做如下概括:

一是反复诵读和领会。松下幸之助相信,让职工反复诵读和领会公司的目标、使命、精神和文化,是把它铭记在心的有效方法,所以每天上午8时松下遍布日本的87000名员工同时诵读松下七条精神,一起唱公司歌,其用意在于让全体职工时刻牢记公司的目标和使命,时时鞭策自己,使松下精神持久地发扬下去。

二是所有工作团体成员,每一个人每隔1个月至少要在他所属的团体中进行一次10分钟的演讲,说明公司的精神和公司与社会的关系。松下认为,说服别人是说服自己最有效的办法。在解释松下精神时,松下有一句名言:如果你犯了一个诚实的错误,公司非常宽大,把错误当做训练费用,从中学习,但你如果违反公司的基本原则,就会受到了严重的处罚——解雇。

三是隆重举行新产品的出厂仪式。松下认为,当集团完成一项重大任务的时候,每个集团成员都会感到兴奋不已,因为从中他们可以看到自身存在的价值,而这时便是对他们进行团结一致教育的良好时机。所以,每年正月松下电器公司都要隆重举行新产品的出厂庆祝仪式。松下相信,这样的活动有利于发扬松下精神,统一职工的意志和步伐。

四是"入社"教育。进入松下公司的人都要经过严格的筛选,然后由人事部门开始进行公司的"入社"教育,首先要郑重其事地诵读、背诵松下宗旨、松下精神,学习公司创办人松下幸之助的"语录",学唱松下公司之歌,参加公司创业史"展览"。为了增强员工的适应性,也为了使他们在实际工作中体验松下精神,新员工往往被轮换分派到许多不同性质的岗位上工作,所有专业人员都要从基层做起,每个人至少用3-6个月时间在装配线或零售店工作。

五是管理人员的教育指导。松下幸之助常说:"领导者应当给自己的部下以指导和教诲,这是每个领导者不可推卸的职责和义务,也是在培养人才方面的重要工作之一。"与众不同的是,松下有自己的"哲学"并且十分重视这种"哲学"的作用。松下哲学既为松下精神奠定思想基础,又不断丰富松下精神的内容。按照松下的哲学,企业经营的问题归根到底是人的问题,人是最为尊贵的人,人如同宝石的原矿石一样,经过磨制,一定会成为发光的玉石。每个人都具有优秀的素质,要从平凡人身上发掘不平凡的品质。

六是自我教育。松下公司强调,为了充分调动人的积极性,经营者要具备对他人的信赖。公司应该做的事情很多,首要一条则是经营者要给职工以信赖,人在被充分信任的情况下才能勤奋地工作。从这样的认识出发,公司把在职工中培育松下精神的基点放在自我教育上,认为教育只有通过受教育者的主动努力才能取得成效。上司要求下属根据松下精神自我剖析,确定目标。每个松下人必须提出并回答这样的问题:"我有什么缺点?""我在学习什么?""我真正想做什么?"等等,从而设置自己的目标,拟订自我发展计划。有了自我教育的强烈愿望和具体计划,职工就能在工作中自我激励,思考如何创新,在空余时间自我反省,自觉学习。为了便于互相启发,互相学习,公司成立了研究俱乐部、学习俱乐部、读书会、领导会等业余学习组织。在这些组织中,人们可以无拘无束地交流学习体会和工作经验,互相启发、互相激励奋发向上。

3.松下精神——公司的内在力量

日本1984年的经济白皮书写道:"在当前政府为建立日本产业所做的努力中,应该把哪些条件列为首要的呢?可能既不是资本,也不是法律和规章,因为这二者本身都是死的东西,是完全无效的。使资本和法规运转起来的是精神……因此,如果就有效性来确定这三个因素的分量,则精神应占十分之五,法规占十分之四,而资本只占十分之一。"

根据以上案例,回答第21-22题:

21.松下公司的企业文化给我们带来哪些启发?

22.根据案例,试分析企业文化与组织行为之间的关系。

案例2:通用电气公司的组织变革

美国通用电气公司是世界上最大的电器和电子设备制造公司,它的产值占美国电工行业全部产值的1/4左右。这家公司的电工产品技术比较成熟,产品品种繁多,据称有25万多种品种规格。闻名于世的可载原子弹和氢弹头的阿特拉斯火箭、雷神号火箭就是这家公司生产的。

这家电气公司是由老摩根在1892年出资把爱迪生通用电气公司、汤姆逊·豪斯登国际电气公司等合并组成。通用电气公司在创立后的80多年中,以各种方式吞并了国内外许多组织,获得了许多组织的股份,1939年美国国内所辖工厂只有三十几家,到1947年就增加到125家,1976年底在美国国内35个州共拥有224家制造厂。在国外,它逐步合并了意大利、法国、德国、比利时、瑞士、英国、西班牙等国的电工组织。1972年该公司在国外的子公司计有:欧洲33家、加拿大10家、拉丁美洲24家、亚洲11家、澳大利亚3家、非洲1家。到1976年底,它在24个国家共拥有113家制造厂,成为一个庞大的跨国公司。

1.不断改革管理体制

由于通用电气公司经营多样化,品种规格繁杂,市场竞争激烈,它在组织管理方面也积极从事改革。20世纪50年代初,该公司就完全采用了"分权的事业部制"。当时,整个公司一共分为20个事业部。每个事业部各自独立经营,单独核算。1963年,当波契(Boych)接任董事长时,公司的组织机构共计分为5个集团组、25个分部和110个部门。当时公司销售正处于停滞时期,五年内销售额大约只有50亿美元。到1967年以后,公司的经营业务增长迅速,几乎每一个集团组的销售额都达16亿美元。波契认为业务扩大之后,原有的组织机构已不能适应。于是把5个集团组扩充到10个、25个分部扩充到50个、110个部门扩充到170个。他还改组了领导机构的成员,指派了8个新的集团总经理、33个分部经理和100个新的部门领导。同时还成立了由5人组成的董事会,他们的职责是监督整个公司,并为公司制定比较长期的基本战略。

2.新措施——战略事业单位

20世纪60年代末,通用电气公司在市场上遇到威斯汀豪斯电气公司的激烈竞争,公司财政一直在赤字上摇摆。公司的最高领导为力挽危局,于1971年在组织管理体制上采取了一种新的战略性措施,即在事业部内设立"战略事业单位"。这种"战略事业单位"是独立的组织部门,可以在事业部内有选择地对某些产品进行单独管理,以便事业部能够将人力物力机动有效地集中分配使用,对各种产品、销售、设备和组织编制出严密的有预见性的战略计划。这种"战略事业单位"可以和集团组相平,也可以相当于分部的水平,例如医疗系统、装置组成部分和化学与冶金等;还有些是相当于部门的水平如碳化钨工具和工程用塑料。通用电气公司的领导集团很重视建立"战略事业单位",认为它是"十分有意义的步骤",对公司的发展是一个"重要的途径"。1971年,该公司在销售额和利润额方面都创造了纪录。从该公司20世纪60年代到70年代中迅速发展的情况看,这项措施确实起了不少作用:从1966年到1976年的11年中,通用电气公司的销售额增长了一倍,由71.77亿美元增加到156.97亿美元;纯利润由3.39亿美元增加到9.31亿美元;同时期内的固定资产总额由27.57亿美元上升到69.55亿美元。

3.重新集权化——执行部制

20世纪70年代中期,美国经济又出现停滞,1972年接任通用电气公司董事长的琼斯(Jones),担心到20世纪80年代可能会出现比较长期的经济不景气,于是1977年底他进一步改组公司的管理体制,从1978年1月实行"执行部制",也就是"超事业部制"。这种体制就是在各个事业部上再建立一些"超事业部",来统辖和协调各事业部的活动,也就是在事业部的上面又多了一级管理。这样,既可以使最高领导机构减轻日常事务工作,便于集中力量掌握有关组织发展的决策性战略计划,又增强了组织的灵活性。在改组后的体制中,董事长琼斯和两名副董事长组成最高领导机构执行局,专管长期战略计划,负责和政府打交道以及研究税制等问题。执行局下面设5个"执行部"(即"超事业部",包括消费类产品服务执行部、工业产品零件执行部、电力设备执行部、国际执行部、技术设备材料执行部),每个执行部由一名副总经理负责。执行部下共设有9个总部(集团)、50个事业部、49个战略事业单位。各事业部的日常事务以至有关市场、产品、技术、顾客等方面的战略决策,以前都必须向公司最高领导机构报告,而现在则分别向各执行部报告就行了。这5个执行部加上其他国际公司,分别由两位副董事长领导。此外,财务、人事和法律3个参谋部门直接由董事长领导。

4.建立网络系统

通用电气公司在组织管理中广泛应用电子计算机后,建立了一个网络系统,大大加速了工作效率。这个网络系统把分布在49个州的65个销售部门、分布在11个州的18个产品仓库,以及分布在21个州的40个制造部门(共53个制造厂)统统连接起来。在顾客打电话来订货时,销售人员就把数据输入这个网络系统,它就自动进行下一系列工作:查询顾客的信用状况,查询在就近的仓库有无这种产品的存货。在这两点得到肯定的回答以后,这个网络系统就同时办理接受订货、开发票、登记仓库账目,如果必要,还同时向工厂发出补充仓库存货的生产调度命令,然后通知销售人员顾客所需货物已经发货。全部过程在不到15秒的时间内即可完成。还有一点值得注意的是,除了办事速度快以外,这个网络系统实际上已把销售、存货管理、生产调度等不同的职能整合在一起了。

5.科研组织体制

同样,美国通用电气公司也非常重视科研工作,而且已有悠久的历史。从公司成立后的第二年,就有一位德国青年数学家斯坦梅兹搞科研工作,1900年即成立实验室。据1970年《美国工业研究所》报道,该公司共有207个研究部门,其中包括1个研究与发展中心,206个产品研究部门。共有科研人员17200余人,占公司职工总人数的4%。1973年通用电气公司共有31000名获得技术学位的专业人员,其中半数以上从事研究与发展工作。1972年,公司科研总费用超过8亿美元,其中3亿美元由本公司承担,5亿美元主要用于和美国政府订立合同的研究与发展工作上。1900年成立的一个实验室,也是美国从事基础研究的第一家工业实验室。它的创始人是来自美国麻省理工学院的化学家怀特纳和通用电气公司的两名技术人员。早期这个实验室主要是在电灯泡、X射线管、闸流管及有关的化学、冶金方面进行基础研究。在两次世界大战中,这个研究实验室研究战争中使用的通信和雷达装置。第二次世界大战末期,研究实验室的研究人员扩充到600多人。1968年,这个研究实验室正式改名为研究与发展中心,到1973年共有工作人员17000人,其中325人是物理学博士。

根据以上案例,回答第23－24题:

23.通过分析该案例材料,总结组织结构变革对通用公司发展的作用。

24.有人认为组织变革是迫不得已的事情,只有危急关头随机应变的企业才能成为百年老店。你怎么评价这种观点?

项目5 PROJECT 5 领导职能

【知识目标】

1.了解领导的含义、作用;

2.掌握领导与管理的联系与区别;

3.理解领导影响力的来源及构成;

4.掌握领导特质理论、领导行为理论和领导权变理论的主要内容及特点;

5.熟悉领导者择人、管人的艺术。

【技能目标】

1.有意识地培养自己的领导素质与领导能力;

2.能够运用有关领导的理论与方法以及具体情境,解决现实管理中遇到的问题。

【任务导入】

拿破仑说过:"一头狮子领导的一群绵羊可以打败一头绵羊领导的一群狮子。"中国俗语也有"强将手下无弱兵""将强强一群,将熊熊一窝"的说法。领导者的强弱直接影响着组织的实力,领导者的能力直接决定一个组织的兴衰存亡,领导者就像是组织的领航者,是照亮组织未来发展航线中的明灯。

领导是管理工作的一项重要职能,是一个会影响到许多人的过程,它在组织活动中对达成组织目标和发挥成员作用都具有非常重要的意义。领导者的行为对于一个组织管理的好坏具有决定性影响。管理既是一门科学,也是一门艺术,管理的艺术性主要体现在领导者的艺术性上。

根据**"领导职能"**作业流程,我们将这一项目分为三个分项任务。这三个任务分别是:

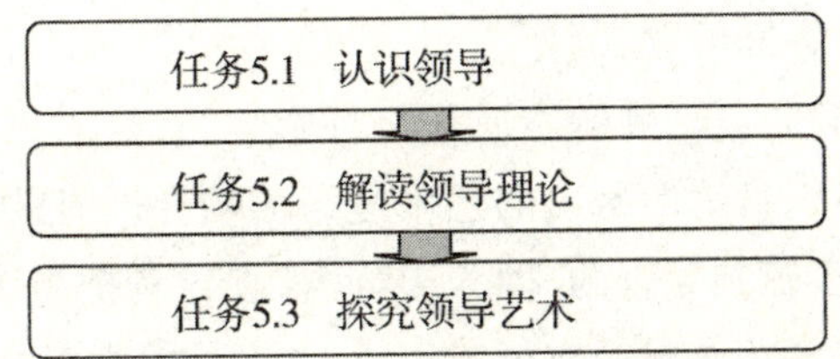

你可以对照知识目标和技能目标，反复演练，有的放矢地依次完成各分项任务，直至完成本项目，为早日成为现代企业管理所需的人才做好准备。

【任务知识】

任务 5.1 认识领导

5.1.1 领导的含义

领导自古就有，在人类发展的各个历史阶段中，凡是有人群联合集体行动，就需要有人进行指挥和协调。领导工作产生于人类的共同劳动，并随着社会的发展而发展。世界需要领导，国家需要领导，企事业单位需要领导，任何一个社会单位都离不开领导。对于领导的定义，管理学家有各种不同的看法。

泰瑞认为，领导是影响人们自动为达成群体目标而努力的一种行为。

戴维斯认为，领导是一种说服他人热心于一定目标的能力。

杜平认为，领导即行使权威与决定。

坦宁鲍姆认为领导就是在某种情况下，经意见交流的过程所实行出来的一种为了达成某个目标的影响力。

布朗卡特认为，领导是一项程序，使人得以在选择目标及达成目标上接受指挥、引导和影响。

孔茨认为，领导是影响人们心甘情愿地和满怀热情地为实现组织的目标而努力的艺术或过程。

中国技术创新与管理学专家许庆瑞认为，领导是通过人际关系，借助某一种或几种力量来对他人行使影响，并使被影响者的行为和态度发生变化，以达到组织或团体的特定目标。

虽然学者们的表述不同，但都包含着“影响”“目标”“过程”等要素，其中孔茨给领导下的定义最具代表性，许庆瑞给领导下的定义更符合中国国情。

借鉴中外管理学家对领导的认识，我们把领导定义为：领导是领导者通过一定的方式对被领导者施加影响并共同作用于客观对象，以实现组织某一既定目标的行为过程。

这个定义包含以下三个方面的含义：

(1)领导是一种影响力。领导的本质是一种影响力，是对人们施加影响，从而使人们心甘情愿地为实现组织目标而努力的艺术过程，"领导即有效的影响"。正是因为影响力，领导者在组织中实施领导行为；因为影响力，领导者把组织中的人吸引到他的周围来；因为影响力，领导者获取组织成员的信任；也正是因为影响力，组织成员心甘情愿地追随领导者。因此，拥有个人影响力的人才是真正的领导者。

(2)领导是一个行为过程。领导是一个过程，是对人们施加影响的过程。领导过程实际上是由领导者、被领导者和他们所处的环境所组合成的复合函数。用公式表示如下：

$$领导 = f(领导者，被领导者，环境)$$

即领导过程的效果既取决于领导者自身的能力与素质、被领导者的能力与素质、环境条件这三个因素，又取决于这三个因素的内在联系。

(3)领导的目的在于实现组织的特定目标。领导的目的是使人们心甘情愿地、热心地为实现组织的目标而努力，是人们心甘情愿地而非无奈地、热情地而非勉强地为实现组织的目标而努力，这体现了领导工作的水平，也是领导者努力追求的目标。

【知识连接 5-1】

领导与管理的关系

领导与管理是管理实践中常用的两个概念，往往被混为一谈。其实，二者既有联系又有区别。

领导是管理的一项职能。管理的职能包括计划、组织、领导、控制等职能，领导只是管理的其中一项职能。领导更侧重研究在一定的组织环境中，组织目标既定的条件下，如何影响一个组织或群体成员实现目标。

二者建立的基础不同。从本质上说，管理是建立在合法的、有报酬的和强制性的权力基础上的；领导可能是建立在合法的、有报酬的和强制性的权力基础上的，但更多的是建立在个人影响力、专长权及模范作用等基础上的。

美国管理学家罗宾斯认为："管理者是被任命的，他们拥有合法的权力，进行奖励和处罚，其影响力来自于他们所在的职位所赋予的正式权力。领导者可以是任命的，也可以是从一个群体中产生出来的，领导者也可以不运用正式权力来影响他人的活动。"所以，领导者不一定是管理者，管理者不一定是领导者。在理想的情况下，所有的管理者都是领导者，即要求管理者具有利用非正式权力影响下属的能力。管理者都是组织正式任命的，既享有一定的权力，又履行相应的职责，管理者拥有的权力属于职位权力。而领导者既存在于正式组织中也存在于非正式组织中既存在于组织中，也存在于一定的群体中，领导者拥有的权力主要是一种非职位影响力。

【课堂活动5-1】《后汉书》中记载有刘邦与韩信“论将”的对话。刘邦问韩信:“像我这样的人,能领兵多少?”韩信说:“陛下能领兵十万。”“而你呢?”“我是多多益善啊!”“多多益善,那你为何为我所用?”“那是因为陛下虽不善领兵,却善将将。”“能领兵者,谓之将也;能将将者,谓之帅也”。据此,试从领导者与管理者的关系上分析我们管理中需要的“帅才”的功能。

5.1.2　领导的功能

(1)组织功能。组织功能包括指挥功能和协调功能。组织功能是指领导者为了达到组织目标而建立起来的一整套合理使用人、财、物和时间的科学管理系统。组织功能的主要任务有以下几点:根据内、外部条件,根据需要和可能,制定未来的目标,做出决策;合理组织和使用人力、物力、财力、时间以保证目标的实现;建立科学的管理系统,提高管理的科学性和有效性。

(2)激励功能。激励是领导的主要功能。激励功能是指为了达成组织目标,领导者运用行政的、经济的、思想的手段,依据心理动力原则,采取物质和精神激励方式,以期最大限度地调动人的积极性。激励功能的主要任务有以下几点:提高被领导者接受的目标、执行目标的自觉程度;激发下属实现目标的热情;提高下属行为的效率。一个领导者是否具有这种激励下属的能力,直接关系到领导行为的效能。

【管理故事5-1】

大师的鞋带

有一位表演大师正要上场,他的弟子告诉他鞋带松了。大师点头致谢,蹲下来仔细系好。等到弟子转身后,又蹲下来将鞋带解松。

有个旁观者看到了这一切,不解地问:“大师,您为什么又要将鞋带解松呢?”

大师回答道:“因为我饰演的是一位劳累的旅者,长途跋涉让他的鞋带松开,可以通过这个细节表现他的劳累憔悴。”

“那你为什么不直接告诉你的弟子呢?”

“他能细心地发现我的鞋带松了,并且热心地告诉我,我一定要保护他这种热情的积极性,及时地给他鼓励。至于为什么要将鞋带解开,将来会有更多的机会教他表演,可以下一次再说啊。”

管理启示:要使人们始终处于施展才干的最佳状态,唯一有效的方法就是表扬和奖励,没有比受到上司批评更能扼杀人们积极性的了。

5.1.3　领导者的影响力

领导既是一门科学,更是一门艺术。领导需要学识,需要胆量,更需要影响力。

(1)领导者影响力的含义。领导者的影响力,是指领导者在与下属交往中影响和改变下属思想和行为的能力。领导是领导者向他人施加影响的过程。西方管理学家认为,一个领导者要实现有效的领导,取决于他的影响力大小。领导工作的实质,就是领导者通过自己的影响力影响下属来实现组织的目标。

(2)领导者影响力的分类。领导者的影响力大致可以归纳为权力性影响力和非权力性影响力。

①权力性影响力。权力性影响力,是指由于领导者在组织中所处的位置由他的上级或上级组织所赋予的,人们往往出于心理的压力或习惯而被迫服从。这种权力随职务的变动而变动,在职就有权,离职就无权。权力性影响力主要包括法定权、奖赏权、强制权。

• 法定权。法定权是管理体系中规定的正式权力,因管理职位而产生,即所说的“职权”。领导者占据职位,拥有合法权力。它是领导者职权大小的标志。它具有层次性、固定性、自主性、单向性的特点。

• 奖赏权。奖赏权指领导者通过精神、感情或物质上的奖赏,使他人自愿服从的一种权力,即领导者拥有给下属物质和精神奖励的权力。例如,企业领导可以根据情况给下属增加工资、提升职位、表扬等。

• 强制权。强制权指领导者通过精神或物质上的威胁,强制下属服从的一种权力。强制权是惩罚性的,即领导者有对违规者处罚的权力。例如,企业领导可以给予下属扣发工资、降职等惩罚。

权力性影响力属于强制性影响力,对下属的影响有强迫性、不可抗拒性,对其激励作用是有限的。

②非权力性影响力。非权力性影响力是来自于个人权力,它不是来自于领导者在组织中所处的位置,而是来自于领导者自身的某些特殊素质。这种权力不会随职务的消失而消失,而且对人的影响是发自内心的、长远的。非权力性影响力包括专长权、表率权、亲和权。

• 专长权。知识就是力量,从某种程度上讲,知识也是权力。领导者掌握了专业知识和技能,就拥有了影响别人的专长权,而被领导者愿意听取他们的忠告、出于敬佩愿意接受他们的影响。例如,许多专家、学者虽然没有什么行政职位,但在他们的组织中仍具有很大的影响力,其基础就是他们具有专长权。

• 表率权。表率权指领导者本人具有超人的素质,如思想境界高、大公无私。这些素质被人们吸引、欣赏,从而激起人们的忠诚和极大的热忱,人们出于尊敬而自愿去追随。一些政治领袖、知名组织的领导者都具有这种魅力。

• 亲和权。亲和权指领导者由于和下级关系融洽、被领导者出于情感因素而自愿服从的一种权力。例如,相交多年的老朋友提出要求,请求帮助,无论在工作上有没有关系,人们都会感到难以拒绝,从而接受他的要求。

非权力性影响力属于自然影响力,比较稳定和持久,是潜移默化的作用,使被管理者从心理上信服、尊敬、顺从和依赖,并改变其行为。

【课堂活动5-2】拿破仑一生英雄,可是败在滑铁卢,打败拿破仑的将军就是惠灵顿。惠灵顿一生善于指挥,精于部署,善于埋伏,在军事史上的地位虽然不如拿破仑,但也可以称为一代名将。一天下午,惠灵顿不小心掉到河里去了,一个不知名的士兵冒着生命危险把这位将军救上岸来,惠灵顿十分感激这位士兵,就对士兵说:"你要什么谢礼我就给你什么谢礼,你有什么要求我就满足你什么要求,请说吧!"士兵说:"将军,我什么都不要。我只有一个小小的要求,亲爱的将军,请你千万不要把我救你这个事告诉别人啊!"惠灵顿误以为他要当无名英雄,就说此事不必保密,要大张旗鼓地宣传和嘉奖。这时,这位士兵说出了心里的真话:"将军,对不起,如果别人知道是我救了你,他们就有可能毫不犹豫地把我扔进河里,因为很多士兵虽然跟随你,但他们既恨你又怕你,并不认同你。"这个案例给你的启示是什么?

(3)领导者影响力的构成因素。

①权力性影响力的构成因素。与权力性影响力有关的因素包括传统因素、职位因素和资历因素。这些因素都是外在的,先于领导行为存在的。

- 传统因素。自古以来,人们就认为领导者不同于普通人,他们有权,有才干,因而使人们产生了对领导者的服从感。服从领导作为一种传统观念,从小就影响着每个人的思想,这样就增强了领导者的影响力。

- 职位因素。领导者占据职位,有权,可以左右被领导者的行为、处境、得失甚至前途、命运,会使他们产生敬畏感。领导者的职位越高,权力越大,别人对他的敬畏感也越甚,他的影响力也越大。比如,厂长比科长的影响力大,车间主任比班组长影响力大,校长比系主任影响力大。

- 资历因素。资历是历史性的东西,反映一个人过去的情况。一般说来,领导者均有一定的资历,会对人们产生一定的影响力。资历越深,影响力就越大。

总之,由传统、职务、资历构成的影响力都不是领导者的现实和行为造成的,而是外界赠予的。这种影响力使人们产生服从感、敬畏感、敬重感,其核心是权力。

②非权力性影响力的构成因素。与非权力性影响力有关的因素包括品格因素、知识因素、能力因素、情感因素。这些因素存在于领导者言行之中。

- 品格因素。这是指领导者自身的品行、人格、作风等高尚完美,能做到"先组织之忧而忧,后组织之乐而乐。"它反映在领导者的一切言行之中,给被领导者带来巨大的吸引力,产生敬爱感,诱使人们模仿。

- 知识因素。一个领导者如果具有渊博的专业知识和丰富的经验,就很容易使被领导者产生一种信赖感,并且自觉地接受他的影响。

• 能力因素。能力是领导者影响力大小的主要因素。能力不单单是反映在领导者能否胜任自己的工作,更重要的是反映在工作的结果上是否成功。一个有能力的领导者会给组织带来成功,使人们对他产生敬佩感。敬佩感是一种心理的磁力,会吸引人们自觉地接受其影响。

• 情感因素。人与人之间建立了良好的情感关系便能产生亲切感,相互之间的吸引就大,彼此的影响力就高。若领导者与员工的关系紧张,必然使相互之间的心理距离越来越远,领导者的影响力就会大大削弱。

品格因素、知识因素、能力因素、情感因素都是领导者个人本身后天努力具备的因素,而非外界给予。这种影响力使被领导者愿意追随、愿意发挥自己的潜能,其核心是威信。

5.1.4 领导者影响力的提高

(1)正确使用权力性影响力。首先,要持审慎态度。使用权力性影响力更多地带有执法的性质,使用权力的人,不仅要按照规章制度办事,更要真正做到秉公处事。每一个领导者都必须清楚地意识到,过多地采用权力性手段,即使权力行使是正确的,也会使部属产生驱使感。权力性影响力最大限度的发挥,并不在具体行使的时候,而往往在它行使之前。换言之,利用合法权力作为预见动机、引导动机、改造行为的后盾,这应该是十分有效的。特别是用于惩罚越轨行为时,更应该掌握这样的原则,必须强调惩罚与教育相结合。这样既能教育被处罚的人,更能通过处理典型,教育大众。

其次,要具有无私精神。执法者客观上拥有行使权力的合法地位,但不能炫耀权力、滥用权力,甚至以权谋私、追求个人特权。如果这样做,部属也必然会产生种种对抗力,抵制权力,摆脱权力的反作用,从而削弱权力的效果。所以,执法者必须以身作则,罚不避亲、赏不避仇,这样才能取得运用合法权力的巨大效果。

第三,要善于授权。领导者要善于授权、敢于授权,并在授权中将监督和指导结合起来,形成大权集中、小权分散的局面,这样才能更有效地发挥权力的作用。

第四,进行具体指导。领导者不能一味命令部属"要这样做",更要使部属明确为什么"要这样做",并且指导他们应该有效地去执行命令。

(2)正确使用非权力性影响力。非权力性影响力产生的效果,更能激发人们的自觉性。因为接受非权力性影响力比权力的服从要自然得多。在某种意义上讲,非权力性影响在领导者影响力构成中占主导地位,起着决定性作用。一个领导者,如果他的非权力性影响较大,那么他的权力性影响也会随之增高。反之,如果他的非权力性影响较小,就会使他应有的权力性影响降低。由此可见,要提高领导者影响力,关键在于努力提高非权力性的影响力。

在正确使用非权力性影响力时要注意主次关系。在组成非权力性影响力的四个因素中,以品格、才能因素为主,知识、感情因素为次。一个领导者如果品格因素出了问题,成了负值,那么其他因素必然会受到严重的影响,其总和可能是零。而在一个领导者的品格因素及格的情况下,决定他非权力性影响力大小的主要因素在于能力因素。如果一个领导人能力极差,根本不称职,而且品格不好,那么他的非权力性影响力可能成为零,甚至是负数。

【课堂活动5-3】有人认为"领导=权力+责任+服务",有人认为"领导=服务+责任+权力"。根据你对领导影响力的理解,你认为哪种说法更有道理?请说一下你的理由。

任务5.2 解读领导理论

领导是一个组织中的关键角色,对于组织目标的实现往往起关键作用。20世纪30年代以来,西方众多的管理学家及心理学家对领导理论进行了广泛、深入的研究,为了解决有效领导的问题,提出了许多领导理论。这些理论大致分为三类,即领导特质理论、领导行为理论和领导权变理论。

5.2.1 领导特质理论

领导特质理论又叫领导素质理论、领导特性理论或领导品质理论。西方早期的领导行为研究注重领导者个人特质的研究,力图寻求领导者个性特征与其工作绩效的关系。把领导者个人品质特征作为描述和预测其领导成效的因素。他们对领导者的研究着重于探索个人品质的差异。领导特性理论的基本观点是个人品质或特征是决定领导效果的关键因素,以期预测具备什么样的人格特征或品质的人最适合充当领导者。根据这些品质和特征的来源所做的不同解释,可分为传统特性理论和现代特性理论。传统特性理论认为,领导者所具有的特性是天生的,是遗传因素决定的,这种观点现在很少有人赞同。现代特性理论认为,领导者的特性和品质是在实践中形成的,是可以通过教育和训练培养的。美国著名心理学家高尔顿·乌伊拉德·奥尔波特是特质理论的始创者,代表人物还有美国的斯托格迪尔、包莫尔、吉赛利等人。

(1)斯托格迪尔的领导特质理论。美国心理学家斯托格迪尔1948年发表《与领导有关的个人因素:文献调查》一文,提出与领导有关的先天特性包括:智力过人;在学术和体育运动上取得过成就;感情成熟,干劲十足;有良好的社交能力;对于个人身份和社会经济地位的欲望。

(2)包莫尔的领导特质理论。美国普林斯顿大学教授包莫尔从满足实际工作需要和胜任领导工作的要求方面研究领导者应具有的能力,提出了作为一个企业家应具备的十个条件:合作精神,即愿意与他人一起工作,能赢得人们的合作,对人不是压服,而是感动和说服;决策能力,即依靠事实而非想象进行决策,具有高瞻远瞩的能力;组织能力,即能发现和运用部下的才能,善于组织人力、物力和财力;精于授权,即能大权独揽,小权分散;善于应变,即机动灵活,善于进取,而又不墨守成规;敢于求新,即对新事物、新环境和新观念有敏锐的感受能力;勇于负责,即对上级、下级和产品用户及整个社会抱有高度的责任心;敢担风险,即敢于承担企业发展不景气的风险,有创造新局面的雄心和信心;尊重他人,即重视和采纳别人意见,不盛气凌人;品德高尚,即品德上为社会人士和企业员工所敬仰。

(3)吉赛利的领导特质理论。著名心理学家吉赛利(E. Echiselli)在《管理才能探索》一书中研究探索了八种个性特征和五种激励特征:

八种个性特征:才智,语言与文字方面的才能;首创精神,开拓创新的愿望和能力;督察能力,指导和监督别人的能力;自信心,自我评价高、自我感觉好;适应性,善于同下属沟通信息,交流感情;判断能力,决策判断能力较强,处事果断;性别,男性与女性有一定的区别;成熟程度,经验、工作阅历较为丰富。

五种激励特征:对工作稳定性的需要;对物质金钱的需要;对地位权力的需要;对自我实现的需要;对事业成就的需要。

吉赛利对这些特征进行了科学的研究,具体分析了每个特征对领导者的领导行为的影响,并且指出了这些特征的相对重要程度。

吉赛利的研究结果表明,有效的领导者特征,首先是才智和自我实现以及对事业成功的追求等,这些特征对一个人能否取得事业的成功关系较大,而对物质金钱的追求、工作经验等则关系不大。其次,有效的领导者的监察能力和判断能力也是十分重要的,是驾驭事业航程顺利前进必不可少的。最后,男性与女性的区别与事业成功与否关系不大。

【课堂活动 5-4】说出一位你喜欢的伟人或企业家具备哪些特质。

【课堂活动 5-5】比较斯托格迪尔、包莫尔、吉赛利的领导特质理论,辨析各自存在的优缺点,根据领导特质理论,你认为自己已经具备了领导者的哪些特质,哪些还不具备?

【知识链接 5-1】

领导者的 6P 特质

究竟领导者具有什么样的特质,才能成为一名合格的领导者呢?《共赢领导力——提升领导力 5 种技术》认为,一名合格的领导者至少要具备六个方面的基本特质,这六个方面的英文单词都是以 P 开头,所以也叫领导的 6P 特质。

(1)领导远见(Purpose)

领导者必须对未来有明确的发展方向，领导者应该向下属展示自己的梦想，并鼓励大家按梦想去前进。一旦下属需要，领导者随时就在身边，就像比德·杜扎克所说："优秀的经营管理和平凡的经营管理有一个不同，那就是优秀的经营管理，能够取得长期和短期的平衡。"也就是说，在确定领导远见的时候，同时必须要有领导的目标来进行配合。优秀的领导者应该是一个方向的制定者。

(2)热情(Passion)

领导者必须对自己所从事的工作和事业拥有特别的热忱，如联想集团的领导曾经说过，高层领导者必须要有事业心，中层的领导者必须要有上进心，基层的领导者必须要有责任心。不同层级的人都有这种工作的热情，都愿意努力地去做事情，领导者要有全心全意搞经营的信念和承诺。同时，好的领导者不仅自己的主动性很强，还要能点燃下属的工作热情，一个不能够引燃下属工作热情的人，或者说不会激励下属的领导者，是没有资格做领导的。领导热情既没有替代物，也很难量化，但它却是企业达成目标和完成任务的催化剂。

(3)自我定位(Place)

领导者应该特别清楚自己扮演的角色以及面对这个角色应该担负什么样的责任。这些角色包括为人上司、为人下属、为人同事，还包括一个角色，那就是千万不要忘记你自己。你如何让你自己这个角色每一年逐步地提升？怎么样给自己充电？怎么样给自己加压？怎么样去学习新东西？这就是一个自我定位。解决好了这四个角色，你就能继续前进，就会产生好的绩效。

(4)优先顺序(Priority)

优秀的领导者是能够明确地判断处理事务的优先顺序。有人说日本人很能干，交代的事情都能够很快地完成。但日本人也有一个缺点，那就是工作太热情了，这个也做，那个也做，什么都面面俱到。换句话说，日本人太注重效率，而不是最终的效果。领导者要想加强领导绩效，就必须懂得取舍，在有限的时间和资源范围之内，就要决定到底先做什么，这就是优先顺序的思维方式。所以，领导者既要确定今年做什么，又要确定放弃什么，做这两个决定同等重要。有的时候决定放弃什么比决定要做什么可能更难，但领导者要有这种勇气和智慧。

"二八规则"在企业中普遍适用。20%的目标能够创造80%的绩效；20%的优秀骨干创造了企业整体80%的利润；80%的电视收视率来自于20%的频道；80%的错误决定是由20%的领导做出来的；80%的病假是由20%的员工请出来的。领导者如果遵循这个规则，就要集中你的精力来管理和服务那些重要的合作伙伴，这就是取舍，这就是优先顺序。

(5)人才经营(People)

领导者应该相信，无论是上司、同事还是下属，都是企业可以依赖的资源，都是企业的绩效伙伴。人员可能是企业的资产,也可能成为企业的负债。

什么样的人是资产呢?企业真正的人才、发挥作用的人才,是企业的资产。一个再能干的人,你把他请进来,每个月给他高薪,但是又没有创造出什么结果,又不给他授权和机会,那么这个人在这家企业就相当于负债。一般来说,在一家企业中有20%的人是领着大家干,有60%的人是跟着大家干,还有20%的人是在捣乱,这就是“262风波原则”。

(6)领导权力(Power)

自古以来,领导和权力是密切相关的。领导能力包含着领导风格的因素,也包含着权力的因素。所谓权力,就是一个人影响另外一个人的能力,权力的关键是依赖性,你对他有很强的依赖性,反过来他对你就有很大的权力。

5.2.2 领导行为理论

(1)领导风格理论。在20世纪30年代,德国心理学家勒温根据领导者在领导过程中表现出来的行为方式,将领导风格划分为专制型、民主型和放任型。

①专制型领导。所谓专制型领导,是指领导者个人决定一切,布置下属执行,即靠权力和命令让人服从。这种类型的领导者具有以下几个特点:个人独断专行,不考虑别人意见,所有的决策都由自己一个人做出;下级没有任何讨论参与决策的机会,只能奉命行事;主要靠行政命令、纪律约束、训斥惩罚来维护领导者的权威;领导者事先安排一切工作的程序和方法,下级只能服从;领导者很少参加群体的社会活动,与下级保持相当的心理距离。

②民主型领导。所谓民主型领导,是指领导者与下属共同讨论,集思广益,然后进行决策,要求上下融合、合作一致地工作,其特点是:领导与下属共同讨论制定组织的各种政策;充分尊重下属的意见,根据下属个人的能力、兴趣和爱好来分配工作任务;工作安排富有弹性,下属对自己的工作有较大的选择性;主要运用个人权力和威信而不是职位权力或命令使人服从;领导者积极参加团体活动,与下级无心理上的距离。

③放任型领导。所谓放任型领导,是指领导者放手不管,下属愿意怎样做就怎样做,完全自由。其特点是极少运用权力影响成员,给成员以高度的独立性,组织无规章制度,完全凭借个人的自觉性,权力完全给予个人,个人自由度大。

勒温于1939年对这三种不同领导风格的群体进行了实验研究,实验中发现:放任型的领导作风工作效率最低,只达到社交目标,而完不成组织的工作目标。在专制型领导的团体中,各成员攻击性言论很多,专制型领导作风虽然通过严格管理达成了工作目标,但团体成员没有责任感,情绪消极,士气低落,对抗情绪不断增长,人与人之间发生争吵较多。领导者不在场时,专制型团体工作动机大为降低。民主型领导作风工作效率最高,不但能较好地完成工作目标,而且团体成员之间关系融洽,工作积极主动,成员在工作中具有创造性。

实际管理中,大多数领导都是界于专制型、民主型和放任型之间的混合式。勒温能够注意到领导者的风格对组织氛围和工作绩效的影响,区分出领导者的不同风格和特性并以实验的方式加以验证,这对实际管理工作和有关研究非常有意义。但是,勒温的理论也存在一定的局限:这一理论仅仅注重了领导者本身的风格,没有充分考虑到领导者实际所处的情境因素,而实际上领导者的领导行为是否有效还受到被领导者和周边的环境因素影响。

(2)四分图理论。1945年,在美国俄亥俄州立大学斯多迪尔和沙特尔教授的领导下,开展了对领导行为的研究,提出了领导行为的基本特征,他们收集了大量的有关对领导行为描述的数据资料,开始时列出了1790个因素,后来减少到150个。通过逐步筛选、归并,最后归纳为两个独立的维度:组织维度和关怀维度。

组织维度指的是领导者更愿意界定和建构自己与下属的角色差异,强调组织的需要,以达成目标。

组织维度是一种工作导向型的领导行为,以工作为中心。领导者的主要工作就是抓组织,即为职工提供组织结构方面的条件使之做出令人满意的成绩,包括进行组织设计、制订计划和确定程序、明确职责和关系、建立信息通道、安排并确定工作日程、强调工作的最后期限等。高组织维度特点的领导者向组织成员分配具体任务,要求员工保持一定的绩效标准。

关怀维度指的是领导者尊重和关心下属的观点与情感,更愿意同下属建立相互信任的工作关系,其工作主要以人际关系为中心,关心人,尊重下级意见,注重职工需要。

关怀维度是一种关系导向型的领导行为,以人为中心。高关怀维度的领导者帮助下属解决个人问题,友善且平易近人,公平对待每一个下属,关心下属的生活、健康、地位和满意度。

按照这两个维度的内容,研究者们设计了领导行为描述问卷,要求下属说出他们对组织、形势、团体的特点、团体工作成绩的衡量、各种情况下有效的领导行为等问题的看法。从图5-1中可以看出,领导行为可分为四种类型:

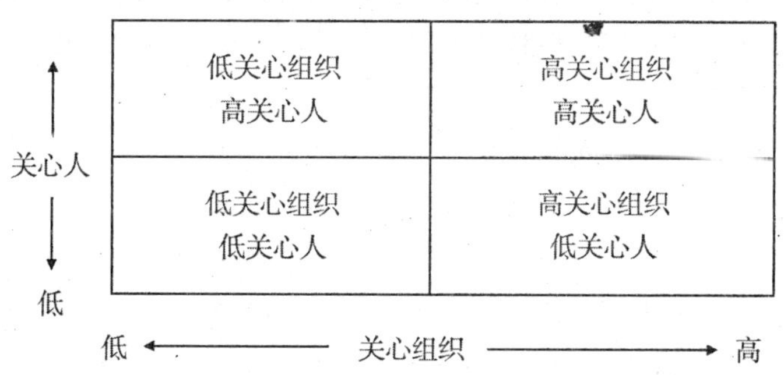

图5-1 领导行为四方图理论模式

- 高关心组织、低关心人的领导者:重视抓工作组织目标的完成情况,很少关心下属;

- 低关心组织、低关心人的领导者：既不重视抓工作，也不关怀下属；
- 低关心组织、高关心人的领导者：重视人际关系，但不采用严格的组织管理；
- 高关心组织、高关心人的领导者：既高度重视人际关系，又重视抓组织工作。

一般来说，最后一种领导行为的工作效率和有效性都较高。

在上述四种领导行为中，究竟哪种领导行为的效果最好要视具体情况而定。一般情况下，高关心组织与低关心人往往带来更多的旷工、事故和抱怨。而低关心组织与高关心人虽然能与员工建立起融洽和谐的人际关系，但往往无法完成组织目标。高关心组织与高关心人往往是管理者追求的目标。所以，究竟采取哪种领导行为，要根据组织面临的环境进行具体分析。

(3)领导方格理论。1964 年美国管理学家罗伯特·布莱克和简·穆顿在领导行为四分图的基础上，巧妙地设计出管理方格图：横坐标和纵坐标都划分为 9 个维度，这样就形成了一个有 81 种领导方式的管理方格图，每一个方格表示一种领导风格，纵坐标表示对人的关心程度，分为 9 级。图 5－2 显示了 5 种典型领导风格。

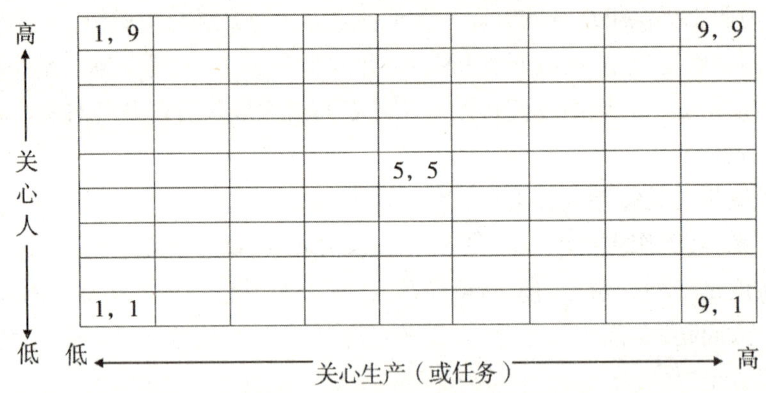

图 5－2　领导方格理论图

图中说明，人员定向的领导者主要关心人的问题，而任务定向的领导者主要关心工作或生产问题。当然，这不是绝对的，因为工作与人是密切联系在一起的。领导者关心人员与关心生产的程度可以由低到高“1”→“9”。把人员定向与任务定向统一起来，可以看到其中五种典型的形态：

1，1 型：平庸型领导。这种类型的领导者既不关心生产，也不关心人的情感与福利等，缺乏主见，逃避责任，与世无争，最低限度地完成任务。

1，9 型：俱乐部型领导。这种类型的领导者只关心人，而不大关心生产。他们重视搞好关系和强调同事和下属与自己的感情，尽量多结友少树敌，以多方面满足人们的需要来换取人们的支持和拥戴。但这种领导行为在竞争激烈的现代社会生活中很难立足，因为他不利于生产效率的提高。

5，5 型：中间型领导。这种领导者推崇“折中”，而不是用恰当的方法解决问题。也就是在处理生产与人的需要的矛盾上,不是去寻求对生产和人都有利的优化策略,而是寻找二者可以妥协的地方,如将生产目标降到人们乐于接受的程度。因此,这种领导行为虽然既要求完成必要的任务,又要求保持必要的士气,但工作效率与人们的积极性都有很大的局限性。

9,1型:任务型领导。这种类型的领导者非常关心生产,但不大关心人。他们主要借助权力等组织人们完成任务,独断专行,压制不同意见。这种领导者在短期内可能提高生产效率。但由于不关心人,不注意提高职工的士气,生产效率不能持久。时间一长,人们会牢骚满腹,生产效率自会下降。

9,9型:团队型领导。这种类型的领导者既十分关心生产,又十分关心人。他们总是努力寻找解决问题的优化方法,使关心生产与关心人协调一致,统筹解决。他们的目标是使组织不断得到改善,组织中的人不断发展。这种领导行为是比较有效的,因为关心生产与关心人两个方面会相互影响,相互促进。

除了这五种典型的领导形态外,管理方格图还提供了大量介于这些形态之间的形态,这里就不详述了。不过就这五种形态而言,也有优劣之分。布莱克与莫顿认为团队型最佳,其次是任务型,再次是中间型、俱乐部型,最差的是平庸型。布莱克和莫顿还指出,哪一种领导风格最有效要看实际工作,最有效的领导风格并非一成不变,而要依情况而定。这种领导方格图理论能够使领导者较为明确地认识到自己的领导风格,找到改进领导风格的努力方向,也可以用来培训未来的领导者。

领导行为理论有助于增加对各种不同类型领导行为的理解,注重行为模式而非领导特质,强调了领导培训的重要性。但和领导特质理论研究一样,它也属于静态层面上的研究,只注重行为而没有考虑环境因素,也仅为高度复杂的领导过程提供了一个简单的视野,只考察了领导过程的强化因素,因此其指导意义也是有限的。

【课堂活动5-6】管理方格理论中“9,9型”是不是最佳领导方式?为什么?

5.2.3 领导权变理论

领导特质理论和行为理论都没有从根本上解决领导的有效性问题,人们开始重视情境因素对领导活动的影响。20世纪60年代后,在领导的特质理论和行为理论的基础上,形成了领导权变理论。

领导权变理论认为,不存在一成不变、普遍适用的最佳管理理论和方法,组织管理应根据组织所处的内部和外部条件随机应变。权变理论把内部和外部环境等因素看成是自变量,把管理思想、管理方式和管理技术看成是因变量,因变量随自变量的变化而变化。管理者应根据自变量与因变量之间的函数关系来确定最有效的管理方式。领导权变理论所关注的是领导者与被领导者的行为与环境的相互影响,尤其关注不同的领导方式与各种环境之间的适应性。领导是一个动态过程,而且领导方式应随着下属的特点和情境的变化而变化,这样才能获得较高的领导绩效。领导权变理论的代表性研究主要有:菲德勒的领导权变模型、赫塞和布兰查德的领导生命周期理论、豪斯的途径—目标理论等。

(1)菲德勒权变模型。美国当代著名心理学和管理专家弗雷德·菲德勒在长达15年之久的调查研究基础上,于1951年提出了有效领导的权变理论。他认为不存在一种"普遍适用"的领导方式,任何形态的领导方式都可能有效,其有效性完全取决于领导方式与环境是否适应。换句话说,领导和领导者是某种既定环境的产物。

①两种领导风格。菲德勒认为个人的领导风格是一生经历的结晶,很难改变。所以,他的权变模型基本思想是任何个人的领导风格都只在某种具体的情境中有效。因此,增强领导有效性的方法是帮助领导者认识自己的领导风格,并使之与情境相适应。为此,菲德勒设计了LPC(Least-Preferred Co-worker Questionnaire)问卷,即最难共事者问卷。这种量表的使用方法是让领导者对"最不喜欢的同事"做"正反两面"的评价。这种评价分数用来测定一个人对其他人的态度。一个领导者如果对自己最不喜欢的同事给予很高或较高的评价,那他会被认为是关心人或宽容性的领导者,又叫关系导向型领导;而那些对其最不喜欢的同事给予很低或较低评价的人,则被认为是以工作为中心的领导者,又叫任务导向型领导。

②影响领导有效性的环境因素。菲德勒认为决定领导有效性的环境因素主要有三个:

一是职位权力。职位权力指的是与领导者职位相关联的正式职权和从上级和整个组织各个方面所得到的支持程度,这一职位权力由领导者对下属所拥有的实有权力决定。领导者拥有这种明确的职位权力时,则组织成员将会更顺从他的领导,有利于提高工作效率。

二是任务结构。任务结构是指工作任务明确程度和有关人员对工作任务的职责明确程度。工作任务本身十分明确、组织成员对工作任务的职责明确时,领导者易于控制工作过程,整个组织完成工作任务的方向就更加明确。

三是上下级关系。上下级关系是指下属对一位领导者的信任爱戴和拥护程度,以及领导者对下属的关心、爱护程度。这一点对履行领导职能是很重要的。因为职位权力和任务结构可以由组织控制,而上下级关系是组织无法控制的。

③权变理论模型。假如将上述变量都分成两种情况:上下关系好与差、任务结构性明确与不明确、职位权力强与弱,则可组合出八种主要的领导形态。菲德勒对1200多个团体的领导者进行了调查,结果表明领导者的行为方式应与环境类型相适应才能获得满意的效果。如果以上三个条件均具备,便是最有利的领导条件。如果三者都不具备,便是最不利的领导条件。根据以上三个因素,将领导所处的环境从最有利到最不利分为八种类型。一般来讲,在组织情况极有利或极不利时,任务导向型是有效的领导形

态；在组织情况一般时，人际关系型是有效的领导形态，见表5－1。

表5－1 费德勒的领导权变理论模型

上下级关系	好				差			
任务结构	明确		不明确		明确		不明确	
职位权力	强	弱	强	弱	强	弱	强	弱
情境类型	1	2	3	4	5	6	7	8
领导者所处的环境	有利			中间状态				不利
有效的领导方式	任务导向型			关系导向型				任务导向型

表5－1表明：在编号1、2、3和8的条件下，有效的工作成就和领导者的命令式任务型作风相关；在编号4、5、6、7条件下的工作成效，同关心人的领导作风相关。这些研究结果表明，某一领导风格，不能简单地区分优劣，因为在不同条件下都可能取得好的领导绩效。换言之，在不同情境下应采取不同的领导方式。

菲德勒认为，影响领导成功的关键因素之一是领导者的基本领导风格。由于领导行为与领导者的个性是相联系的，领导者的风格也是稳定不变的。提高领导者有效性的方式仅有两条：一是替换领导者以适应新环境，二是改变环境以适应领导者。这一理论对怎样补缺与选择领导人员，怎样进行领导者的轮职与调职，怎样操作领导情势因素（调整主管与下级的关系、调整工作结构、调整职权等），怎样使领导方式与情势因素有效匹配、提高领导效能等都有重要意义。

(2)领导生命周期理论。由美国心理学家科曼于1966年提出、后由保罗·赫塞和肯尼斯·布兰查德予以发展的领导生命周期理论，也称情景领导理论。它是一个重视下属的权变理论。他们认为，人们在考虑领导行为有效性的时候，应该把“工作行为”“关系行为”与被领导者的成熟程度结合起来。他们把成熟度定义为：个体对自己的直接行为负责任的能力和意愿，包括工作成熟度和心理成熟度。工作成熟度是下属完成任务时具有的相关技能和技术知识水平，心理成熟度是下属的责任心。高成熟度的下属既有能力又有责任心做好某项工作，如图5－3所示。

图5－3中，横坐标代表以关心工作为主的工作行为，纵坐标代表以关心人为主的关系行为，第二个坐标是下属的成熟度。卡曼认为每一个人都有一个从不成熟到成熟的发展过程，即不成熟（缺乏能力，缺乏责任心）→初步成熟（缺乏能力，有责任心）→比较成熟（有能力，缺乏责任心）→高度成熟（有能力，有责任心）。面对分别处于这四个阶段的员工，领导行为不能一成不变，而应随他们成熟度的变化而变化，这就是领导生命周期理论的精髓。

①命令式领导（高工作、低关系）。有效的领导行为要能适应特定环境的变化。当员工的平均成熟度处于不成熟阶段时，领导者应采取“高工作、低关系”的行为，即命令

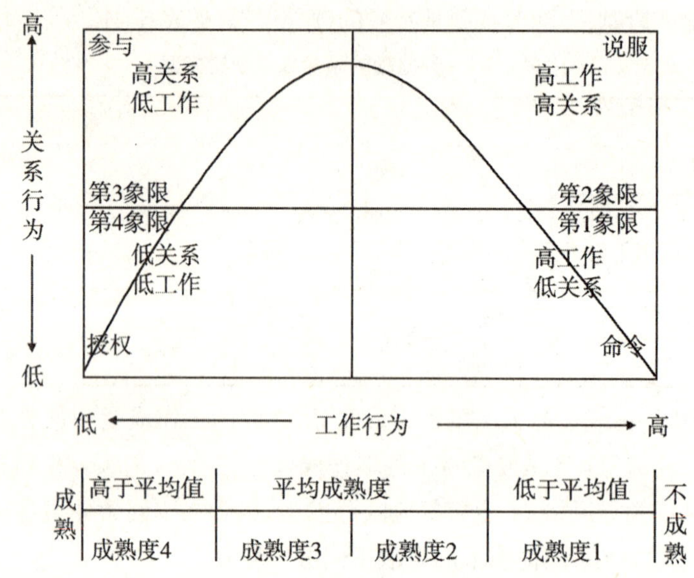

图 5-3 领导生命周期理论

式。命令式的领导者以单向沟通方式向部属规定任务:干什么,怎样干。图中第 1 象限表征的是命令式。

②说服式领导(高工作、高关系)。面对处于初步成熟阶段的员工,领导者应采取"高工作、高关系"的行为,即说服式。说服式的领导者与部属通过双向沟通,互通信息,达到彼此支持。图中第 2 象限表征的就是说服式。

③参与式领导(低工作、高关系)。当员工进入比较成熟阶段时,领导者的任务行为要适当放松,关系行为要加强,采取"低工作、高关系"的领导方式,即参与式。参与式与说服式有一定相似之处:都是领导者与部属相互沟通,另一方面领导鼓励部属积极参与管理。图中第 3 象限表征的是参与式。

④授权式领导(低工作、低关系)。当员工发展到成熟阶段时,领导者应采取"低工作、低关系"的领导方式,即授权式。授权式的领导者给下属以权力,让他们有一定自主权,"八仙过海,各显神通",而领导者本人只起检查监督作用。图中第 4 象限表征的就是授权式。

这种领导方式的情境理论算不上完善,它只针对下属的特征,没有包括领导行为的其他情景特征,如职位权力、任务结构、上下级关系、组织特征、社会状况、文化影响、心理因素等。但它对于深化领导者和下属之间的研究,具有重要的基础作用。

【课堂活动 5-6】甲、乙、丙、丁四人是同一车间的操作工。甲进厂才 3 天。乙已工作半个多月了,能在师傅指导下进行劳动。丙刚开始独立从事操作。丁则已是老工人了。请选用一个领导有效性理论,谈谈如何对他们进行有效管理?

(3)途径—目标理论。继费德勒的权变理论之后,20 世纪 70 年代初一种新型的领导权变理论颇受重视，这就是加拿大多伦多大学教授豪斯的途径—目标理论。途径—目标理论是以期望几率模式和对工作、对人的关心程度模式为依据，认为领导者的工作效率是以能激励下属达到组织目标并且在工作得到满足的能力来衡量的。领导者的基本职能在于制定合理的、员工所期待的报酬，同时为下属实现目标扫清道路，创造条件。根据该理论，领导方式可以分为四种：

①指示型领导方式。领导者应该对下属提出要求，指明方向，给下属提供他们应该得到的指导和帮助，使下属能够按照工作程序去完成自己的任务，实现自己的目标。

②支持型领导方式。领导者对下属友好，平易近人，平等待人，关系融洽，关心下属的生活福利。

③参与型领导方式。领导者经常与下属沟通信息，商量工作，虚心听取下属的意见，让下属参与决策，参与管理。

④成就指向型领导方式。领导者做的一项重要工作就是树立具有挑战性的组织目标，激励下属想方设法去迎接挑战，实现目标。

途径—目标理论告诉我们，领导者可以而且应该根据不同的环境特点来调整领导方式和作风，当领导者面临一个新的工作环境时，他可以采用指示型领导方式，指导下属建立明确的任务结构和明确每个人的工作任务；接着可以采用支持型领导方式，有利于与下属形成一种协调和谐的工作气氛。当领导者对组织的情况进一步熟悉后，可以采用参与者式领导方式，积极主动地与下属沟通信息，商量工作，让下属参与者决策和管理。在此基础上，就可以采用成就指向式领导方式，领导者与下属一起制定具有挑战性的组织目标，然后为实现组织目标而努力工作，并且运用各种有效的方法激励下属实现目标。

领导权变理论统合了领导现象的复杂性，把领导者个人特质、行为者行为及领导环境相互联系起来，从而创造了一套比较完善的领导理论体系，为人们提供了研究领导现象的新途径和提高领导效能的新方法，这就在很大程度上拉近了领导理论与领导实际的距离，满足了实际领导工作者对领导理论的需要。

【课堂活动5－7】刚刚大学毕业的吴君通过学校推荐来到某钢材集团总公司下属的第三分公司，给张总经理做秘书。张总经理可谓日理万机，因为公司的大小事情都必须向他汇报，得到他的指示才能行事。尽管如此，吴君感到工作还是比较轻松。因为任何事情她只需要交给总经理，再把总经理的答复转给相关责任人，就算完成任务了。可是好景不长，因为张总经理每日奔波劳碌，最终病退了。

新上任的王总经理对吴君大小事情都要请示的做法提出了批评，让她慢慢学会分清轻重缓急，有些事情可以直接转交其他副总经理处理。这样，王总经理每日有更多的时间去考虑公司的长远目标，确立组织发展方向，然后组织高层领导者开会进行研讨。自王总经理上任以来，公司明确了新的发展方向、市场定位及公司内部的规章制度，公司的业绩也在短期内有了很大的提高。同时,吴君也很忙碌,有时需要跑很多的部门去协调一件工作。不过这让她觉得学到了很多东西,也充实了不少。因为业绩突出,王总经理干了一年就被调到总公司去了。

之后又来了李总经理。相对于张总经理事必躬亲以及王总经理有张有弛,李总经理就要随意得多了。他到任以后,先是了解公司的总体情况,感到非常满意,就对下面的经理说:“公司目前的运营一切顺利。我看大家都做得比较到位,总经理嘛,关键时刻把把关就可以了,不是很重要的事情你们就看着办吧。”这样一来,吴君享受到了自工作以来没有过的轻松,因为一周也没有几件事情要找总经理。

吴君现在有时间了,她对比、思考着这三位领导的领导风格,真是各有各的特点。

思考讨论:

(1)你认为三位领导的风格有区别吗?请按照所学的情景领导模型进行归类。

(2)你认为哪位领导的管理风格更可取?

任务 5.3　探究领导艺术

领导者要卓有成效地工作,不仅需要有科学的领导理论为指导,而且还要讲究领导艺术。

5.3.1　领导艺术的含义

所谓领导艺术,就是领导者在其知识、经验、才能和智慧等因素的基础上,在履行领导职能的过程中,运用高超的方法和技巧,创造性地运用领导原则和方法的才能。

领导艺术是领导者个人素质的综合反映,是因人而异的,是领导者的一种特殊才能。这种才能表现为创造性地运用已经掌握的科学知识和领导方法,是领导者的智慧、学识、胆略、经验、作风、品格、方法、能力的综合体现。领导者在进行领导工作过程中,要面对不同的人、不同的事物,而人是多种多样的,事物也是在不断变化的,因此领导者要灵活运用各种领导方法,创造性地开展工作,以实现组织的目标。

5.3.2　领导艺术的特性

领导艺术有如下特性:

(1)创造性和突破性。领导者在履行领导职务的过程中,运用领导艺术能创造性地解决疑难问题。在解决问题过程中往往没有按部就班的程序,而是能迅速抓住问题的关键或要害,对准具有决定意义的关键环节,集中力量,迅速突破,具有明显的创造性和突破性。

(2)非模式性和非规范性。领导艺术没有一成不变的模式,也没有特殊的规范,在领导行为过程中可以不受任何条条框框的束缚,充分发挥领导艺术的魅力。所以,领导艺术不容易进行常规学习,也不容易模仿或复制,具有明显的非模式性和非规范性。

(3)灵活性和随机性。由于领导艺术不是简单地运用一般的领导方法,而是根据周围变化的条件,灵活地、创造性地解决问题,往往以随机应变取胜。

5.3.3 领导艺术的内容

(1)合理用人艺术。在知识经济时代,如何有效地建设一支高素质的人才队伍,已成为企业的当务之急。面对新的时代挑战,作为现代领导者,如何用慧眼识别人才、挑选人才?如何用制度保证优秀人才脱颖而出并成长发展,留得住人才?这些都对现代领导者的"用人之道"提出了新的要求。

①领导者择人艺术。用才必先识才,识才是为了更好地用才,在现今的改革大潮中,有很多技术过硬、能力强、具有管理和开拓精神的人才聚集在领导者身边,以期待着得到赏识、重用。当然,人才也不尽相同。领导者用人,如果只看其实际经验,只看其政绩,不是什么高超的识才艺术,认识没有实践经验的人才才是高超的识才艺术。因此,领导应该慧眼识英才,放开眼界发现人才,坚持以马列主义的认识论和方法论为指导,全面、发展地考察人才,建立科学的人才考察测评机制,从德、能、勤、绩等方面严格考察,正确地识别人、发现人,得到贤能志士。

管理大师韦尔奇对择人艺术有其独特的见解。他认为,挑选最好的人才是领导者最重要的职责,领导者的工作就是把全世界各地最优秀的人才招揽过来。他说:"一个组织中,必有20%的人是最好的,70%的人是中间状态的,10%的人是最差的。"这是一个动态的"活力曲线",即每个部分所包含的具体人一定是不断变化的。一个合格的领导者,必须随时掌握那20%的动向,并制定相应的机制在70%的"中间者"中发掘出有特长的人才,从而使20%的优秀者不断地得以补充与更新。可见,韦尔奇更为注重在制度的保证下从组织内部发现优秀的员工。

②领导者管人艺术。经过"知人"与"择人",领导者已掌握了一定的人力资源,但这并不是说领导者就可以高枕无忧了。人才管理艺术是领导者择人艺术的自然过渡,也是人才真正发挥作用的重要保证。那么,领导者如何才能做到"善任"人才,即如何实行有效的人才管理呢?

• 人尽其才,物尽其用。对于人才管理,领导者首先必须做到"人尽其才,物尽其用",要对人才合理分配和调度。面对更复杂化的环境,领导者只有广泛地汇集各方面的人才才是制胜之道。"集合众智,无往不利",一个人的才干再高,也是有限的,而将众才为我所用,将许多偏才融合为一体,就能组成无所不能的全才,发挥出无限巨大的力量。领导者要做到"人尽其才"：首先，要求领导者要不搞集权，敢于知人善任，放手管理，要有博大胸怀和谋略家的远见卓识。其次，建立科学的人才管理机制，为人才管理提供规范化、制度化的运作保证。第三，作为领导者，要敢于提拔开拓进取的人才，重视胸襟宽广的人才，不拘一格用各种合适的人才。最后，领导者应充分重视人才管理，把管人艺术提升到相当的高度，应认识到人才管理是每天都必须思索的大事。

• 用人不"疑"与用人也"疑"相结合。俗语说"用人不疑，疑人不用"，当你对一个人的德与才有了相当的了解，认为他适合从事这项工作时，你就应该用而不疑，信任他、支持他，让他大胆地开展工作、充分施展自身才华。但现代企业由于面临着复杂多变的内外部环境，却不得不"用人也疑"了。当然，这并不是对员工人格的怀疑。这里的"疑"是指必要的约束和监督。任何事物都是在不断地发展变化的，员工的才能和修养也是变化的。一个人也会随着时间的推移或环境的变化而发生变化，其才能和道德修养会趋向好或坏，而不可能是一成不变的。所以说，领导者用人也要"疑"。"路遥知马力，日久见人心"说的就是这个道理。另外，用人不疑不等于放任。没有约束的权力是非常危险的，所以在信任的前提下进行必要的约束和监督是十分明智的。当然，如何处理好疑与不疑之间的关系，就要看领导者领导水平的高低了。但只要领导者用人是出于公心，从工作和事业出发，就容易处理好二者之间的关系。

③保持与下属的友好关系。在现实的组织领导实践中，领导者的各项工作目标、决策和意图都是在与人交往的过程中实现的。所以，领导者与个人交往特别是与下属交往的水平将不可避免地影响领导者管理效能的发挥。这很恰当地解释了为什么有的领导者能顺利地实现预定的目标，而有的领导者在实现目标的过程中却遇到来自下属这样或那样的阻力。在与下属的交往中，低水平的交往常常是单纯靠权力、地位和行政命令。这种交往不但不能产生良好的心理气氛，反而会使下属感到不快，甚至产生抵触情绪，这将大大降低信息传递和反馈的效应，对于组织目标的实现必将是有百害而无一利。而高水平的交往则伴随着情感交流，这种交往使人心情愉快，充满着信任、支持和谅解，因而信息传递和反馈效应也就会大大提高，领导者与下属在融洽的氛围中可以更顺利地达到组织的最终目标。所以，保持友好关系是用人艺术中不可缺少的一环。

④善于容才"之长、之过、之仇"。

• 容才之长。人各有长处，在用人中，领导者要敢于使用能力比自己强的人，取人之长，补己之短，相互促进。而在实践中，有些领导为了使手中的权力"永不消失"，十分嫉妒别人之长，害怕部下超越自己，对才华出众者总想贬低、诋毁、压制，使才华超群者无职无权，才能平庸者官运亨通，其做法甚是愚蠢，导致误人、误事。

• 容才之过。"人非圣贤，孰能无过"，这要求领导者能正确对待一个人的缺点和不足，不能求全责备。用人要看主流，用他的一技之长，帮助其改正缺点，使之奋发向上、事业有成。实践证明，凡是有所作为的领导者，多数都能容人之过。

• 容才之仇。这是容才的最高境界，是一种高尚的品德。领导者容才不仅要容才之长、之过，还要能容才之仇，领导者要有海量容纳人、团结人，充分发挥每个人的最大作用，使他们更好地贡献聪明才智。

• 善用能人。在实践中，领导者要用能人，首先，就要具备一双“慧眼”识能人。能人是有的，关键是我们能不能发现。其次，要敢于用能人，用好能人。当前有些领导虽然面对众多有能之士，但由于虚荣心和安全感作祟，只愿意任用比自己稍逊一筹的庸人，而不愿用能人，即使用了，也不委以重任，处处排挤，导致能人效应难以发挥。因此，领导者在用人中不仅要有举才之德、容才之量，更要善于用能人。

• 敢用年轻人。尽管年轻人经验不足，但他们是最富有创造力的，他们未必比资历深的长者知道得少。特别是当人类跨入知识经济时代之后，知识更新周期越来越短，信息沟通日益宽广方便，这正是年轻人大显身手的好时机。因此，领导者更应注意发现和重用有能力、善学习、有业绩的年轻人，坚持“用养结合”，把人才起用于“黄金时期”，放置于“关键岗位”，在使用中育人、成人。

• 以人为本。首先，坚持以人为本，为人的潜能的发挥创造良好的社会环境。没有良好的环境，不仅难以发现人才、培养人才，即使有了人才，也无法做到人尽其才、才尽其用，最终留不住人才。其次，应该突出人才为本的思想，形成尊重知识、尊重人才的浓厚氛围；第三，应该为创新型人才撑起“保护伞”，不因人才在创新过程中的挫折和失误而叫“停”，不因创新型人才的某些缺点和个性缺陷而另眼相待，不因闲言闲语而失去对人才的信任和支持；第四，应该优化人才政策环境，用真挚的感情关心人才，用适当的待遇吸引人才，用良好的生活环境留住人才，并为人才解除后顾之忧，使他们能够专心致志地投身到事业之中。

【管理故事5-2】

用人之道

去过庙的人都知道，一进庙门，首先是弥勒佛，笑脸迎客，而在他的北面，则是黑脸的韦陀。

但相传在很久以前，他们并不在同一个庙里，而是分别掌管不同的庙宇。

弥勒佛热情快乐，所以来的人非常多，但他什么都不在乎，丢三落四，没有好好地管理账务，所以依然入不敷出。而韦陀虽然管账是一把好手，但成天阴着个脸，太过严肃，搞得人越来越少，最后香火断绝。

佛祖在查香火的时候发现了这个问题，就将他俩放在同一个庙里，由弥勒佛负责公关，笑迎八方客，于是香火大旺。而韦陀铁面无私，锱铢必较，则让他负责财务，严格把关。在两人的分工合作中，庙里一派欣欣向荣的景象。

管理启示：在用人大师的眼里没有废人，正如武功高手，不需名贵宝剑，摘花飞叶即可伤人,关键是看领导者如何使用。同样,在企业里也没有“废”的员工,关键是看领导者如何使用他们。

【课堂活动5-8】美国通用电气公司的总裁杰克·韦尔奇是20世纪最伟大的CEO之一,被誉为“经理人中的骄傲”“经理人中的榜样”。在一次全球500强经理人员大会上,韦尔奇与同行们进行了一次精彩的对话交流。

有人说:“请您用一句话说出通用电气公司成功的最重要原因。”

他回答:“是用人的成功。”

有人说:“请您用一句话来概括高层管理者最重要的职责。”

他回答:“是把世界各地最优秀的人才招揽到自己的身边。”

有人说:“请您用一句话来概括自己最主要的工作。”

他回答:“把50%以上的工作时间花在选人用人上。”

有人说:“请您用一句话说出自己最大的兴趣。”

他回答:“是发现、使用、爱护和培养人才。”

有人说:“请您用一句话说出自己为公司所做的最有价值的一件事。”

他回答:“是在退休前选定了自己的接班人——伊梅尔特。”

有人说:“请您总结一条重要的用人规律。”

他回答:“一般来说,在一个组织中,有20%的人是最好的,70%的人是中间状态的,10%的人是最差的。这是一个动态的曲线。一个善于用人的领导者,必须随时掌握那20%和10%的人的姓名和职位,以便实施准确的奖惩措施,进而带动中间状态的70%。这个用人规律,我称之为‘活力曲线’。”

有人说:“请您用一句话来概括自己的领导艺术。”

韦尔奇回答:“让合适的人做合适的工作。”

思考:“让合适的人做合适的工作”,请根据这句话,谈谈作为企业领导应该如何选人、用人、留人。

(2)有效授权艺术。一个成功的领导者,并不需要事事亲为,而是通过适当的授权,让下级充分发挥积极性和创造力,从而实现自己的目标。授权是员工参与管理的最高形式,是员工实现自我领导的有效途径。有效授权可以将领导者从日常事务中解脱出来,腾出时间和精力处理重大问题,提高管理效率,有利于领导者培养和发现人才,有利于调动下属的工作积极性,增强其责任心,有利于提高下属的工作安全感,有利于团队建设,有利于提高决策的质量。

①授权的含义。所谓授权,就是指上级赋予下级一定的权力和责任,使下属在一定的监督之下,拥有相当的行动自主权。它包括三层含义:一是单向性,即权由上级授予下级;二是对等性,授予下级的权力和责任是相等的;三是明确了双方的权利与责任,授权者对被授权者有指挥、监督权,被授权者对授权者负有汇报情况及完成任务之责。

②领导者授权的过程。领导者授权的过程分为四个步骤：

第一步：分派任务。指授权者希望受权人去做的工作，它可能是要求受权者写一个报告或计划，也可能是要求其担任某一职务承担的一系列职责。

第二步：授予权力。选择授权的对象及确定权力范围，使受权人具有指挥和监督一定工作的权利。

第三步：明确责任。受权者的责任主要表现为向授权者承诺保证完成所分派的任务，是工作责任。授权时，可以采取征询、启发、诱导等方式，让部属参与目标制定；部属自行决定完成任务的方式、方法、步骤。

第四步：监督与控制。授权者在授权过程中对受权者有监控权，有权对受权者的工作进行情况和权力使用情况进行监督检查，并根据检查结果调整所授权力或收回权力。

③领导者授权应注意的问题。在授权过程中，往往存在一些问题：职权范围界定不清，任务下达不明确；受权人有责无权；参谋机构适用不当，使用过程中领导者可能会陷于专家的包围之中，削弱直线管理人员的权力等。因此，在授权的过程中还需要注意：

一是将授权制度化，强迫领导者授权。为了防止领导者由于个人原因而不愿授权，组织可采取一些政策，迫使其授权。例如，加大管理幅度，同时对工作提出一个较高的标准，领导者为了确保任务的完成，除了授权别无他法；也可以规定领导者只有当他们有了能够接替他们的下级人员时才予以提升，使领导者注重培养下属；还可以就职权范围做出明确规定。

二是建立良好的组织文化，营造相互信任的氛围。授权后就该适度放手，与其紧迫盯人，不如在开始时就交代清楚，然后放手让员工做。这样管理者既可以省一些精力，员工也可以试一试自己的能力。

三是根据下属的素质和管理水平进行不同的授权。根据下属能力、素质、态度的差异分别实行四种不同的授权方式：第一是有限授权，对刚进公司缺乏工作经验的新员工，可采用有限授权方式，交给他们最基本的事务性工作，同时对他们的行为进行实时监督检查，促使他们尽快熟悉工作过程和技能；第二是弹性授权，当下属有了一定工作经验，但技能欠缺时，这时就可以采取弹性授权制，不仅可以使他们负责一些具有挑战性的工作，同时给他们相当的工作支持；第三是不充分授权，当下属具有相当经验和技能时，主管可将非常重要的工作交给他做，如重要项目的谈判、公司最主要客户的拜访、公司重要决策的参与制定等；第四是充分授权，充分授权的对象通常是公司的核心员工，是企业重点培养的对象，对这类员工完全授权，任其自由发挥。

四是用人之道，这是一门复杂精细的领导艺术，需要领导者在实践中不断地探索和总结。择人艺术保证了组织有才可用，而管人艺术则可使人尽其才，这两个方面互为前提、互为保证，缺一不可。在社会竞争日益激烈的今天，培养自己用人的艺术已经成为领导者磨练内功、改善经营、不断增强内部活力和外部竞争力的重要课题。

【课堂活动5-9】三国诸葛亮在上后主的《街亭自贬疏》中道:"街亭违命之阙,箕谷不戒之失,咎皆在臣,授任无方"。诸葛亮忠心耿耿辅助阿斗,日理万机,事事躬亲,乃至"自校簿书",对此其对手司马懿有评价。司马懿一次接见诸葛亮的使者,问:"诸葛亮身体好吗?休息得怎么样?"使者对司马懿说:"丞相夙兴夜寐,罚二十以上,皆亲览焉;所啖食,日不过数升。"使者走后,司马懿对部将说:"孔明食少事烦,其能久乎!"果然不久,诸葛亮病逝军中,蜀军退师。问题:诸葛亮为蜀汉"鞠躬尽瘁,死而后已",但为什么蜀汉仍最先灭亡?

【课堂活动5-10】卡尔森被称为管理"天才"。1978年,瑞典航空公司出现危机,无力偿还债务,北欧联航任命卡尔森为该公司的总经理,一年之后,瑞航扭亏为赢,获得了相当丰厚的利润。1980年,整个北欧联航出现危机,卡尔森走马上任北欧联航总经理,仅用两年就使这个庞大的企业集团扭亏为赢,获得生机。

北欧联航董事会的董事们起初并不十分喜欢卡尔森,因为他并不是一个十全十美的人,他身上优点和缺点并存,有时缺点还非常突出。就个人作风而言,卡尔森自称是个"有表现癖"的好出风头者,声称"天下三百六十行,行行都在表演亮相"。一些同事对他动辄对报界发表谈话的夸夸其谈的作风大为不满。他曾要求将公司改名为斯堪的纳维亚皇家航空公司,觉得这样更符合这个君主国的国情,结果碰了一鼻子灰。第一副董事长反唇相讥:"你自己是不是也想改名换姓?"尽管如此,由于卡尔森在经营管理方面的出色才能,北欧联航的董事们还是愿意让卡尔森出任总经理,不过也针对他做出了一些监督、约束的规定和措施。

思考:结合案例分析,领导合理用人的艺术主要包括哪些方面?

【管理故事5-3】

鹦 鹉

一个人去买鹦鹉,看到一只鹦鹉前标着"此鹦鹉会两门语言,售价200元",另一只鹦鹉前则标着"此鹦鹉会四门语言,售价400元"。该买哪只呢?两只都毛色光鲜,灵活可爱。这个人转啊转,拿不定主意。结果突然发现一只老掉了牙的鹦鹉,毛色暗淡散乱,却标价800元。

这人赶紧将老板叫来说:"这只鹦鹉是不是会说八门语言?"

店主说:"不。"

这人奇怪了,问:"那为什么又老又丑,又没有能力,会值这么价钱呢?"

店主回答说:"因为另外两只鹦鹉叫这只鹦鹉为老板。"

管理启示:真正的领导人,不一定自己能力有多强,只要懂信任,懂放权,懂珍惜,就能团结比自己更强的力量,从而提升自己的身价。相反,许多能力非常强的人却因为过于追求完美,事必躬亲,认为什么人都不如自己,最后只能做最好的攻关人员、销售代表，成不了优秀的领导人。

【任务实施】

工作任务5　对企业领导者实地访谈

【实训目的】

通过对本地某企业领导者的访谈，初步了解领导的含义、领导者与管理者的区别、领导的影响力的来源、领导者应具备的素质及工作中运用的领导艺术，初步培养自身的领导意识与艺术才能。

【任务内容】

通过你的家长或亲友，认识一位企业的领导者并与其交流，倾听他的领导经验和体会，了解他在工作中遇到的问题，用你所学的领导理论与他一起探讨解决的办法。

【任务要求】

1.将学生分组，以6—8人为一组，各组选出一名负责人，组内分工合作完成任务。

2.各组分任务进行实地调研，做好记录工作。

3.检查工作过程及成果，对此次调研过程进行回顾整理和总结，并写出调研报告。

4.负责人以PPT形式汇报调研报告。调研报告应包含以下内容：

(1)领导的作用；

(2)领导者如何运用影响力影响下属；

(3)领导者应具备的素质和领导艺术才能；

(4)实际工作中领导者经常用到的领导理论有哪些？

(5)判断该领导者领导工作的有效性。

5.PPT汇报时间为20 min。

【任务评价】

根据列出的评价标准及分值，对**“工作任务5　对企业领导者实地访谈”**要检查的内容进行评价，判断是否已达到项目5列出的知识目标与技能目标。

评价方式采取过程评价和结果评价两种方式，老师评价和小组内部成员互相评价相结合。过程评价和结果评价综合得分为学生的此工作任务得分。在工作任务实施时，要事先确定好两个比重：一是任务过程评分和任务成果评分占总得分的比重；二是老师评分和小组评分占总得分的比重。

任务过程评价表见表5-2。

表 5-2　任务过程评价

被考核人		任务评价总得分		
检查内容	评价标准	分值	老师评价得分（　　%）	小组评价得分（　　%）
分工是否合理				
能否快速进入角色				
是否全员参与				
团队是否协作				
态度是否认真				
合　　计				

任务成果评价见表 5-3。

表 5-3　任务成果评价

被考核人		任务评价总得分		
检查内容	评价标准	分值	老师评价得分（　　%）	小组评价得分（　　%）
调研报告	领导的作用内容分析得是否全面			
	关于领导者的影响力的分析是否正确			
	领导者应具备的素质和领导艺术才能是否符合企业实际情况			
	分析领导者经常用到的领导理论是否正确			
	判断该领导者领导工作的有效性是否正确			
PPT 汇报	仪态仪表是否规范			
	语言表达是否流畅			
	思维逻辑是否清晰			
	PPT 制作情况			
时间	在规定时间内是否完成			
合　　计				

任务总评价见表 5-4。

表 5-4　任务总评价

被考核人		工作任务总得分	
工作任务	对企业领导者实地访谈		
	权重前得分		权重后得分
任务过程评价（　　%）			
任务成果评价（　　%）			
备　　注			

【项目小结】

根据企业管理活动顺序，本项目是第五个项目。通过本项目的学习，你应该能够体会：

领导是管理工作的一项重要职能，领导者的行为对于一个组织或部门管理的好坏，具有决定性的影响。领导是一种影响力，领导者的影响力大致可以归纳为权力性影响力和非权力性影响力。权力性影响力属于强制性影响力，对下属的影响有强迫性、不可抗拒性，对其激励作用是有限的。非权力性影响力属于自然影响力，比较稳定和持久，是潜移默化的作用，使被管理者从心理上信服、尊敬、顺从和依赖，并改变其行为。

西方很早就开始了对领导理论的研究，领导理论是研究领导有效性的理论，主要有领导特质理论、领导行为理论、领导权变理论等，其中领导权变理论最具影响力，代表理论有菲德勒权变模型、领导生命周期理论、途径—目标理论等。

领导过程是一个影响的过程，是领导者影响被领导者完成组织任务的过程。因此，需要提高被领导者完成任务的自觉性、积极性和主动性，就需要领导者善于掌握和运用领导艺术与技巧。

本项目围绕**“领导职能”**设计了各环节的基本知识，设置了**知识目标**、**技能目标**、**任务导入**、**任务知识**、**任务实施**、**项目小结**、**项目测试**、**课堂活动**、**管理故事**等栏目，体现了对重要知识的重组。

本项目进程以**任务导入**开始，以**项目测试**结束，希望读者在完成各分项任务之后，能够及时进行自我的过程性评价。

完成本项目将为学习**“项目6　激励”**奠定良好的基础。

【项目测试】

一、单项选择题

1.领导是指(　　)。

A.对下属进行授权以实现组织既定目标的过程

B.对所拥有的资源进行计划、组织、指挥、监控以实现组织目标的过程

C.通过沟通，影响组织成员，使他们追随其所指引的方向，努力实现组织目标的过程

D.通过行政性职权的运用，指挥组织成员按既定行动方案去实现组织目标的过程

2.领导者的风格应当适应其下属的风格，领导者的行为应当随着下属“成熟”的程度不同做出相应的调整。这一观点出自于(　　)。

A.领导方式理论　　B.领导方格理论

C.途径—目标理论　　D.领导生命周期理论

3.根据领导生命周期理论，对成熟的下属应采取何种领导方式？(　　)

A.高工作、高关系　　B.高工作、低关系

C.低工作、高关系　　D.低工作、低关系

4.如果你是某公司的总经理,在周末接到一个重要客户的电话。客户非常着急,因为他们购买的设备出了故障,需要紧急更换零部件。但这个时候公司全体人员都下班了。在这种情况下,你认为应该采取哪种做法?(　　)

A.告诉顾客周末找不到人,下周一一定帮他解决

B.认为这个客户很重要,找人很麻烦,亲自处理

C.打电话给主管经理让他设法马上处理

D.请值班人员打电话给主管经理安排处理

5.海尔集团前总裁张瑞敏认为:市场在变,你今天强,未必永远强;我用你,同时也怀疑你、监督你,这才是对人才的爱护。这说明领导者用人时要(　　)。

A.用人不疑　　B.容才之过　　C.用人也疑　　D.善用能人

6.韦尔奇说过:"管理就是合理的授权。然而,领导者仅仅授权10%的工作。"这说明,领导者授权时(　　)。

A.权责对等　　B.权小于责　　C.有权无责　　D.有责无权

7.陈先生多年担任某大型企业的总工程师职务,前不久正式退居二线,但他的继任者进行重大工程技术决策前,还是主动前去征询他的意见。之所以出现这种情况,主要是陈先生拥有(　　)的影响力。

A.任职多年　　B.德高望重　　C.势力较大　　D.技术专长

8.年轻的王先生是某公司的技术人员,一年前被调到公司企划部任经理。考虑到自己的资历、经验等,他采取了较为宽松的管理方式。试分析下列哪一种情况下,王先生的领导风格最有助于产生较好的管理效果?(　　)

A.企划部任务明确,王先生与下属关系好但职位权力弱

B.企划部任务明确,王先生与下属关系差但职位权力强

C.企划部任务不明确,王先生与下属关系差但职位权力弱

D.企划部任务不明确,王先生与下属关系好但职位权力强

9.总经理办公室的王翔受命组建企业的信息中心,为此他在企业内挑选了一些人员作为信息中心的工作人员,包括小陈、小蔡和老林等。其中,小陈是王翔的中学同学。在王翔看来,小陈虽然人比较朴实,但能力实在有限,做工作虽然不至于犯什么错误,但动作太慢。尽管如此,王翔觉得小陈其他方面如为人等还是不错的,又是老同学,便选中他到信息中心工作。据此可以判断王翔属于(　　)领导。

A.任务导向型　　B.关系导向型　　C.民主型　　D.专制型

10.对于领导者来说,进行授权的主要原因在于(　　)。

A.使更多的人参与管理工作　　B.充分调动下属的积极性

C.让自己有时间做更重要的工作　　D.减少自己的工作负担

二、多项选择题

11.下列关于领导与管理的说法错误的有(　　)。

A.领导就是管理　　B.领导包括管理

C.领导是管理的一项职能　　D.所有的领导都是管理

12.关于领导的定义,下列理解正确的有(　　)。

A.领导者必须有部下或追随者

B.领导者必须位于一定的职位之上

C.领导者拥有影响追随者的能力或力量

D.领导的目的是通过影响部下来达到组织的目标

13.现代管理学中的领导理论包括(　　)。

A.目标激励理论　　B.行为领导理论　　C.权变领导理论　　D.条件领导理论

14.领导方式的基本类型有(　　)

A.专制型领导　　B.民主型领导　　C.放任型领导　　D.权变型领导

15.领导者基于职位的权力在其权力构成中居主导地位,主要包括(　　)。

A.法定权　　B.奖励权　　C.组织权　　D.处罚权

16.根据领导生命周期理论,领导者的风格应该适应其下属的成熟度而逐渐调整。这里的成熟度主要是指(　　)。

A.心理成熟　　B.知识成熟　　C.工作成熟　　D.生理成熟

17.俄亥俄州立大学的研究者通过调查研究,总结出描述领导者行为的两个维度,分别是(　　)。

A.关怀维度　　B.组织维度　　C.员工导向　　D.生产导向

18.美国管理学家菲德勒认为,(　　)是决定领导有效性的主要环境因素。

A.员工素质　　B.职位权力　　C.任务结构　　D.上下级关系

19.下列关于授权的说法正确的是(　　)。

A.授权具有单向性,是上级授予下级

B.授权具有对等性,授予下级的权力和责任是相等的

C.授权时要明确双方的权利与责任

D.授权者对被授权者有指挥、监督之权,被授权者对授权者负有汇报情况及完成任务之责

20.王先生早年是从事一线生产的熟练技术工人,由于个人技术的熟练、良好的品德和合作能力,组织上通过对他进行不断的培训,使他终于成为一名颇具管理头脑的中层管理者——生产部经理。上任后,他热情待人,亲自到生产一线与工人商讨技术问题;工人由于疏忽而出现差错,他并不是简单地批评指责,而是主动帮助员工分析解决

问题的根源，帮助他们提高技术水平。员工看到经理经常亲临生产作业现场，帮助员工发现并纠正问题，待人热情，工作松懈、偷懒等现象明显减少。请问：是什么权力使王经理产生如此大的影响？（　　）

A.个人影响权　　B.专长权　　C.法定权　　D.以上三项都是

三、案例分析题

案例1：一次重大的人事任免

某钢铁公司领导班子会议正在研究一项重大的人事任免。总经理提议免去公司所属的、有2000名职工的主力厂——炼钢一厂厂长姚成的厂长职务，提名其改任公司副总工程师，主抓公司的节能降耗工作；提名炼钢二厂党委书记林征为炼钢一厂厂长。姚、林二人都是公司的老同志了，从年轻时就在厂里工作，大家对他们的情况可以说是了如指掌。

姚成，男，48岁，中共党员，高级工程师。20世纪60年代从南方某冶金学院毕业后分配到炼钢厂工作，一直搞设备管理和节能技术工作，勤于钻研，曾参与主持了几项较大的节能技术改造，成绩卓著，在公司内引起较大震动。1983年他晋升为工程师，先被任命为一厂副总工程师，后又任生产副厂长，1986年起任厂长至今，去年被聘为高级工程师。该同志属技术专家型领导，对炼钢厂的生产情况极为熟悉，上任后对炼钢一厂能源消耗指标的降低起了巨大的推动作用。他工作勤勤恳恳，炼钢转炉的每次大修他都亲临督阵，有时半夜入厂抽查夜班工人的劳动纪律，白天花很多时间到生产现场巡视，看到有工人在工作时间闲聊或乱扔烟头总是当面提出批评，事后通知违纪人所在单位按规定扣发奖金。但群众普遍反映，姚厂长一贯不苟言笑，没听过姚厂长和他们谈论工作以外的任何事情，更不用说和下属开玩笑了。他到哪个科室谈工作，一进办公室大家的神情便都严肃起来，犹如"一鸟入林，百鸟压音"，大家都不愿和他接近。对他自己特别在行的业务，有时甚至不事先征求总工程师的意见，直接找下属布置工作，总工对此已习以为常了。姚厂长手下几位很能干的"大将"却都没有发挥多大的作用。据他们私下说，在姚手下工作，从来没受过什么激励，特别是当他们个人生活有困难需要厂里帮助时，姚厂长一般不予过问。用工人的话说，姚厂长"缺少人情味"。久而久之，姚厂长手下的骨干都没有什么积极性了，推一推动一动，只是维持现有局面而已。

林征：男，50岁，中共党员，高中毕业，在基层工作多年，现任炼钢二厂党委书记。该同志脑子灵活，点子多，宣传、鼓动能力强，具有较突出的工作协调能力。1984年出任炼钢二厂厂办主任，1986年调任公司行政处副处长，主抓生活服务，很快打开局面。1988年炼钢二厂党委书记离休，林征又回到炼钢二厂任党委书记。林征长于做人的工作，善于激励部下，据说对行为科学很有研究。他对下属非常关心，周围的同志遇到什么难处都愿意和他说,只要是厂里能办的,他总是很痛快地给予解。林书记民主作风好,工作也讲究方式方法,该他做主的事从不推三阻四。由于他会团结人(用他周围同志的说法是"会笼络人")、工作力强,在群众中享有一定的威望。他的不足之处是学历低,工作性质几经变化,没有什么专业技术职称(有人说他是"万金油"),对工程技术理论知之不多,也没有独立指挥生产的经历。

姚、林二人的任免事关炼钢一厂的全局工作,这怎么能不引起公司领导们的关注?公司领导心里反复掂量,考虑着对炼钢厂厂长这一重大人事变动提议应如何表态。

根据以上案例,回答第21、22题:

21.根据姚成的性格特点和技术专长,关于他的这次任免是否合适?

22.对厂长的领导素质、领导风格应有什么要求?林征会成为一名合格的厂长吗?

案例分析2:江东毛纺有限公司

江东毛纺有限公司的前身是江东毛纺厂,去年进行现代企业制度改革试点时才改制为有限公司。这是一家具有百年历史的老厂,是一家拥有近5 000名职工的国有大型企业。解放以前它是一家私营毛纺厂,新中国成立以后经过公私合营以及20世纪八九十年代的改革开放,经历了几十年的风风雨雨,江东毛纺厂从小到大,得到了很大的发展。特别在改革开放的年代里,企业在著名企业家张京的带领下,克服了种种困难,在我国毛纺行业整体不太景气的大环境中,一枝独秀,销售额、税利每年均以10%至20%的速度递增。20世纪80年代,该企业被评为国家一级企业。

江东毛纺公司的员工讲起公司的发展,都异口同声地说:公司之所以有今天,离不开公司的好当家——董事长兼总经理张京。张京今年54岁,毕业于华东纺织工学院,大学毕业后分配到江东毛纺厂工作,一干就是30多个年头。他从技术员开始干起,先后担任技术科组长、科长、技术副厂长。20世纪80年代初,毛纺厂面临改革开放带来的机遇,同时也遇到了企业从生产型向市场经营型转制带来的困难和挑战,企业的效益一度出现了下滑,这时张京接替离休的老厂长,挑起了厂长的重担。面对当时的形势,张厂长全面分析了企业的内外环境,深感要使企业继续发展必须注重内部管理:一方面,要有全新的观念来面对改革的形势,适应需要,同时要脚踏实地地推进企业内部改革,做好转制工作;另一方面,需要抓紧技改,落实各项管理措施,依靠技术和管理,保质保量地生产出顾客需要的产品。在张厂长这一思想的指导下,企业内部进行了一系列的改革,上下一心,使企业发展又上了一个台阶。在厂长这个岗位上,张京以全新的思路、踏踏实实的工作态度,和全厂员工一起做出了优异的成绩,他也被评为全国劳动模范和优秀企业家。

说起取得的成绩,张厂长总是说,这是大家努力的结果。他总结的一条成功经验,是处理好各种关系,特别是处理好与中层干部的关系。这条经验的背后饱含了张厂长大量的付出。企业要发展,必须要改革,要改掉计划经济体制下传统的一套,进而建立适应市场经济需要的体制。张京上任厂长后,首先感受到企业的组织机构设置不适应转制的需要。20世纪80年代初,毛纺厂职工不到2000人,可厂里科室、车间等部门却有50多个,厂里机构的设置都与上级主管公司、工业局上下对应,50多个部门大部分都有一正三副,有的是一正四副,加起来带"长"的中层干部就近200人。机构重叠、人浮于事的情况相当严重。这些干部整天忙忙碌碌,可是不少工作不仅于事无补,而且是在帮倒忙,严重影响企业的发展。经过调查研究,张厂长决心从改革厂的组织机构开始。这项工作一开始,张厂长就碰到了来自两方面的阻力:一是来自上级部门,他们反对改变上下对口设机构的做法,因为这要影响他们的工作,下面没有了对口的部门,他们没有了直接联系的对象,信息收集有困难了;二是来自中层干部,因为大家都知道,改革现行组织机构,必然要精简掉一些科室,拆掉了庙,就要搬菩萨、赶和尚,现有的利益格局要打破,一部分人会失去既得利益。果然,张厂长在厂务会议上宣布改革方案时引起了强烈的反响。工厂的科室和车间从原来的50多个精简为40个,每个部门只设一正一副,个别部门设一正二副。按张厂长当时的讲法,这只是机构改革的第一步,可接着而来的工作却使张厂长和党委书记忙了一年多时间。虽然做了大量工作,也采取了一些补救措施,比如决定由于精简机构而下岗的中层干部仍享受中层干部待遇等,面上基本摆平了,可张厂长深知,在这个过程中一部分人的利益受到了影响,他们的积极性也出现了问题。张厂长清楚地认识到,机构改革一定要搞好,否则企业适应不了市场经济的需要。因此,到了20世纪80年代末,张厂长又进行了一次大的组织机构改革:将原来的车间改制成分厂,将厂部的科室根据市场经济的需要做了调整和精简。改组后厂部科室只有15个,每个科室只设正职,另配一名助理。当然,方案的实施又碰到了各种阻力,也出现了不少思想问题。

进入20世纪90年代,面临"三资"企业和乡镇企业的挑战,同行业的大部分企业都连年滑坡,并出现了大面积的亏损。但江东毛纺厂由于在20世纪80年代较好地完成了转制,产销形势喜人,产值和利润逐年上升。本市和外地的同行企业纷纷来江东毛纺厂取经,这些厂家的领导看了江东毛纺厂的发展后,在与张厂长的交谈中表示差距主要在技术和管理上。面对这一形势,张厂长深入考虑了企业再次创业的问题。再次创业能否成功,关键在于干部队伍,特别是能否调动中层干部队伍的积极性,这是张厂长经过认真考虑后得出的结论。为此由他牵头,党委正副书记和工会主席组成小组,分别了解中层干部的状况,在调查研究的基础上提出切实可行的方案。经过一个多月的访谈,基本情况弄清楚了。现在的25位中层正职干部,大部分年龄在50至55岁,他们在厂里一般都有几十年工龄,绝大部分都是从基层管理者开始干起,既懂技术,又有着丰富的管理经验,毛纺厂有今天的成绩离不开他们辛勤的工作。一小部分正职干部和大部分助理均在30—40岁年龄段,这批人学历高,有新思想,也有闯劲,经过几年的锻炼,已具有了一定的管理经验。在访谈中,有的 50 多岁的干部表达了想在退休前干好工作,多挣些钱,为退休后的生活创造好物质保障条件的想法。经过分析,张厂长认为,这种想法是合理的,虽然不少 50 多岁的干部嘴上没说,但心里或多或少也有这种想法。而那些三四十岁的中青年干部大都希望组织能给他们压担子,有的直接表示希望能有更好的机会,施展自己的才干。面对干部的这些想法,张厂长想,这次不应再像以往搞精简机构时那样做减法,因为那样做虽是必要的,但使得一批原来的中层干部离岗,多少会影响他们的工作积极性,有些人的才干也没有机会得到充分施展。这次调整,应把中层干部的积极性都充分调动起来,要做加法,不仅要调动现有干部的积极性,还要提拔一批青年干部上来,能有更多的人来挑企业再次创业的重担。但到底怎样做才能达到这一目标呢?这是张厂长近来一直在思索的问题。

根据以上案例,回答第 23—24 题:

23.你认为张厂长是一个称职的企业领导者吗?为什么?他具有哪些领导特质?

24.你认为张厂长应该怎么做才能充分调动中层干部的积极性?

项目 6 PROJECT 6
激　励

【知识目标】

1.理解激励的含义、实质和构成要素,了解激励的模式;

2.掌握常见的激励的方式和手段;

3.掌握内容型激励理论、过程型激励理论和行为改造型激励理论的代表人物及其基本内容以及这些理论的管理启示;

4.掌握激励的原则,了解常见的激励误区,掌握走出激励误区的方法。

【技能目标】

1.能区分双因素理论中的保健因素与激励因素;

2.能综合运用激励理论完善企业的激励机制,帮助企业解决实际难题。

【任务导入】

我们所处的时代是一个经济全球化的时代,一个知识经济的时代。现代企业的竞争达到了白热化的程度。在这场没有硝烟的战争中,许多有头脑的企业家越来越重视利用自己最大的财富——员工。他们清醒地意识到:企业的生存和发展依靠的就是员工的智慧。如何最大限度地开发企业的人力资源,挖掘每位员工的最大潜力,已经成为企业管理者的首要任务。

激励是企业管理的重点,它对于调动员工的潜力、努力实现组织目标具有十分重要的作用。然而,激励往往被认为属于管理艺术和领导艺术的范畴,是一项令人敬而远之、望而生畏的工作。

20世纪初,美国心理学家之父威廉·詹姆斯提出行为动机要从本能和无意识的角度来探讨之后,现代心理学家随即提出动机激发循环的概念,即把需要、内驱力和目标三个相互影响、相互依存的要素连接起来,构成动机激发的过程。从此,一些激励理论逐渐被提出。时至今日，有代表性的激励理论不下10余种，这些理论从不同的侧面研究了人的行为动因，但每一种理论都具有其局限性。各种理论可以相互补充，得以完善。这些激励理论主要分为三大类：内容型激励理论、过程型激励理论和行为改造型激励理论。同时，激励机制模型也被建构并运行。

根据“激励”作业流程，我们将这一项目分为三个分项任务。这三个任务分别是：

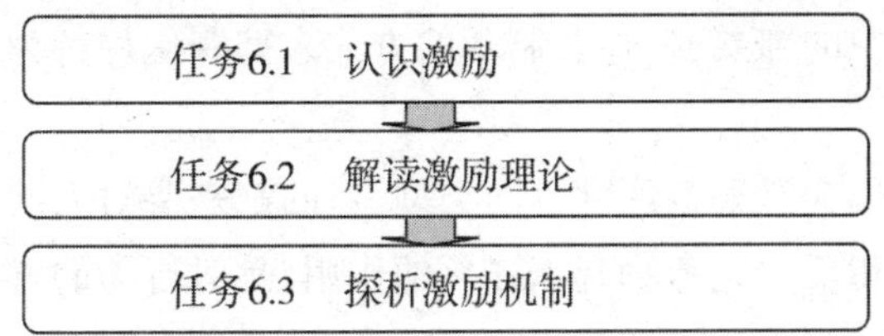

你可以对照知识目标和技能目标，反复演练，有的放矢地依次完成各分项任务，直至完成本项目，为早日成为现代企业管理所需的人才做好准备。

【任务知识】

任务6.1 认识激励

6.1.1 激励的含义与类型

(1)激励的含义。激励，即激发、鼓励，从心理学角度分析，就是利用某种外部诱因调动人的积极性和创造性，使人有一股内在的动力，朝向所期望的目标前进的心理过程；从管理角度分析，是指管理者运用各种管理手段，刺激被管理者的需要，激发其动机，使其朝向所期望的目标努力的心理过程。

(2)激励的类型。不同的激励类型对行为过程会产生程度不同的影响，所以激励类型的选择是做好激励工作的先决条件。

①物质激励与精神激励。物质激励，是指通过物质刺激的手段来激励员工，它的主要表现形式有发放奖金、津贴、福利补助等。物质需求是人类的第一需要，是人类从事一切社会活动的基本动因。所以，物质激励是激励的主要模式，也是现今我国企业内部使用最普遍的一种激励方式。

精神激励，是指通过成效的认可、表彰、授予荣誉称号、提级升职等手段，满足人的社交、自尊、自我发展和自我实现的需要，从而在较高层次上调动人的积极性。当一个人得到外界的认可和尊重后，所发挥的潜能是巨大的、超乎想象的，看似没有通过任何物质手段的给予，但因此而得到的却是任何物质激励手段没有办法获得的。

虽然物质激励与精神激励的目标是一致的，但它们的作用对象却是不同的。前者作用于人的生理方面,是对人物质需要的满足;后者作用于人的心理方面,是对人精神需要的满足。随着人们物质生活水平的不断提高,人们对精神与情感的需求越来越迫切。比如期望得到爱、得到尊重、得到认可、得到赞美、得到理解等。

②正激励与负激励。所谓正激励,就是当一个人的行为符合组织的需要时,通过奖赏的方式来鼓励这种行为,以达到持续和发扬这种行为的目的。所谓负激励,就是当一个人的行为不符合组织的需要时,通过制裁的方式来抑制这种行为,以达到减少或消除这种行为的目的。

正激励与负激励作为激励的两种不同类型,目的都是要对人的行为进行强化,不同之处在于二者的取向相反。正激励起正强化的作用,是对行为的肯定;负激励起负强化的作用,是对行为的否定。

③内激励与外激励。所谓内激励,是指由内酬引发的、源自于工作人员内心的激励;所谓外激励,是指由外酬引发的、与工作任务本身无直接关系的激励。

【知识链接 6-1】

内酬与外酬

内酬,是指工作任务本身的刺激,即在工作进行过程中所获得的满足感,它与工作任务是同步的。追求成长、锻炼自己、获得认可、自我实现、乐在其中等内酬所引发的内激励,会产生一种持久性的作用。

外酬,是指工作任务完成之后或在工作场所以外所获得的满足感,它与工作任务不是同步的。如果一项又脏又累、谁都不愿干的工作有一个人表示愿意去干,那可能是因为完成这项任务将会得到一定的外酬——奖金及其他额外补贴,一旦外酬消失,他的积极性可能就不存在了。所以,由外酬引发的外激励是难以持久的。

6.1.2 激励的心理过程

(1)激励的要素。

①需要。需要是激励的起点与基础,是人们积极性的源泉和实质。人的需要很复杂。一方面,人的需要分为基本的需要和第二位的需要。基本需要主要是如水、空气、食物、睡眠、安全等生理需要;第二位的需要主要是自尊心、地位、归属、情感、礼尚往来、成就和自信等。这些需要也因时、因人而异。另一方面,人的需要会受环境的影响,如闻到食物香味可以使人产生饥饿感;看到某商品的广告可激发人的购买欲望等。

②动机。动机是以需要为基础的,是推动人从事某种行为的心理动力。激励的核心要素就是动机。不论你是否意识到需要的存在,动机都是因需要而产生的。关于动机,许多人有一种错误的认识,即动机是人的一种个性特质,有些人有而有些人没有。

因此,在实践中会认为如果某一员工没有动机,则无法对他产生激励。

③外部刺激。这是激励的条件,是指在激励的过程中,人们所处的外部环境中各种影响需要的条件与因素,主要指各种管理手段及相应形成的管理环境。

④行为。行为的产生是由动机所驱使的。在任何一个企业中,管理者所需要的是人的行为,这是激励的目的。每个人的行为的产生都是由动机所驱使。所有人的所有行为都有动机,只是每个人的行为动机有所差别,而且每个人的动机还可能因时、因地而有差别,这样就产生了动机与环境的关系,动机受环境的影响和制约。

(2)激励的过程模式。从心理学角度讲,激励过程是需要决定动机、动机产生行为的过程。可是作为一个具体的激励过程来说要复杂得多。当然,需要始终是激励过程的原动力。当需要未被满足时,会产生紧张进而激发个人的内在驱动力,驱动力又驱使人们去寻找能满足需要的行为,结果需要得以满足,紧张感随即消失。从管理学角度讲,激励过程是在外界刺激变量(各种管理手段与环境因素)的作用下,使内在变量(需要、动机)产生持续不断的兴奋,从而引起被管理者积极的行为反应(实现目标的努力)。因此,激励是"需要→行为→满意"这样一个连锁过程。一般情况,我们可以用图6-1来表示激励的过程。

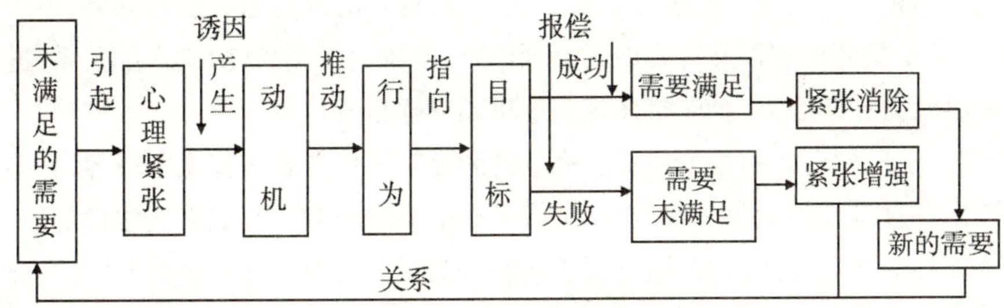

图6-1 激励过程模式

在激励过程中可能会发现,有些需要很容易得到满足,而有些需要满足起来很困难,所以激励的过程有时间长短之分。有些需要可能根本无法满足,尽管付出了巨大的努力也无法满足,这时可能出现两种结果:一种是产生更强烈的需要,付出更大的努力,直至实现需要,达到目的,这是积极的结果;另一种是在需要无法满足时,该需要消失,可能产生其他需要,这是消极的结果。一种需要得到满足后,新的需要便产生,新的激励过程又开始了,如此往复。

组织对员工的激励,要密切注视并研究激励的过程。有时员工的需要可能不是组织的需要,员工的目标也可能不符合组织的目标,其结果是员工的行为与组织需要的行为不一致。例如,员工需要工作轻松自在,因而不努力工作,所以他努力的目标是少工作,这种努力对组织没有任何价值。所以,组织必须积极引导员工的需要,尽量与组织的目标相一致,最终达到良好的激励效果。

6.1.3 激励的作用

激励对企业的管理和发展来说，是一种灵丹妙药，具有无比神奇的作用，主要表现在以下四个方面：

(1)有助于激发和调动员工的积极性。美国哈佛大学心理学家威廉·詹姆斯的研究表明，积极性可以使员工智力和体力能量得到释放，从而提高工作效率，超额完成任务。未受激励的员工，其工作积极性只发挥10%至20%，而受到激励的员工，积极性的发挥程度可以达到80%至90%或更高，并在工作中始终保持高昂的热情和士气。这是激励的核心作用。

(2)有助于企业吸引和留住人才。当今时代，人才尤其优秀人才正日益成为企业竞争中的决定性因素。企业只有在日常工作中真正贯彻“以人为本”的经营理念，推行完善的管理系统和激励机制，满足员工基本需要，员工才会为企业创造价值，企业才能吸引人才、留住人才，激活人才的内在动力和积极性。

(3)有助于增强企业的凝聚力。企业是由若干个员工个体、团队组成的有机结构，如果管理者运用人性化管理的模式与员工交朋友，进行心灵沟通，使员工感到平等与被尊重，满足员工受尊重和社交等方面的心理需要，鼓舞员工士气，协调人际关系，进而增强企业的凝聚力和向心力，企业整体就会像机器一样正常运行。

(4)有助于造就良性的竞争环境。科学的激励制度包含着一种竞争精神，它的运行能够创造出一种良性的竞争环境，进而形成良性的竞争机制。在具有竞争性的环境中，企业员工就会受到环境的压力，这种压力将转变为员工努力工作的动力。

6.1.4 激励的原则

领导者在实施激励时应遵循以下原则：

(1)目标结合原则。在激励机制中，设置目标是一个关键环节。目标设置必须同时体现组织目标和员工需要的要求。

(2)按需激励原则。激励的起点是满足员工的需要，但员工的需要因人而异、因时而异，并且只有满足最迫切需要(主导需要)的措施，其效价才高，激励强度才大。因此，领导者必须深入地进行调查研究，不断了解员工需要层次和需要结构的变化趋势，有针对性地采取激励措施，才能收到实效。

(3)引导性原则。外激励措施只有转化为被激励者的自觉意愿，才能取得激励效果。因此，引导性原则是激励过程的内在要求。

(4)合理性原则。激励的合理性原则包括两层含义：一是激励的措施要适度，要根据所实现目标本身的价值大小确定适当的激励量；二是奖惩要公平。

(5)明确性原则。激励的明确性原则应包括三层含义:一是要明确。激励的目的是需要做什么和必须怎么做。二是要公开。特别是解决如分配奖金等多数员工关注的问题时,公开更为重要。三是要直观。实施物质奖励和精神奖励时都需要直观地表达它们的指标,总结授予奖励和惩罚的方式。直观性与激励影响的心理效应成正比。

(6)时效性原则。要把握激励的时机,“雪中送炭”和“雨后送伞”的效果是不一样的。激励越及时,越有利于将人们的激情推向高潮,使其创造力连续有效地发挥出来。

(7)物质激励和精神激励相结合的原则。物质激励是基础,精神激励是根本。在二者结合的基础上,逐步过渡到以精神激励为主。

(8)正激励与负激励相结合的原则。正激励就是对员工的符合组织目标的期望行为进行奖励,负激励就是对员工违背组织目的的非期望行为进行惩罚。正、负激励都是必要而有效的,不仅作用于当事人,而且会间接地影响当事人周围的其他人。

6.1.5　人性的四种假设

美国著名管理心理学家雪恩在《组织心理学》(1965年)一书中提出了四种不同的人性假设,即经济人、社会人、自我实现人和复杂人假设。这四种不同的人性假设反映了管理活动中对人性看法的多样性和复杂性,具有一定的代表性和实际意义。

(1)经济人。经济人又叫唯利人,起源于享乐主义哲学和亚当·斯密关于劳动交换的理论,认为人的行为动机在于经济诱因,都是为了追求自身的最大的经济利益。以泰罗为代表的科学管理理论是经济人假设的典型代表。美国的麦格雷戈提出的X理论就是“经济人”假设的概括。其基本观点如下:

①多数人趋于懒惰,尽可能地逃避工作。

②多数人缺乏雄心壮志,不喜欢担负责任。

③多数人以自我为中心忽视组织目标。

④多数人缺乏理智,不能克制自己,很容易受别人影响。

⑤多数人都是从经济利益出发选择工作。

⑥人群大致分为两类,多数人符合上述假设,少数人不符合上述假设,这部分人应当担负起管理的责任。

【课堂活动6-1】“重赏之下必有勇夫。”你觉得这句话在现实的组织管理中有适用性吗?

(2)社会人。社会人也称社交人,这种假设是在梅奥主持进行的霍桑试验基础上提出来的。梅奥把重视社会需要和自我尊重需要而轻视物质需要与经济利益的人称为社会人。社会人假设的理论基础就是梅奥的人际关系理论。其基本观点如下:

①人的行为动机不只是追求金钱和物质,而是人的全部社会需求。

②科技的发展及工作合理化结果,使工作本身失去了乐趣和意义,人们便从工作的

社会关系中去寻求乐趣和意义。

③工人对同事之间的社会影响力要比组织所给予的经济报酬更为重要。

④工人的工作效率,随上级满足他们社会需求的程度而变化。

(3)自我实现人。自我实现人也叫自动人。这种假设认为,人都需要发挥自己的潜力,表现自己的才能,只有人的潜力充分发挥出来,人的才能充分表现出来,人才会感到最大的满足。雪恩在总结了马斯洛、麦格雷戈等人所倡导的人性观后,提出了自我实现人的人性假设,并认为这种假设与麦格雷戈的Y理论中的人性假设是一致的。自我实现人假设的基本观点如下:

①一般人并非天生就不喜欢工作。工作毕竟是满足的基本方式,而且工作中体力和脑力的消耗就像游戏和休息一样自然。工作可能是一种满足,因而自愿去执行;也可能是一种处罚,因而只要可能就想逃避,到底是哪一种要由环境而定。

②人为了达成应完成的目标,能够“自我督导”“自我控制”。外来的控制和惩罚并不是促使人们为实现组织的目标而努力的唯一方法。它甚至对人是一种威胁和阻碍,并放慢了人成熟的脚步。

③人的自我实现的要求和组织要求的行为之间是没有矛盾的。如果给人提供适当的机会,人就能将个人目标和组织目标统一起来。

④一般人在适当条件下,不仅学会了接受职责而且还学会了谋求职责。逃避责任、缺乏抱负以及强调安全感,通常是经验的结果而不是人的本性。

⑤大多数人而不是少数人在解决组织困难问题时都能发挥较高的想象力、聪明才智和创造性。

⑥在现代工业生活的条件下,一般人的智慧潜能只是部分得到了发挥。

(4)复杂人。受权变理论的影响,雪恩在对前三种人性观进行回顾和总结的基础上,提出了一种新的人性假设,即复杂人假设。该假设与20世纪60年代末70年代初由摩斯和洛希提出的“应变理论”,即超Y理论有很大的相似性。复杂人假设的基本观点如下:

①人的需要是多种多样的,而且这些需要随着人的发展和生活条件的变化而发生改变。

②人在同一时间内有各种需要和动机,它们会发生相互作用并结合为统一的整体,形成错综复杂的动机模式。

③人在组织中的工作和生活条件是不断变化的,因此会不断产生新的需要和动机。

④一个人在不同单位或同一单位的不同部门工作,会产生不同的需要。

⑤人的需要不同,能力各异,对同一管理模式会有不同的反映。没有一套适合于任何时代、任何组织和任何个人的普遍的行之有效的方法。

在上述假设下,管理人员对员工的假设方式不同,运用的管理思想与措施也就不同,即因人而异。这也就是管理学的权变理论。

【课堂活动6-2】有人说:"激励是一种内心体验,管理是一种外在刺激。在合理外在刺激下的预期内心体验,必然内驱出预期的效率化行为。"应怎样理解这个观点?请以小组为单位展开讨论。

【知识连接6-2】

我国古代的人性思想

荀子认为人性是恶的。"人性之恶,其善者伪也。"就是说,人的本性是恶的,而性善则是人为的。人性之所以为恶,就在于人之"有欲"。"人生而有欲,欲而不得,则不能无求;求而无度量界限,则不能不争;争则乱,乱则穷。"因此,荀子主张要"养人之欲,给人以求,使欲必不穷乎物,物必不屈于欲,两者相持而长。"就是说,要使人的欲望和物质两者在相互制约中增长。荀子的性恶论,类似于西方行为科学中的"X理论"或"经济人"理论。荀子主张性恶论,所以认为管理原则应是"导欲""节求""明分""赏罚"。

在先秦思想家中,商鞅和韩非也是主张性恶论的,都把人看做是本质上的"经济人"。因此,在管理上都强调用富贵名利去刺激和调动人的积极性,强调重奖重罚,以实现其管理目标。

孟子认为人性是善的。"人之善也,如水之下也。"就是说,人之性善,人性向善,如同水的本性向下一样是自然而必然的。孟子从性善论出发,强调其管理原则应是施"仁政"。孟子这种性善论有点类似于西方行为科学中的"Y理论"。

管子认为,应从不同角度对人性进行分析。《管子》一书首先指出:"仓廪实则知礼节,衣食足则知荣辱"。就是说,人的需要首先是衣食足,其次是知荣辱,再次是知礼节。这有点类似于西方行为学中需要层次理论的思想。其次,《管子》强调多方面满足人的需要。"民恶忧劳,我佚乐之;民恶贫贱,我富贵之;民恶危坠,我存安之;民恶灭绝,我生育之。"人民的要求得到满足后,就会拥护统治者,甚至为了统治者的利益而牺牲自己,这就叫"予之为取"。因此,强调其管理原则是"得人之道,莫如利之",做到"只见予之形,不见夺之理"。《管子》中的这些思想,有点类似于西方行为科学中的"超Y理论"。

任务6.2 解读激励理论

激励理论主要分为三大类:内容型激励理论、过程型激励理论和行为改造型激励理论。

6.2.1 内容型激励理论

内容型激励理论,是指针对激励的原因与起激励作用的因素的具体内容进行研究的理论。这种理论着眼于满足人们需要的内容,即人们需要什么就满足什么,从而激起人们的动机。该理论重点研究激发动机的诱因,主要包括马斯洛的"需要层次理论"、阿尔德弗的 ERG 理论、赫茨伯格的"双因素理论"和麦克利兰的"成就需要理论"等。

(1)需要层次理论。由于激励对个体行为的影响作用重大,有许多心理学家对激励做了深入的研究。在所有的激励理论中,最早也是最受人瞩目的理论,是由人本主义心理学的创始人亚伯拉罕·马斯洛在 1943 年出版的《人的动机理论》中首次提出的需要层次理论。

①需要层次理论的主要内容。马斯洛认为,人的需要按重要性程度分为五个层次:生理需要、安全需要、社交需要、尊重需要和自我实现的需要。

• 生理需要。生理需要是人类最基本的需要,也是人类最低层次的需要,主要是指个体为了生命生存或种族延续而产生对基本生活资料和性的欲求的需要,如衣服、食物、住所、交通工具、性欲、睡眠及其他生理需要。如果这些需要得不到满足,其他需要将不能激励他们。马斯洛说:"一个人如果同时缺少食物、安全、爱情及价值时,则其最强烈渴求当推对食物的需求。"在经济欠发达的社会,必须首先研究并满足这方面的需要。

• 安全需要。当一个人的生理需要得到了一定满足后,他就会有安全的需要。安全需要,是人类的第二层次需要,指个体为了身体免遭痛苦或情感、心理免遭伤害及职业、财产、食物和住所不受丧失威胁的需要。现代企业中,安全需要表现为渴望一种安全而稳定的职业,如职业保障(避免失业)、工作安全(希望不出工伤事故、免除职业病的危害)、经济安全(经济收入有保障、有医疗保险、养老有保障)等。

• 社交需要。当一个人的生理需要和安全需要得到满足后,社交需要便占据了主导地位。社交需要又叫归属需要,是人类的第三层次需要,是指能满足个体与他交往的一切需要,包括友谊、爱情、归属和接纳方面的需要等。马斯洛认为,人是一种社会动物,人们的工作和生活都不是独立进行的。人们希望在社会生活中得到别人的注意、接纳、关心、友爱和同情,在感情上有所归属,不希望在社会中成为离群的孤岛。当人们的社交需要得不到满足时,其行为就倾向于与组织的目标相对立,形成抗拒、不和谐的局面,就可能影响到员工的精神健康和心理健康。社交需要与人们的个性、经历、教育、家庭、国家、民族、宗教和文化有关。

• 尊重需要。当人们的归属需要有了满足感后,就不再满足自己仅仅是群体中普通的一员,从而产生了尊重需要。尊重需要是人类的第四层次需要,指能满足自己对自己认可及他人对自己认可的一切需要,如名誉、自主、自信、成就感等方面的需要,以及由此而产生的权力、地位、威望等方面的需要。马斯洛认为,尊重包括自尊或受人尊重两个方面。自尊是指自己在工作中取得一定的成功时产生的自豪感和优越感;受人尊重,是指当自己做出贡献时,能得到他人对自己的工作、人品、能力和才干的肯定、认可和赏识。

● 自我实现需要。自我实现需要是人类最高层次的需要,指人们力求发展并施展自己的能力或潜能,已达到最完美境界的成长需要,如发挥潜能、实现理想、不断追求事业成功、使技术精益求精等。主要表现在三个方面:一是胜任感方面,有这种需要的人力图控制事物和环境,而不是等待事物被动地发生和发展;二是成就感方面,对这种需要的人来说,工作的乐趣在于成果和成功,他们需要知道自己工作的结果,成功后的喜悦比其他任何报酬都重要;三是对理想的不断追求,这一层次的需要是无止境的。

其中,生理需要、安全需要、社交需要属于人类的低层次的需要,又叫缺乏型需要。只有满足了这些需要,个体才能感到基本上舒适。尊重需要、自我实现的需要属于人类高层次的需要,又叫成长型需要,因为它们主要是为了个体的成长与发展。同时,马斯洛认为各层次需要之间有以下一些关系:

一是一般来说,这五种需要像阶梯一样,从低到高。低一层次的需要获得满足后,就会向高一层次的需要发展,即人们最先表现为生理需要,当生理需要得到满足、消失后,再表现出安全需要,依次递进,最终表现为自我实现的需要(图6-2)。

二是这五种需要不是每个人都能满足的,越是靠近顶部的需要,满足的可能性就越小。

三是同一时期,个体可能同时存在多种需要,因为人的行为往往是受多种需要支配的。每一个时期总有一种需要占支配地位。

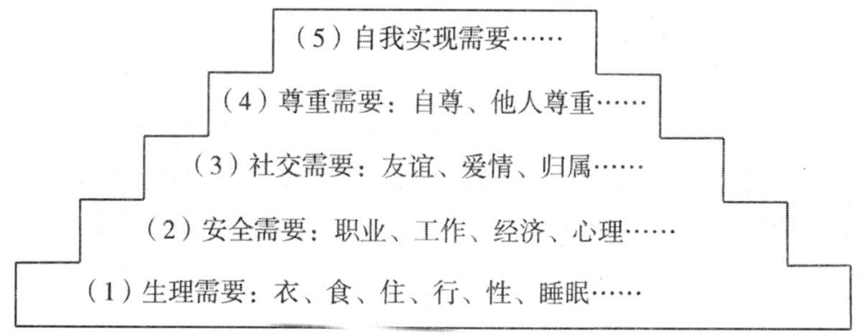

图6-2 马斯洛的需要层次理论

【知识链接6-3】

需要层次理论的代表人物马斯洛

亚伯拉罕·马斯洛(1908—1970),人本主义心理学的创始人和著名的行为科学家。他于1943年在美国威斯康星大学获心理学博士学位,并在该校任教五年,然后迁往纽约，在哥伦比亚大学和布鲁克林学院任教；1951 年任布兰代斯大学心理系教授兼系主任。马斯洛的著作有《人的动机理论》(1943 年)、《动机和性格》(1954 年)、《冲突、挫折和威胁理论》(1943 年)、《心理安全——不安全的动力学》(1942 年)、《反常心理学原理》(1941 年，与米特尔曼合写)等。他在管理学上的主要贡献是进一步发展了亨利·默里在 1938 年把人的需要分为 20 种的分析研究，提出了人类基本需要等级论，即需要层次理论。《人的动机理论》是他在这方面的代表作。

②需要层次理论在企业管理中的应用。马斯洛的需要层次理论是西方国家提出最早、影响最大的激励理论。它简单明了、易于理解、具有内在的逻辑性，在实践中得到了管理者的普遍认可。该理论应用在管理方面时，应注意以下几点：

• 了解需要产生的起因，便于主动地、有目的地开展管理活动。人的需要的产生除了生理因素原因外，还有社会和思想认识方面的原因。管理人员要关注社会发展的动态，积极开展广泛有益的宣传教育活动，来引导和激发员工的需要，尤其注意强化或者改造最高需要，使之与组织的或社会的需要相一致。

• 了解需要的多层次性，便于准确地满足人们不同层次的需要。需要有高低不等、缓急不同的层次之分，不同的个体和群体都通过一种或几种主导需要反映出来。管理人员要准确地判断、掌握职工的需要及其变化发展规律，根据不同层次的需要，采取相应的组织措施，以引导和控制人的行为。如对处于较高需要层次的员工进行提拔、晋升，而对处于较低需要层次的员工采用加工资、发奖金、加买医疗保险等措施。

• 帮助员工建立合理的需要结构。一是个人需要应与社会需要协调一致；二是需要能在合法范围内满足；三是处理好物质需要与精神需要的关系，健康的精神需要应占主导地位。

• 除注意该理论的可借鉴之处外，也要认识到其不足。不足主要表现在五个方面：一是低层次的需要几乎人人都有，而高层次的需要并不是所有人都有。尤其是自我实现的需要，一部分人没有。二是满足需要时不一定先从最低层次开始。有时个体为了满足高层次的需要而牺牲低层次的需要，如民族英雄，他可能在安全需要还没有满足时，而表现为自我实现的需要，甚至为了民族的利益而牺牲生命。三是任何一种需要并不因为满足而消失。高层次需要发展时，低层次需要仍然存在，许多情景中各层次的需要相互依赖与重叠。四是人的各种需要之间是守恒的。在同一时期，人对低层次的需要多，则对高层次的需要就少；人对低层次的需要少，则对高层次的需要就多。五是它忽视人的心理、世界观对需要的调节；忽视高级需要对低级需要的调节。

【管理故事 6-1】

猎人和猎狗的故事

有一天，猎人带着猎狗到森林中打猎。猎狗将一只兔子赶出了窝，追了很久也没有追到。后来兔子一拐弯,不知道跑到哪儿去了。

牧羊犬见了,讥笑猎狗说:“你们真没用,竟跑不过一只小小的兔子。”

猎狗解释说:“你有所不知,不是我们无能,只因为我们跑的目的完全不同,我们仅仅是为了一顿饭而跑,而它却是为了性命啊。”

这话传到了猎人的耳朵里。猎人想,猎狗说得对呀,我要想得到更多的兔子,就得想个办法,消灭“大锅饭”,让猎狗也为自己的生存而奔跑。猎人思前想后,决定对猎狗实行论功行赏。

于是,猎人召开猎狗大会,宣布:打猎时每抓到一只兔子,就可以得到一根骨头的奖励,抓不到兔子的就没有。

这一招果然有用,猎狗们抓兔子的积极性大大提高了,每天捉到兔子的数量大大增加了,因为谁也不愿看着别人吃骨头,自己干看着。

可是,一段时间过后,一个新的问题出现了:猎人发现猎狗们虽然每天都能捉到很多兔子,但兔子的个头却越来越小。

猎人疑惑不解,于是便去问猎狗:“最近你们抓的兔子怎么越来越小了?”

猎狗说:“大的兔子跑得快,小的兔跑得慢,所以小兔子比大兔子好抓多了。反正,按您的规定,大的小的奖励都一样,我们又何必费那么大的力气去抓大兔子呢?”

猎人明白了,原来是奖励的办法不科学啊。于是,他宣布奖励骨头的多少不再与捉到兔子的只数挂钩,而是与捉到兔子的重量挂钩。

此招一出,猎狗们的积极性再一次高涨,提到兔子的数量和重量都远远超过了以往,猎人很开心。

遗憾的是,好景不长。一段时间过后,新的问题又出现了。猎人发现,猎狗们捉兔子的积极性在逐渐下降,而且越是有经验的猎狗下降得越厉害。

这又是咋回事呢?于是猎人又去问猎狗。猎狗们对猎人说:“主人啊,我们把最宝贵的青春都奉献给您了,等以后我们老了,抓不到兔子了,您还会给我们骨头吃吗?”

猎人一听,明白了,原来猎狗们需要养老保险。于是,他进一步完善激励机制,规定,每只猎狗每月捉到的兔子达到一个规定的量以后,剩余部分可以转化为骨头存起来,将来老了,捉不到兔子了,就可以享用这些存货。

这个决定宣布之后,猎狗们群情激昂,抓兔子的积极性空前高涨。猎人也无比欣慰,觉得从此可以万事无忧了。就这样,过了一段时间之后,一件意想不到的事情发生了:一些优秀的猎狗开始离开猎人,自己捉兔子去了。

面对这一情况,一开始猎人以为是思想政治工作没做好,便连续举办了一系列“狗力资源与风险高层猎狗研修班”,培训主题为:缺乏统一指挥造成的狗力资源浪费,强调猎人的规划对猎狗捕猎的重要性,并有意夸大了缺乏统一指挥的负面影响。这一招对稳定猎狗队伍起到了一定的积极作用,但优秀猎狗流失的状况并未得到有效控制。

猎人有些着急了。他想，难道是奖励的力度不够？于是，他将优秀猎狗的奖励标准提高了一倍。这一招收到了比较明显的效果，优秀猎狗流失的问题得到了暂时缓解，但却没有从根本上得到遏制。一段时间之后，离开猎人自己去捉兔子的猎狗又开始逐渐多了起来，而且基本上都是最优秀的。

聪明的猎人这下可犯愁了，他百思不得其解。万般无奈之下，他决定直接去向离开的猎狗们咨询。他用10根骨头的代价把5只猎狗请到一起，十分动情地对它们说："猎狗兄弟们，我实在不知道我做了什么对不起你们的事，你们为什么一定要离开我呢？"猎狗们对猎人说："主人啊，您是天下最好的主人，我们有任何愿望，您都尽力给予满足，没有任何对不起我们的地方。我们离开您，自己去捉兔子，也不仅仅是为了多得几根骨头，更重要的是我们有一个梦想，我们希望有一天我们也能像您一样，成为老板。"

猎人听后，恍然大悟，原来它们是想实现自我价值！

怎么解决这一问题呢？

聪明的猎人经过长时间的潜心研究，终于找到了解决方法。于是，他成立了一个猎狗股份有限公司，出台了3条新政策：

第一条，实行优者有股。优秀的猎狗可以将储存的骨头转化为公司的股份，并根据贡献率每年奖励一定数量的股份期权，使优秀的猎狗有机会在公司发财。

第二条，实行贤者终身。连续3年或累计5年被评为优秀猎狗者，可成为终身猎狗，享受一系列诱人的优厚待遇。

第三条，实行强者孵化。优秀的猎狗可以随着业绩的增长，逐步成为团队经理、业务总监、总经理、董事长，实现做老板的梦想。

这一招十分灵验。从此以后，不仅该公司优秀的猎狗对猎人忠心耿耿，而且其他地方的优秀猎狗也纷纷慕名加盟。猎人的公司越办越火，长盛不衰。

管理启示：首先，一个企业，员工有问题，往往根源在机制，责任在老板。因此，我们要多研究机制，少责备员工。这样，管理才会不断完善，劳资关系也才会更加融洽与和谐。其次，有、无激励大不一样，激励科学与不科学大不一样。再次，员工的需求是不断增长的，企业必须满足员工不断增长的物质文化需要，才能有效地激励人才和长久地留住人才。

【课堂活动6-3】某鸭厂有个著名的厨师，他的拿手好菜是烤鸭，厂里的人都喜欢这个厨师，尤其是厂长。不过，这位厂长从来没有给过这位厨师任何鼓励，这使得厨师整天闷闷不乐。有一天，厂长有客人从远方来，在家设宴招待客人，点了数道菜，其中一道菜是厂长最喜爱吃的烤鸭，厨师奉命行事。然而，当厂长挟了一只鸭腿给客人时，却找不到另一只鸭腿，于是便问身后的厨师："另一只腿哪里去了？"厨师说："禀厂长，我们厂里养的鸭子只有一条腿！"厂长感到诧异，但碍于客人在场，不便问个究竟。饭后，厂长便跟着厨师到鸭笼去看个究竟。时值夜晚，鸭子正在睡觉。每只鸭子都只露出一条腿。厨师指着鸭子说:“厂长您看,我们厂里的鸭子不全都是一条腿吗?”厂长听后,便大声拍掌,鸭子被惊醒了,都站了起来。厂长说:“鸭子不全是两条腿吗?”厨师说:“对!对!对!不过只有鼓掌拍手,鸭子们才会有两只腿呀!”

思考:为什么说只有鼓掌拍手,鸭子才会有两只腿?

(2)ERG 理论。美国耶鲁大学教授奥尔德弗是马斯洛的学生。阿尔德弗在马斯洛提出的需要层次理论的基础上,进行了更接近实际经验的研究,于 1969 年提出了一种新的人本主义需要理论——ERG 理论。该理论是对马斯洛需要层次论的重要补充、修正和发展。

①ERG 理论的主要内容。

• 三种核心的需要。

第一种需要是生存的需要(E),是指人全部的生理需要和物质需要,也是最基本的需要,相当于马斯洛的生理和安全需要。

第二种需要是相互关系的需要(R),是指在工作环境中对人与人的相互关系和交往的需要。这种社会和地位的需要的满足是在与其他需要相互作用中达成的,它们与马斯洛的社交需要和尊重需要中的外在部分(受到他人尊重)是相对应的,需通过与其他人的接触与交往得以满足。

第三种需要是成长的需要(G),是指人要求得到提高和发展的内在愿望,相当于马斯洛的尊重需要中的内在部分(自尊)和自我实现的需要,需通过发展个人的潜力和才能得到满足。

• 受挫—回归思想。ERG 理论还提出了受挫—回归的思想。马斯洛认为,当一个人的某一层次需要尚未得到满足时,他可能会停留在这一需要层次上,直到获得满足为止。与之相反,ERG 理论则认为,当一个人在某一更高级的需要层次受挫时,作为替代,他的某一较低层次的需要可能会有所增加。

• 某种需要,尤其是关系和成长需要,在得到了基本满足后,其强烈程度不仅不会减弱,往往还会增强。

阿尔德弗的 ERG 理论是对马斯洛的需要层次理论的修正,实用性更强,比马斯洛的需要层次理论有所进步,体现在以下四个方面:

一是将人的需要分为与生俱来(生存需要和关系需要)和后天习得(成长需要),更为科学。而马斯洛的需要层次理论认为人的五种需要都是生来就有的。

二是三类需要没有严格的界限,在一定时期内也不仅只有一种需要在起作用,比较切合实际。

三是提出了需要与工作成果关系图(图 6-3),在管理实践中具有一定的指导意义。

四是需要的发展观比马斯洛前进了一步,符合人们需要发展的复杂情况。

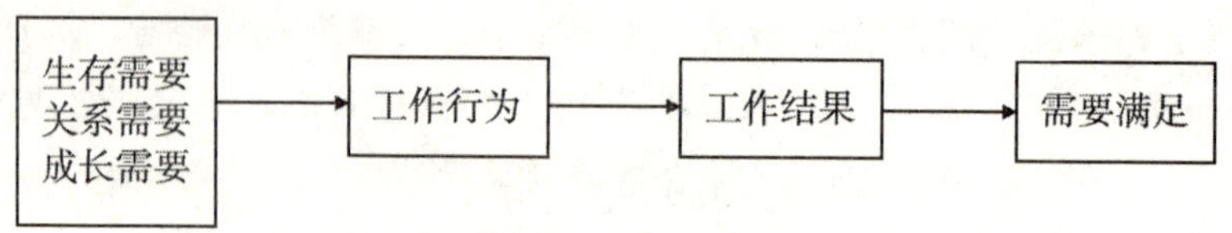

图 6-3 需要与工作结果关系图

②ERG 理论在企业管理中的应用。ERG 理论是经过对企业的大量实验研究而形成的,因而对企业管理更具有一定的实用性。我国一些企业在吸引人才时提出了"待遇留人、感情留人和事业留人",这三种留人方式分别对应生存需要、关系需要和成长需要。

一是把满足员工的需要作为激发的动力。需要本身就是激发动机的原始驱动力,一个人如果没有什么需要,也就没有什么动力与活力。反之,一个人只要有需要,就表示存在着激励因素。管理者如能充分了解广大员工的需要,便不愁找不到激励员工的途径。

二是应从调查研究入手,了解和满足下属的需要。人的需要是复杂的、多方面的,人的需要也是产生行为的基础。因此,对下属的生存需要、相互关系需要和成长发展需要问题的解决,乃是激发其行为,调动工作积极性,进而实行有效管理的重要方法和途径。

三是要"以人为本",为员工提供一个较为和谐宽松的管理环境。要尊重下属的人格,支持下属自我管理,自我控制。真正授权于下属,使下属实实在在地参与决策和管理过程。同时,在考虑企业自身的财力基础上,尽可能地为员工提供舒适的生活环境,并切实改善员工工作条件,以利于企业员工的身心健康。待遇、情感和事业三管齐下,使物质激励与精神激励有机地融合为一体,更好地满足员工生存需要和相互关系需要。

四是应立足于人,加强对员工的职业培训与指导。随着人才时代的到来,许多企业正在努力迎合自主型员工。针对员工频繁跳槽这种情况,要求企业家应将"依靠人、培养人、发展人"的管理理念贯穿于企业成长的始终,必须制定以员工个人发展为核心的人才战略。职业培训的目的在于为员工的成长提供机会,从而满足员工个人的成长发展需要。

(3)成就需要理论。20 世纪 50 年代,美国哈佛大学教授麦克利兰,通过心理投射的方法对人的成就动机进行了大量的研究,并在此基础上提出了著名的成就需要理论。

①成就需要理论的主要内容。麦克利兰认为在生存需要基本得到满足的前提下,人在较高层次上还有三种需要。

• 成就需要。成就需要是指追求优越感的驱动力,或者参照某种标准去追求成就感、寻求成功的欲望。成就需要高的人具有以下几个特点:

一是有较强的责任感。他们不仅仅把工作看作是对组织的贡献,而且希望从工作中来实现和体现个人的价值,因此对工作有较高的投入。

二是喜欢能够得到及时的反馈，看到自己工作的绩效和评价结果，因为这是产生成就感的重要方式。

三是倾向于选择适度的风险。他们既不敢于去做那些过于轻松、简单而无价值的事，也不愿意冒太大的风险去做不太可能做到的事，因为如果失败就无法体验到成就感。

高成就需要者在创造性的活动中更容易获得成功。但是，成就需要强的人并不一定能成为一名优秀的经理，特别是在大的公司中。因为成就需要高的人通常只关注自己的工作业绩，而不关心如何影响他人使其干出优秀的业绩。从实际情况看来，公司里杰出的总经理往往没有很高的成就需要。

● 权力需要。权力需要是指促使别人顺从自己意志的欲望。权力需要较高的人喜欢支配、影响别人，喜欢对人"发号施令"，十分重视争取地位与影响力。这些人喜欢具有竞争性和能体现较高地位的场合或情境。

研究表明，杰出的经理往往都有较高的权力欲望，而且一个人在组织中的地位越高，其权力需要也越强，越希望得到更高的职位。高权力需要是高管理效能的一个条件，甚至是必要的条件。如果权力需要强的人获得权力是为了整个组织的好处而去影响他人行为的，他们会成为优秀的管理者。具有这种需要的人如果是通过正常手段获取权力，通过成功的表现被提升到领导岗位，那么他们就能够得到别人的认可。但是，如果其目的仅仅是为了获得个人权力，则难以成为成功的组织领导者。

● 亲和需要。亲和需要是指寻求与别人建立友善且亲近的人际关系的欲望。亲和需要强的人往往重视被别人接受、喜欢，追求友谊、合作。这样的人在组织中容易与他人形成良好的人际关系，易被别人影响，因而往往在组织中充当被管理的角色。

许多出色的经理的亲和需求相对较弱，因为亲和需要强的管理者虽然可以建立合作的工作环境，能与员工真诚、愉快地工作，但是在管理上过分强调良好关系的维持通常会干扰正常的工作程序。

在对员工实施激励时需要考虑这三种需要的强烈程度，以便提供能够满足这些需要的激励措施。例如，成就动机强的个人更希望工作能够提供个人的责任感、承担适度的风险以及及时得到工作情况的反馈。

②成就需要理论在企业管理中的应用。麦克利兰的成就需要理论在企业管理中很有应用价值。

第一，在人员的选拔和安置上，通过测量和评价一个人动机体系的特征对于如何分派工作和安排职位有重要的意义。

第二，由于具有不同需要的人需要不同的激励方式，了解员工的需要与动机有利于合理建立激励机制。

第三，麦克利兰认为动机是可以训练和激发的，因此可以训练和提高员工的成就动机,以提高生产率。

总之,成就需要理论对于我们把握管理人员的高层次需要具有积极的参考意义。但是,在不同国家、不同文化背景下,成就需要的特征和表现也就不尽相同。对此,麦克利兰未充分表述。

【课堂活动6－4】戴尔·卡耐基说:“我能令你做任何事情的惟一途径是:把你想要的东西提供给你。”结合本任务知识分析,管理者满足员工需求有何重要性?

(4)双因素理论。双因素理论包括保健因素、激励因素理论,是美国心理学家弗雷德里克·赫茨伯格于1959年提出的。这一理论的研究重点是组织中个人与工作的关系问题,他认为个人对工作的态度在很大程度上决定着任务的成功与失败。

①双因素理论的主要内容。赫茨伯格在对马斯洛的需要层次论基础上进行了进一步研究,并在20世纪50年代后期在皮兹堡地区的11个工商机构中,对2000多名白领工作者进行了调查。在调查中赫茨伯格设计了这样一个问题:“什么时候你对工作特别满意? 什么时候你对工作特别不满意? 满意与否的原因是什么?”他要求人们在具体情境下详细描述他们认为工作中特别满意和特别不满意的方面。通过对调查结果的分析,赫茨伯格发现员工对各种因素满意与不满意的回答是有区别的,详见表6－1。

表6－1 激励因素与保健因素

保健因素	激励因素
公司政策 行政管理 监督 工作条件 薪酬 地位 安全感 与上级主管之间的人际关系 与下级之间的人际关系 与同事之间的人际关系	工作本身的挑战性和兴趣 工作中得到认可和赞赏 工作上的成就感 工作职务上的责任感 个人成长、晋升的机会 工作的发展前途

● 保健因素。属于与工作环境或条件相关的因素,包括:公司政策、管理和监督、人际关系、工作条件等。当人们得不到这些方面的满足时,便会产生不满,从而影响工作;但当人们这些方面得到满足时,只是消除了不满,却不会调动人们的工作积极性。

● 激励因素。属于和工作本身相关的因素,包括:工作成就感、工作挑战性、工作中得到的认可与赞美、工作的发展前途、个人成才与晋升的机会等。当人们得到这些方面的满足时,会对工作产生浓厚的兴趣,产生很大的工作积极性。

传统的观点认为,“满意”的对立面就是“不满意”。它们应该属于同一类因素,这些因素具备了,员工就“满意”;否则,员工就“不满意”。而赫茨伯格指出,满意的对立面并不是不满意,消除了工作中的不满意也并不一定能使工作令人满意。所以,他认为满意的对立面是没有满意，不满意的对立面是没有不满意，如图6－4所示。

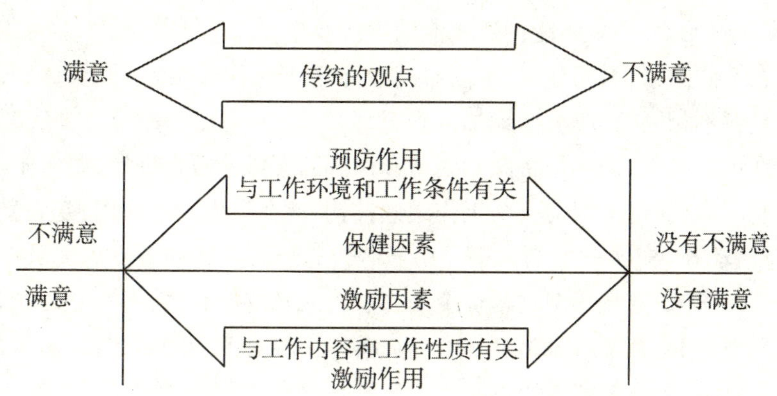

图6－4 赫茨伯格的观点与传统观点的比较

【知识链接6－4】

双因素理论的代表人物赫茨伯格

弗雷德里克·赫茨伯格（1923—2000），美国犹他大学管理学教授，研究激励问题的知名学者。他在匹茨堡大学取得心理学博士学位，曾任美国凯斯大学心理系主任，在美国和其他30多个国家多次被评为高级咨询人员和管理教育专家。赫茨伯格在管理学界有巨大影响，一方面是因为他提出了著名的“激励—保健因素理论”即“双因素理论”，另一方面是因为他对“职务丰富化”理论所进行的开拓性研究。赫茨伯格的“激励—保健因素理论”主要反映在《工作的激励因素》和《工作与人性》两部著作中。1968年，他又在《哈佛商业评论》发表《再论如何激励职工》一文，再次回顾了“激励—保健因素理论”出现的背景和该理论的内容，分析比较了在这个问题上各种理论学派的观点及自己的理论所处的地位，由此又引出了职务丰富化的论题，介绍了职务丰富化的原则和实际应用。这篇著名论文在随后若干年里一直被评为《哈佛商业评论》上最受欢迎的文章。赫茨伯格的主要学术著作包括：与莫斯纳和斯奈德曼合著的《工作的激励因素》（1959年）、《工作与人性》（1966年）、《管理选择：效率还是人性》（1976年）等。他还在各种学术刊物上发表了100多篇文章。

②双因素理论在企业管理中的应用。赫兹伯格的双因素理论强调内在激励，在组织行为学中具有划时代意义，为管理者更好地激发职工工作的动机提供了新思路。

一是在实施激励时，管理者要善于区分保健因素和激励因素，前者的满足可以消除不满，后者的满足可以产生满意。

二是要重视保健因素的作用，注意创造良好的工作外部环境和条件，以防止员工产生不满意的情绪，保持员工的积极性，这对提高劳动效率和管理效率有重要的作用。

三是管理者要利用激励因素去激发员工的工作热情。管理者若想持久而高效地激励员工,必须改进职工的工作内容,进行工作任务再设计。否则,仅仅满足员工没有不满意,大家相安无事,还是不能创造一流的工作业绩。

四是在不同国家、不同地区、不同时期、不同阶层、不同组织,乃至每个人,最敏感的激励因素是各不相同的,应灵活地加以确定。

五是在具体应用时,不可将激励因素和保健因素做绝对化理解,要善于将保健因素转化为激励因素,如将工资奖金与工作绩效挂钩,就会产生激励作用,变为激励因素。

【课堂活动6-5】在一家IT公司,每年中秋节老板会额外给员工发放一笔1000元的奖金。几年下来,老板感到这笔奖金正在丧失它应有的作用,因为员工在领取奖金的时候反应相当平和,每个人都像领取自己的薪水一样自然,并且在随后的工作中也没有人会为这1000元奖金表现得特别努力。既然奖金起不到激励作用,老板决定停发,加上行业不景气,这样做也可以减少公司的一部分开支。但停发的结果却大大出乎他的意料,公司上下几乎每一个人都在抱怨老板的决定,有些员工的情绪明显低落,工作效率也受到不同程度的影响。老板很困惑:为什么有奖金的时候,没有人会为此在工作上表现得积极主动,而取消奖金之后大家都不约而同地指责、抱怨甚至消极怠工呢?

思考:你认为这是为什么?

【课堂活动6-6】中国企业引入奖金机制的目的是发挥奖金的激励作用,但到目前,许多企业的奖金已成为工资的一部分,奖金变成了保健因素,这说明(　　)。

A.双因素理论在中国不怎么适用

B.保健和激励因素的具体内容在不同的国家是不一样的

C.防止激励因素向保健因素转化是管理者的重要作用

D.将奖金设计成为激励因素本身就是错误的

【知识链接6-5】

四种理论的比较

比较需要层次理论、ERG理论、成就需要理论与双因素理论时,以马斯洛的需要层次理论为前提,在此基础上研究它与其他三种理论的区别。

(1)ERG理论是在需要层次理论基础上的发展。主要表现在:

①马斯洛的需要层次理论是建立在满足依次上升的基础上的。也就是说,一旦较低层次需要已经得到满足,人们将进到更高一级的需要上去;而ERG理论不仅体现满足依次上升的方面,而且也提出了“挫折—倒退”这一方面。“挫折—倒退”说明较高的需要未满足或受到挫折的情况下,更着重或把更强烈的欲望放在一个较低层次的需要上。

②需要层次理论认为,每一个时期只有一种突出的需要;而ERG理论指出在任何一个时间内可以有一个或一个以上的需要发生作用。

③需要层次理论认为，人的需要是严格地按由低到高逐级上升的，不存在越级，也不存在由高到低的下降；而ERG理论则指出，人的需要并不一定严格按由低到高发展的顺序，而是可以越级的。

④需要层次理论认为，人类有五种需要，它们是生来就有的，是内在的；而ERG理论则认为只有三种需要，其中有生来就有的，也有经过后天学习得到的。

⑤ERG理论在一定程度上修正了马斯洛的需要层次理论，弥补了需要层次理论的不足，更符合现实社会中人们的行为特点。

(2)成就需要理论是在需要层次理论基础上的升华。主要表现在：

①着重点不同。需要层次理论研究从低到高顺序的五种需要；而成就需要理论不研究人的基本生理需要，主要研究在人的生理需要基本得到满足的前提条件下，人还有哪些需要。

②认识度不同。需要层次理论认为五种需要都是生来就有的，是内在的；而成就需要理论明确指出，通过教育和培训可以造就出具有高成就需要的人才。

③发展观不同。需要层次理论认为，人的需要是严格按由低到高逐级上升的：而成就需要理论认为，不同的人对这三种基本需要的排列层次和所占比重是不同的，个人行为主要决定于其中被环境激活的那些需要。

(3)双因素理论是在需要层次理论基础上的补充。主要表现在：

①双因素理论中的激励因素或满意因素相当于马斯洛需要层次理论中较高层次的需要，这是激励人们去完成任务的因素，为激励人的行为提供了环境条件。

②双因素中的保健因素或不满意因素相当于马斯洛需要层次理论中生理的、安全的和社交的需要，它们基本上是预防性的因素，没有它会导致不满，但它本身的存在也不能挖掘人的内在潜力，激励人更好地工作。

③双因素理论比马斯洛的需要层次理论更进了一步。双因素理论认为，并不是所有需要的满足都能激励职工的积极性，有的需要的满足只会使人感觉到外在的、有限的激励作用，而有些需要的满足则可以极大地激发人的工作动机，调动职工的积极性。

将上述观点综合，现以马斯洛的需要层次理论为中心，把四种需要理论对比，如图6-5所示。

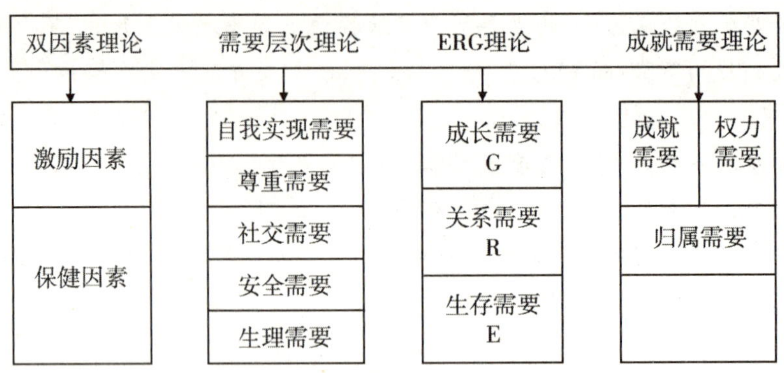

图 6-5　四种需要理论的比较

6.2.2　过程型激励理论

过程型激励理论着重研究人从动机产生到采取行动的心理过程。它的主要任务是找出对行为起决定作用的某些关键因素,弄清它们之间的相互关系,以预测和控制人的行为。这类理论表明,要使员工出现企业期望的行为,须在员工的行为与员工需要的满足之间建立起必要的联系。过程型激励理论主要包括期望理论和公平理论等。

(1)期望理论。

①期望理论的基本内容。期望理论是由美国心理学家维克托·弗鲁姆(Victor Vroom)在1964年出版的《工作与激励》一书中提出的。期望理论认为,当人们预期到某一行为能给个人带来既定的结果,且这种结果对个人具有吸引力时,才会被激励起来去做某些事情以达到组织设置的目标。人们从事某项工作并达到组织目标,是因为他们相信这些工作和组织目标会帮助他们达到自己的目标,满足自己某方面的需要。因此,人们从事任何工作的激励程度将取决于经其努力后取得的成果的价值与对他实现目标的可能性的估计的程度。

期望理论包括以下三项变量或三种关系:

• 努力——绩效的关系。努力——绩效的关系是指个体感觉到通过一定程度的努力而达到工作绩效的可能性,即必须付出多大的努力才能实现工作绩效水平。员工积极性的高低取决于这一关系。这一关系不仅受主体自身工作能力估计的影响,更受到客观工作条件的影响。在此,管理者需要做到以下两个方面:一是要保证员工有能力完成工作任务。因此,要根据人的能力特长来分配工作;通过指导和培训来提高员工的能力。二是制定工作目标必须切实可行,并尽量排除那些可能会干扰员工完成任务的不利因素。

• 绩效——奖赏的关系。做好工作不是员工的终极目标,员工总是期望在取得良好成绩后获得适当的奖励或报酬,即达到该绩效水平后能否得到奖赏。如果绩效和奖励之间没有关联,只求贡献而没有相对应的奖酬,那他的工作干劲是很难保持下去的。决定关联度的关键是组织的工资和奖励制度。在此,管理者应发挥两方面作用:一是制定出按劳分配的工资和奖励制度,使员工能够多劳多得。二是贯彻这种制度,信守诺言,保持制度的稳定性。

● 奖励——个人需要的关系,即吸引力。组织奖励满足个人需要的程度以及这些潜在的奖励对个人的吸引力,即该奖赏是否有员工期望的那么高?该奖赏能否满足员工的个人需要?员工总是期望通过努力使所得到的奖酬能满足自己的需要。如果员工所获得的奖酬不是他们所需要的,那这样的奖励就不会起到很好的激励作用。人与人之间在年龄、资历、社会地位、经济条件等方面存在差别,反映在需要上也有明显的个体差异。同一形式的奖励,对不同的员工所体验的效价不同,激发力量也不同。因此,奖励要因人而异,内容丰富,形式多样,奖人所需。只有这样,才能真正发挥奖励的作用。

以上三种关系形成了期望理论的简化模式,如图 6-6 所示。

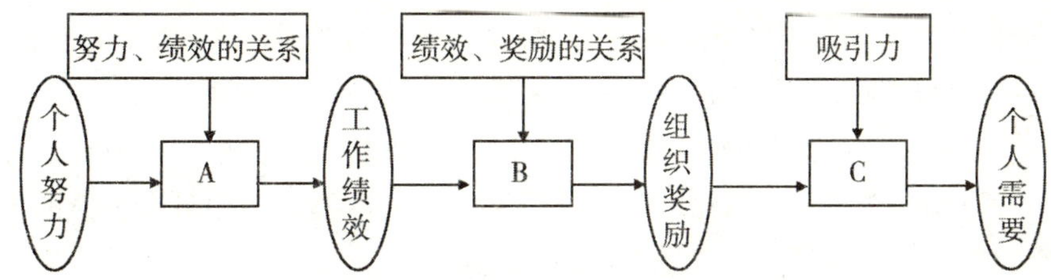

图 6-6　简化的期望理论模式

弗鲁姆在分析了期望理论的简单模式后,进一步建立了激励模型。在模型中引入了 3 个参数:激发力量(M)、效价(V)和期望值(E)。弗鲁姆对 3 个参数的解释是:激发力量(Motivation)是指一个人所受到激励的强度;效价(Value)是指一个人对组织设立的奖励或成果的偏好程度,是个人对某一预期成果或目标的重视程度和评价高低的主观估计;期望值(Expectancy)则是个人通过特定的努力达到预期成果的可能性或概率,也是个人的一种主观估计。三者关系用公式可表示为:

$$激发力量(M) = 效价(V) \times 期望值(E)$$

期望理论说明,激励实质上是个选择过程,促使人们去做某件事的激励力将依赖于效价和期望值两个因素,并且只有效价和期望值都较高的情况下,对员工的激励力才会大;否则,效价很大而期望值很小,或效价很小而期望值很大,人被激发的动力也不会很大。

【知识链接 6-6】

期望理论的代表人物弗鲁姆

维克托·弗鲁姆是期望理论的奠基人,著名心理学家和行为科学家,国际著名管理大师,早年于加拿大麦吉尔大学先后获得学士及硕士学位,后于美国密歇根大学获博士学位。他曾在宾州大学和卡内基-梅隆大学执教，并长期担任耶鲁大学管理学院"约翰塞尔"讲座教授兼心理学教授。曾任美国管理学会(AOM)主席，美国工业与组织心理学会(STOP)会长。弗鲁姆教授1998年获美国工业与组织心理学会卓越科学贡献奖，2004年获美国管理学会卓越科学贡献奖，是国际管理学界最具影响力的科学家之一。弗鲁姆教授曾为大多数全球500强公司做过管理咨询，其中包括GE集团、联邦快递、贝尔实验室、微软等跨国巨头。弗鲁姆对管理思想发展的贡献主要在两个方面：一是深入研究组织中个人的激励和动机，率先提出了形态比较完备的期望理论模式。弗鲁姆认为人之所以能够从事某项工作并达成组织目标，是因为这些工作和组织目标会帮助他们达成自己的目标，满足自己某方面的需要。某一活动对某人的激励力量取决于他所能得到结果的全部预期价值乘以他认为达成该结果的期望概率。期望理论的主要概念包括期望(expectancy)、价值(valence)、结果(outcome)、工具(instrumentality)、选择(choice)。二是从分析领导者与下属分享决策权的角度出发，将决策方式或领导风格划分为三类五种，设计出根据主客观条件特别是环境因素，按照一系列基本法则，经过7个层次来确定应当采用何种决策方式的树状结构判断选择模型(领导规范模型)。

②期望理论在企业管理中的应用。期望理论在动态过程中揭示了两种结果及其关系，提出了目标融合的问题，因此理论界认为该理论是激励理论中最有价值的理论，是激励理论的精华。实践应用时应注意：

一是设置工作目标难度要适宜。设置工作目标，既不是越高越好，也不是越低越好，关键要适当。目标太高，通过努力也不会有很好的绩效时，员工会产生挫折，失去内在的驱动力，导致工作消极；目标太低，员工也不会产生较大的动力。因此，管理人员在确定工作目标时，一定要让员工感到有实现的可能性，但又不能轻易实现，从而激发起员工的工作力量。

二是员工完成工作目标应及时得到公平合理的报偿，且报偿应与其个人需要相结合。

三是适当加大组织期望行为和非期望行为之间的效价差值，如只奖不罚与奖罚分明，其激励效果大不一样。

【课堂活动6-7】在当今的管理实践中，管理者应如何正确应用期望理论调动员工的积极性?

(2)公平理论。

①公平理论的基本内容。公平理论是美国心理学家斯达西·亚当斯在1965年首先提出来的，也称为社会比较理论。该理论主要研究工资报酬分配的合理性、公平性对员工工作积极性的影响。这种理论的基础在于，员工不是在真空环境中工作，他们总是在进行比较，比较的结果影响他们工作的努力程度。

公平理论认为：

• 人们对收入是否满意是个社会比较过程，满意的程度不仅取决于绝对收入，更取决于相对收入。

$$相对报酬 = \frac{Q}{I} = \frac{收入(工资、奖金、津贴、晋升、表扬等)}{付出(知识、经验、技能、资历、努力等)}$$

• 员工评价公平对待的依据，是将自己的所得—付出比与他人的所得—付出比。

如果员工感觉到自己的比率与他人相等，则会产生公平感。如果员工感到二者比率不相同(高或低)，则会产生不公平感。自己的报酬与贡献的比率比别人低，会感到极度不公平；自己的报酬与贡献的比率比别人高，实际上也是一种不公平，只不过自己乐于接受(当然对方很难接受)。

• 不公平感会造成人们心理紧张和不平衡感，会导致产生消除紧张的行为。

• 公平感是一种主观的心理感受，是人们的公平需要得到满足的一种直接心理体验。影响公平感的因素主要有三个方面：一是分配制度是否公平；二是执行过程是否公开；三是人的公平标准。前两个方面属于客观是否公平；后一个方面属于主观感受是否公平。

人的公平观主要有三种类型：

一是贡献率。持这一种观点的人认为公平就是论功行赏，奖酬与贡献成正比，即按劳分配才是公平的。这种公平观有利于使企业的劳动生产率得到整体提高。

二是平均率。持这一种观点的人认为不管人的贡献大小或其他条件如何，大家一律获得相同数量的报酬才是公平的，即人人均等才是公平的。这种公平观有利于使群体保持和谐的人际关系，但不利于提高企业的劳动生产率。

三是需要率。持这一种观点的人认为公平就是谁需要得多，就分配得多，而不考虑贡献的大小，也不是简单的人人均等。这种公平观有利于照顾人们的基本福利与权利，符合人道主义的原则。

公平观的不同决定了人们对同一种分配制度所持的看法是不同的，而在实际工作中，个人往往会过高地估计自己的付出和他人的所得，而过低地估计自己的所得和他人的付出，从而主观地认为自己的相对报酬低于他人的相对报酬，因此极易导致员工对组织或管理人员的不满。

②公平比较的对象(参照对象)的选择方式。公平比较分纵向和横向两种方式：

• 纵向比较。纵向比较是把自己目前的投入与所获得报酬的比值，同自己过去的投入与所获得报酬的比值进行比较。只有二者相等时，他才会认为公平；否则就会引发不满情绪，影响工作的积极性。纵向比较包括两种形式：一是自我与内部，员工自己在同一组织内不同职位上的经验，比如今年和去年的比较；二是自我与外部，自己若不在同一个组织中工作可得到的收益，比如在其他公司中可能得到的报酬，也就是劳动力市场上的市场价格。

• 横向比较。横向比较是把自己的投入与所获得报酬的比值,同组织中其他人的投入与所获得报酬的比值进行比较。若二者相等,他才会认为公平;若比值小于其他人,他会产生不公平的感觉,或要求增加自己的收入,或减少自己的投入,以便使比值趋于相等;若比值大于其他人,为减少自己不平衡的感觉,开始会主动多做些工作,但久而久之,觉得自己确实应当得到那么高的待遇,工作的积极性会恢复到以前的样子。纵向比较也包括两种形式:一是别人(内部),即与自己在同一组织中的其他同事进行比较;二是别人(外部),即比较对象是不在同一组织中工作的朋友、亲友、同学等。

③员工感到不公平时采取的行为。当员工感到不公平时,通常会采取的行为见表6-2。

表6-2 员工感到不公平时采取的行为

觉察到的比率比较	员工的评价	员工的行为
$\frac{所得A}{付出A}<\frac{所得B}{付出B}$	不公平感(委屈感)	增加结果或减少投入
$\frac{所得A}{付出A}=\frac{所得B}{付出B}$	公平感	行为不变
$\frac{所得A}{付出A}>\frac{所得B}{付出B}$	不公平感	减少结果或增加投入

注:A代表员工,B代表参照对象。

如果比较的结果是第一种不公平感,则当事人A可能采取以下行为:一是通过减少自己的付出或增加自己的所得来改变自己的相对报酬;二是通过增加他人的付出或减少他人的所得来改变他人的相对报酬;三是更换参照对象,通过"比上不足,比下有余",获得主观上的公平感;四是改变自我、他人的认知或自我解释、自我安慰;五是发牢骚,泄怨气,造成人际关系矛盾;六是离开现有工作岗位,另谋职业。

如果比较的结果是第二种不公平感,则当事人A可能采取以下行为:一是增加自己的付出来改变自己的相对报酬;二是设法让他人增加自己的所得来改变自己的相对报酬。

实际上,一个人能做的主要是改变自己的付出,而其他都不属于自己可控的因素。

【知识链接6-7】

公平理论的代表人物——亚当斯

斯达西·亚当斯是美国管理心理学家、行为科学家,公平理论的创始人,美国北卡罗来纳大学著名的行为学教授。他通过社会比较来探讨个人所做的贡献与所得奖酬之间的平衡关系。亚当斯在《工人关于工资公司的内心冲突同其生产率的关系》(与罗森鲍姆合写)、《工资不公平对工作质量的影响》(与雅各布森合写)、《社会交换中的不公平》等著作中提出了公平理论的观点。亚当斯的公平理论就是从微观上分析了公平分配问题。公平理论集中研究了个人与组织之间贡献与奖励的交换,也就是产生了收入与报酬的关系,其研究揭示了工资、报酬、分配的合理性、公平性及职工产生积极性的关系,着重研究工资报酬分配的合理性、公正性及其对员工士气的影响。

④公平理论在企业管理中的应用。公平理论可以广泛应用于现实生活中。人生活在社会中,人的天性就是相互攀比,所以公平对待每一位员工对一个企业十分重要。

一是建立按劳分配的报酬体系。企业要建立和完善效率优先、兼顾公平、按劳分配、多劳多得、奖勤罚懒的规章制度,努力消除有功者不奖、无功者受禄和“平均主义”等现象,彻底杜绝徇私舞弊的行为。奖酬分配制度不仅要公平合理,执行过程还要公开透明,以确保奖酬分配的客观公正。

二是重视员工的公平心理,让员工体会到企业的真正公平。要求公平是任何社会普遍存在的一种社会现象,是人的天性。管理人员应该理解下属对报酬做出公平比较,应了解下属对各种报酬的主观感受,且尽可能公平无私地对待每一位员工,要一视同仁,特别是在工资、奖金、职称和住房等敏感问题上,要尽量做到公平合理。

【课堂活动6-8】美国NBA篮球教练在训练运动员时会说:“我不会对每一个人都一样,但我会公平地对每一个人。”我们应如何理解这句话?

三是加强管理,建立平等竞争机制。人的工作动机不仅受绝对报酬的影响,更重要的是受相对报酬的影响。人们在主观上感到公平合理时,心情就会舒畅,人的潜力就会充分发挥出来,从而使组织充满生机和活力。这就启示我们:管理者必须坚持“各尽所能,按劳分配”的原则,把职工所做的贡献与他应得的报酬紧密挂钩,分配模式上避免搞“一刀切”。

四是对员工进行“公平观”教育。教育职工正确选择比较对象和认识不公平现象。公平理论表明公平与否都源于个人感受,个人判断报酬与付出的标准往往都会偏向于自己有利的一方,从而使职工产生不公平感,这对组织是不利的。因此,管理者要以敏锐的目光察觉个人认识上可能存在的偏差,适时做好引导工作,确保个人工作积极性的发挥,多与下属进行沟通,以实现主观公平。

【课堂活动6-9】甲、乙两人一同大学毕业后进了同一家企业并在同一科室工作,两人的工资也被定在同一档次:每月1000元。一年试用期过后,甲的工资被定为每月1200元,而乙的工资被定为每月1500元。甲拿到1200元工资后很高兴,因为比原来工资增加了200元,但当他得知乙的月工资是1500元后,则十分气愤,工作积极性明显下降。试通过公平理论分析甲的心理以及管理者的对策。

6.2.3 行为改造型激励理论

行为改造型激励理论着重研究人的行为,研究如何巩固和发展人的积极行为,如何改造和转化人们的消极行为,变消极行为为积极行为的理论。行为改造型激励理论主要包括强化理论和挫折理论。

(1)强化理论。强化理论是美国心理学家和行为科学家斯金纳在其《有机体的行为》《科学和人类行为》等书中提出了操作性条件反射学说,并且指出,该学说不仅可以用在动物身上,也可以用在人身上来调整人的行为。

①强化理论的主要内容。斯金纳提出了强化型激励理论。该理论认为人或动物为了达到某种目的,会采取一定的行为作用于环境。这种行为的后果对他有利时,这种行为就会在以后重复出现;不利时,这种行为就减弱或消失。强化从其最基本的形式来讲,指的是对一种行为的肯定或否定的后果(报酬或惩罚),它至少在一定程度上会决定这种行为在今后是否会重复发生,包括正强化、负强化、自然消退和惩罚四种类型,见表6-3。

表6-3 强化类型一览表

	令人愉快或所希望的事	令人不快或不希望的事
事件的出现	正强化(行为变得更加可能发生)	惩罚(行为变得更不可能发生)
事件的取消	消退	负强化

• 正强化。正强化又称积极强化,是指当人们采取某种行为时,能从他人那里得到某种令其感到愉快的结果,这种结果反过来又成为推进人们增强或重复此种行为的力量。例如,企业用某种具有吸引力的结果(如奖金、休假、晋级、认可、表扬等),以表示对职工努力进行安全生产的行为的肯定,从而增强职工进一步遵守安全规程进行安全生产的行为。正强化的方法包括奖金、对成绩的认可、表扬、改善工作条件和人际关系、提升、安排担任挑战性的工作、给予学习和成长的机会等。正强化与奖励不完全一致;奖励不一定带来正强化。

• 负强化。负强化又称消极强化,是指通过某种不符合要求的行为所引起的不愉快的后果,对该行为予以否定。若职工能按所要求的方式行动,就可减少或消除令人不愉快的处境,从而也增大了职工符合要求的行为重复出现的可能性。例如,企业安全管理人员告知工人如果不遵守安全规程,就要受到批评,甚至得不到安全奖励,于是工人为了避免此种不期望的结果,而认真按操作规程进行安全作业。负强化的方法包括批评、处分、降级等,有时不给予奖励或少给奖励也是一种负强化。

• 自然消退。自然消退又称衰减,是指对原先可接受的某种行为强化的撤销。由于在一定时间内不予强化,此行为将自然下降并逐渐消退。例如,企业曾对职工加班加点完成生产定额给予奖酬,后经研究认为这样不利于职工的身体健康和企业的长远利益,因此不再发给奖酬,从而使加班加点的职工逐渐减少。

• 惩罚。惩罚是指在消极行为发生后,以某种带有强制性、威慑性的手段(如批评、行政处分、经济处罚等)给人带来不愉快的结果,或者取消现有的令人愉快和满意的条件,以表示对某种不符合要求的行为的否定。惩罚是负强化的典型方式。

正强化是用于加强所期望的个人行为；负强化、自然消退和惩罚的目的是为了减少和消除不期望发生的行为。这四种类型的强化相互联系、相互补充，构成了强化的体系，并成为一种制约或影响人的行为的特殊环境因素。

强化的主要功能就是按照人的心理过程和行为的规律，对人的行为予以导向，并加以规范、修正、限制和改造。它对人的行为的影响，是通过行为的后果反馈给行为主体这种间接方式来实现的。人们可根据反馈的信息，主动适应环境刺激，不断地调整自己的行为。

②强化理论在企业管理中的应用。对强化理论的应用，要考虑强化的模式，并采用一整套的强化体制。强化模式主要由"前因""行为"和"后果"三个部分组成。"前因"是指在行为产生之前确定一个具有刺激作用的客观目标，并指明哪些行为将得到强化，如企业规定车间安全生产中每月的安全操作无事故定额。"行为"是指为了达到目标的工作行为。"后果"是指当行为达到了目标时，则给予肯定和奖励；当行为未达到目标时，则不给予肯定和奖励，甚至给予否定或惩罚，以求控制职工的安全行为。

在企业安全管理中，应用强化理论来指导安全工作，对保障安全生产的正常进行可起到积极作用。在实际应用中，关键在于如何使强化机制协调运转并产生整体效应，为此，应注意以下五个方面：

一是以正强化方式为主。在企业中设置鼓舞人心的安全生产目标，是一种正强化方法，但要注意将企业的整体目标和职工个人目标、最终目标和阶段目标等相结合，并对在完成个人目标或阶段目标中取得明显绩效或做出贡献者，给予及时的物质和精神奖励（强化物），以求充分发挥强化作用。

二是采用负强化（尤其是惩罚）手段要慎重。负强化应用得当会促进安全生产，应用不当则会带来一些消极影响，可能使人由于不愉快的感受而出现悲观、恐惧等心理反应，甚至发生对抗性消极行为。因此，在运用负强化时，应尊重事实，讲究方式方法，处罚依据准确公正，这样可尽量消除其副作用。将负强化与正强化结合应用一般能取得更好的效果。

三是强化的时效性。采用强化的时间对于强化的效果有较大的影响。一般而论，强化应及时，及时强化可提高安全行为的强化反应程度，但须注意及时强化并不意味着随时都要进行强化。不定期的非预料的间断性强化，往往可取得更好的效果。

四是因人制宜，采用不同的强化方式。由于人的个性特征及其需要层次不尽相同，不同的强化机制和强化物所产生的效应会因人而异。在运用强化手段时，应采用有效的强化方式，并随着对象和环境的变化而相应调整。

五是信息反馈增强强化的效果。信息反馈是强化人的行为的一种重要手段，尤其是在应用安全目标进行强化时，定期反馈可使职工了解自己参加安全生产活动的绩效及其结果，既可使职工得到鼓励，增强信心，又有利于及时发现问题，分析原因，修正所为。

【课堂活动 6-10】台湾有一家公司，在公司的大厅里设置了一个大铜锣，只要业绩突破新台币 100 万的人，就可以去敲它一响，突破 200 万则敲它两下，依次类推。该公司的办公室紧临着大厅，只要这个铜锣被敲，它的声音马上会传入办公室内，也等于是告知全办公室内的人，有人的业绩突破了百万大关了，当这位敲锣的同仁步入办公室时，所有的人都会起立鼓掌，给予他英雄式的欢呼。该公司管理部门有关人员表示，这种被大家鼓掌欢呼是很有面子的一件事。当然，谁都希望自己是下一个敲锣者，也能接受大家的欢呼，不过，想要敲响它，首先是把业绩给做到。

试用有关激励理论分析该案例。

(2)挫折理论。挫折理论是由美国的亚当斯提出的，挫折是指人类个体在从事有目的的活动过程中，指向目标的行为受到障碍或干扰，致使其动机不能实现，需要无法满足时所产生的情绪状态。挫折理论主要揭示人的动机行为受阻而未能满足需要时的心理状态，并由此而导致的行为表现，力求采取措施将消极性行为转化为积极性、建设性行为。

①挫折理论的学习内容。一是产生挫折的原因。产生挫折的原因是多方面的，可分为客观原因、主观原因和组织原因三个方面：

一是客观原因。客观原因主要是指外界客观环境条件，包括自然环境条件和社会环境条件两类。自然环境条件是指个人能力无法克服的自然因素，如人的生、老、病、死以及地震、洪水、台风等。社会环境条件是指个体在社会环境中遭受的政治、经济、道德、宗教、风俗习惯等人为因素所引起的。一般而言，由自然环境条件导致的挫折反应较轻，由社会环境条件导致的挫折反应较严重。

二是主观原因。主观原因是指个人的生理和心理素质，如个人身高、容貌、经济状况、气质、性格、能力、社会地位、疾病以及某些生理缺陷所造成的限制、心理动机的种种冲突等。动机的冲突比个体生理条件所造成的挫折要更为明显和强烈。

三是组织原因。现代企业中引发职工产生挫折的组织因素有：一是工作本身的矛盾。如职责不清、任务不明、体制不健全、多头命令使职工无所适从，缺乏完成任务的基本条件又硬要下属承担完不成任务的责任等。二是人际关系矛盾。人际关系中尤其是上下级关系间的矛盾，如人际关系不协调，尤其是上下级之间缺少沟通，产生误解，缺乏信赖，相互间不满、怨恨甚至敌视；组织内过分强调竞争与个人负责，造成了人际关系中不必要的紧张气氛均会引发挫折。三是工资制度与人事管理制度上的矛盾。如个人贡献较大而工资偏低，有成绩、有能力却得不到晋升机会；相反，由于种种其他原因，那些能力差、贡献小的人却又提工资又晋级，这些很容易引发挫折。

二是挫折的适应方式。挫折的适应方式如下：

• 发泄。发泄是个体受挫时因愤怒而表现出攻击性行为。这是对挫折的一种特殊反应。领导者应让职工学会以社会认可的方式去宣泄自己的紧张情绪，以合理的方法、积极的态度去认真地解决问题，克服受挫心理。

● 焦虑。焦虑是当人们面临挫折的时候，最为普遍和常见的心理反应之一。一个人如果一而再、再而三地遭遇挫折，即使是一个过去很坚强、很自信的人，也可能会慢慢失去自信，产生焦虑反应，如烦躁不安、判断力降低、耐心消失、怨天尤人、无所事事等。

● 退化。退化是指个体在受挫时表现出与自己的年龄、身份、知识、修养等不相称的幼稚行为。如抱头大哭、破口大骂、手抓口咬、就地打滚、一把鼻涕一把泪，还有蒙头大睡、装病不起等，都是幼稚的退化行为。

● 冷漠。个体受挫以后，为求得心理的解脱，会厌弃早先的追求，甚至厌弃人生，这就是冷漠的适应方式。从表面上看，当事者似乎是漠不关心、无动于衷，其实其内心的痛苦可能更甚。冷漠常常是绝望的表现。当事者丧失了一切信心与勇气，这是极其可怕的。

● 幻想。幻想是指受挫后不是面对现实，而是把自己置入一种想象的境界，企图以一种虚构的幻境来解脱自己的适应方式。幻想的常见方式之一是白日梦。

● 固执。顽固地坚持某种不合理的意见或态度，盲目重复某种无效的动作，不能像正常情况下那样正确合理地做出判断，表现为胸狭窄、意志薄弱等。

● 投射。投射是指当个人具有某种不为社会认可的坏品质时，总会感受到自责、羞愧等等心理压力，为消除这种压力，有人会有意无意地把这种坏品质加诸众人身上，以此为自己辩解，使自己解脱。

● 升华。升华是指把原先的失败引向更崇高的目的，做出对社会有益的贡献以克服早先的受挫心理的适应方式。

● 补偿。补偿是以另一种活动的成功来弥补早先活动的失败以克服受挫心理的适应方式。人都要肯定自身价值，对于某方面的失败自然会觉得有失脸面，于是就从别的方面加紧努力，取得成功，以挽回其自身价值。所谓“失之东隅，收之桑榆”，就是这个道理。

● 推诿。推诿是把个人的失败、错误推到别人身上，或找客观原因来担负其罪责，以求得自己的解脱的适应方式。

● 自慰。自慰是指当个人的期望无法实现时，常常以某种理由或借口来安慰自己，使自己从挫折心理中解脱出来的适应方式。

②挫折理论在企业管理中的应用。从管理的角度看，一方面，应尽量减少或消除可能导致职工受挫的根源；另一方面，职工受挫时，应尽量降低挫折所引起的不良影响。对此，企业的管理者应做的工作很多。

一是及时了解并排除造成挫折的根源。企业的各级管理人员对职工的情绪应有敏锐的观察，应把职工的种种不良适应性行为，如说怪话、发牢骚、吵架等看作存在问题的信号,及时了解,找出根源,予以解决,防患于未然。企业的领导者还可以借助职工态度调查,及时发现职工心中的挫折。

二是正确对待受挫者。凡遭受挫折者,哪怕是“自作自受”,都是些不幸的人,管理者均应伸出热情的手给以帮助。

• 宽容相待。正在遭受挫折折磨的人,是一个需要关心、照顾的心理上的病人。冷淡歧视,以行政手段施加压力,只会使矛盾更加激化,甚至把受挫折者推上绝路。唯有关怀和温暖的开导、劝慰才能帮助他恢复心理平衡。

• 提高认识,分清是非。宽容的态度并不等于不分是非、一味迁就。正相反,唯有帮助受挫折者提高了认识、分清了是非,才能使其战胜挫折。

• 改变环境。改变环境是相当有效的方法,其主要的方式有两种:一是调离原来的工作岗位或居住地点;二是改变环境的心理气氛,给受挫者以广泛的同情和温暖。

• 心理咨询。请心理学家进行“心理咨询”,这在国外是应用十分广泛的办法。在国内,由于心理学工作者太少,难以做到,但有条件时应尽量考虑采用此种方法。

• 精神宣泄。这是一种心理治疗的方法,主要是创造一种环境,让受挫者被压抑的情感自由顺畅地表达出来。人在受挫折以后,其心理会失去平衡,常常以紧张的情绪反应代替理智行为。这时唯有让紧张的情绪发泄出来,才能恢复理智状态,达到心理平衡。从这个意义上讲,管理者应该倾听职工的抱怨、牢骚、怪话,让他们有气发泄出来、有话说出来,待不满的情绪发泄出来以后,自会心平气和。

• 心理辅导。克服受挫心理的关键在于提高职工的心理健康水平。因此,管理者应该向广大职工普及心理学知识,帮助职工学会维护自身的心理健康。

【课堂讨论 6-11】有人说,激励是行为的钥匙,又是行为的按钮,按动什么样的按钮,就会产生什么样的行为。以小组为单位讨论行为改造型激励理论在企业管理中的具体应用。

任务 6.3　探析激励机制

企业要想真正获得员工的心,管理者首先要了解员工的所思所想和他们内心的需要。从某种程度上讲,员工的心是“躁动的心”,员工的需要也是随着自身条件和人力资源市场情况的涨落在不断变化的。所以,企业管理者在探求员工的内心需要时,切忌采用静态的观点和不变的手段,必须采用一种动态的观念,以熟悉和理解员工的内在心理动力系统的内容和特性为基础,采取积极的、有针对性的措施激发其潜能和工作热情,并将其行为目标与组织目标进行协调的过程,这就是激励机制。激励机制就是管理者激励员工产生内在动力,向所期望的目标前进的一套理性化的制度。如何运用激励机制调动员工的积极性,做好各项工作,对一个组织的兴衰与发展至关重要。

6.3.1 激励机制的内容

激励机制也叫激励制度,是在组织系统中,激励主体系统运用多种激励手段并使之规范化和相对固定化,而与激励客体相互作用、相互制约的结构、方式、关系及演变规律的总和。激励机制包含以下几个方面的内容:

(1)诱导因素集合。诱导因素是指用于调动员工积极性的各种奖酬资源。对诱导因素的提取,必须建立在队员个人需要进行调查、分析和预测的基础上,然后根据组织所拥有的奖酬资源的时期情况设计各种奖酬形式,包括各种外在性奖酬和内在性奖酬(通过工作设计来达到)。需要理论可用于指导对诱导因素的提取。

(2)行为导向制度。行为导向制度是组织对其成员所期望的努力方向、行为方式和应遵循的价值观的规定。在组织中,由诱导因素诱发的个体行为可能会朝向各个方向,即不一定都是指向组织目标的。同时,个人的价值观也不一定与组织的价值观相一致,这就要求组织在员工中间培养统驭性的主导价值观。行为导向一般强调全局观念、长远观念和集体观念,这些观念都是为实现组织的各种目标服务的。

勒波夫在《怎样激励员工》一书中列出了企业应该奖励的10种行为方式:奖励彻底解决问题的,而不是仅仅采取应急措施;奖励冒险,而不是躲避风险;奖励使用可行的创新,而不是盲目跟从;奖励果断的行动,而不是无用的分析;奖励出色的工作而不忙忙碌碌的行为;奖励简单化,反对不必要的复杂化;奖励默默无声的有效行动,反对哗众取宠;奖励高质量的工作,而不是草率的行动;奖励忠诚,反对背叛;奖励合作,反对内讧。勒波夫所列举的这些应该奖励的行为方式,对很多企业来说,都可作为其员工的行为导向。

(3)行为幅度制度。行为幅度制度是指对由诱导因素所激发的行为在强度方面的控制规则。根据弗鲁姆的期望理论,对个人行为幅度的控制是通过改变一定的奖酬与一定的绩效之间的关联性以及奖酬本身的价值来实现的。根据斯金纳的强化理论,按固定的比率和变化的比率来确定奖酬与绩效之间的关联性,会对员工行为带来不同的影响。前者会带来迅速的、非常高而且稳定的绩效,并呈现中等速度的行为消退趋势;后者将带来非常高的绩效,并呈现非常慢的行为消退趋势。通过行为幅度制度,可以将个人的努力水平调整在一定范围之内,以防止一定奖酬对员工的激励效率的快速下降。

(4)行为时空制度。行为时空制度是指奖酬制度在时间和空间方面的规定。这方面的规定包括特定的外在性奖酬和特定的绩效相关联的时间限制,员工与一定的工作相结合的时间限制,以及有效行为的空间范围。这样的规定可以防止员工的短期行为和地理无限性,从而使所期望的行为具有一定的持续性,并在一定的时期和空间范围内发生。

(5)行为归化制度。行为归化是指对成员进行组织同化和对违反行为规范或达不到要求的处罚和教育。组织同化是指把新成员带入组织的系统过程。它包括对新成员在人生观、价值观、工作态度、合乎规范的行为方式、工作关系、特定的工作机能等方面的教育,使他们成为符合组织风格和习惯的成员,从而具有一个合格的成员身份。关于各种处罚制度,要在事前向员工交代清楚,即对他们进行负强化。若违反行为规范和达不到要求的行为实际发生了,在给予适当处罚的同时,还要加强教育,教育的目的是提高当事人对行为规范的认识和行为能力,即再一次的组织同化。所以,组织同化实质上是组织成员不断学习的过程,对组织具有十分重要的意义。

以上五个方面的制度和规定都是激励机制的构成要素,激励机制是五个方面构成要素的总和。其中诱导因素起到发动行为的作用,后四者起导向、规范和制约行为的作用。一个健全的激励机制应是完整地包括以上五个方面、两种性质的制度。只有这样,才能进入良性的运行状态。

6.3.2 激励机制的作用

激励机制一旦形成,就会内在地作用于组织系统本身,使组织机能处于一定的状态,并进一步影响着组织的生存和发展。激励机制对组织具有助长作用和致弱作用。

(1)激励机制的助长作用。激励机制的助长作用,是指一定的激励机制对员工某种符合组织期望的行为具有反复强化、不断增强的作用。在这样的激励机制作用下,组织不断发展壮大,不断成长,这样的激励机制被称为良好的激励机制。当然,在良好的激励机制之中,肯定有负强化和惩罚措施对员工的不符合组织期望的行为起约束作用。激励机制对员工行为的助长作用给管理者的启示是:管理者应能找准员工的真正需要,并将满足员工需要的措施与组织目标的实现有效结合起来。

(2)激励机制的致弱作用。激励机制的致弱作用表现在:尽管激励机制设计者的初衷是希望通过激励机制的运行,能有效地调动员工的积极性,实现组织的目标。但是,无论是激励机制本身不健全,还是激励机制不具有可行性,都会对一部分员工的工作积极性起抑制作用和削弱作用,这就是激励机制的致弱作用。在一个组织当中,当对员工工作积极性起致弱作用的因素长期起主导作用时,组织的发展就会受到限制,直到走向衰败。因此,对于存在致弱作用的激励机制,必须将其中的致弱激励因素根除,代之以有效的激励因素。

6.3.3 激励机制的运行模式

激励机制的运行模式激励机制运行的过程就是激励主体与激励客体之间互动的过程,也就是激励工作的过程。图6-7是一个基于双向信息交流的全过程的激励运行模式。这种激励机制运行模式是从员工进入工作状态之前开始的，贯穿于实现组织目标的全过程，故又称为全过程激励模式。

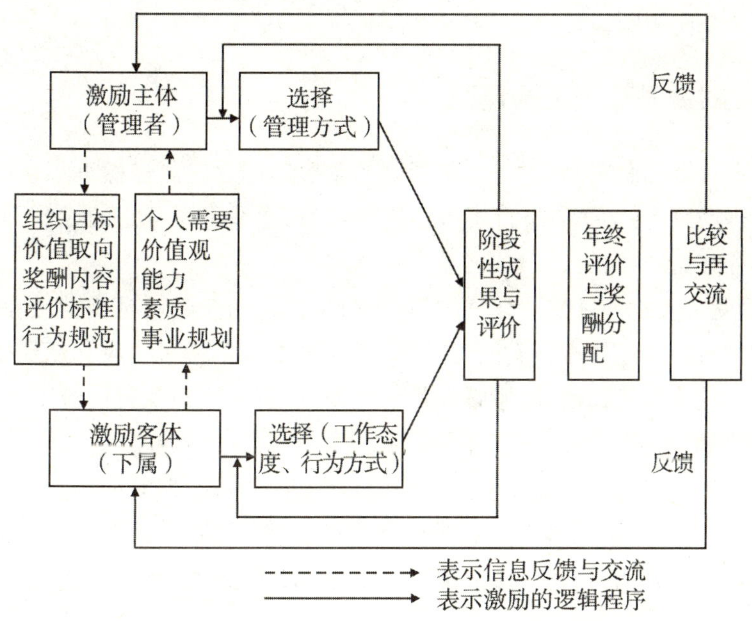

图6－7 激励机制的运行模式

这一激励模式应用于管理实践中可分为五个步骤，工作内容分别如下：

(1)双向交流。这一步的任务使管理人员了解员工的个人需要、事业规划、能力和素质等，同时向员工阐明组织的目标、组织所倡导的价值观、组织的奖酬内容、绩效考核标准和行为规范等；而员工个人则要把自己的能力和特长、个人的各方面要求和打算恰如其分地表达出来，同时员工要把组织对自己的各方面要求了解清楚。

(2)各自选择行为。通过前一步的双向交流，管理人员将根据员工个人的特长、能力、素质和工作意向给他们安排适当的岗位，提出适当的努力目标和考核办法，采取适当的管理方式并付诸行动；而员工则采取适当的工作态度、适当的行为方式和努力程度进行工作。

(3)阶段性评价。阶段性评价是对员工已经取得的阶段性成果和工作进展及时进行评判，以便管理者和员工双方再做适应性调整。这种阶段性评价要选择适当的评价周期，可根据员工的具体工作任务确定为一周、一个月、一个季度或半年等。

(4)年终评价与奖酬分配。这一步的工作是在年终进行的，员工要配合管理人员对自己的工作成绩进行评价并据此获得组织的奖酬资源。同时，管理者要善于听取员工自己对工作的评价。

(5)比较与再交流。在这一步，员工将对自己从工作过程和任务完成后所获得的奖酬与其他可比的人进行比较，以及与自己的过去相比较，看一看自己从工作中所得到的奖酬是否满意,是否公平。通过比较,若员工觉得满意,将继续留在原组织工作;如不满意,可再与管理人员进行建设性磋商,以达成一致意见。若双方不能达成一致的意见,双方的契约关系将中断。

6.3.4 对激励认识上的误区

建立合理有效的激励制度,是企业管理的重要问题之一。虽然近年来国内企业越来越重视管理激励,并尝试着进行了激励机制改革,也取得了一定的成效,但在对激励的认识上还存在着一些误区。

(1)激励就是奖励。目前,国内很多企业简单地认为激励就是奖励,因此在设计激励机制时往往只片面地考虑正面的奖励措施,而轻视或不考虑约束和惩罚措施。有些虽然也制定了约束和惩罚措施,但碍于各种原因,没有坚决地执行而流于形式,结果难以达到预期目的。

企业的一项奖励措施可能会引发员工的各种行为方式,但其中的部分行为并不是企业所希望的。因此,必须辅以约束措施和惩罚措施,将员工行为引导到特定的方向上。对希望出现的行为,公司应用奖励进行强化;对不希望出现的行为,要利用处罚措施进行约束。

(2)同样的激励可以适用于任何人。许多企业在实施激励措施时,并没有对员工的需求进行认真的分析,"一刀切"地对所有人采用同样的激励手段,结果适得其反。在管理实践中,如何对企业中个人实施有效的激励,首先是以对人的认识为基础的。从一般意义上说,凡是能够促进人们工作或调动人们工作积极性的因素,都可称为激励因素。通过对不同类型人的分析,找到他们的激励因素,并有针对性地进行激励,这样激励措施才能最有效。同时,要注意控制激励的成本,必须分析激励的支出收益比,追求最大限度的利益。

采取两种甚至几种截然不同的激励措施是有其道理的。从低层次的个人需求来讲,采用物质激励会更有效。从公司利益考虑,从事简单劳动的打工者,创造的价值较低,人力市场供应充足,对于他们采用物质激励是适用的和经济的。相反,高层次的技术人员和管理人员,来自于内在精神方面对成就的需要更多些,而且他们是企业价值的重要创造者,公司希望将他们留住。因此,公司除尽量提供优厚的物质待遇外,还应注重精神激励(如优秀员工奖)和工作激励(如晋升、授予更重要的工作),创造宽松的工作环境,提供有挑战性的工作来满足这些人的需要。

(3)只要建立起激励机制就能达到激励效果。一些企业发现,在建立起激励制度后,员工不但没有受到激励,努力水平反而下降了。如某公司推出"年终奖"计划,本意是希望调动员工的积极性,但却因为没有辅之以系统科学的评估标准,最终导致实施中的平均主义,打击了员工的积极性。

一套科学有效的激励机制不是孤立的，应当与企业的一系列相关体制相配合才能发挥作用。其中，评估体系是激励的基础。有了准确的评估才能有针对性地进行激励，才能更有效。

【课堂讨论 6-12】有这样一个小企业的老板，他视员工如兄弟，强调"有福共享，有难同当"，并把这种思路贯穿于企业的管理工作中。当企业的收入高时，他便多发奖金给大家；一旦企业产品销售状况不好，他就少发甚至不发奖金。一段时间后，他发现大家只是愿意"有福共享"，而不愿有难同当。在公司困难时甚至还有员工离开公司，或将联系到的业务转给别的企业，自己从中拿提成。这位老板有些不解，你认为这是为什么？

6.3.5 实施有效激励的方法

激励是一个复杂的过程，使用有效的激励措施，可以从正面调动员工的工作积极性和创造性，用不同的激励机制从精神上和物质上激励员工，使他们产生爱岗敬业、热爱企业的信念。

(1)金钱激励法。经济人假设认为，人们基本上是受经济性刺激物激励的，金钱及个人奖酬是使人们努力工作最重要的激励，公司要想提高员工的工作积极性，唯一的方法是用经济性报酬。虽然在知识经济时代的今天，人们生活水平已经显著提高，金钱与激励之间的关系渐呈弱化趋势，然而物质需要始终是人类的第一需要，是人们从事一切社会活动的基本动因。所以，物质激励仍是激励的主要形式。但是，要使金钱能够成为一种激励因素，企业管理者必须认识到：

①金钱的价值不一。相同的金钱，对不同收入的员工有不同的价值；对于某些人来说，金钱总是极端重要的，而另外一些人就不那么看重。

②金钱激励必须公正。一个人对他所得的报酬是否满意不是只看其绝对值，而要进行社会比较或历史比较，通过相对比较，判断自己是否受到了公平对待，从而影响自己的情绪和工作态度。

③金钱激励必须反对平均主义，平均分配等于无激励。除非员工的奖金主要是根据个人业绩来分配，否则公司尽管支付了奖金，对他们也不会有很大的激励。

(2)工作激励法。每个人都有无限的潜能等待开发，但由于我们受到环境的约束，员工必须按照公司规定，重复地做着自己岗位的工作，日子久了就会厌倦，如果能对员工工作进行设计，使其工作内容丰富化和扩大化，就能较好地激发员工敬业爱岗的精神。

工作本身具有激励力量。为了更好地发挥员工工作积极性，我们要考虑如何才能使工作本身更有内在意义和挑战性，给员工一种自我实现感。为此，我们要对员工的工作进行"设计"，使工作内容丰富化和扩大化，并创造良好的工作环境。还可通过员工与岗位的双向选择，使职工对自己的工作有一定的选择权。

(3)目标激励法。目标激励，就是确定适当的目标，诱发人的动机和行为，达到调动人的积极性的目的。例如，企业要让员工确切知道自己要做的是些什么？自己所追寻的目标到底是什么？公司中层的职责就是要帮助员工制订一个详细的计划，帮助他们找出实现目标的方法，并且要告诉他们如何做才能保证计划的成效、如何克服难关等。因此，目标作为一种诱因，具有引发、导向和激励的作用。一个人只有不断启发对高目标的追求，也才能启发其奋而向上的内在动力。

(4)尊重激励法。管理从根本上说是做好人的工作。而要做好人的工作，首先要以人为本、尊重人。这是现代企业管理的重要基础，也是公司管理观念上的一场革命。我们常听到"公司的成绩是全体员工努力的结果"之类的话，表面看起来管理者非常尊重员工，但当员工的利益以个体方式出现时，管理者会以公司全体员工整体利益加以拒绝，他们会说"我们不可能仅顾及你的利益"或者"你不想干就走，我们不愁找不到人"。显然，这样的管理者不重视员工感受，不尊重员工，员工的积极性就会大大受到打击，他们的工作仅仅为了获取报酬，因此，现实中懒惰和不负责任等情况会随之发生。因此，尊重是加速员工自信力爆发的催化剂，尊重激励是一种基本的激励方式。上下级之间的相互尊重是一种强大的精神力量，它有助于公司员工之间的和谐，有助于企业团队精神和凝聚力的形成。

(5)参与激励法。毕业于哈佛大学泰的伦斯·莱温爵士说过，要想激发员工的主人翁责任感，就得尽量让每一个人充分了解自己的任务，无论好、坏消息都让他知晓，这样才能使属下觉得受到公司的信任，因而更热诚地投入工作。而且，当他了解工作机密之后，他会小心地保守机密。

现代人力资源管理的实践经验和研究表明，现代的员工都有参与管理的要求和愿望，创造和提供一切机会让员工参与管理是调动他们积极性的有效方法。因此，让员工恰当地参与管理，既能激励员工，又能为企业的成功获得有价值的知识。通过参与，形成员工对公司归属感、认同感，可以进一步满足自尊和自我实现的需要。

(6)培训激励法。培训是给员工最好的激励，培训能增强员工的信心，培训是给员工最大的财富。培训激励可以促进公司在激烈的市场竞争中保持强劲的优势。

随着知识经济扑面而来，当今世界日趋信息化、数字化、网络化。知识更新速度不断加快，使员工知识结构不合理和知识老化现象日益突出。他们虽然在实践中不断丰富和积累知识，但仍需要为他们提高岗位技能不断再培训。通过这种培训充实他们的知识，培养他们的能力，给他们提供进一步发展的机会，满足他们自我实现的需要。

(7)荣誉和提升激励法。荣誉是众人或组织对个体或群体的崇高评价，是满足人们自尊需要，激发人们奋力进取的重要手段。从人的动机看，人人都具有自我肯定、光荣、争取荣誉的需要。对于一些工作表现比较突出、具有代表性的先进员工，给予必要的荣誉奖励,是很好的精神激励方法。荣誉激励成本低廉,但效果很好。

另外,提升激励是对表现好、素质高的员工的肯定,应将其纳入“能上能下”的动态管理制度中去。

(8)负激励法。激励并不全是鼓励,它也包括许多负激励措施,如淘汰、罚款、降职和开除等。心理学告诉我们,一味地正面激励有时容易使人心生骄躁之心。负激励可以让心浮气高的人保持清醒的头脑,使整日沉浮幻想的人能看清现实。

【管理故事6-2】

让一只手的乞丐搬砖

有一个乞丐来到一个庭院向女主人乞讨,这个乞丐很可怜,他的右手连同整条手臂断掉了,空空的袖子逛荡着,让人看了很难过,碰到谁都会慷慨施舍的,可是女主人毫不客气地指着门前一堆砖对乞丐说:“你帮我把这砖搬到屋后去吧!”

乞丐生气地说:“我只有一只手,你还忍心叫我搬砖?不愿给就不给,何必捉弄人呢?”

女主人并不生气,俯身搬起砖来,她故意只用一只手搬了一趟,说:“你看,并不是非要两只手才可以干活,我能干,你为什么不能呢?”

乞丐怔住了,他用异样的目光看着妇人,尖突的喉结上下滑动了两下,终于他开始搬砖了。

他整整搬了两个小时才把砖搬完,累得气喘如牛,脸上有很多灰尘,几绺乱发被汗水粘在了一起,贴在额头上。

妇人递过来一条白毛巾,乞丐接了过来,很感激地说:“谢谢您!”

妇人说:“你不用谢我,这是你自己凭力气挣的工钱。”

乞丐说:“我不会忘记您的,这条毛巾给我做个纪念吧!”

说完他深深地鞠了一躬就走了。

过了很多天,又来了一个乞丐。那妇人把乞丐领到砖前说:“把砖搬到我指定的地点,我给你20元钱。”

这位双手健全的乞丐却鄙夷地走开了。

妇人的孩子不解地问母亲:“为什么叫他们把砖搬来搬去呢?”

母亲说:“砖放在哪里都一样,可搬与不搬对乞丐可就不一样了。”

此后,还来过几个乞丐,那堆砖仍然摞在那里。

若干年后,一个很体面的人来到了这个庭院。他西装革履,气度不凡,跟那些自信、自重的成功人士一模一样。美中不足的是,这人只有一只手,另一边只有一条空空的衣袖,一荡一荡的。

来人俯下身拉住有些老态的女主人说:“如果没有你,我还是一个乞丐,可是现在我是一个公司的董事长。”

独臂的董事长要把妇人连同她的家人迁到城里去过好日子。

妇人说:“我们不能接受你的照顾。”

独臂的董事长说:“为什么?”

妇人说:“因为我们家人个个都有两只手”。

董事长仍坚持:“夫人,你让我知道了什么叫人,什么叫人格,那房子是你教育我应得的报酬。”

妇人终于笑了:“那你把房子送给连一只手都没有的人吧!”

管理启示:一般人见到乞丐都会把他撵走,但故事中的女主人富有“同理心”,也具有较高的“情绪控制力”,她通过“亲为”的行动教育乞丐,让他懂得了什么叫“做事,如何做事,做什么事”的道理。而这位昔年的乞丐利用这位女主人“传染”给自己的情绪通过“运用内在动力”进行自我激励,终于成功地当上了董事长。他知道感恩报德,要报答女主人,这说明他具有“因果思维”的情绪,他认为自己今天的成功是女主人当年的教育之结果。女主人谢绝董事长的报答,这是一种“追求超我目标”的情商,她最后的建议又体现出她丰富的“同理心”。女主人就像是企业的领导者,高情商的领导者必然会带出一支高情商的队伍。作业企业领导,你怎样待员工,员工就怎样待你,这是双赢的最好模式,而且员工可能会以双倍的忠诚去回报企业。这样的企业一定是会取得巨大成功的企业。

【任务实施】

工作任务6　分析管理中的激励理论

【实训目的】

通过案例分析与讨论,加深理解对激励理论的感性认识,并在此基础上,提高有效激励、调动人的积极性的能力。

【任务内容】

阅读案例,完成任务内容。

案例:为发奖金犯愁的李科长

李科长每年发奖金时都发愁,科里有十几个人,工作积极性和工作成绩参差不齐,其中小张表现最好。小张研究生毕业,聪明能干,工作积极,虽然来科里是最晚的,但成绩却是最出色的。去年给了他科里最高的奖金,但却引起了科里其他人的不满。这使李科长很犯愁,这时公司举办了一个中层干部培训班,请来一知名教授讲课,课上讲到了某激励理论,对李科长的启发很大。

这一天,李科长找到了小张,他首先肯定了小张这一年的贡献,并对他进行了表扬;然后讨论了明年的工作,责任更重,也更有挑战性;最后谈到了奖金,告诉他,今年的奖金科里是一样的。没想到小张听了后立刻就火了,说:“什么?到头来我就值这么点,你那好听的讲给别人听吧,我不稀罕,表扬不当饭吃。”说完气呼呼地走了,李科长不知如何是好了。

【任务要求】

1.将学生分组,以6—8人为一组,各组选出一名负责人,进行分组讨论。

2.讨论:案例中提到的激励理论是指管理学中的哪个激励理论?按照这个理论,工资和奖金各属于什么因素?各起到什么作用?

3.讨论:小张听了科长的话后为什么立刻就火了?可用管理学中的哪个激励理论来解释?

4.讨论:李科长的话为什么没起到好的作用?问题出在哪里?

5.讨论:李科长发奖金时犯愁的根本原因是什么?

6.为李科长提出解决问题的具体措施。

7.讨论完毕后,以小组为单位写出汇报提纲。

8.负责人指定一名小组成员以PPT形式进行汇报。

9.讨论时间为70 min,PPT汇报时间为20 min。

【任务评价】

根据列出的评价标准及分值,对**“工作任务6 分析管理中的激励理论”**要检查的内容进行评价,判断是否已达到项目六列出的知识目标与技能目标。

评价方式采取过程评价和结果评价两种方式,老师评价和小组内部成员互相评价相结合。过程评价和结果评价综合得分为学生的此工作任务得分。在工作任务实施时,要事先确定好两个比重:一是任务过程评分和任务成果评分占总得分的比重;二是老师评分和小组评分占总得分的比重。

任务过程评价表见表6-4。

表6-4 任务过程评价

被考核人			任务评价总得分	
检查内容	评价标准	分值	老师评价得分 (%)	小组评价得分 (%)
分工是否合理				
能否快速进入角色				
是否全员参与				
团队是否协作				
态度是否认真				
合 计				

任务成果评价见表6-5。

表 6-5 任务成果评价

被考核人		任务评价总得分		
检查内容	评价标准	分值	老师评价得分（ %）	小组评价得分（ %）
调研报告	确定的激励理论是否正确			
	分析的工资和奖金所属因素及作用是否正确			
	确定的引起小张生气的激励理论是否正确			
	分析的李科长的话没起到好的作用的原因是否正确			
	分析的李科长发奖金犯愁的根本原因是否正确			
	为李科长提出的解决问题的具体措施是否可行			
PPT 汇报	仪态仪表是否规范			
	语言表达是否流畅			
	思维逻辑是否清晰			
	PPT 制作情况			
时间	在规定时间内是否完成			
合　计				

任务总评价见表 6-6。

表 6-6 任务总评价

被考核人		工作任务总得分	
工作任务	分析管理中的激励理论		
	权重前得分		权重后得分
任务过程评价（ %）			
任务成果评价（ %）			
备　注			

【项目小结】

根据企业管理活动顺序，本项目是第六个项目。通过本项目的学习，你应该能够体会：

激励是指管理者运用各种管理手段，刺激被管理者的需要，激发其动机，使其朝着管理者所期望的方向前进（实现目标）的心理过程。激励是一种手段，与传统的凭借权威进行指挥的领导方式相比，其最显著的特点是内在驱动性和自觉自愿性。因此，激励的过程不带有权威强制性，而完全是靠被管理者内在动机驱使的、自觉自愿的过程。

内容型激励理论又称需要理论或满足理论，注重研究激发人们行为动机的各种因素。由于需要是人类行为的原动力,内容型激励理论实际上是围绕着如何满足人的各种需要来进行研究的。根据对人性的理解,着重突出激励对象的未满足的需要类型。内容型激励理论主要包括需要层次理论、ERG理论、成就需要理论和双因素理论。

与内容性激励理论不同,过程型激励理论着重研究从动机的产生到采取具体行动的心理过程,它主要说明人们在各种因素的影响下对自己行为的选择过程,即说明行为怎样产生、怎样向一定方向发展、怎样保持下去以及如何结束的整个过程,它主要是从激励过程的各个环节去探讨如何调动人的积极性。过程型激励理论主要包括期望理论和公平理论。

从激励的过程来看,人的行为是心理的外部表现,一切有意识的行为的产生和发展,都离不开人的心理活动。因此,研究激励问题应该将心理活动和行为表现有机地结合起来。行为改造型激励理论是从行为的角度来研究激励,主要包括强化理论和挫折理论。

激励机制又叫激励制度,对于激励员工个人行为是重要的,但设计激励制度和政策却是非常困难的。因为任何员工个人都不会像棋子那样任由制度设计者摆布,他们会针对激励制度的潜在缺陷,创造性地做出最有利于其个人需要的行为反应。若制度设计者未能充分考虑到个人行为的主动性和创造性以及策略性的反应,制度就可能招致失败。

这里我们特别强调,一个不懂得激励员工的管理者不是好的管理者,但盲目激励员工的管理者可能比不懂激励的管理者造成的负面影响还要大。很多管理者在带领团队时,将激励看得太过于重要,以至于将解决问题都寄托在激励上面,结果反而造成员工工作时的懈怠心理,最终因怨愤垮掉。因此,在激励过程中,要避免陷入激励的误区。

本项目围绕**“激励”**设计了各环节的基本知识,设置了**知识目标**、**技能目标**、**任务导入**、**任务知识**、**任务实施**、**项目小结**、**项目测试**、**课堂活动**、**管理故事**等栏目,体现了对重要知识的重组。

本项目进程以任务导入开始,以项目测试结束,希望读者在完成各分项任务之后,能够及时进行自我的过程性评价。

完成本项目将为学习**“项目7 沟通”**奠定良好的基础。

【项目测试】

一、单项选择题

1.促使人产生某种行为的最根本原因是(　　)。

A.组织的激励　　B.个人动机　　C.外部的刺激　　D.人的内在需要

2.下述的关于“激励”概念的理解中,哪种是正确的?(　　)

A.激励就是要对被激励者多鼓励,少批评

B.激励是指对被激励者的激发和鼓励

C.通过采取某种有吸引力的手段,如奖励、提拔等,对被激励者的行为加以肯定,使其重复出现

D.通过使被激励者的需要和欲望得到满足,促使其产生所期望的行为

3.以下哪种现象不能在需要层次理论中得到合理的解释?(　　)

A.一个饥饿的人会冒着生命危险去寻找食物

B.穷人很少参加排场讲究的社交活动

C.在陋室中苦攻“哥德巴赫猜想”的陈景润

D.一个安全需要占主导地位的人可能因为担心失败而拒绝接受富有挑战性的工作

4.领导常用“不想当元帅的士兵不是好士兵”这句话去激励下属,这是一种(　　)。

A.关怀激励　　B.兴趣激励　　C.危机激励　　D.目标激励

5.根据双因素理论的观点,下列哪个命题是正确的?(　　)

A.激励因素导致不满意　　B.激励因素导致满意

C.保健因素导致没有不满意　　D.保健因素会降低努力程度

6.双因素理论指出,在工作中存在一种与工作本身的特点和工作内容有关、能够促进人们积极进取的因素,叫作(　　)。

A.外在因素　　B.内在因素　　C.激励因素　　D.保健因素

7.对大多数企业主管来说,最令他们困扰的不是如何与竞争对手抢夺市场,而是如何找到、训练和留住优秀的员工,对高技术企业尤其如此。请你为这些主管从下列几项中找出最佳的一种方法。(　　)

A.提供诱人的薪水和福利　　B.提供舒适的工作环境

C.提供具有挑战性的工作　　D.提供自由工作的便利

8.内容型激励理论是从激励过程的起点,即人的(　　)出发对激励问题加以研究的理论。

A.本能　　B.生理　　C.情境　　D.需要

9.强化可以分为积极强化、消极强化、惩罚和(　　)。

A.奖励　　B.倒退　　C.消退　　D.激励

10.弗鲁姆的期望理论可以用公式表示:激励程度 = 期望值 × (　　)。

A.需要　　B.目标　　C.效价　　D.能力

二、多项选择题

11.激励对于组织管理具有重要意义,激励的作用主要体现在(　　)。

A.有利于激发和调动员工的积极性

B.有助于将员工的个人目标与组织目标统一起来

C.有助于增强组织的凝聚力

D.有助于促进组织内部各组成部分的协调统一

12.当一个人的需要得不到满足时,就会产生挫败感,受挫后的防范措施一般有(　　)。

A.紧张不安的措施　　B.积极进取的措施

C.消极防范的措施　　D.寻求激励的措施

13.属于内容型激励理论的主要有(　　)。

A.需要层次论　　B.双因素理论

C.成就需要激励理论　　D.公平理论

14.需要层次理论中,下列选项中属于安全需要的有(　　)。

A.维持生命的衣食住行　　B.生活要得到基本的保障

C.避免人身伤害,失业保障　　D.年老时有所依靠

15.在双因素理论中,(　　)体现的是保健因素。

A.要给员工提供适当的工资和安全保障

B.要改善员工的工作环境和条件

C.对员工的监督要能为他们所接受

D.员工的工作得到认可和赏识

16.麦克利兰的成就需要激励理论认为,人们在生理需要得到满足以后,还有对(　　)等的需要。

A.安全　　B.权力　　C.社交　　D.成就

17.期望理论公式中的三个要素分别是(　　)。

A.激励水平的高低　　B.环境

C.期望值　　D.效价

18.强化理论中的强化类型有(　　)。

A.积极强化　　B.消极强化　　C.惩罚　　D.自然消退

19.工作丰富化试图使工作具有更高的挑战性和成就感,下列方法能使工作丰富起来的有(　　)。

A.鼓励下属人员参与管理,鼓励人们之间相互交往

B.放心大胆地任用下属,以增强其责任感

C.在下属人员能力范围内,最大量地增加其同类工作的数量

D.采取措施以确保下属能够看到自己为工作和组织所做的贡献

20.根据双因素理论,下列选项属于保健因素的是(　　)

A.薪酬　　B.工作条件　　C.人际关系　　D.责任感

三、案例分析题

案例1:亨利的困惑

亨利已经在某数据系统公司工作了5个年头。在这期间,他从普通编程员升到了资深的程序编制分析员。他对自己所服务的这家公司相当满意,很为工作中的创造性要求所激励。

一个周末的下午,亨利和他的朋友及同事迪安一起打高尔夫球。他了解到他所在的部门新雇了一位刚从大学毕业的程序编制分析员。尽管亨利是个好脾气的人,但当他听说这新来者的起薪仅比他现在的工资少30美元时,不禁发火了,他感到这里一定有问题。

周一早上,亨利找到了人事部主任爱德华,问他听说的事是不是真的?爱德华带有歉意地说,确有这么回事。但他试图解释公司的处境:"亨利,程序编制分析员相当紧缺。为使公司能吸引合格的人员,我们不得不提供较高的起薪。我们非常需要增加一名编程分析员,因此我只能这么做。"

亨利问能否相应地提高他的工资,爱德华说:"你的工资应是按照正常的绩效评估时间评定后再调整。你干得非常不错!我相信老板到时会给你提薪的。"亨利向爱德华道了声"打扰了!"便离开了她的办公室,边走边不停摇头,很对自己在公司的前途感到疑虑。

阅读以上资料,回答21-25题:

21.根据本案例,"工作中的创造性"更多地属于(　　)。

A.激励因素　　B.保健因素　　C.正强化　　D.负强化

22.关于双因素理论,下列说中不正确的是(　　)。

A.激励因素往往同工作本身的内容和性质有关

B.保健因素往往同工作环境和外部因素有关

C.如果缺少保健因素,人们就会产生不满情绪

D.保健因素能够直接起到激励作用

23.本案例中所出现的问题,主要反映了(　　)。

A.需要层次理论　　B.双因素理论　　C.期望理论　　D.公平理论

24.亨利对新进大学生一事有如此强烈的反应,可用何种理论来解释?(　　)

A.期望理论　　B.公平理论中的横向比较

C.强化理论　　D.公平理论中的纵向比较

25.根据新进大学生一事可以判断,在亨利那里占主导地位的需要是(　　)。

A.生理的需要　　B.安全的需要　　C.社交的需要　　D.尊重的需要

案例2:黄工的辞职

助理工程师黄大佑是名牌大学毕业生,毕业后工作已8年,于4年前应聘到一家大厂工程部负责技术工作,工作诚恳负责,技术能力强,很快就成为厂里有口皆碑的“四大金刚”之一,名字仅排在厂技术部主管陈工之后。然而,工资却同仓管人员不相上下,一家三口尚住在租的平房里。对此,他心中时常有些不平。

黄厂长是有名的识才的老厂长,孙中山先生的名言“人能尽其才,物能尽其用,货能畅其流”,在各种公开场合不知被他引述了多少遍,实际上他也是这样做的。4年前,黄大佑报到时,门口用红纸写的“热烈欢迎黄大佑工程师到我厂工作”几个不凡的颜体大字,是黄厂长亲自吩咐人事部主任落实的,并且交代要把“助理工程师”的“助理”两字去掉。当时这确实使黄大佑工作更卖劲。

两年前,厂里有指标申报工程师,黄大佑属于有条件申报之列,但名额却被给了一个没有文凭、工作平平的同志。他想问一下厂长,谁知,他未去找厂长,厂长却先来找他了:“黄工,你年轻,机会有的是。”去年,他想反映一下工资问题,这个问题确实重要,来这里的目的之一不就是想得到高一点的工资,提高一下生活待遇吗?但是几次想开口,都没有勇气讲出来。因为厂长不仅在生产会上大夸他的成绩,而且,有几次外地人来取经时黄厂长当着客人的面赞扬他:“黄工是我们厂的技术骨干,是一个有创新的……”哪怕厂长再忙,路上相见时,总会拍拍黄工的肩膀说两句,诸如“黄工,干得不错!”“黄工,你很有前途!”这的确让黄大佑兴奋,“黄厂长确实是一个伯乐”。此言不假,前段时间,他还把一项开发新产品的重任交给他呢,大胆起用年轻人,然而……

最近,厂里新建好了一批职工宿舍,听说数量比较多,黄大佑决心要反映一下住房问题,谁知这次黄厂长又先找他,还是像以前一样,笑着拍拍他的肩膀:“黄工,厂里有意培养你入党,我当你的介绍人。”他又不好开口了,结果家没有搬成。

深夜,黄大佑对着报纸上的招聘栏出神。第二天一早,他在黄厂长办公台上放了一张小纸条,上面写着:

黄厂长:您是一个懂得使用人才的好领导,我十分敬佩您,但我决定走了。

黄大佑于深夜

阅读以上资料,回答第26—27题:

26.根据马斯洛的理论,住房、评职称、提高工资和入党对于黄工来说分别属于什么需要?

27.根据公平理论,黄工的工资和仓管员的不相上下,是否合理?

案例3:赵副厂长的苦恼

赵林德是某汽车零件制造厂的副厂长,分管生产。一个月前,他为了搞好生产,掌握第一手资料，就到第一车间甲班去蹲点调查。一个星期后，他发现工人劳动积极性不高，主要原因是奖金太低，所以每天产量多的工人生产二十几只零件，少的生产十几只零件。

赵林德和厂长等负责人商量后，决定搞个定额奖励试点，每天每人以生产 20 只零件为标准，超过 20 只后，每多生产一只零件奖励 10 元。这样，全班二十三个人都超额完成任务，最少的每天生产 29 只零件，最多的每天生产 42 只零件，这样一来，工人的奖金额大大超过了工资，使其他班、其他车间的工人十分不满。

之后又修改了奖励标准，每天超过 30 只零件后，每多生产一只零件奖励 10 元，但这样一来全班平均产量只维持在 33 只左右，最多的不超过 35 只。赵林德观察后发现，工人并没有全力生产，离下班还有一个半小时左右，只要 30 只的任务已完成了，他们就开始休息了。他不知道如何进一步来调动工人的积极性了。

阅读以上资料，回答第 28—29 题：

28.赵副厂长在激励员工时有哪些不妥之处？为什么？

29.假如你是赵副厂长，你应该怎么办？

PROJECT 7　项目 7
沟　通

【知识目标】

1.了解沟通及其重要性;

2.掌握沟通的过程、要素;

3.掌握沟通的分类及沟通网络的几种形式;

4.了解实现有效沟通障碍的障碍;

5.掌握沟通的技巧与艺术。

【技能目标】

1.具备基本的沟通能力;

2.能够结合实际合理使用沟通的各种技巧。

【任务导入】

科学家研究表明,一个人每天大约有 70%的时间用在各种各样的沟通上,早晨问好、吃饭闲聊、打电话、发短信或邮件、邀约、开会、培训、走访亲友等。沟通可谓无处不在、无时不在。而在这个世界上,最浪费时间的就是处理不良的人际关系。可见,人际沟通是多么重要!

沟通是管理的基础,也是激励员工热情的法宝,尤其是上下级间的沟通,可使员工感到自己是公司的一员,可以提高员工士气,激发工作热情,提高工作技能及实现组织目标。一个有竞争力的企业管理者,一个善于激励员工的管理者,一定是一位优秀的沟通者。对于管理者来说,进行有效的沟通是其实现有效领导不容忽视的重要工作。在企业管理中,管理者所做的每件事中都包含着沟通工作。

根据**“沟通”**作业流程,我们将这一项目分为三个分项任务。这三个任务分别是:

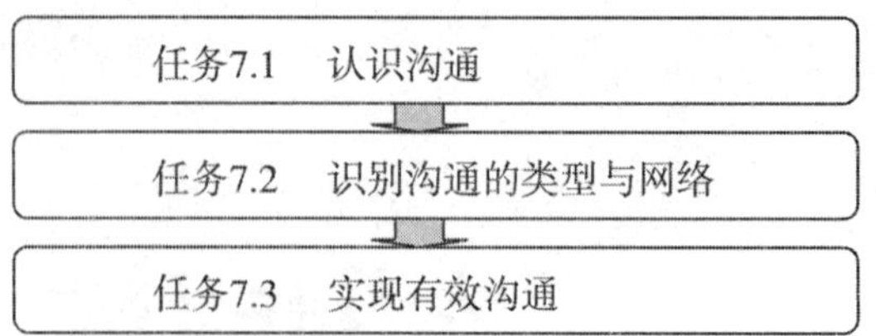

你可以对照知识目标和技能目标,反复演练,有的放矢地依次完成各分项任务,直至完成本项目,为早日成为现代企业管理所需的人才做好准备。

【任务知识】

任务 7.1 认识沟通

随着企业间竞争的不断加剧和商务交往的日益频繁,沟通能力已经在现代社会中变得越来越重要。市场经济中,那种君子敏于行而讷于言的做法已不适应。未来每一个不想被淘汰的人,都要学会高效沟通和表达。卡耐基说过:一个人的成功,15%靠专业知识,85%靠人际沟通与公众演讲能力。

7.1.1 沟通的内涵

管理学中,沟通是指为了一个设定的目标,把信息、思想和情感在两人或两人以上的人群中传递或交换,并且达成共同协议的过程。整个管理工作都与沟通有关。组织者与被组织者的信息传递,领导者与下属的感情联络,控制者与控制对象的纠偏工作,都与沟通相联系。

一般来说,沟通在组织管理中具有以下几个方面的重要意义:

(1)沟通是协调各个体、各要素,使组织成为一个整体的凝聚剂。每个组织都由数人、数十人甚至成千上万人组成,组织每天的活动也由许许多多具体的工作构成,由于各个体的地位、利益和能力的不同,他们对企业目标的理解、所掌握的信息也不同,这就使得各个体的目标有可能偏离组织的总体目标,甚至完全背道而驰。如何保证上下一心、不折不扣地完成组织的总目标呢?这就需要互相交流意见,统一思想认识,自觉地协调各个体的工作活动,以保证组织目标的实现。

(2)沟通是领导者激励下属,实现领导职能的基本途径。一个领导者,不管他有多么高超的领导艺术水平,有多么灵验的管理方法,他都必须将自己的意图和想法告诉下属,并且了解下属的想法。

(3)沟通是组织与外部环境建立联系的桥梁。组织必然要和顾客、政府、公众和竞争者等发生各种各样的关系,它必须按照顾客的要求调整产品结构,遵守政府的法规法令，担负自己应尽的社会责任，获得适用且廉价的原材料，并且在激烈的竞争中取得一席之地，这使得组织不得不和外部环境进行有效的沟通。而且，由于外部环境永远处于变化之中，组织为了生存就必须适应这种变化，这就要求组织不断地与外界保持持久的沟通，以便把握住成功的机会，避免失败的可能。

7.1.2　沟通的过程

简单地说，沟通就是信息传递的过程。在这个过程中，至少存在着一个信息发送者和一个信息接收者，即发出信息的一方和接收信息的一方。信息在两者之间传递的过程如图7－1所示。

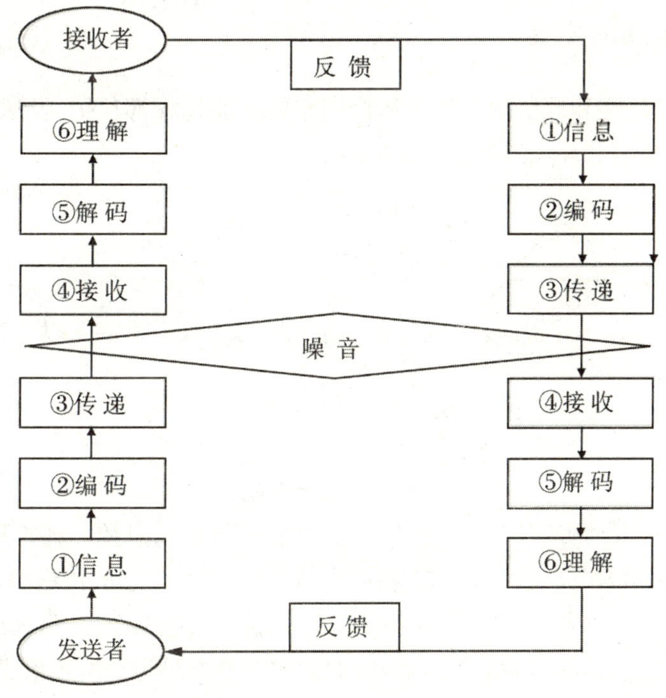

图7－1　沟通的过程

(1)信息。发送者需要向接收者传送信息或需要接收者提供(反馈)信息。这里所说的信息包括很广，诸如想法、观点、资料等。

(2)编码。发送者将这些信息译成接收者能够理解的一系列符号。为了有效地进行沟通，这些符号必须能符合适当的媒介。如果媒介是书面报告，符号的形式应选择文字、图表或者照片等；如果媒介是讲座，应选择文字、投影胶片和板书等。

(3)传递信息。由于选择的符号种类不同，传递的方式也不同。传递的方式可以是书面的(信、备忘录等)，也可以是口头的(交谈、演讲、电话等)，甚至还可以通过身体动作来进行(手势、面部表情、姿态等)。

(4)接收信息。接收者根据这些符号传递的方式,选择相对应的接收方式。例如,这些符号是口头传递的,接收者就必须仔细地听,否则符号将会丢失。

(5)解码(或翻译)。接收者将这些符号译为具有特定含义的信息。

(6)接收者理解信息的内容。由于发送者翻译和传递能力的差异,以及接收者接收和理解能力的不同,信息的内容经常被误解。

(7)反馈。发送者通过反馈来了解他想传递的信息是否被对方准确无误地接收。一般说来,由于沟通过程中存在着许多干扰和扭曲信息传递的因素(通常将这些因素称为噪音),使得沟通的效率大为降低。因此,发送者了解信息被理解的程度是十分必要的。反馈构成了信息的双向流动。

7.1.3 沟通的要素

沟通是信息传递和理解的过程。每个完整的沟通过程都包括:发送者、接收者、信息、通道、噪声、反馈和环境等要素,如图 7-2 所示。

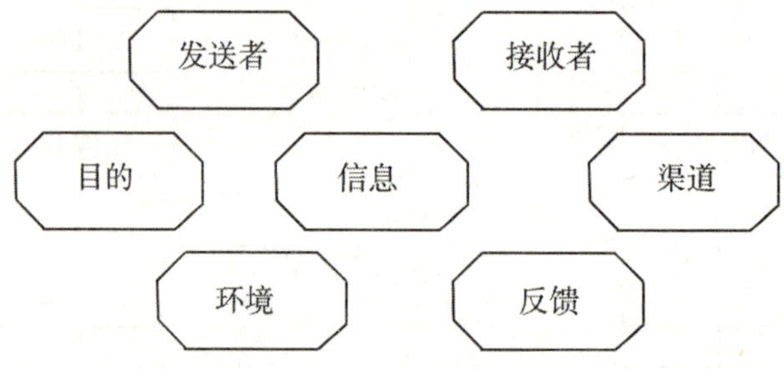

图 7-2 沟通的要素

(1)发送者。发送者即发送信息的个人和组织,又称信息源。在沟通的过程中,发送者是沟通的初始者,决定了沟通的内容、沟通何时开始、信息的传递对象等。

(2)接收者。接收者即沟通的客体或对象,是接收信息的个体、群体或组织。

(3)信息。信息是由沟通的发送者、接收者要分享的思想和情感组成的。思想和感情只有在表现为符号时才能得到沟通。而符号是表示其他事物的某种事物。所有的沟通信息都由两种符号组成:语言符号和非语言符号。语言中的每一个词都是表示某一个特定事物或思想的语言符号。非语言符号是我们不用语言而进行沟通的方式,如面部表情、手势、姿势、语调和外表等。

(4)渠道。渠道是信息经过的路线,是信息达到发送者、接收者的手段。在面对面沟通中,渠道主要是声音和视觉。

(5)反馈。反馈是发送者、接收者相互间的反应。反馈让沟通的参与者知道思想和情感是否按他们的计划的方式来分享,所以反馈对沟通是至关重要的作用。

(6)噪音。噪音是阻止理解和准确信息的障碍。噪音发生在发送者和接收者之间,它分为三种形式,即外部噪音、内部噪音和语义噪音。

(7)环境。环境是沟通发生的地方。环境能对沟通产生重大的影响,正式的环境适合于正式的沟通。

所有的沟通都是由发送者、接收者、信息、渠道、反馈、噪音和环境构成。每次沟通发生时,这些因素都会有所不同。

任务7.2 识别沟通的类型与网络

7.2.1 沟通的类型

沟通贯穿于管理的各个环节,按不同的标准有不同的分类。

(1)按沟通的方式分类。按沟通的方式划分,可以分为口头沟通、书面沟通、语言沟通和非语言沟通。这是组织中使用最普遍的沟通分类。

①口头沟通。口头沟通是指运用口头表达的方式来进行信息的传递和交流。这种沟通通常见于会议、会谈、对话、演说、报告、电话联系、市场访问、街头宣传等。口头沟通的优点在于:比较灵活,简便易行,速度快,有亲切感;双方可以自由交换意见,便于双向沟通;在交谈时可借助于手势、体态、表情来表达思想,有利于对方更好地理解信息。但它也有缺点,如受空间限制、人数众多的大群体无法直接对话、口头沟通后保留的信息较少等。

②书面沟通。书面沟通指的是用书面形式进行的信息传递和交流。例如,简报、文件、通讯、刊物、调查报告、书面通知等。书面沟通的优点在于:具有准确性、权威性,比较正式,不受时间、地点限制;信息可以长期保存;便于查看,反复核对,倘有疑问可以查阅,可减少因一再传递、解释所造成的失真。它的缺点是:一经书写,不易随时修改,有时文字冗长不便于阅读,较为费时。

美国心理学家戴尔通过比较研究,认为兼用口头与书面沟通的沟通方式效果最好,其次是口头沟通,再次是书面沟通。其实,口头沟通与书面沟通各有优缺点。在管理中,口头沟通与书面沟通都是必不可少的,但用得较多的是口头沟通。通常,传递重要的、需要长期保存的信息,宜用书面沟通;传递一般性的、暂时性的、有关例行工作的信息,以口头沟通更为简便。在班组、科室中,一般说来成员不多,工作场地较为集中,担负的大多是执行性任务,因此应特别重视口头沟通。

③语言沟通。语言沟通,是借助于语言符号系统而进行的沟通。其中包括口头语言、文字语言和图表等。在面对面的直接交往中,通常使用的是口头语言,是由“说”和“听”构成语言交流情境的,因而双方心理上的交互作用表现得格外明显。

④非语言沟通。非语言沟通,指的是用语言以外的即非语言符号系统进行信息沟

通,如声、光信号(红绿灯、警铃、旗语、服饰标志)、体态(手势、肢体动作、表情)、语调、电子媒介(传真、电子邮件、可视电话)等。

语言沟通与非语言沟通通常是交织在一起的,这两个方面配合得越好,沟通的效果也就越好。因此,在沟通时要注意保持二者在意义上的一致性,否则,如怒气冲冲地表扬人,嬉皮笑脸地批评人,怒目而视地抚摸,板着脸孔与人打招呼,都会使信息模糊而使对方难以捉摸,影响沟通效果,以致招来误会,带来麻烦。

(2)按沟通的组织系统分类。按沟通的组织系统划分,可以分为正式沟通和非正式沟通。

①正式沟通。正式沟通,指的是通过组织明文规定的渠道进行信息的传递和交流,如组织与组织之间的公函来往。在组织中,上级的命令、指示按系统逐级向下传送;下级的情况逐级向上报告,组织内部规定的会议、汇报、请示、报告制度等,也属正式沟通的方式。正式沟通的优点是:沟通效果较好,有较强的约束力,易于保密,一般重要的信息通常都采用这种沟通方式。它的缺点是:因为依靠组织系统层层传递,沟通速度比较慢,而且显得刻板。

②非正式沟通。非正式沟通,指的是正式沟通渠道之外进行的信息传递和交流。如员工之间私下交换意见、背后议论别人、小道消息、马路新闻的传播等,均属于非正式沟通。它的优点是:沟通方便,内容广泛,方式灵活,沟通速度快,可用以传播一些不便正式沟通的信息。而且由于在这种沟通中比较容易把真实的思想、情绪、动机表露出来,能提供一些正式沟通中难以获得的信息。因此,管理者要善于利用它。但是,一般说来,这种非正式沟通比较难以控制,传递的信息往往不确切,易于失真、曲解,容易传播流言蜚语而混淆视听,应予重视,注意防止和克服其消极的方面。

正式沟通时要注意其内容和频率要适当。次数过少,内容不全,会使上情不能下达,下情不能上达;而次数过多,内容过繁,则会导致"文山""会海",陷入官僚主义和形式主义。管理者在力求使正式沟通畅通的同时,还应重视和利用非正式沟通渠道,使后者成为更好地掌握各种信息的一种补充形式。通常,小道消息大多出于捕风捉影,歪曲或扩大事实,但它的流行常常与正式沟通渠道不通畅有关。因此,改善的办法在于使正式沟通渠道畅通,用正式消息驱除小道传闻。

(3)按沟通信息的流动方向分类。按沟通信息的流动方向划分,可以分为上行沟通、下行沟通、平行沟通和斜向沟通。

①上行沟通。上行沟通是指自下而上的沟通,即下级向上级汇报情况,反映问题。这种沟通既可以是书面的,也可以是口头的。通过这种自下而上的方式,管理者可以广泛地听取下级的意见,发现问题及时更正,并且通过给员工参与决策的机会来提高他们的满意度和积极性。当然,这种沟通有时会受到不同层次中管理者的阻塞,他们可能对信息进行过滤,去掉对自己不利的信息。另外,许多组织对自下而上的沟通方式不重

视。这就要求组织建立良好的组织文化,形成民主氛围。

②下行沟通。下行沟通是指自上而下的沟通,即领导者以命令或文件的方式向下级发布指示、传达政策、安排和布置计划工作等。下行沟通是传统组织内最主要的一种沟通方式。这种沟通方式往往带有命令性和权威性,它可以帮助管理者将各个层次的工作人员统一起来,增强合作意识,有助于管理者的决策和控制。

③平行沟通。平行沟通主要是指同层次、不同业务部门之间以及同级人员之间的沟通。平行沟通符合过程管理学派创始人法约尔提出的“跳板原则”,它能协调组织横向之间的联系,在沟通体系中是不可缺少的一环。平行沟通的主要目的是谋求相互之间的理解和工作中的配合,因此通常带有协商性。组织的不同部门因职能不同、地区不同、产品不同或顾客类别不同,使得部门之间的本位主义加重,容易产生摩擦,因此要有效地加强平行沟通,增进相互之间的了解,以克服上述不利因素。

④斜向沟通。斜向沟通是指非属同一组织层次上的个人或群体之间的沟通。它时常发生在职能部门和直线部门之间,如当人事部门的一位主管直接与比他高的生产部门经理联系时,所采取的是斜向沟通。斜向沟通的目的是为了加快信息的传递,但为了尽量减少它对组织等级链的影响,常常伴随着自上而下的沟通或自下而上的沟通。

(4)按沟通的信息接收者与发送者的地位分类。按沟通的信息接收者与发送者的地位划分,可以分为单向沟通和双向沟通。

①单向沟通。单向沟通,是指信息的发送者和接收者的位置不变的沟通方式,如做报告、演讲、上课,一方只发送信息,另一方只接收信息。这种沟通方式的优点是信息传递速度快,并容易保持传出信息的权威性。但它的准确性较差,并且较难把握沟通的实际效果,有时还容易使接受者产生抗拒心理。当工作任务急需布置、工作性质简单以及从事例行的工作时,多采用此种沟通方式。

②双向沟通。双向沟通,是指信息的发送者和接收者的位置不断变换的沟通方式,如讨论、协商、会谈、交谈等。信息发送者发出信息后,还要及时听取反馈意见,直到双方对信息有共同的了解。双向沟通的优点是,信息的传递有反馈,准确性较高。由于接受者有反馈意见的机会,使其有参与感,易保持良好的气氛和人际关系,有助于意见沟通和建立双方的感情。但是,由于信息的发送者随时可能遭到接受者的质询、批评或挑剔,因而对信息发送者的心理压力较大,要求也较高;同时,这种沟通方式比较费时,信息传递得较慢。

美国管理心理学家莱维特曾对单向和双向沟通做过比较研究,结论是:①从沟通速度来说,单向沟通比双向沟通速度快;②从内容的正确性来说,双向沟通比单向沟通好;③从工作秩序来说,双向沟通容易受到干扰,缺乏条理性,单向沟通显得安静规矩;④双方沟通中,接收信息的人对自己的判断较有信心,知道自己对在哪里,错在哪里;⑤对信息发送者来说,在双向沟通时感到心理压力较大。

一般说来,在工作任务不紧迫且需要准确地传递信息时,或在处理陌生、复杂的问题,要做出重要决策、决定时,宜采用双向沟通方式。在上下级之间进行双向沟通时,领导者要特别注意"心理差距"对沟通的影响。处在主管地位的人在下属的心目中往往具有一种"心理巨大性",而下属则存在一种"心理微小性"。这种心理差距会造成心理上的不平衡,使人们在上级面前不敢畅所欲言,造成双向沟通的障碍。要尽量减少领导者与被领导者之间的心理差距,首先要求领导者平易近人,把自己放在与对方平等的地位上,创造一种和谐的气氛。影响领导者与被领导者之间双向沟通的另一因素,是领导者对不同意思的容忍性。双向沟通的目的是要让下级有公开和坦率地表达意见的机会,然而有些领导者却只爱听顺耳的或对自己有利的话,听到"坏"消息就感到不快,这时有的下级为了"顺利通过"会报喜不报忧,看领导脸色行事,这样就会使双向沟通徒具形式。

(5)按沟通的功能和目的分类。按沟通的功能和目的划分,可以分为工具沟通和满足需要的沟通。

工具沟通的主要目的是传递信息,同时也将信息发送者自己的知识、经验、意见和要求等告诉信息接收者,以影响信息接收者的知觉、思想和态度体系,进而改变其行为。

满足需要的沟通目的为表达情绪状态,解除紧张心理,征得对方的同情、支持和谅解等,从而满足个体心理上的需要,改善人际关系。

7.2.2 沟通的网络

沟通的网络是组织的沟通信息纵横流动所形成的各种形态。常见的沟通网络有链式、轮式、Y 式、环式和全通道式等形式。

(1)链式沟通。

①链式沟通(图 7 – 3)是一个纵向沟通网络,其中两端的人只能与各自内侧一个成员联系,中间的人可分别与两个人沟通;

②信息是自上而下或自下而上传递;

③信息经层层传递、筛选,容易失真;

④可用来表示组织中主管人员与下级部属之间存在若干中间管理者。

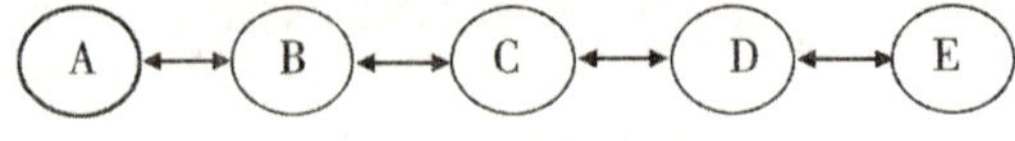

图 7 – 3 链式沟通

(2)轮式沟通。

①轮式沟通(图 7 – 4)属控制型网络,只有一个成员是各种信息的汇集、传递者;

②集中化程度高,解决问题速度快;

③沟通渠道少;

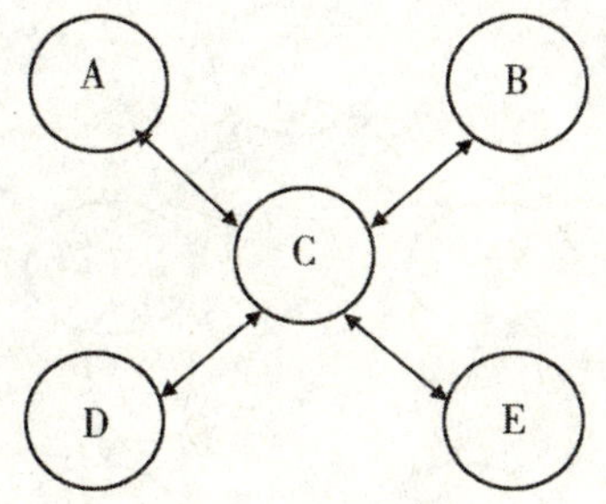

图7-4 轮式沟通

④组织成员满意度低,士气低落;

⑤大致相当于一个主管领导直接管理几个部门的权威控制系统;

⑥轮式网络是加强组织控制、效率高、速度快的一种有效的沟通形式,如果组织接受攻关任务,要求进行严密控制,则可采取这种网络。

(3)Y式沟通。

①Y式沟通(图7-5)也是一个纵向沟通网络,实际上是"链式""轮式"的结合;

②只有一个成员处于沟通中心,成为网络中拥有信息且具有权威和满足感的人;

③可为主管人员分担工作,协助筛选信息和提供决策依据;

④增加了中间环节,易导致信息失真;

⑤影响组织成员的士气,主管、秘书和下属构成的倒"Y式"结构中,秘书是沟通中心。

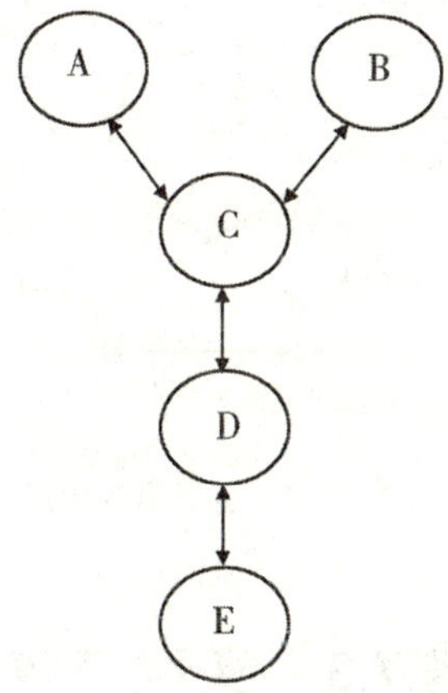

图7-5 Y式沟通

(4)环式沟通。

①环式沟通(图7-6)属封闭式控制结构,相当于链式两头相联结;

②每个人都可以同时与两侧人沟通信息,地位平等;

③集中化程度低;

④组织成员满意度高,适于创造高昂的士气;

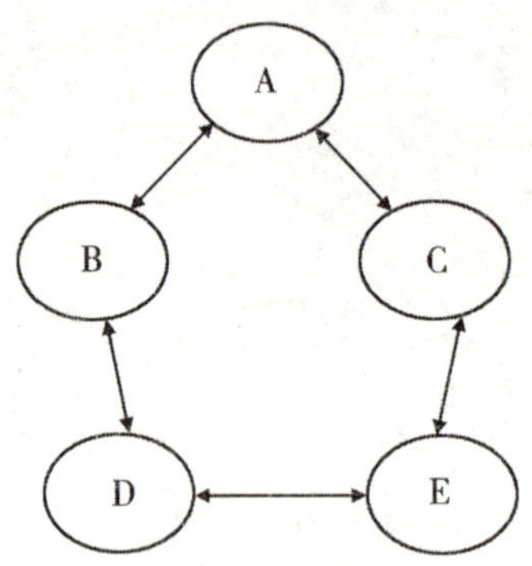

图 7-6　环式沟通

⑤信息速度和准确度难以保证。

(5)全通道式沟通。

①全通道式沟通(图 7-7)属于开放式的网络系统;

②沟通渠道多;

③平均满意度高且差异小,士气高昂,合作气氛浓;

④对于解决复杂问题、增强组织合作精神、提高士气有很大的作用;

⑤容易造成混乱,且又费时,影响工作效率。

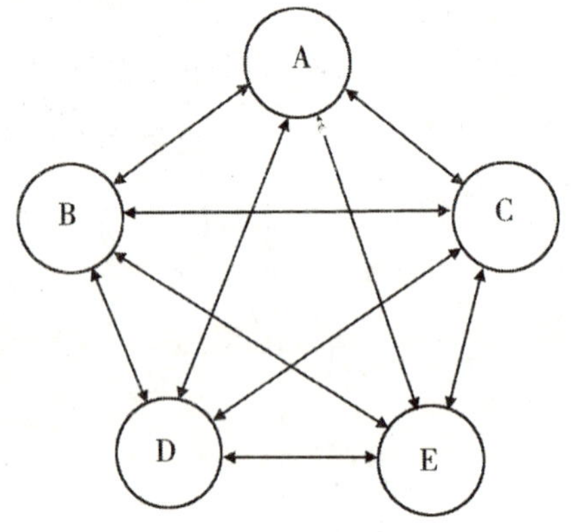

图 7-7　全通道式沟通

任务 7.3　实现有效沟通

松下幸之助有句名言:“企业管理过去是沟通,现在是沟通,未来还是沟通。”管理者的真正工作就是沟通。不管到了什么时候,企业管理都离不开沟通。可见,沟通在整个管理活动中起着非常重要的作用。因此,要明确影响沟通的障碍,并在此基础上采取措施克服障碍,最终实现有效的沟通。

7.3.1　有效沟通的障碍

在日常的沟通行为中，常常因为一些“意外”而使沟通无法实现，更要命的是甚至会出现相反的效果。这些情况都表明，沟通出现了障碍，有一些因素影响了信息的有效传递。

实现有效沟通的障碍主要有个人障碍、人际障碍和结构障碍。

(1)个人障碍。个人障碍有以下几种情况：

①人们对人对事的态度、观点和信念不同造成沟通的障碍。知觉选择的偏差是指人们有选择地接受，如人们在接收信息时，符合自己利益需要又与自己切身利益有关的内容很容易接受，而对自己不利或可能损害自己利益的则不容易接受。

②个人的个性特征差异引起沟通的障碍。在组织内部的信息沟通中，个人的性格、气质、态度、情绪、兴趣等差别，都可能引起信息沟通的障碍。

③语言表达、交流和理解造成沟通的障碍。同样的词汇对不同的人来说含义是不一样的。在一个组织中，员工常常来自于不同的背景，有着不同的说话方式和风格，对同样的事物有着不一样的理解，这些都会造成沟通的障碍。

(2)人际障碍。人际障碍主要包括沟通双方的相互信任程度和相似程度。沟通是发送者与接收者之间“给”与“受”的过程。信息传递不是单方面，而是双方的事情，因此沟通双方的诚意和相互信任至关重要。在组织沟通中，当面对来源不同的同一信息时，员工最可能相信他们认为最值得信任的那个来源的信息。上下级之间的猜疑只会增加抵触情绪，减少坦率交谈的机会，也就不可能进行有效的沟通。

沟通的准确性与沟通双方间的相似性也有着直接的关系。沟通双方的特征，包括性别、年龄、智力、种族、社会地位、兴趣、价值观、能力等相似性越大，沟通的效果也会越好。

(3)结构障碍。结构障碍是指信息传递者在组织中的地位、信息传递链、团队规模等结构因素也都影响了有效的沟通。许多研究表明，地位的高低对沟通的方向和频率有很大的影响。

在组织中，人们一般愿意与地位较高的人沟通。地位悬殊越大，信息趋向于从地位高的流向地位低的。信息传递层次越多，它到达目的地所用的时间也越长，信息失真率则越大，越不利于沟通。另外，组织机构庞大、层次太多也影响信息沟通的及时性和真实性。

一般说来，信息通过的等级越多，它到达目的地所用的时间也越长，信息失真率则越大。这种信息连续地从一个等级到另一个所发生的变化，称为信息传递链现象。一项研究表明，企业董事会的决定通过五个等级后，信息损失平均达80%，最后只剩下20%的正确性，这种现象也称沟通漏斗，如图7－8所示。

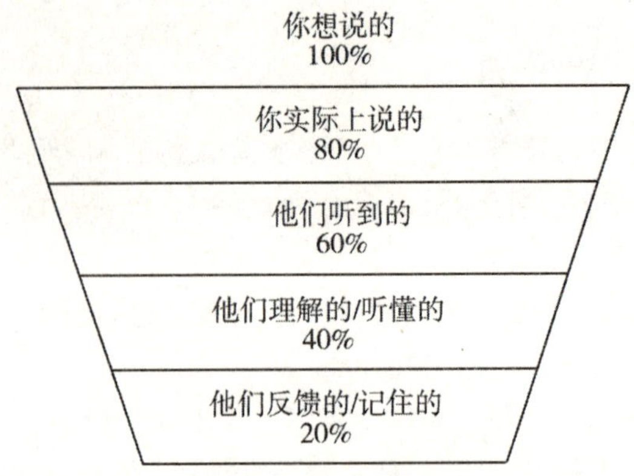

图 7-8　沟通漏斗

当组织规模较大时，人与人之间的沟通也相应变得较为困难。一方面是由于可能的沟通渠道的增长大大超过人数的增长。例如，n 个人的组织有 n(n-1)/2 条渠道，即 5 个人的组织有 10 条渠道，10 人的有 45 条渠道，20 人的有 190 条渠道。另一方面，由于随着组织规模的扩大，沟通的形式将非常复杂。

组织中的工作常常要求工人只能在某一特定的地点进行操作。这种空间约束的影响往往在工人单独干某位置工作或在数台机器之间往返运动时尤为突出。空间约束不仅不利于工人间的交往，而且也限制了他们的沟通。一般说来，两人间的距离越短，他们交往的频率也越高。

【管理故事 7-1】

礼堂集合，观看影片

上校：“明晚 8 点看哈雷彗星，76 年出现一次。若下雨，就集合到礼堂看有关影片。”

上尉：“明晚 8 点哈雷彗星出现在营地上空，若下雨，全体着装原地解散，列队去礼堂，在那里这种 76 年才发生一次的罕见现象将出现。”

中尉：“明晚 8 点着装，哈雷彗星将在礼堂出现，如营地上下雨，上校将发布另一个命令，76 年才会发生一次。”

少尉：“明晚 8 点上校将与 76 年才出现一次的哈雷彗星一起在礼堂出现，如下雨，上校将命令彗星进入营地。”

上士：“明晚 8 点下雨时，少见的 76 岁的哈雷将军由上校陪同，驾驶他的彗星号，着军装走进营地的礼堂。”

士兵：……

管理启示：组织规模越大，层次越多，沟通过程中信息越容易失真。

【课堂活动 7-1】韦尔奇曾说过：“我的副手是用来做事情的，不是用来传话的，如果用他们来传话的话，肯定会传错。”我们应如何理解这句话？

7.3.2 克服沟通障碍的方法

(1)明了沟通的重要性，正确对待沟通。管理人员十分重视计划、组织、领导和控制，但对沟通常不重视，认为信息的上传下达有了组织系统就可以了，对非正式沟通中的“小道消息”常常采取压制的态度。上述现象表明沟通没有得到应有的重视，重新确立沟通的地位刻不容缓。

(2)要学会“听”。对管理者来说，“听”绝不是一件容易的事情。“听”不进去一般有下列三种表现：一是根本不“听”；二是只“听”一部分；三是不正确地“听”。作为一个有效的管理者，应当学会如何“听”。

①要拿出真诚；

②谦和而平等；

③要耐心专注；

④不要急于表达自己，要礼貌地请对方先发表意见；

⑤暂时放弃自己的价值观和立场，尽量放空自己，才能听到别人的心声；

⑥在倾听后不要急于否定对方，不要匆忙下任何结论，要给予自己时间去思考和判断。

【管理故事7－2】

你真的听懂了手下的话了吗

美国知名主持人林克莱特访问一名小朋友，问他：“你长大后想要干什么呀？”

小朋友天真地回答：“我要当飞机的驾驶员！”

林克莱特接着问：“如果有一天，你的飞机飞到太平洋上空时所有引擎都熄火了，你会怎么办？”

小朋友想了想说：“我会先告诉坐在飞机上的人绑好安全带，然后我挂上我的降落伞跳出去。”

当在现场的观众笑得东倒西歪时，林克莱特继续注视这孩子，看他是不是自作聪明的家伙。没想到，接着孩子的热泪夺眶而出，这才使得林克莱特发觉这孩子的悲悯之情远非笔墨所能形容。

于是，林克莱特接着问他：“为什么要这么做？”

小孩的答案透露出一个孩子真挚的想法：“我要去拿燃料，我还要回来！”

管理启示：现实中，一些管理者和手下沟通时，经常习惯性地用自己的权威打断手下的话，在手下还没有来得及讲完自己的事情前，就按照自己的经验大加评论和指挥。

反过头来想一下,如果你不是领导,你还会这么做吗?打断手下的语言,容易做出片面的决策,也会使员工缺乏被尊重的感觉。时间久了,手下将再也没有兴趣向你反馈真实的信息。反馈信息的渠道被切断,领导就成了“孤家寡人”,在决策时就成了“睁眼瞎”。与手下保持畅通的信息交流,将会使你的管理如鱼得水,便于你及时纠正管理中的错误,制定更加切实可行的方案和制度。

【课堂活动7-2】你在平时的学习和生活中是否遇到过同样的问题,即别人根本不等你把话说完就妄下结论,或者你主观臆断,根本不想听别人再继续说下去?

(3)创造一个相互信任、有利于沟通的环境。经理人员不仅要获得下属的信任,而且要得到上级和同僚们的信任。

(4)缩短信息传递链,拓宽沟通渠道,保证信息的畅通无阻和完整性。信息传递链过长,减慢了流通速度并造成信息失真,这是人所共知的事实。减少组织机构重叠、层次过多,确实是必须要做的事情。此外,在利用正式沟通渠道的同时,可开辟高级管理人员至低级管理人员间非正式的直通渠道,以便于信息的传递。

(5)建立特别委员会,定期加强上下级的沟通。特别委员会由管理人员和第一线的工人组成,定期讨论各种问题。一些国外组织的特别委员会通常每年碰头2至6次,并且会前发布正式的会议议题,会后公开讨论结果。

(6)有效利用职工代表大会。每年一度的职工代表大会为厂长汇报工作提供了良机。厂长就企业过去一年取得的成绩、存在的问题以及未来的发展等重大问题通报全体员工,而职工也可以就自己所关心的问题与厂长进行面对面的沟通和交流。

(7)设立非管理工作组。当企业发生重大问题、引起上下关注时,管理人员可以授命组成非管理工作组。该工作组由一部分管理人员和一部分职工自愿参加,利用一定的工作时间调查企业的问题,并向最高主管部门汇报。最高管理阶层也要定期公布他们的报告,就某些重大问题或“热点”问题在全企业范围内进行沟通。

(8)加强平行沟通,促进横向交流。一般说来,企业内部的沟通以与命令链相符的垂直沟通居多,部门之间、工作小组之间的横向交流较少,而平行沟通却能加强横向的合作。具体说来,可以定期举行由各部门负责人参加的工作会议,其主题是允许他们相互汇报本部门的工作、对其他部门的要求等,以便强化横向合作。

7.3.3 冲突处理

冲突是指由于某种差异而引起的抵触、争执或争斗的对立状态。传统观点往往只看到冲突的消极影响,把冲突当做组织内部矛盾、斗争、不团结的征兆,因而管理者总是极力消除、回避或掩饰冲突。实际上,冲突是组织中普遍存在的现象,我们要看到冲突的积极作用。任何一个组织,如果没有冲突或很少有冲突,任何事情都意见一致,这个企业必将非常冷漠、对环境变化反应迟钝、缺乏创新。当然,冲突过多、过于激烈也会造成组织混乱、涣散、分裂和无政府状态。

冲突处理的艺术主要有：

(1)谨慎地选择你想处理的冲突。管理者可能面临许多冲突。其中，有些冲突非常琐碎，不值得花很多时间去处理；有些冲突虽很重要但不是自己力所能及的，不宜插手。有些冲突处理难度很大，要花很多时间和精力，未必有好的回报，不要轻易介入。管理者应当选择处理那些群众关心、影响面大，对推进工作、打开局面、增强凝聚力、建设组织文化有意义、有价值的冲突。其他冲突均可尽量回避，事事时时都冲到第一线的人并不是真正的优秀管理者。

(2)仔细研究冲突双方的代表人物。是哪些人卷入了冲突？冲突双方的观点是什么？差异在哪里？双方真正感兴趣的是什么？冲突双方代表人物的人格特点、价值观、经历和资源因素如何？

(3)深入了解冲突的根源。不仅要了解公开的表层的冲突原因，还要深入了解深层的、没有说出来的原因。冲突可能是多种原因共同作用的结果，如果是这样，还要进一步分析不同原因作用的强度。

(4)妥善地选择处理办法。通常的处理办法有五种：回避、迁就、强制、妥协、合作。冲突无关紧要或当冲突双方情绪极为激动、需要时间恢复平静时，可采用回避策略；维持和谐关系十分重要时，可采用迁就策略；必须对重大事件或紧急事件进行迅速处理时，可采用强制策略，用行政命令方式牺牲某一方利益，处理后再慢慢做安抚工作；冲突双方势均力敌、争执不下需采取权宜之计时，只好双方都做出一些让步，实现妥协；事件重大，双方不可能妥协时，则经过开诚布公的谈判，走向对双方均有利的合作。

【课堂活动 7－3】对照有关的沟通技巧，你认为在沟通方面有哪些值得你借鉴和学习的地方？根据你的沟通经历，谈谈有效沟通的技巧。

【知识连接 7－1】

沟通技能自我测试

评价标准：1 分——非常不同意/不符合，2 分—不同意/不符合，3 分—比较不同意/不符合，4 分—比较同意/符合，5 分—同意/符合，6 分—非常同意/符合。

1.我能根据不同对象的特点提供合适的建议或指导。

2.当我劝告他人时，更注重帮助他们反思自身存在的问题。

3.当我给他人提供反馈意见甚至是逆耳的意见时，能坚持诚实的态度。

4.当我与他人讨论问题时，始终能就事论事，而非针对个人。

5.当我批评或指出他人的不足时，能以客观的标准和预先期望为基础。

6.当我纠正某人的行为后，我们的关系常能得到加强。

7.在我与他人沟通时，我会激发出对方的自我价值和自尊意识。

8.即使我并不赞同,我也能对他人观点表现出诚挚的兴趣。

9.我不会对比我权力小或拥有信息少的人表现出高人一等的姿态。

10.在与自己有不同观点的人讨论时,我将努力找出双方的某些共同点。

11.我的反馈是明确而直接指向问题关键的,避免泛泛而谈或含糊不清。

12.我能以平等的方式与对方沟通,避免在交谈中让对方感到被动。

13.我以“我认为”而不是“他们认为”的方式表示对自己的观点负责。

14.讨论问题时,我通常更关注自己对问题的理解,而不是直接提建议。

15.我有意识地与同事和朋友进行定期或不定期的、私人的会谈。

自我评价:如果你的总分是:

(1)80—90分,说明你具有优秀的沟通技能;

(2)70—79分,说明你的沟通技能略高于平均水平,有些地方尚需要提高;

(3)70分以下,说明你需要严格地训练你的沟通技能;

建议:选择得分最低的6项,作为技能学习提高的重点。

【任务实施】

工作任务7 分析管理中的沟通艺术

【实训目的】

通过案例分析与讨论,加深理解对沟通理论的感性认识,并在此基础上提高有效沟通、实现有效管理的目的。

【任务内容】

阅读案例,完成任务内容。

案例:不会沟通,从同事到冤家

小贾是某公司销售部的员工,为人比较随和,不喜争执,和同事的关系处得都比较好。但是,前一段时间,不知道为什么,同一部门的小李老是处处和他过不去,有时候还故意在别人面前指桑骂槐,对跟他合作的工作任务也都有意让小贾做得多,甚至还抢了小贾的好几个老客户。

起初,小贾觉得都是同事,没什么大不了的,忍一忍就算了。但是,看到小李如此嚣张,小贾一赌气,告到了经理那儿。经理把小李批评了一通,从此小贾和小李成了冤家。

【任务要求】

1.将学生分组,以6—8人为一组,各组选出一名负责人,进行分组讨论。

2.讨论:案例中小贾和小李做法有哪些不妥之处?

3.讨论:经理的做法有无不妥之处?为什么使小贾和小李成了冤家?

4.讨论:小贾、小李和经理三人存在的共同问题是什么?

5.请为小贾、小李或经理提出解决问题的具体措施。

6.讨论完毕后,以小组为单位写出汇报提纲。

7.负责人指定一名小组成员以PPT形式进行汇报。

8.讨论时间为70 min,PPT汇报时间为20 min。

【任务评价】

根据列出的评价标准及分值,对**"工作任务7　分析管理中的沟通艺术"**要检查的内容进行评价,判断是否已达到项目7列出的知识目标与技能目标。

评价方式采取过程评价和结果评价两种方式,老师评价和小组内部成员互相评价相结合。过程评价和结果评价综合得分为学生的此工作任务得分。在工作任务实施时,要事先确定好两个比重:一是任务过程评分和任务成果评分占总得分的比重;二是老师评分和小组评分占总得分的比重。

任务过程评价表见表7-1。

表7-1　任务过程评价

被考核人		任务评价总得分		
检查内容	评价标准	分值	老师评价得分 (　　%)	小组评价得分 (　　%)
分工是否合理				
能否快速进入角色				
是否全员参与				
团队是否协作				
态度是否认真				
合　　计				

任务成果评价见表7-2。

表7-2　任务成果评价

被考核人		任务评价总得分		
检查内容	评价标准	分值	老师评价得分 (　　%)	小组评价得分 (　　%)
调研报告	确定的小贾和小李做法的不妥之处是否正确			
	分析的经理做法的不妥之处是否正确			
	确定的小贾、小李和经理三人存在的共同问题是否正确			
	为小贾、小李或经理提出的解决问题的具体措施是否可行			

（续表）

PPT 汇报	仪态仪表是否规范			
	语言表达是否流畅			
	思维逻辑是否清晰			
	PPT 制作情况			
时间	在规定时间内是否完成			
合　计				

任务总评价见表 7-3。

表 7-3　任务总评价

被考核人		工作任务总得分	
工作任务	分析管理中的沟通艺术		
	权重前得分	权重后得分	
任务过程评价(　　%)			
任务成果评价(　　%)			
备　注			

【项目小结】

根据企业管理活动顺序，本项目是第七个项目。通过本项目的学习，你应该能够体会：

沟通是指为了一个设定的目标，把信息、思想和情感在两人或两人以上的人群中传递或交换，并且达成共同协议的过程。

沟通的整个过程中至少存在着一个信息发送者和一个信息接收者，即发出信息的一方和接收信息的一方。可概括为：发送者需要向接收者传送信息或需要接收者提供（反馈）信息；发送者将这些信息译成接收者能够理解的一系列符号；将上述符号传递给接收者；接收者接收这些符号；接收者将这些符号译为具有特定含义的信息；接收者理解信息的内容；发送者通过反馈了解他想传递的信息是否被对方准确无误地接收。

沟通贯穿于管理的各个环节，按不同的标准有不同的分类。按沟通的方式划分，可以分为口头沟通、书面沟通、语言沟通和非语言沟通。按沟通的组织系统划分，可以分为正式沟通和非正式沟通。按沟通信息的流动方向划分，可以分为上行沟通、下行沟通、平行沟通和斜向沟通。按沟通中信息接收者与发送者的地位划分，可以分为单向沟通和双向沟通。按沟通的功能和目的划分，可以分为工具沟通和满足需要的沟通。

沟通网络是组织的沟通信息纵横流动所形成的各种形态。常见的沟通网络有链式、轮式、Y 式、环式和全通道式等形式。

实现有效沟通的障碍主要有个人障碍、人际障碍和结构障碍。管理者要采取措施克服障碍，最终实现有效的沟通。

本项目围绕**"沟通"**设计了各环节的基本知识，设置了**知识目标**、**技能目标**、**任务导**

入、任务知识、任务实施、项目小结、项目测试、课堂活动、管理故事等栏目,体现了对重要知识的重组。

本项目进程以**任务导入**开始,以**项目测试**结束,希望读者在完成各分项任务之后,能够及时进行自我的过程性评价。

完成本项目将为学习**“项目8　控制”**奠定良好的基础。

【项目测试】

一、单项选择题

1.(　　)是指为了一个设定的目标,把信息、思想和情感在两人或两人以上的人群中传递或交换,并且达成共同协议的过程。

A.沟通　　B.谈判　　C.交流　　D.理解

2.(　　)能协调组织横向之间的联系,在沟通体系中是不可缺少的一环。

A.上行沟通　　B.下行沟通　　C.平行沟通　　D.非正式沟通

3.以下不属于非语言沟通的是(　　)。

A.图表　　B.手势　　C.表情　　D.红绿灯

4.(　　)的主要目的是传递信息,同时也将发送者自己的知识、经验、意见和要求等告诉接收者,以影响接收者的知觉、思想和态度体系,进而改变其行为。

A.工具沟通　　B.满足需要沟通　　C.正式沟通　　D.非正式沟通

5.(　　)主要包括沟通双方的相互信任程度和相似程度。

A.人际原因　　B.个人原因　　C.结构原因　　D.技术原因

6.一个完整的沟通过程包括(　　)。

A.信息的发送—接收　　B.信息的发送—反馈

C.信息的发送—接收—反馈　　D.信息的接收—接收

7.单向沟通和双向沟通是按(　　)进行分类的。

A.组织系统　　B.方向　　C.是否进行反馈　　D.方法

8.按沟通信息的流动(　　)划分,可以分为上行沟通、下行沟通和平行沟通。

A.方式　　B.方向　　C.功能　　D.目的

9.信息沟通网络是由各种沟通途径所组成的结构形式,它直接影响到沟通的有效性及组织成员的满意度。以下四种沟通网络形式中,最能使组织士气高昂的沟通网络形式是(　　)。

A.轮式　　B.链式　　C.环式　　D.Y式

10.李总经理出差两个星期回到公司后,立即被一群中层干部包围起来,大家七嘴八舌,有的向他汇报工作,有的请求下一步工作的指示,有的询问出差收获。根据这种情况,你认为下列哪一个最适当地反映了该公司的沟通特征?(　　)

A.链式沟通　　B.环式沟通　　C.轮式沟通　　D.全通道式沟通

二、多项选择题

11.关于"沟通"概念的下列理解中,哪些是正确的?(　　)

A.沟通是协调各个体、各要素,使企业成为一个整体的凝聚剂

B.沟通是领导者激励下属、实现领导职能的基本途径

C.沟通是企业与外部环境建立联系的桥梁

D.整个管理工作都与沟通有关

12.单向沟通的优点有(　　)。

A.速度快

B.准确性高

C.条理性强

D.接受信息的人对自己的判断较有信心

13.实现有效沟通的障碍主要有(　　)。

A.个人障碍　　B.人际障碍　　C.结构障碍　　D.以上全是

14.非正式沟通方式的优点是(　　)。

A.沟通方便　　B.内容广泛　　C.方式灵活　　D.沟通速度快

15.克服沟通障碍的方法包括(　　)。

A.明了沟通的重要性,正确对待沟通

B.缩短信息传递链,拓宽沟通渠道,保证信息的畅通无阻和完整性

C.建立特别委员会,定期加强上下级的沟通

D.加强平行沟通,促进横向交流

16.按照组织系统划分,沟通方式分为(　　)。

A.工具式沟通　　B.感情式沟通　　C.正式沟通　　D.非正式沟通

17.以下说法正确的是(　　)。

A.冲突是指由于某种差异而引起的抵触、争执或争斗的对立状态

B.冲突不可避免地存在于一切组织之中

C.冲突是消极的,无积极作用

D.组织应保持适度的冲突

18.口头沟通通常见于(　　)。

A.会议　　B.对话　　C.演说　　D.电话联系

19.按照沟通方式的不同,沟通可以划分为(　　)等类型。

A.工具式沟通和感情式沟通　　B.口头沟通和书面沟通

C.非语言方式沟通和电子媒介沟通　　D.正式沟通和非正式沟通

20.以下说法正确的是(　　)。

A.一般说来,信息通过的等级越多,它到达目的地的时间也越长,失真率则越大

B.当工作团体规模较大时,人与人之间的沟通也相应地变得较为困难

C.地位悬殊越大,信息趋向于从地位高的流向地位低的

D.一般说来,两人间的距离越短,他们交往的频率也越高

三、案例分析题

案例 1:小王的加薪

小王 3 个月前被提拔为一家合资药业公司的业务主任并负责一个小城市的医药推广业务。他进入这家公司已经 1 年了,在开拓本地市场上立下了汗马功劳。本来单纯做业务时,什么也不用多想,只要把业绩做好了,就可以拿到让人羡慕的提成。正当小王春风得意的时候,公司提拔了小王。作为主任,他不用再像以前一样直接与客户沟通,只要维护好本地市场并负责培养新人就行了。没想到的是,根据公司的薪酬制度,他的收入也转成行政人员的收入,提成额大大下降,收入大大缩水,于是很自然小王就想到了要求加薪。根据公司制度,只有在公司工作满 3 年以后,才可能有加薪机会。小王想,凭自己对公司的贡献,经理还能不破例吗? 于是,小王在一次去分部述职的时候,直接走进经理办公室提出了加薪的要求,经理答应考虑一下。过了 10 多天,总部下了一纸调令,要调小王到总部学习,并派了一个人下来接替小王(这是公司想要撤换一个人的前兆),小王愤而辞职。

阅读以上资料,回答第 21—22 题:

21.请运用管理沟通相关知识指出小王与经理就加薪沟通中应该注意的方面。

22.请为小王设计一个新的加薪沟通方案。

案例 2:王丹的建议书

王丹是一个典型的北方姑娘,在她身上可以明显感受到北方人的热情和直率,她有什么说什么,总是愿意把自己的想法说出来和大家一起讨论。正是因为这个特点,她在上学期间很受老师和同学的欢迎。今年,王丹从西安某大学人力资源管理专业毕业,她认为,经过四年的学习,自己不但掌握了扎实的人力资源管理专业知识而且具备了较强的人际沟通技能,因此对自己的未来期望很高。为了实现自己的梦想,她毅然只身去广州求职。

经过将近一个月的反复投简历和面试,在权衡了多种因素的情况下,王丹最终选定了东莞市一家研究生产食品添加剂的公司。她之所以选择这家公司,是因为该公司规模适中、发展速度很快,最重要的是该公司的人力资源管理工作还处于尝试阶段,如果

王丹加入，她将是人力资源部的第一批员工，因此她认为自己施展能力的空间很大。

但到公司实习了几天后，王丹就陷入了困境中。

原来，该公司是一个典型的小型家族企业，企业中的关键职位基本上都由老板的亲属担任，充满了各种裙带关系。尤其是老板安排了他的大儿子做王丹的临时上级，而这个人主要负责公司研发工作，根本没有管理理念，更不用说人力资源管理理念，在他的眼里，只有技术最重要，只要公司能赚钱，其他的一切都无所谓。但是王丹认为越是这样就越有自己发挥能力的空间，因此在到公司的第五天王丹拿着自己的建议书走向了直接上级的办公室。

“张经理，我到公司已经快一个星期了，我有一些想法想和您谈谈，您有时间吗？”王丹走到经理办公桌前说。

“来来来，小王，本来早就应该和你谈谈了，只是最近一直扎在实验室里，就把这件事忘了。”

“张经理，对于一个企业尤其是处于上升阶段的企业来说，要持续发展必须在管理上狠下工夫。我来公司已经快一个星期了，据我对公司的了解，我认为公司主要的问题在于职责界定不清；雇员的自主权力太小致使员工觉得公司对他们缺乏信任；员工薪酬结构和水平制定的随意性较强，缺乏科学合理的基础，因此薪酬的公平性和激励性都较低。”王丹按照自己事先所列的提纲开始逐条向张经理叙述。

张经理微微皱了一下眉头说：“你说的这些问题我们公司确实存在，但你必须承认一个事实——我们公司在赢利，这就说明我们公司目前实行的体制有它的合理性。”

“可是，眼前的发展并不等于将来也可以发展得好，许多家族企业都是败在管理不善上。”

“好了，那你有具体方案吗？”

“目前还没有，这些还只是我的一点想法，但如果得到了您的支持，我想拿出完善的方案只是时间问题。”

“那你先回去做方案，把你的材料放这儿，我先看看，然后给你答复。”说完，张经理的注意力又回到了研究报告上。

王丹此时切身体会到了不被认可的失落，她似乎能经预见到自己第一次提建议的结局。

果然，王丹的建议书石沉大海，张经理好像完全不记得这回事了。王丹陷入了困惑，她不知道自己是应该继续和上级沟通还是干脆放弃这份工作，另找一个发展空间。

阅读以上资料，回答第23—34题：

23.案例中王丹第一次沟通失败的原因是什么？

24.在现有的情况下，王丹要想有好的发展，应该如何做？

PROJECT 8　项目8
控制职能

【知识目标】

1.了解控制的含义、特点、作用及有效控制的原则；

2.理解控制与计划、组织间的关系。

3.理解组织控制系统的组成，了解有效控制系统应具备的特征；

4.掌握控制的基本类型，熟悉各种控制类型的优缺点；

5.掌握控制的过程；

7.掌握常用的控制方法。

【技能目标】

1.能根据控制的一般原理进行管理控制过程的分析；

2.能根据管理问题的性质和情况，选择适当的控制方法。

【任务导入】

管理的目的是有效地实现组织目标，为此就要进行计划、组织、领导、控制。通过前面项目的学习，我们已经掌握了：计划工作是对整个组织确定目标，做出总体规划和部署；组织工作则是通过内部结构设计和组织关系的确定，在组织中进行部门划分、权力分配，确定组织内部各部门的职责，以保证计划的落实和完成；领导工作是管理者运用职权和威信施加影响，以充分发挥每一个人的积极性。

没有规矩不成方圆，没有控制就没有管理。控制作为管理的基本职能之一，是对组织内部的管理活动及其效果进行衡量和校正，以确保组织的目标以及为此而拟订的计划得以实现。控制过程是一个管理过程的最后阶段，对组织实施过程能否与计划方案相一致起到保证和监督作用。任何一个组织，无论计划制订得多么完善，组织机构设计得多么合理，领导方式和激励手段采取得多么有效，都不可能保证所有管理活动都按照计划执行。如果没有令人满意的控制系统,在实施过程中仍会出现问题。一般说来,组织的控制系统越完善,管理者实现的组织目标就越容易。因此,为保证有效地执行计划,就需要控制。

没有有效的控制,实际工作就有可能偏离计划,组织目标就有可能无法实现。因此,控制是一项重要的管理职能。

根据**"控制"**作业流程,我们将这一项目分为四个分项任务。这四个任务分别是:

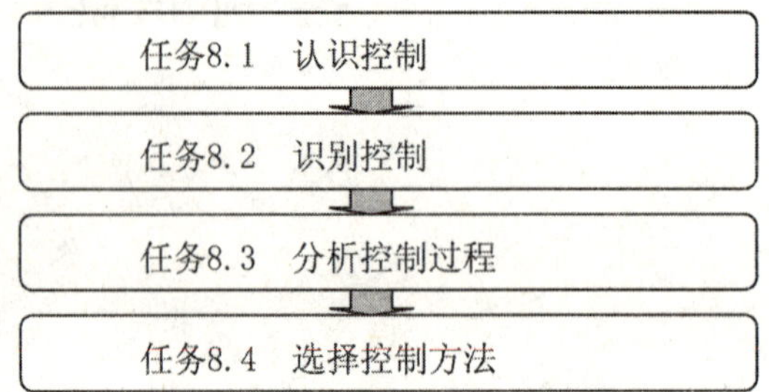

你可以对照知识目标和技能目标,反复演练,有的放矢地依次完成各分项任务,直至完成本项目,为早日成为现代企业管理所需的人才做好准备。

【任务知识】

任务 8.1　认识控制

8.1.1　控制的含义

"控制"一词来源于希腊语中的"掌舵手",意思是领航者通过发号施令将偏离航线的船拉回到正常的航线上来。在日常生活中,"控制"一词含有操纵或支配、抑制或限制、监督或管理、指导或命令、校对或验证等意思。管理学中,控制可以定义为:按照计划标准来衡量所取得的成果,并纠正所发生的偏差,以确保计划与目标的实现。这个概念包含着以下三重含义:

(1)控制标准是预定的工作标准和计划标准。它是检查和衡量实际工作的依据。如果没有控制标准,衡量实际工作便失去了根据,控制工作也就无法进行。

(2)偏差信息是实际工作情况或结果与控制标准或计划要求之间产生偏离的信息。了解和掌握偏差信息是控制工作的重要环节。如果没有或无法得到这方面的信息,那么控制活动便无法继续开展。

(3)采取矫正措施是根据偏差信息,做出调整决策并付诸实施。所以说,根据实际情况以及需求,或矫正实际工作,或修正计划或标准,是管理控制的关键环节。

组织中从上到下形成了一个控制系统,有效的控制系统可以保证各项行动的方向是朝向组织目标的。控制系统越是完善,管理者实现组织的目标就越是容易。

【知识连接8-1】

控制职能与其他管理职能的关系

控制是管理的一项重要职能,它与计划、组织、领导等基本管理职能相辅相成,共同构成了管理的各主要环节。计划提出了管理者追求的目标,组织提供了完成这些目标的结构、人员配备和责任,领导提供了指挥和激励的环境,而控制则提供了有关偏差的信息以及确保与计划相符的纠偏措施,控制以计划、组织、领导等职能为基础,并对其有着积极的影响。因此,实施控制职能是每一位负责执行计划的管理者的主要职责。

具体来说,控制职能与管理的其他职能之间有如下关系:

(1)控制职能与计划职能的关系。计划是控制的基础,控制要根据计划所确定的标准来进行,通过控制使计划的执行结果与预期相符合。控制为计划提供信息,如果计划与实际之间的偏差是于外部环境的变化所致,这时控制职能的发挥所采取的纠正措施可能就是调整计划方案本身。

(2)控制职能与组织职能的关系。组织职能为组织计划的贯彻执行提供了合适的组织结构框架,还为控制职能的发挥提供了人员配备和组织机构,同时,组织结构的确定也规定了组织中信息联系的渠道,所以也为组织的控制提供了信息系统。

控制职能则通过对计划执行过程中产生的偏差的原因进行分析,对由于组织职能的原因造成的偏差采取措施进行纠正,如调整组织结构,重新确定组织中的权责关系和工作关系。

(3)控制职能与领导职能的关系。领导职能的发挥影响到组织控制系统的建立和控制工作的质量。与之相应,控制职能的发挥又有利于改进领导者的领导工作,提高领导者的工作效率。

可见,控制职能使管理过程成为一个完整的过程,控制职能的发挥是其他各项职能的再运用过程。控制职能是与其他职能交错重叠的。

8.1.2 控制的特点与作用

在现代管理系统中,人、财、物等要素的组合关系是多种多样的,时空变化和环境影响很大,内部运行和结构有时变化也很大,加上组织关系错综复杂,随机因素很多,处在这样一个十分复杂的系统中,要想实现既定的目标,执行为此而拟订的计划,求得组织在竞争中的生存和发展,不进行控制工作是不可想象的。

(1)控制的特点。

①控制具有整体性。控制具有整体性包含3层含义:一是控制是组织全体成员的

职责,完成计划是组织全体成员共同的责任,参与管理控制是全体成员的共同任务;二是控制的对象是组织的各个环节,确保组织各个部门和单位彼此在工作上的均衡与协调是管理工作的一项重要任务;三是控制必须是一个系统,不能分割,否则就达不到预期的控制效果,或增加控制成本。

②控制具有动态性。管理控制具有不同于机器设备系统中的自动控制,这种控制是高度程序化的,具有固定的特征。管理控制是在有机的社会组织中进行的,外部环境和内部结构都在不断变化,从而决定了控制标准和方法不可能固定不变,控制也就有了动态的特征,以提高管理控制的适应性和有效性。这样不仅可以提高控制的适应性,也可以提高控制的有效性。

③管理控制是对人的控制和由人执行的控制。管理控制是保证工作计划顺利实施并最终完成的条件,在这个过程中,人一直都是活跃的主体。因此,管理控制首先是对人的控制,自然也是由人来执行的控制。

④管理控制是提高员工能力的重要手段。控制不仅仅是监督,更为重要的是指导和帮助。管理者可以制订纠正偏差的计划,但这种计划必须靠员工去实施,只有当员工认识到纠正偏差的必要性并且有纠正偏差的能力时,偏差才会被纠正,控制的目的才真正得以实现。所以,通过控制,管理者可以帮助员工分析偏差产生的原因,端正一个员工的工作态度,指导他们纠正偏差。这样在控制过程中员工的能力就能够得到提高。

(2)控制的作用。任何组织和任何活动都需要进行控制,因此控制的作用巨大。控制的作用表现在:

①控制是完成计划的重要保障,这是控制的最根本作用。

②控制是提高组织效率的有效手段。控制可以使复杂的组织活动能够协调一致、有序地运作,以增强组织活动的有效性。

③控制是使组织适应环境的重要保障。控制可以补充与完善期初制订的计划与目标,以有效减轻环境的不确定性对组织活动的影响。

④控制是管理创新的催化剂和推动力。

【课堂活动 8-1】美国著名管理学家斯蒂芬·罗宾斯指出:“有效的管理者应该始终督促他人,以保证应该采取的行动事实上已经在进行,保证他人应该达到的目标事实上已经达到。”这句话带给我们的管理启示是什么?

8.1.3 控制的原则

要真正发挥控制职能的作用,建立一个有效的控制系统,必须要坚持一些基本原则。

(1)目标明确原则。控制工作必须围绕既定的组织目标开展。从根本上讲,控制工作的目标就是保证实现组织目标。

(2)重点原则。控制的过程可以说是发现和纠正偏差的过程。在控制过程中不仅要注意偏差,而且要注意出现偏差的具体事项。日常管理中,管理者不可能控制工作中所有的事项,而只能针对关键的事项,且仅当这些事项的偏差超过了一定限度,足以影响目标的实现时才予以控制纠正。事实证明,要想完全控制工作或活动的全过程几乎是不可能的,因此应抓住活动过程中的关键和重点进行局部和重点的控制,这就是所谓的重点原则。

控制作为一种管理职能,它为组织目标服务,良好的控制必须有明确的目的,不能为控制而控制。无论什么性质的工作往往都有多个目标,但总有一两个是最关键的,管理者要在这众多目标中,选择出关键的、反映工作本质和需要控制的目标并加以控制。

(3)及时性原则。高效率的控制系统,要求能迅速发现问题并及时采取纠正偏差的措施。一方面要求及时准确地提供所需的信息,避免时过境迁,使控制失去应有的效果;另一方面,要估计可能发生的变化,使采取的措施与已变化了的情况相适应,即纠正偏差措施的安排应有一定的预见性。

(4)灵活性原则。任何控制对象和控制的过程都是受到众多未来因素影响的,而对未来因素变化的预测总会存在着一定的不准确性,因此所控制的对象和过程也不可能完全按照所设计的控制目标发展。控制的灵活性原则就是要求制定多种应付变化的方案和留有一定的后备力量,并采用多种灵活的控制方式和方法来达到控制的目的。控制应保证在发生某些未能预测到的事件如环境突变、计划疏忽、计划失败等情况下仍然有效,因此要有弹性和替代方案。

(5)经济性原则。控制是一项需要投入大量的人力、物力、财力等各种资源的活动,耗费巨大。这正是今天许多应予以控制的问题没有得以控制的重要原因,因此在进行控制时必须坚持经济性原则。一是要求实行有选择的控制,全面周详的控制不仅是不必要的也是不可能的,要正确而精心地选择控制点,太多会不经济,太少会失去控制;二是要求努力降低控制的耗费而提高控制效果,改进控制方法和手段,以最少的资源投入取得理想的控制效果。

(6)可操作性原则。控制的最后落实应是纠正偏差措施的贯彻,并发挥出应有的效果。因此,这些措施必须具有可操作性,即这些措施必须是可以投入实际运作的,而且是在经济上合理的、在技术上可行的。

8.1.4 控制系统

(1)控制系统的组成。组织的控制活动是通过控制系统实现的。控制系统是为完成控制任务,由控制目标、控制主体、控制客体和控制的方法与手段构成的科学的有机整体。

①控制的目标。控制的目标体系是控制系统存在的前提,也是控制系统的依据。

控制的目标体系和组织的目标体系是相辅相成的。

②控制的主体。组织中控制的主体是各级管理者及其职能部门,其作用是非常关键的。一般地说,中、低层管理者主要进行常规的、例行的、程序化的控制,而高层管理者则主要是进行非常规的、例外的、非程序化的控制。

③控制的客体。组织中的控制客体是整个的组织活动,包括组织中的资源(如人、财、物、时间、空间、信息),也包括组织活动的内容(如各级组织机构、活动过程、生产过程)。

值得注意的是,控制客体有两个共同特点:一是控制客体有多种发展的可能性,二是控制主体可以在这些可能性中进行选择,可见控制是与事物发展的可能性密切相关。

④控制的方法与手段。控制的方法与手段体系主要包括控制的机构、控制的手段、控制的方法等。

(2)控制系统的特征。一个有效的控制系统应具有如下特征:

①适时控制。适时性是指控制系统应该及时提供信息,迅速做出管理上的反应。如果反应过于迟缓,修正措施将毫无价值。例如,进口产品检验不合格,若过了索赔期,对方就不会承担责任。

时滞现象是反馈控制中一个难以克服的困难。虽然检查实施结果,并将结果同标准进行比较,找出偏差,可能不会花费很多时间。但分析偏差原因,提出纠正偏差的具体方法也许旷日持久,当真正采取这些办法纠正偏差时,实际情况可能有了很大变化。解决这种问题较好的办法是建立企业经营状况的预警系统。我们可以为需要控制的对象建立一条警报线,反映经营状况的数据一旦超过这个警戒,预警系统就会发出警报,提醒人们采取必要的措施以防止偏差的产生和扩大。

②适度控制。适度控制是指控制的范围、程度和频度要恰到好处。虽然任何组织都需要控制,但控制系统的大小各异。不管管理者应用怎样的控制,它必须与涉及的工作相适合并是经济的。

对适度控制的要求体现在两方面:一方面,过多的控制会扼杀组织中成员的积极性、主动性和创造性,会抑制他们的首创精神,从而影响个人能力的发展和工作热情的提高,最终影响企业的效率;另一方面,控制不足将不能使组织活动有序地进行,不能保证各部门活动进度和比例的协调,造成资源的浪费。此外,过少的控制还可能使组织中的个人无视组织的要求,我行我素,甚至利用在组织中的便利条件谋求个人利益,从而导致组织的涣散和崩溃。

③客观控制。控制系统必须是精确的,然而在现实生活中许多管理人员的决策往往基于不精确的信息。销售人员在估计销量时说些模棱两可的话,以迎合主管上司的看法;生产车间的管理人员为了达到上级制定的目标而隐瞒生产成本的上升;一些管理者为了得到领导的青睐而虚报成绩。这些都给管理人员的正确决策带来了负面影响。

要客观地控制,需做到以下几点:

第一,要尽量建立客观的计量方法,即尽量把绩效用定量的方法记录并评价,把定性的内容具体化。

第二,管理人员必须谨慎适当地去解释所获得的信息。数字的客观性不能代表一切,管理人员在做决策时还应看到数字背后的真正含义。如销量每月提高了多少,上层管理部门对这类报告显然会感到高兴,但是,销量提高的背后,也许是销售人员擅自提供了折扣,或对产品的功效做了不切实际的保证,或答应较短的交货期等。

第三,管理人员要从组织目标的角度来观察问题,避免个人偏见和成见。

④弹性控制。企业在生产经营过程中经常可能遇到某种突发的、无力抗拒的变化,如环境突变、计划疏忽、计划变更、计划失败等,这些变化使企业计划与现实条件严重背离。有效的控制系统应在这种情况下仍有足够的灵活性去保持对运行过程的管理控制,也就是说,应该具有一定的弹性。如工程项目建设中在对地质进行勘测、工程量测量时经常会发生偏差,导致工程费用急剧上升,因此在做总投资估算时都有预备费的预算。

事实上,弹性控制最好是通过弹性的计划和弹性的衡量标准来实现。在制订计划时,充分考虑到未来企业经营可能出现的不同水平,从而为标志经营规模的不同参数值规定不同的经营额度,使预算在一个可接受的范围内变化。

控制既有有利的一面,也有不利的一面。如果控制系统的设计没有灵活性,那么它所造成的问题会比它所要防止的问题还要严重。

任务8.2 识别控制类型

8.2.1 按控制在管理过程中的时间点不同分类

按控制在管理过程中的时间点不同,控制分为前馈控制、现场控制与反馈控制,如图8-1所示。

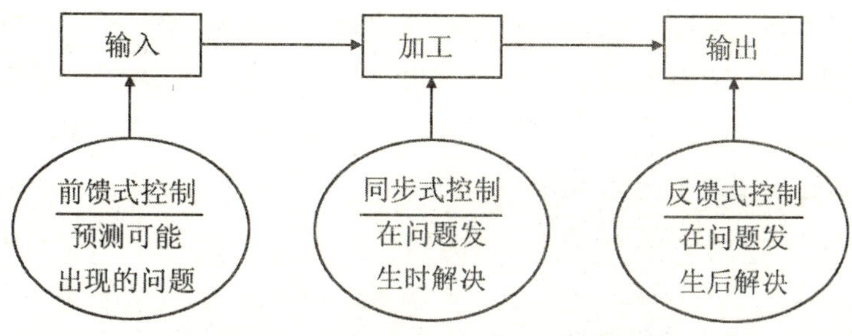

图8-1 前馈控制、现场控制与反馈控制

(1)前馈控制。前馈控制也称事前控制,是在企业生产经营活动开始之前进行的控制,其目的是防止问题的发生而不是当问题出现时进行补救。因此,这种控制需要及时和准确的信息并进行仔细和反复预测,把预测和预期目标进行比较,并促进计划的修订。

控制的内容包括检查资源的筹备情况和预测其利用效果两个方面。为了保证经营过程的顺利进行,管理人员必须在经营开始以前就检查企业是否已经或能够筹措到在质和量上符合计划要求的各类经营资源。如果预先检查的结果是资源的数量和(或)质量无法得到保证,那么就必须修改企业的活动计划和目标,改变企业产品加工的方式或内容。事先预测的另一个内容是检查已经或将能筹措到的经营资源经过加工转换后是否符合需要。如果预测的结果符合企业需要,那么企业活动就可以按原定的程序进行;如果不符合,则需要改变企业经营的运行过程及其技术。

前馈控制是一种面向未来的控制,它具有许多优点:首先,从理论上讲,它是人们最乐于采用的类型,因为它能避免预期问题的出现,有“防患于未然”的效果;其次,前馈控制适用于一切领域中的所有工作,如企业、医院、学校、军队都可以运用这种控制方法,其适用范围很广;最后,前馈控制是在工作开始之前,针对某项计划行动所依赖的条件进行控制,不针对具体人员,因而不会造成心理抵触,易于被职工接受并付诸实施。

但由于未来的不确定性,要实行切实的前馈控制也不是一件容易的事情,它需要及时和准确的信息,必须对整个系统和计划有透彻的分析,懂得计划行动本身的客观规律性,从而建立前馈控制的模式,经常注意保持它和现实情况相吻合,并且输入变量数据,估算它们对预期的最终成果的影响,还要采取措施以保证最终结果合乎需要。由于管理人员不可能完全把握未来会发生的所有事件和可能导致的结果,虽然前馈控制有许多优点,但在管理工作中也不能完全代替其他类型的控制工作。

(2)现场控制。现场控制也称同步控制,是指企业经营过程开始以后,对活动中的人和事进行指导和监督。主管人员越早知道业务活动与计划的不一致,就可以越快地采取纠偏措施,可以在发生重大问题之前及时纠正。

现场控制一般表现为两种方式:一是主管人员深入现场检查和指导下属的活动,它包括适当的工作方法和工作过程的指导,监督下属工作,发现偏差督促纠正;二是表现为基层工作人员的日常自我工作控制,控制的对象就是自我的操作控制过程。现场控制能及时发现偏差,及时纠正偏差,是一种较经济、有效的控制方法,也是一种难度较大的控制方法。现场控制对已经出现的偏差要进行即时纠正,需要对实时信息做出及时的反应,因而对主管人员的管理水平和领导能力要求较高,它要求控制人员具有敏锐的判断力、快速的反应能力以及灵活多变的控制手段,同时要注意避免凭主观意志进行控制。更要注意的是,即使是现场控制,从发现偏差到纠正偏差也需要花费一段时间,故其控制效果有时也非完全的现时控制。

现场控制的有效性需要信息采集方便和传递快捷，这也就要求组织建立完善的信息网络和必要的计算机信息系统，并在管理制度上建立严格的信息收集、分析和报告体系，确保信息传递迅速，纠偏、调节措施及时。

虽然现场控制效果明显，纠偏有力，但现场控制也有许多弊端。首先，运用这种管理方法容易受到管理者的时间、精力、业务水平的制约，管理者不能时时事事进行现场控制，只能在关键工作上予以使用。其次，现场控制的应用范围较窄。对生产工作容易进行现场控制，而对那些问题难以辨认、成果难以衡量的工作，如科研工作、行政管理等，则几乎无法进行现场控制。再次，现场控制容易在控制者与被控制者之间形成心理上的对立，容易影响被控制者的工作积极性和主动精神。所以，现场控制一般不能成为日常性的主要控制方法，而只能是其他控制方式的补充。

(3)反馈控制。反馈控制亦称事后控制，是管理控制中最常见的控制类型，是指在生产经营活动结束以后，对本期的资源利用状况及其结果进行总结。由于这种控制是在经营过程结束以后进行的，不论其分析如何中肯，结论如何正确，对于已经形成的经营结果来说都是无济于事的，都无法改变已经存在的事实。反馈控制的主要作用是通过总结过去的经验和教训，为未来计划的制订和活动的安排提供借鉴。

反馈控制的优点是：首先，反馈控制可以根据工作的实际结果对工作进行评价，既易于工作人员接受，也有利于管理人员采取有效和有力的措施改进管理工作。如反馈控制可以为管理者提供关于计划的效果究竟如何的真实信息，如果反馈显示标准与现实之间只有很小的和可接受的偏差，说明计划的目标达到了；如果偏差很大，管理者就应该利用这一信息，发现问题，调整计划，追究责任，实施惩戒，使新计划制订和执行更为有效。其次，反馈控制可以增强员工的积极性。因为人们希望获得评价他们绩效的信息，并据此来调整自己未来的行为，而反馈正好提供了这样的信息。

反馈控制的不足是：反馈控制存在时间滞后性，当管理者获取信息时，可能的失误和损失已经发生，弥补的措施只能在新的工作中产生效果，是一种“亡羊补牢”式的管理方式。虽然反馈控制存在这样那样的问题，但比较而言，在实际工作中，反馈控制依然是控制活动中运用得最多的控制方式。在管理中使用最多的反馈控制方式有财务报表分析、生产成本分析、产品质量检验和组织成员绩效测评等。

以上三种控制方式的控制重点各不相同。前馈控制重在资源，包括对人、财、物、信息等的控制；现场控制重在进行的活动，多为生产过程的控制；反馈控制是已对结束的工作的资源、过程进行评价，用于对下一次活动的开展进行控制。三种控制方式各有优缺点，应根据组织的不同层次、工作进行的不同阶段穿插使用。

【课堂活动 8－2】分析前馈控制、同步控制与反馈控制，如何在组织的不同层次、工作进行的不同阶段穿插使用？

【管理故事8-1】

扁鹊的医术

魏文王问扁鹊说:“你们兄弟三人都精于医术,到底哪一位医术最好呢?”

扁鹊答:“长兄医术最高,中兄次之,我最差。”

文王再问:“那你怎么最出名呢?”

扁鹊答:“长兄于发病之前就能诊断发现病因,是治病于病情发作之前。中兄于病情初起时,也能找到病根,彻底医治,一般人却以为他只能治轻微的小病。而我是治病于病情严重之时,人们看到我在经脉上穿针放血、在皮肤上敷药等大动作,就以为我的医术高明,因此我的名气传遍全国。”

管理启示:预防胜于治疗,事后控制不如事前防范,可惜大多数经营者均未能体会到这一点,等到错误的决策造成了重大损失才寻求弥补。即使请来了名气很大的“空降部队”,却是事倍功半,伤害已经无法避免。把问题解决在萌芽状态,是最优的控制策略。

8.2.2 按控制活动的来源不同分类

按控制活动的来源不同,控制分为正式组织控制、群体控制和自我控制。

(1)正式组织控制。正式组织控制是由管理人员设计和建立起来的一些机构或规定来进行。例如,组织通过规划指导组织成员的活动,通过预算来控制消费,通过审计来检查各部门或各成员是否按照规定进行活动,对违反规定或操作规程者给予处理等,都属于正式组织控制。在多数组织中,普遍实行的正式组织控制有以下内容:

①实施标准化,即制定统一的规章、制度,制定出标准的工作程序以及生产作业计划等。

②保护组织的财产不受侵犯,如防止偷盗、浪费等,这包括设备使用的记录、审计作业程序以及责任的分派等。

③质量标准化,包括产品的质量及服务的质量,主要采取的措施有对职工培训、工作检查、质量控制以及激励政策。

④防止滥用权利,这可以通过制定明确的权责制度、工作说明、指导性政策、规划以及严格的财务制度来完成。

⑤对员工的工作进行指导和考核,这可通过评价系统、产品报告、直接观察和指导等方式来完成。

(2)群体控制。群体控制是基于非正式组织成员之间不成文的价值观念和行为准则进行的控制。非正式组织尽管没有明文规定的行为规范,但组织中的成员都十分清楚这些规范的内容,都知道如果自己遵守这些规范,就会得到其他成员的认可,可能会强化自己在非正式组织中的地位;如果违反这些行为规范,就会受到惩罚,这种惩罚可能是遭受排挤、讽刺,甚至被驱逐出该组织。群体控制在某种程度上左右着职工的行为,处理得好有利于组织目标的实现,处理不好,会给组织带来很大危害。

(3)自我控制。自我控制是指个人有意识地按某一规范进行活动。自我控制能力取决于个人本身的素质。例如,一个员工不愿把企业的东西据为己有,可能是因为他具有较强的自我控制能力。具有较高层次需求的人比具有较低层次需求的人有较强的自我控制能力。实际上,自我控制更多地受组织文化的影响。组织文化并不是通过外部强制而发挥作用的约束控制系统(如直接监督和采用标准操作规则的行政控制),而是员工在内化了组织文化中的价值观和规范后,在其指引下进行决策和行动的"自觉控制"系统或自我控制系统。

8.2.3 按控制使用的手段不同分类

按控制使用的手段不同,控制可分为直接控制和间接控制。

(1)直接控制。直接控制是指管理者通过行政命令的手段对被控制的对象直接进行控制的形式。它是相对于间接控制而言的。一个人,无论他是主管人员还是非主管人员,在工作过程中都会犯错误,或者往往不能觉察到即将现出的问题。这样,在控制他们的工作时,就只能在出现了偏差后,通过分析偏差产生的原因,然后才去追究其个人责任,并使他们在今后的工作中加以改正。这种控制方式称为"间接控制"。显而易见,这种控制的缺陷是在出现了偏差后才去进行纠正。针对这个缺陷,直接控制原理可表述为:主管人员及其下属的工作质量越高,就越不需要进行间接控制。这是因为主管人员对他所负担的职务越能胜任,也就越能在事先觉察出偏离计划的误差,并及时采取措施来预防它们的发生。这意味着任何一种控制的最直接方式,就是采取措施来尽可能地保证主管人员的质量。

直接控制是建立在以下假设基础上的:

①合格的管理人员所犯的错误最少。所谓"合格",就是指他们熟练地运用管理概念、原理和技术,能以系统的观点来进行管理工作。

②在计量管理工作成效时,管理的概念、原理、方法是一些有用的判断标准。

③管理的基本原理的应用情况是可以评价的。

④管理工作的成效是可以计量的。

直接控制有许多优点:

①在对个人分配任务时能有较大的准确性;同时,为使主管人员合格,对他们经常不断地进行评价,也必定会揭露其在工作中存在的缺点,并为消除这些缺点进行专门训练提供依据。

②直接控制可以使主管人员主动地采取纠正措施并使其更加有效。它鼓励用自我控制的办法进行控制。在评价过程中会揭露出主管人员工作中存在的缺点,因而也会促使他们努力去确定他们应负的职责并自觉地纠正错误。

③直接控制还可以获得良好的心理效果。主管人员的素质提高后,他们的威信也会得到提高,下属对他们的信任和支持也会增加,这样就有利于整个计划目标顺利实现。

④由于提高了主管人员的素质,减少了偏差的发生,也就有可能减轻间接控制造成的负担,节约经费开支。

但需值得注意的是,采用直接控制方法是有条件的,管理者必须对管理的原理、方法、职能以及管理的哲理有充分理解,这就需要管理人员采取各种途径进行学习,不断提高自己的管理水平。

(2)间接控制。间接控制是相对于直接控制而言的,是着眼于发现工作偏差,分析产生的原因,并追究个人责任使之改进未来的工作的一种控制。

间接控制是基于这样一些事实的:

①人们常常会犯错误,或常常没有察觉到那些将要出现的问题,因而未能及时采取适当的纠正或预防措施。

②在实际工作中,管理人员往往是根据计划和标准,对比或考核实际的结果,研究造成偏差的原因和责任,然后才去纠正。

间接控制的方法建立在以下五个假设之上:

①工作成效是可以计量的。

②人们对工作成效具有个人责任感。

③追查偏差所需要的原因是有保证的。

④出现的偏差是可以预料并能及时发现。

⑤有关部门或人员将会采取纠正措施。

而这些假设有时在以下情况下却不能成立:

①有许多管理工作的成效是很难计量的,如主管人员的决策能力、预见性和领导水平等。

②责任感的高低也是难以衡量的。

③有时主管人员可能不愿意花费时间和费用去调查分析造成偏差的事实的真相。

④有许多偏离计划的误差并不能预先估计并及时发现。

⑤有时即使发现了误差产生的原因,但由于大家相互推卸责任而没有人愿意采取纠正措施。

因此,间接控制也存在着许多缺点,最明显的是当出现偏差造成损失后才采取措施,因此它的费用支出是比较大的。故间接控制并不是普遍有效的控制方法,它还存在很多不完善的地方，在实际工作中我们常常采取直接控制的办法。

8.2.4　按控制的方式不同分类

根据控制的方式不同，控制可分为集中控制、分散控制和分层控制。

(1)集中控制。集中控制是在组织中建立一个控制中心，由它来对组织所有的信息进行集中加工、处理，并由这一控制中心发出指令，操纵所有的管理活动。这种控制方式的结构比较简单，指标控制统一，便于整体协调。

当组织规模不大，而且控制中心在信息的取得、加工和处理方面能够保持较高的效率和良好的可靠性时，这种控制方式能够收到较好的控制效果；但当组织规模较大、环境变化迅速、信息量巨大时，集中控制就会暴露出其控制过程复杂、信息传输效率低、适应性差等缺陷。

(2)分散控制。分散控制就是将大规模组织分解为相对独立的次级组织，然后分别建立次级组织的控制中心来控制次级组织的活动，通过次级控制中心对次级组织的控制活动来共同实现组织的目标。这种控制方式的特点是各种决策和控制指令通常都是由各个次级控制中心发出，各次级控制中心根据各自的实际情况，按照局部最优的原则实施控制。

分散控制适用于环境结构比较复杂、职能划分较细的组织。

(3)分层控制。分层控制是一种把集中控制和分散控制结合起来的控制方式。它有两个特点：一是各子系统都具有各自独立的控制能力和控制条件，从而有可能对子系统的管理实施独立的处理；二是整个管理系统分为若干层次，上一层次的控制机构对下一层次的各子系统的活动，进行指导性、导向性的间接控制。

分层控制是一种较好的控制方式，随着计算机网络技术和数据库技术的发展，这种控制方式将会得到更快的发展。

任务 8.3　分析控制过程

控制是根据计划的要求，设立衡量绩效的标准，然后把实际工作结果与预定标准相比较，以确定组织活动中出现的偏差及其严重程度，在此基础上，有针对性地采取必要的纠正措施，以确保组织资源的有效利用和组织目标的圆满实现。不论控制的对象是新技术的研究与开发，还是产品的加工制造、市场营销宣传、企业的人力条件、物质要素、财务资源，控制的过程都包括三个基本环节的工作，即确立标准、衡量成效和纠正偏差，如图 8－2 所示。

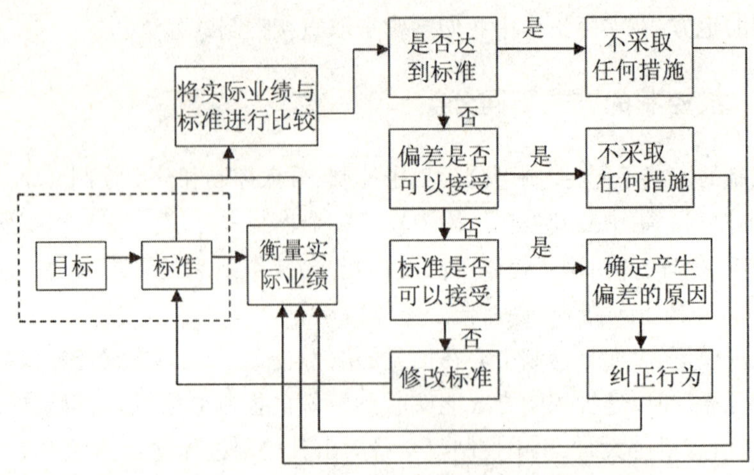

图 8－2　控制过程

8.3.1　确立标准

标准是人们检查和衡量工作及其结果(包括阶段结果与最终结果)的规范。制定标准是进行控制的基础,没有一套完整的标准,衡量绩效或纠正偏差就失去了客观依据。

(1)确定控制对象。控制工作的最初始动机就是要促进企业有效地取得预期的活动结果。因此,要分析企业需要什么样的结果。这种分析可以从盈利性、市场占有率等多个角度来进行。确定了企业活动需要的结果类型后,要对它们加以明确的、尽可能定量的描述。要保证企业取得预期的结果,必须在成果最终形成以前进行控制,纠正与预期成果的要求不相符的活动。因此,需要分析影响企业经营结果的各种因素。

①关于环境特点及其发展趋势的假设。企业在特定时期的经营活动是根据决策者对经营环境的认识和预测来计划和安排的。如果预期的市场环境没有出现,或者企业外部发生了某种无法预料和抗拒的变化,那么原来计划的活动就可能无法继续进行,从而难以为组织带来预期的结果。因此,制订计划时所依据的对经营环境的认识应作为控制对象,列出"正常环境"的具体标志或标准。

②资源投入。企业经营成果是通过对一定资源的加工转换得到的,没有或缺乏这些资源,企业经营就会成为无源之水、无本之木。投入的资源不仅会在数量和质量上影响经营活动按期、按量、按要求进行,从而影响最终的物质产品,而且其取得费用会影响生产成本,从而影响经营的盈利程度。因此,必须对资源投入进行控制,使之在数量、质量以及价格等方面符合预期经营成果的要求。

③组织活动。输入到生产经营中的各种资源不可能自然形成产品,企业经营成果是通过全体员工在不同时间和空间上利用一定技术和设备对不同资源进行不同内容的加工劳动才最终得到的,企业员工的工作质量和数量是决定经营成果的重要因素。因

此,必须使企业员工的活动符合计划和预期结果的要求。为此,必须建立员工的工作规范、各部门和各员工在各个时期的阶段成果的标准,以便对他们的活动进行控制。

(2)选择控制的关键点。一般来说,并不是计划实施过程中的每一步都要制定控制标准,而是要选择一些关键点作为主要的控制对象。只要对这些主要的关键点进行控制,就可以控制企业和组织活动的整体状况。确定控制关键点的过程是一个分析决策的过程。它需要对计划内容做全面深入的分析,同时还要充分考虑组织实施过程中的具体情况以及外部环境带来的干扰影响。确定关键点需要有丰富的经验和敏锐的观察力。一般关键点都是目标实施过程中的重要组成部分,它可能是计划实施过程中最容易出现偏差的点,或是起制约作用的点,或是起转折作用的点,或是变化度大的点等,应根据具体情况进行具体选定。

孔茨建议管理者选择关键点时,应不时地问自己这样一些问题:

①什么能最佳地反映本部门的目标?

②当没有达到这些目标时,什么能最佳地表明情况?

③最能表明偏差情况的是什么?

④能向主管表明谁应对此负责的是什么?

⑤哪些标准最省钱?经济适用的信息标准是什么?

美国通用电器公司关于关键绩效领域的选择或许能对我们提供某种启示。通用电器公司在分析影响和反映企业绩效的众多因素的基础上,选择了对自企业经营成败起决定作用的八个方面,并为它们建立了相应的控制标准。这八个方面分别是:

①获利能力。通过提供某种商品或服务取得一定的利润,这是任何企业从事经营的直接动因之一,也是衡量企业经营成败的综合标志,通常可用与销售额或资金占用量相比较的利润率来表示,它们反映了企业对某段时期内投资应获利润的要求。

利润率实现情况与计划的偏离,可能反映了生产成本的变动或资源利用效率的变化,从而为企业采取改进方法指出了方向。

②市场地位。其他厂家的经营实力和竞争能力的重要标志。如果企业占领的市场份额下降,那么意味着由于价格、质量或服务等某个方面的原因,企业产品相对于竞争产品来说其吸引力降低了,因此应该采取相应的措施。

③生产率。生产率标准可用来衡量企业各种资源的利用效果,通常用单位资源所能生产或提供的产品数量来表示。其中,最重要的是劳动生产率标准。企业其他资源的充分利用在很大程度上取决于劳动生产率的提高。

④产品领导地位。产品领导地位通常指产品的技术先进水平和功能完善程度。通用电器公司是这样定义产品领导地位的:它表明企业在工程、制造和市场方面领导一个行业的新产品和改良现有产品的能力。为了维持企业产品的领导地位,必须定期评估企业产品在质量、成本方面的状况及其在市场上受欢迎的程度。如果达不到标准,就要

采取相应的改善措施。

⑤人员发展。企业的长期发展在很大程度上依赖于人员素质的提高。为此,需要测定企业目前的活动以及未来的发展对职工的技术、文化素质的要求,并与他们目前的实际能力相比较,以确定如何为提高人员素质采取必要的教育和培训措施,要通过人员发展规划的制定和实施,为企业及时供应足够的经过培训的人员,为员工提供成长和发展的机会。

⑥员工态度。员工的工作态度对企业目前和未来的经营成就有着非常重要的影响。测定员工态度的标准是多个方面的,比如,可以通过分析离职率、缺勤率来判断员工对企业的忠诚,也可通过统计改进作业方法或管理方法的合理化建议的数量来了解员工对企业的关心程度,还可通过对定期调查的评价分析来测定员工态度的变化。如果发现员工态度不符合企业的预期,那么任其恶化是非常危险的,企业应采取有效的措施来提高他们在工作或生活上的满足程度,以改变他们的态度。

⑦公共责任。企业的存在和延续是以社会的承认为前提的。而要争取社会的承认,企业必须履行必要的社会责任,包括提供稳定的就业机会、参加公益事业等多个方面。公共责任能否很好地履行关系到企业的社会形象。企业应根据有关部门对公共态度的调查,了解企业的实际社会形象与预期的差异,改善对外政策,提高公众对企业的满意程度。

⑧短期目标与长期目标的平衡。企业目前的生存和未来的发展是相互依存、不可分割的。因此,在制定短期目标和长期目标时要分析目前的高利润是否会影响未来的收益,以确保目前的利益不是以牺牲未来的收益和经营的稳定性为代价的。

【课堂活动 8-3】控制职能是将计划、组织和领导职能连接在一起的职能,那么管理者控制的是什么?

【管理故事 8-2】

标　准

有一个小和尚专司撞钟,半年下来,觉得无聊之极,“做一天和尚撞一天钟”而已。有一天,主持宣布调他到后院劈柴挑水,原因是他不能胜任“撞钟”一职。小和尚很不服气地问:“我撞的钟难道不准时、不响亮?”老主持耐心地告诉他:“你撞的钟虽然很准时,也很响亮,但钟声空泛、疲软,没有感召力。钟声是要唤醒沉迷的众生,因此撞出的钟声不仅要洪亮,而且要圆润、浑厚、深沉、悠远。”

管理启示:“做一天和尚撞一天钟”是由于主持没有提前公布工作标准造成的。如果小和尚进入寺院的当天就明白撞钟的标准和重要性,他就不会因怠工而被撤职。工作标准是员工的行为指南和考核依据。缺乏工作标准,往往导致员工的努力方向与公司整体发展方向不统一,造成大量的人力和物力资源浪费。

【管理故事 8 - 3】

袋鼠与笼子

一天，动物园管理员发现袋鼠从笼子里跑出来了，于是开会讨论，一致认为是笼子的高度过低。所以他们决定将笼子的高度由原来的 10 米加高到 20 米。结果第二天他们发现袋鼠还是跑到外面来，他们又决定再将高度加高到 30 米。

没想到隔天居然又看到袋鼠跑到外面。于是管理员们大为紧张，决定一不做二不休，将笼子的高度加高到 100 米。

一天，长颈鹿和几只袋鼠们在闲聊，“你们看，这些人会不会再继续加高你们的笼子？”长颈鹿问。

“很难说，”袋鼠说，“如果他们再继续忘记关门的话！”

管理启示：事有“本末”“轻重”“缓急”，关门是本，加高笼子是末，舍本而逐末，当然就不得要领了。管理是先分析事情的主要矛盾和次要矛盾，认清事情的“本末”“轻重”“缓急”，然后从重要的方面下手。

(3)制定标准的方法。控制的对象不同，为它们建立标志正常水平的标准的方法也不一样。在日常管理工作中，常用的确立标准的方法有三种：

①统计分析法。相应的标准称为统计标准。它是通过分析反映企业经营在各个历史时期状况的数据或对比同类型企业的水平，运用统计学方法为未来活动而建立的标准。最常用的有统计平均值、极大(或极小)值和指数等。统计分析法常用于确立与企业的经营活动和经济效益有关的标准。这种方法的优点是简便易行，但由于受历史的局限，难以反映发展和变化的要求。

②经验判断法。它是由有经验的管理人员凭经验、判断和评估来确立控制标准。在这种方法中，管理人员的主观期望和个人价值系统将起决定性的作用，因此应尽量克服主观性，充分综合各方面管理人员的知识和经验，进而确立标准。这种方法一般是作为另两种方法的补充。

③技术分析法。技术分析法又称工程方法，相应的标准称为工程标准。它是以准确的技术参数和实测的数据为基础的，主要用于测量生产者或某一工程的产出定额标准。例如，确定机器的产出标准，就是根据设计的生产能力确定的；劳动时间定额是利用秒表测定的受过训练的普通工人以正常的速度按照标准操作方法对产品或零部件进行某个工序的加工所需的平均必要时间。

以上三种确立标准的要求方法各有优劣，在日常管理工作中可根据标准的性质、工作的要求选择综合使用。

8.3.2 衡量绩效

在管理控制工作中,按控制标准对组织的实际工作进行衡量是实施控制的关键环节,只有找出了实际工作与控制标准的差异,才可能进行纠偏,从而达到控制组织活动和实现预期目标的目的。衡量成效的要点是,用预定的标准对实际工作绩效和进度进行检查和比较,提交需要纠正的偏差结果,形成管理控制中的纠偏依据。因此,它又可分为两个小步骤:一是衡量实际工作成绩;二是比较实际工作与控制标准,由此发现和提出问题。

(1)衡量实际工作成绩。控制既然是为了纠正偏差,必须首先掌握实际工作情况。为了获得控制信息,管理人员衡量实际工作情况时采用的方法较多,一般来说可分为定性衡量和定量衡量两类。定性衡量用于衡量非量化的管理控制的对象绩效,如组织成员的工作积极性、士气、责任心、能力发挥水平以及组织的运行状态等。定性衡量常用的方法包括观察法、现场调查法、座谈法、会议调查法、跟踪调查分析法、汇报法和调查表方法等。

管理者在衡量工作成绩的过程中应注意以下几个问题:

①通过衡量成绩,检验标准的客观性和有效性。衡量工作成效是以预定的标准为依据的。但利用预先制定的标准去检查各部门在各个阶段的工作,本身也是对标准的客观性和有效性进行检验的过程。

检验标准的客观性和有效性,是要分析通过对标准执行情况的测量能否取得符合控制需要的信息。在为控制对象确定标准的时候,人们可能只考虑了一些次要的因素,或只重视了一些表面的因素,因此,利用既定的标准去检查人们的工作,有时并不能达到有效控制的目的。比如,衡量职工出勤率是否达到了正常水平,不足以评价劳动者的工作热情、劳动效率或劳动贡献;分析产品数量是否达到计划目标,不足以判定企业的盈利程度;计算销售人员给顾客打电话的次数和花费在推销上的时间,不足以判定销售人员的工作绩效。在衡量过程中对标准本身进行检验,就是指出能够反映被控制对象的本质特征,从而确定最适宜的标准。

由于企业中许多类型的活动难以用精确的手段和方法加以衡量,建立标准也就相对困难。因此,企业可能会选择一些易于衡量但并不反映控制对象特征的标准。比如,科研人员和管理人员的劳动效果,并不总能用精确的数字表示出来,有关领导可能根据研究小组上交研究报告的数量和质量来判断其工作进展,或根据科室是否整齐划一、办公室是否挂满了各种图表来判断管理人员的工作努力程度。然而,根据这些标准进行检查,得到的可能是误导信息:科研人员用更多时间去撰写数量更多、结构更严谨的报告,而不是将这些精力真正花在科研上;管理人员花更多的精力去制作和张贴漂亮的图表,而不是用于管理。衡量过程中的检验就是要辨别并剔除这些不能为有效控制提供必要依据且容易产生误导作用的不适宜标准。

②确定适宜的衡量频度。控制过多或不足都会影响控制的有效性。这种“过多”或“不足”,不仅体现在控制对象和标准数目的选择上,而且表现在对同一标准的衡量次数或频度上。对影响某种结果的要素或活动过于频繁地衡量,不仅会增加控制的费用,而且可能引起有关人员的不满,从而影响他们的工作态度;而检查和衡量的次数过少,则可能使许多重大的偏差不能及时发现,从而不能及时采取措施。

以什么样的频度、在什么时候对某种活动的绩效进行衡量,取决于被控制活动的性质。例如,对产品的质量控制常常需要以小时或以日为单位进行,而对新产品开发的控制则可能只需以月为单位进行就可以了。需要控制的对象可能发生重大变化的时间间隔是确定适宜的衡量频度所需考虑的主要因素。

管理人员经常在他们方便的时候,而不是在工作绩效仍“在控制中”(即可能因为人们采取的措施而改变时)进行衡量。这种现象必须避免,因为这可能导致行动的迟误。

③建立信息管理系统。负有控制责任的管理人员只有及时掌握反映实际工作与预期工作绩效之偏差的信息,才能迅速采取有效的纠正措施,不精确、不完整、过多或延误的信息将会严重地阻碍他们的行动。通常,并不是所有的衡量绩效的工作都是由主管直接进行的,有时需要借助专职的检测人员。然而,管理人员所接受的信息通常是零乱的、彼此孤立的,并且难免混杂着一些不真实、不准确的信息。因此,应该建立有效的信息管理网络,通过分类、比较、判断、加工,提高信息的真实性和清晰度,同时将杂乱的信息变成有序的、系统的、彼此紧密联系的信息并与预定标准相比较,及时发现问题。这个网络还应能及时将偏差信息传递给与被控制活动有关的部门和个人,以使他们及时知道自己的工作状况以及需要怎样做才能更有效地完成工作。建立这样的信息管理系统,不仅更有利于保证预定计划的实施,而且能防止基层工作人员把衡量和控制视作上级检查工作、进行惩罚的手段,从而避免产生抵触情绪。

(2)比较实际工作与控制标准,界定偏差。通过比较实际工作成效与控制标准,会出现两种情况:一是没有出现偏差,一是出现了偏差。一般来说,管理工作的实际成效与控制标准不可能完全一致,二者之间总会有一定的偏差,因此,人们往往规定了一个可以浮动的范围,只要实际结果在这个范围之内就可以认为不存在偏差,则该控制过程暂告完成;而一旦实际结果在允许范围之外,就可以认为存在偏差,则控制过程进入下一步骤。

8.3.3 纠正偏差

利用科学的方法,依据客观的标准,通过对工作绩效的衡量,可以发现划执行中出现的偏差。纠正偏差就是在此基础上,分析偏差产生的原因,制定其他职能相互联结;通过纠偏,使组织计划得以遵循,使组织机构和人事安排得到调整,使领导活动更加完善。

(1)找出偏差产生的主要原因。并非所有的偏差都可能影响企业的最终成果。有些偏差可能反映了计划制订和执行工作中的严重问题,而另一些偏差则可能是由一些偶然的、暂时的、局部性因素引起的,不一定会对组织活动的最终结果产生重要影响。因此,在采取纠正措施以前,必须首先对反映偏差的信息进行评估和分析。

首先,要判断偏差的严重程度,是否足以构成对组织活动效率的威胁,从而值得去分析原因,采取纠正措施;其次,要探寻导致偏差的主要原因。前者既可能是因为市场上出现了技术更加先进的新产品,也可能是由于竞争对手采取了某种竞争策略,或是企业产品质量下降;后者既可能是原材料、劳动力消耗和占用数量的增加,也可能是由于购买价格的提高。不同的原因要求采取不同的纠正措施。要通过评估反映偏差的信息,分析影响因素,透过表面现象找出造成偏差的深层原因,在众多的深层原因中找出最主要者,为纠偏措施的制定指明方向。

(2)确定纠偏措施的实施对象。如果偏差是由于绩效的不足而产生的,管理人员可以通过调整企业的管理战略、改变组织结构、通过更完善的选拔和培训计划,或更改领导方式来纠偏。但是,在有些情况下,需要纠正的可能不是企业的实际活动,而是组织这些活动的计划或衡量这些活动的标准。

预定计划或标准的调整是由两种原因决定的:一是原先的计划或标准制定得不科学,在执行中发现了问题;二是原来正确的标准和计划,由于客观环境发生了预料不到的变化,不再适应新形势的需要。负有控制责任的管理者应该认识到,外界环境发生变化以后,如果不对预先制定的计划和行动准则进行及时调整,即使内部活动组织得非常完善,企业也不可能实现预定目标。例如,消费者的需求偏好转移了,企业的产品质量再高,功能再完善,价格再低,依然不可能找到销路,不会给企业带来期望的利润。

(3)选择恰当的纠偏措施。针对产生偏差的主要原因,就可能制定改进工作或调整计划与标准的纠正方案。纠偏措施的选择和实施过程中要注意以下问题:

①使纠偏方案双重优化。纠正偏差不仅可以在实施对象上进行选择,而且对同一对象的纠偏也可采取多种不同的措施。是否采取措施,要视采取措施纠偏带来的效果是否大于不纠偏的损失而定,有时最好的方案也许是不采取任何行动,如纠偏行动的费用超过偏差带来的损失时。这是纠偏方案选择过程中的第一重优化。第二重优化是在此基础上,通过对各种经济可行方案的比较,找出其中追加投入最少、解决偏差效果最好的方案来组织实施。

②充分考虑原先计划实施的影响。由于对客观环境的认识能力提高,或者由于客观环境本身发生了重大变化而引起的纠偏需要,可能会导致对原先计划与决策的局部甚至全局的否定,从而要求企业活动的方向和内容进行重大的调整。这种调整有时被称为“追踪决策”,即“原有决策的实施表明将危及决策目标的实现时,对目标或决策方

案所进行的一种根本性修正”。

追踪决策是相对于初始决策而言的。初始决策是所选定的方案尚未付诸实施,没有投入任何资源,客观对象与环境尚未受到人的决策的影响和干扰,因此是以零为起点的决策。进行重大战略调整的追踪决策则不然,企业外部的经济环境或内部的经营条件已经由于初始决策的执行而有所改变,是“非零起点”。因此,在制定和选择追踪决策的方案时,要充分考虑到伴随着初始决策的实施已经消耗的资源,以及这些消耗对客观环境造成的种种影响。

③注意消除人们对纠偏措施的疑虑。任何纠偏措施都会在不同程度上引起组织的结构、关系和活动的调整,而会涉及某些组织成员的利益,不同的组织成员会因此而对纠偏措施持不同态度,特别是纠偏措施属于对原先决策和活动进行重大调整的追踪决策时。原先决策的制定者和支持者因害怕改变决策标志着自己的失败,从而会公开或暗地里反对纠偏措施的实施;执行原决策、从事具体活动的基层工作人员则会对自己参与的已经形成的或开始形成的活动结果怀有感情,或者担心调整会使自己失去某种工作机会,影响自己的既得利益,而极力抵制任何重要的纠偏措施的制定和执行。因此,控制人员要充分考虑到组织成员对纠偏措施的不同态度,特别是要注意消除执行者的疑虑,争取更多人理解、赞同和支持纠偏措施,以避免在纠偏方案的实施过程中可能出现的人为障碍。

任务8.4 选择控制方法

8.4.1 预算控制法

预算控制是通过制定各项业务活动的预算,以事先编制好的预算作为标准,通过比较收支状况与预算标准的差异,分析产生差异的原因,采取有效措施对差异进行处理,从而达到控制组织的各项活动的目的。

预算的种类很多,概括起来可以分为以下几种:

(1)收支预算。收支预算是指组织在预算期内以货币单位表示的收入和经营费用支出的计划预算,收入预算必须尽可能准确地估计各项收入的数量和时间,并努力提高其实现的可靠性。

(2)实物量预算。这是一种以实物单位来表示的预算,是货币量收支预算的重要补充。常用的实物量预算的单位包括直接工时数、台时数、原材料数量、面积、重量和体积等。

(3)资本支出预算。资本支出预算又称投资预算,是指组织为更新或扩大规模,投资于厂房、机器、设备等其他有关设施,增加固定资产的各项支出的预算。此外,组织的人事发展、新市场的开发、研究和发展规划等投资,由于其数额较大,回收期长,需要慎重考虑,列出专项预算。这项预算应和组织的长远规划结合起来考虑。

(4)负债预算。负债经营是组织保持财务收支平衡的重要措施,包括向银行贷款、社会集资、发行股票等。负债预算要考虑一定时期的资产、债务和资本账户的状况,预计筹资方式、途径和数量以及还款时间、方式和能力,防止"资不抵债"是负债预算的重要任务。负债预算通过各部门和各项目的分预算汇总在一起,表明如果组织的各种业务活动达到预先规定的标准,在财务期末组织资产负债会呈何种状况。另外,通过将本期预算与上期实际发生的资产负债情况进行对比,还可发现组织的财务状况可能会发生哪些变化,从而指导事前控制。

(5)总预算。总预算是对预算期最后一天(通常是会计年度的结尾时)财务状况的预测,是由组织中各种预算综合而成的。总预算包括预计的资产负债表和资产损益表。资产负债表预测资产、债务和权益,表达了组织财产的具体情况;资产损益表预计收入、支出及利润,表达了组织的经营状况和成果。总预算中还需附有编制预算所必需的有关数据和资料,以及可能会出现的情况分析。总预算的编制要以组织目标和计划为依据。

8.4.2 非预算控制法

(1)审计法。审计是一种常用的控制方法,财务审计与管理审计是审计控制的主要内容。所谓财务审计,是以财务活动为中心内容,以检查并核实账目、凭证、财物、债务以及结算关系等客观事物为手段,以判断财务报表中所列出的综合的会计事项是否正确无误,报表本身是否可以信赖为目的的控制方法。通过这种审计还可以判明财务活动是否符合财经政策和法令。管理者通过审计来检查一个单位或部门管理工作的好坏,评价人力、物力和财力的组织及利用的有效性,通过改进管理工作来提高经济效益。

(2)统计报告法。统计报告法是使用统计方法对大量的数据资料进行汇总、整理、分析,以各种统计报表的形式及分析报告,自下而上向组织中有关管理者提供控制信息。使用这种方法,要求企业具备良好的基础工作,有健全的原始记录和统计资料。管理者通过阅读和分析统计报表及有关资料,找出问题、分析问题并解决问题。

(3)财务报表分析。财务报表是用于反映企业经营的期末财务状况和计划期内经营成果的数字表。财务报表分析也称经营分析,就是以财务报表为依据来判断企业经营的好坏,并分析企业经营的优劣势。主要包括:利润率分析,指分析企业收益状况的好坏;流动性分析,指分析企业负债与支付能力是否相适应,资金的周转状况和收支状况是否良好等;生产率分析,指分析企业在计划期间内生产出多少新的价值,又是如何进行分配将其变为人工成本、应付利息和净利润的。

财务报表分析法主要有实际数字法和比率法两种。实际数字法是用财务报表分析中的实际数字来分析，但有时这种绝对的数字因为可比性问题而不能准确地反映企业的不同时期或不同企业间的实际水平。比率法是求出实际数字的各种比率后再进行分析，因为是用相对数进行分析，所以，体现出了对比的科学准确性，比较常用。

8.4.3 作业控制法

作业控制是为了保证各项作业计划的顺利进行而做的一系列工作，一般包括成本控制、质量控制、采购库存控制等。

(1)成本全面控制。成本全面控制是在对系统的所有工作做全面详细分析后，层层分解成本指标，以其作为衡量控制标准。也就是说，以成本为控制主线，确保在预定成本下获得预期目标利润。

(2)质量控制。为保证产品质量符合规定标准要求和满足用户使用目的，企业需要在产品设计、试制、生产制造直至使用的全过程中，进行全员参加的、事后检验和预先控制有机结合的、从最终产品的质量到产品赖以形成的工作的质量控制，全方位抓好质量管理。

(3)库存控制。企业的生产要正常连续地进行，供应流不能断，需要一定的库存，但库存占用了大量的流动资金。库存增加，不仅占用生产面积，还会造成保管费用上升、资金周转减慢、材料腐烂变质等；库存过少，又容易造成生产过程因停工待料而中断、产成品因储备不足而造成脱销损失等。所以，做好库存控制是非常重要的。

库存控制主要解决这些问题：哪些物资要有库存？哪些应多存？哪些应少存？何时订货？订多少？等等。

①ABC 分类管理。企业生产所需物资应根据数量和资金占用等情况分别对待，其中常用分类方法有 ABC 法。ABC 分类法是根据 80/20 原则制定的，其基本思想是少数的关键因素起决定性作用：A 类资金占用比重很大，但品种较少；C 类则相反，品种较多，但资金占用比重很小；B 类介于二者之间。通过分类，对各类物资实行不同的管理。A 类是库存控制的重点，应严格控制库存数量，严格盘点，采购间隔期尽量短，以利于加速资金周转；C 类可适当延长采购间隔期，简化管理；B 类可根据具体情况采取适当的管理方式。

②订货点控制。库存量的控制要考虑总体采购资金、服务质量等因素。企业可控制采购间隔期或是采购批量来满足需要；也可设定一个订货点来控制，当库存量低于订货点时就需要再次订货了。

③JIT 生产方式。虽然库存被认为是必需的，但库存给许多企业带来了极大的烦恼。JIT 用“拉动式”的“看板管理”在生产现场控制生产进度，使之达到准时生产的目的。“拉动式”生产方式是指，根据市场需求制订生产计划后，只对最后的生产工序工作

中心发出指令,最后工序工作中心根据需要向它的前道工序工作中心发出指令,这样按反工艺顺序逐级“拉动”。在生产现场,其“拉动”靠“看板”来实现,每一张看板代表一定的数量,很容易计算和检查。它实际上是将库存放在现场,由看板数量确定各零配件的库存数量,当生产运行平稳后,就减少一些看板数量,使得生产中的一些问题暴露出来,从而采取措施,加以改进。

除上面介绍的控制方法外,常用的控制方法还有多种,如目标管理、网络计划技术、全面质量管理、生产控制等。

总之,控制的方法是多种多样的,在具体的实际控制中,要根据被控制对象的性质特点以及控制者本身的经验和习惯选择合适的控制方法。

【任务实施】

工作任务 8　分析管理中的控制方式

【实训目的】

通过案例分析与讨论,加深理解管理控制职能的重要性,接合企业实际,灵活选择合适的控制方法。

【任务内容】

阅读案例,完成任务内容。

案例:查克停车公司的两项业务

如果你在好莱坞或贝弗利山举办一个晚会,肯定会有一些名人来参加,如尼科尔森、麦当娜、克鲁斯、切尔、查克·皮克。“查克·皮克?”“当然!”没有停车服务员你不可能开一个晚会,在南加州停车行业内响当当的名字就是查克·皮克。查克停车公司的雇员有 100 多人,其中大部分是兼职的,每周它至少为几十个晚会办理停车业务。在最忙的周六晚上,可能要同时为六七个晚会提供停车服务,每一个晚会可能需要 3 到 15 位服务员。

查克停车公司是一家小企业,但每年的营业额差不多有 100 万美元,其业务包含两项内容:一项是为晚会料理停车;另一项是不断地在乡村俱乐部办理停车经营特许权合同。这个乡村俱乐部要求有 2 到 3 个服务员,每周 7 天都是这样。但是查克的主要业务来自私人晚会。他每天的工作就是拜访那些富人或名人的家,评价道路和停车设施,并告诉他们需要多少个服务员来处理停车的问题。一个小型的晚会可能只要三四个服务员,花费大约 400 美元。然而一个特大型的晚会停车费用可能高达 2000 美元。

尽管私人晚会和乡村俱乐部的合同都涉及停车业务,但它们为查克提供的收费方式却很不相同。私人晚会是以当时出价的方式进行的。查克首先估计大约需要多少服务员为晚会服务,然后按每人每小时多少钱给出一个总价格。如果顾客愿意“买”他的服务,查克就会在晚会结束后寄出一份账单。在乡村俱乐部,查克根据合同规定,每月要付给俱乐部一定数量的租金来换取停车场的经营权，此时他收入的唯一来源是服务员为顾客服务所获得的小费。因此，在私人晚会服务时，他绝对禁止服务员收取小费，而在俱乐部服务时小费是他唯一的收入来源。

【任务要求】

1.将学生分组，以6—8人为一组，各组选出一名负责人，进行分组讨论。

2.讨论：案例中查克的控制问题在两种场合下有什么不同？

3.讨论：在前馈控制、现场控制和反馈控制这三种类型中，查克应采取哪一种类型来面对乡村俱乐部的业务？

4.讨论：在前馈控制、现场控制和反馈控制这三种类型中，对私人晚会停车业务，查克适宜采取何种控制手段？

5.讨论完毕后，以小组为单位写出汇报提纲。

6.负责人指定一名小组成员以PPT形式进行汇报。

7.讨论时间为70 min，PPT汇报时间为20 min。

【任务评价】

根据列出的评价标准及分值，对**“工作任务8　分析管理中的控制方式”**要检查的内容进行评价，判断是否已达到项目8列出的知识目标与技能目标。

评价方式采取过程评价和结果评价两种方式，老师评价和小组内部成员互相评价相结合。过程评价和结果评价综合得分为学生的此工作任务得分。在工作任务实施时，要事先确定好两个比重：一是任务过程评分和任务成果评分占总得分的比重；二是老师评分和小组评分占总得分的比重。

任务过程评价表见表8－1。

表8－1　任务过程评价

被考核人			任务评价总得分	
检查内容	评价标准	分值	老师评价得分（　%）	小组评价得分（　%）
分工是否合理				
能否快速进入角色				
是否全员参与				
团队是否协作				
态度是否认真				
合　计				

任务成果评价见表8-2。

表8-2　任务成果评价

<table>
<tr><td colspan="2">被考核人</td><td></td><td colspan="2">任务评价总得分</td><td></td></tr>
<tr><td>检查内容</td><td colspan="2">评价标准</td><td>分值</td><td>老师评价得分（　　%）</td><td>小组评价得分（　　%）</td></tr>
<tr><td rowspan="3">调研报告</td><td colspan="2">确定的两种场合下查克的控制问题的不同之处是否正确</td><td></td><td></td><td></td></tr>
<tr><td colspan="2">确定的查克对乡村俱乐部的业务应采取的控制手段是否适宜</td><td></td><td></td><td></td></tr>
<tr><td colspan="2">确定的查克对私人晚会停车业务应采取的控制手段是否适宜</td><td></td><td></td><td></td></tr>
<tr><td rowspan="4">PPT汇报</td><td colspan="2">仪态仪表是否规范</td><td></td><td></td><td></td></tr>
<tr><td colspan="2">语言表达是否流畅</td><td></td><td></td><td></td></tr>
<tr><td colspan="2">思维逻辑是否清晰</td><td></td><td></td><td></td></tr>
<tr><td colspan="2">PPT制作情况</td><td></td><td></td><td></td></tr>
<tr><td>时间</td><td colspan="2">在规定时间内是否完成</td><td></td><td></td><td></td></tr>
<tr><td colspan="3">合　　计</td><td></td><td></td><td></td></tr>
</table>

任务总评价见表8-3。

表8-3　任务总评价

<table>
<tr><td>被考核人</td><td></td><td>工作任务总得分</td><td></td></tr>
<tr><td>工作任务</td><td colspan="3">分析管理中的控制方式</td></tr>
<tr><td></td><td colspan="2">权重前得分</td><td>权重后得分</td></tr>
<tr><td>任务过程评价（　　%）</td><td colspan="2"></td><td></td></tr>
<tr><td>任务成果评价（　　%）</td><td colspan="2"></td><td></td></tr>
<tr><td>备　　注</td><td colspan="2"></td><td></td></tr>
</table>

【项目小结】

根据企业管理活动顺序，本项目是第8个项目，即最后一个项目。通过本项目的学习，你应该能够体会：

管理的控制职能是对组织内部的管理活动及其绩效进行衡量和校正，以确保组织计划的完成，从而实现组织的目标。控制与管理的计划、组织和领导等职能是紧密联系的，计划的有效实施、组织的良性运行、成员行为的合理引导，都有赖于控制职能的有效发挥。控制工作是各个层次管理部门的主要职能，特别是负责执行计划的主管人员的主要职责。

控制作为管理的一个职能，是一个对计划进行检测并指出执行中重大偏差的过程。

它是根据预先确定的计划或标准来衡量计划的完成情况，纠正执行过程中的偏差，以保证组织目标的实现。没有控制，组织就不起作用，再好的计划和决策也是要落空的。

控制职能就是要确保组织的所有活动与组织的目标和战略相一致，从而使这些活动更为有效。具体来讲，控制是监督、检查工作是否按照既定的计划、标准和方法进行，发现偏差，分析原因，进行纠正，以保证组织目标实现的过程。这个概念至少包含三个方面的含义：一是控制的目的是保证组织中的各项活动按既定的计划或标准进行，控制具有很强的目的性；二是控制通过监督和纠正偏差来实现，这就要求控制系统具有良好的信息系统，以便发现偏差，进行预警，并探察出偏差产生的原因；三是控制是一个过程。

控制的基本过程是根据计划的要求，设立衡量绩效的标准，然后把实际结果与预定标准相比较，以确定组织活动中出现的偏差及其严重程度。在此基础上，有针对性地采取必要的纠正措施，以确保组织资源的有效利用和组织目标的圆满实现。不论是生产组织的管理者，还是政府管理部门的管理者，所采取的控制程序要点是一样的，控制的过程都包括三个基本环节的工作：确立标准、衡量成效、纠正偏差。

控制的方法主要包括预算控制、非预算控制和作业控制等。对于不同的组织而言，其预算会各不相同，即使同一个组织内部的不同部门，也会有各种各样的预算。

本项目围绕**“控制职能”**设计了各环节的基本知识，设置了**知识目标**、**技能目标**、**任务导入**、**任务知识**、**任务实施**、**项目小结**、**项目测试**、**课堂活动**、**管理故事**等栏目，体现了对重要知识的重组。

本项目进程以**任务导入**开始，以**项目测试**结束，希望读者在完成各分项任务之后，能够及时进行自我的过程性评价。

【项目测试】

一、单项选择题

1.管理中，按照既定的目标和标准，对组织活动进行监督测量，发现偏差，采取纠正措施，以保证组织目标实现。这一过程是(　　)。

A.计划　　B.组织　　C.领导　　D.控制

2.控制的最好方法是(　　)。

A.自我控制　　B.过程控制　　C.事后控制　　D.事前控制

3.(　　)是指在工作进行的过程中，对工作给予指导、监督和更正的控制。

A.前馈控制　　B.反馈控制　　C.现场控制　　D.事后控制

4.(　　)是开展控制工作的前提。

A.调查情况　　B.建立标准　　C.衡量绩效　　D.纠正偏差

4.俗话说，“牵牛要牵牛鼻子。”以下哪种评论最符合管理的原则？(　　)

A.世界上只有糟糕的将军,没有糟糕的士兵

B.企业要选择关键控制点

C.抓主要矛盾

D.大船航行靠舵手

5.控制工作中,评估和分析偏差信息时,首先要做的是(　　)。

A.判别偏差产生的主要原因　　B.判别偏差的严重程度

C.找出偏差产生的确切位置　　D.找出偏差产生的责任人

6.控制工作中,重视组织的各个部门、工作的整个过程及组织的全体成员,调动和协调组织各方面的力量,对工作的全过程进行监控的做法,体现了(　　)的原则。

A.控制工作要具有全员性　　B.控制工作要具有过程性

C.控制工作要具有整体性　　D.控制工作要具有系统性

7.在现代管理活动中,管理控制的目标主要是(　　)。

A.纠正偏差　　B.修订计划

C.保持组织这一系统的稳定运行　　D.以上都是

8.制定控制标准的过程通常包含如下内容:①确定控制对象;②选择控制的关键点;③制定控制标准。请问以下排序准确的是(　　)。

A.①②③　　B.②③①　　C.③②①　　D.③①②

9.一个工人每天或每周必须生产一定数目的零件,他必须保持不超过1%的废品率,他必须在指定的六个月时间内完成预定的工作,在生产特定数目的零件时不能超过所规定的物料消耗。对于控制来讲,这是在(　　)。

A.衡量实际绩效　　B.进行差异分析　　C.采取纠偏措施　　D.明确控制标准

10.下列说法正确的是(　　)。

①根据组织结构所规定的职位要求以及由此而决定的对处于这些职位上的人员的技术和素质要求,对管理者和非管理者进行选聘、考证和培训

②企业运用统计抽样的方法对进厂原材料的质量进行检验

③农药供应企业根据当年的虫害预报调集农药,做好储备

A.①②是同一类型的控制　　B.②③是同一类型的控制

C.①③是同一类型的控制　　D.①②③是同一类型的控制

二、多项选择题

11.控制工作的过程一般包括(　　)。

A.衡量绩效　　B.建立标准　　C.调查分析　　D.纠正偏差

12.现场控制又称为(　　)。

A.事前控制　　B.事中控制　　C.过程控制　　D.事后控制

13.企业中应当承担控制职责的人员包括(　　)。

A.企业高层管理人员　　B.上级单位管理人员

C.企业中层管理人员　　D.企业基层管理人员

14.控制的作用有(　　)。

A.完成计划的有力保证

B.实现组织目标的有力保证

C.组织创新的推动

D.及时解决问题、提高组织效率的重要手段

15.有效的现场控制需要具备一定的条件,如(　　)。

A.较高素质的管理者　　B.下属人员的积极配合和参与

C.很强的预测能力　　D.适当的授权

16.控制系统是由(　　)组成的具有自身目标和功能的系统。

A.控制主体　　B.控制客体　　C.控制信息　　D.控制措施

17.用于衡量工作绩效的各种信息应满足(　　)等方面的要求。

A.及时性　　B.可靠性　　C.经济实用性　　D.全面性

18.控制的关键环节是采取切实可行的纠偏措施。一般而言,主要的纠偏措施有(　　)。

A.改进工作方法　　B.改进组织工作和领导工作

C.调整或修正原有计划　　D.调整或修正原有标准

19.为了保证对组织工作进行有效的控制,管理者应遵循(　　)。

A.目标明确原则　　B.控制关键点原则

C.刚性原则　　D.及时性、经济性原则

20.控制的最高境界是做到“防患于未然”,亦即(　　)。

A.即时控制　　B.前馈控制　　C.预先控制　　D.反馈控制

三、案例分析题

案例1:麦当劳公司的管理控制系统

麦当劳公司以经营快餐闻名。1955年,克洛克在美国创办了第一家麦当劳餐厅,其菜单上的品种不多,但食品质量高,价格廉,供应迅速,就餐环境也很优美。连锁店迅速发展到美国每一个州,至1983年美国国内分店已超过5000家。1967年,麦当劳在加拿大开办了首家国外分店,以后国外业务发展很快。到1985年,国外销售额约占其销售总额的1/5。在40多个国家里,每天都有1800多万人光顾麦当劳。

麦当劳允诺:每个餐厅的菜单基本相同,而且“质量超群,服务优良,清洁卫生,货真

价实"。它的产品、加工和烹制程序乃至厨房布置,都是标准化的、严格控制的。它撤销了在法国的第一批特许经营权,因为它们尽管盈利可观,但未能达到公司在快速服务和清洁方面的标准。

麦当劳各分店都由当地人所有和经营管理。鉴于在快餐饮食业中维持产品质量和服务水平是其经营成功的关键,麦当劳公司在采取特许连锁经营这种战略开辟分店和实现地域扩张的同时,特别注意对各连锁店的管理控制。

如果管理控制不当,使顾客吃到不对味的汉堡包或受到不友善的接待,其后果就不仅是这家分店将失去这批顾客以后光顾机会,还会波及影响到其他分店的生意,乃至损害整个公司的信誉。为此,麦当劳公司制定了一套全面、周密的控制办法。

麦当劳公司主要是通过授予特许权的方式来开辟连锁分店的。其考虑之一,就是使购买特许经营权的人在成为分店经理人员的同时也成为该分店的所有者,从而在直接分享利润的激励机制中把分店经营得更出色。特许经营使麦当劳公司在独特的激励机制中形成了对其扩展中的业务的强有力控制。麦当劳公司在出售其特许经营权时非常慎重,总是通过各方面调查了解后挑选那些具有卓越经营管理才能的人作为店主,而且事后如发现其能力不符合要求,则撤回这一授权。

麦当劳公司还通过详细的程序、规则和条例规定,使分布在世界各地的所有麦当劳分店的经营者和员工们都遵循一种标准化、规范化的作业。麦当劳公司对制作汉堡包、炸土豆条、招待顾客和清理餐桌等工作都进行过翔实的动作研究,确定各项工作开展的最好方式,然后再编制成书面的规定,用以指导各分店管理人员和一般员工的行为。公司在芝加哥开办了专门的培训中心——汉堡包大学,要求所有的特许经营者在开业之前都接受为期一个月的强化培训。回去之后,他们还被要求对所有的工作人员进行培训,确保公司的规章条例得到准确的理解和贯彻执行。

为了确保所有特许经营分店都能按统一的要求开展活动,麦当劳公司总部的管理人员还经常走访、巡视世界各地的经营店,进行直接的监督和控制。例如,某次巡视中发现有一家分店自行主张,在大厅里摆放电视机和其他物品以吸引顾客,这种做法因与麦当劳的风格不一致,立即得到了纠正。除了直接控制外,麦当劳公司还定期对各分店的经营业绩进行考评。为此,各分店要及时提供有关营业额和经营成本、利润等信息,这样总部管理人员就能把握各分店经营的动态和出现的问题,以便商讨和采取改进的对策。

麦当劳公司再一个控制手段是在所有经营分店中塑造公司独特的组织文化,这就是大家熟知的"质量超群,服务优良,清洁卫生,货真价实"口号所体现的文化价值观。麦当劳公司的共享价值观建设,不仅在世界各地的分店、员工中进行,而且还将公司的一个主要利益团体——顾客也囊括进来。麦当劳的顾客虽然被要求自我服务,但公司特别重视满足顾客的要求,如为他们的孩子开设游戏场所、提供快乐餐和组织生日聚会等,以形成家庭式的氛围,这样既吸引了孩子们,也增强了成年人对公司的忠诚度。

阅读以上资料,回答第21—23题:

21.麦当劳提出的"质量超群,服务优良,清洁卫生,货真价实"口号是如何反映它的组织文化的?以这种方式来概括一个组织的文化,具有哪些特色或不足?

22.麦当劳公司所创设的管理控制系统,具有哪些基本构成要素?

23.麦当劳的控制系统是如何促进公司全球扩张战略实现的?

案例2:便利服装公司的控制问题

便利服装公司(下称便服公司)是一家成立20年的企业,生产中等价格的妇女服装,其中80%卖给全国各城市的大中型百货商店,其余的20%卖给小型妇女服装专卖店。所有的服装都以公司的知名商标出售。

格尔德马克是一位企业家,也是公司的所有者和主要的股东。格尔德马克曾在纽约服装区做过多年的学徒,从自己微薄的工资中一点一点节省下钱来,终于开办了一家自己的企业,职员主要是亲戚和朋友。作为一个创新者,格尔德马克首倡了"混合与搭配"协调的时装总体效果思想。设计师们以领导潮流的款式和高于平均水平的质量(采用半大量生产方式),促使便服公司取得了产业的突出地位。

但是,"混合与搭配"协调思想是不受专利保护的,因而招致了来自大企业和许多新创小企业的激烈竞争,特别是这些新的小企业,它们具有许多新鲜的时装思想。用格尔德马克的话来说,价格竞争是"致命的"。过去的5年里,便服公司迅速扩张,在美国南部的8个州里开了多家工厂,因为那里的工资率较低。

这些州里的所有设施都是租赁的。尽管采用了大型的裁剪机和高速缝纫机,生产仍然大量结合了工人个人的认真努力,在服装完工之前必须经过多道工序的质量检验。

为了协调生产和发货,公司投资数百万美元在总部所在地建立了一座中心配送工厂,那里履行着所有的行政管理和部分生产职能。所有的成批产品都要先送往这座新的配送中心,然后经过计算机程序化的发货库存日程计划进行分配。兴建这座设施的目的是为了有助于满足日益严重的商品退货问题——顾客之所以拒收商品,主要是因为不能按合同规定期限交货。

中档妇女服装工业以五个显著的时装销售季节为特征,因此服装商店必须在相对短的时间里订货,服装厂进行生产和及时在季节周期开始前交货。这5个季节周期产生了不寻常的生产和预测问题。在每个季节开始的两个星期里首先要进行试销,然后基于试销的结果对整个季节的流行款式和销售数量进行预测。一旦大批布料被剪裁成特定季节的款式,这些布料就再不能作别的用途。如果试销的结果不能表明季节的流行趋势或是销售预测出现较大误差,则公司将背上沉重的存货负担,积压的服装不得不通过降价渠道处理,这通常不能全部收回成本。

为了提高预测的准确性和精确地确定每个季节的交货量，格尔德马克专门购买了一台计算机，打印出每天的销售数据，这些数据都是各地的销售人员每天通过电话报告的。最初，打印出的销售数据被分送给总裁、分管销售的副总裁、销售预测经理、司库、生产经理和8个地区销售经理。所有这些人都在公司总部办公。打印出的销售数据非常详尽，通常有上百页纸。

格尔德马克做决策在很大程度上依靠他对“情况的感觉”。虽然所有重大经营决策和政策都是由他最后拍板的，但他总是说，所有部门首脑如果看到合适的机会应当敢于决策；不过那些没有征求过他的意见的决策很可能会被他驳回。几乎所有的副总裁和部门经理每天都要找他协商，通常是有关当前时装季节产品的进展问题。在每个时装季节中，许多款式都要修改，产量水平也要不断调整，格尔德马克几乎每天制定所有这类问题的重要决策，很少有例外。

这些每日的决策会议总少不了各种经理人员感情冲动的争吵。会议通常是非正式的和未经事先安排的，不同的小组会在不同的时间里会晤格尔德马克。这些小组不是正式的或由职能部门主管组成的。如果某几位经理感到某天的日报表明要改变“X”，不管这是否影响他们所在的部门，他们也许会找到总裁表示他们的看法。如果刚好另一位部门经理或甚至某位副总裁在场并表示不同意这些人的意见，则不可避免地发生争吵。每逢遇到这种情况，格尔德马克总显出一副无动于衷的样子，等他们吵完了，才说出自己的决定。

有些经理人员认为格尔德马克“太宽宏大量”了，他应当管一管这种争吵不休的会议，因为它具有破坏性且常常导致错误的决策。类似的批评意见还涉及格尔德马克的声誉，说他太容易轻信供应商了。例如，如果某个供应商曾在过去与格尔德马克有过来往，或者是他家族的远亲什么的，这个供应商肯定会得到一些订单，尽管事实上他的价格高于同类竞争者。

许多年来，格尔德马克的销售和预测数据主要来自销售预测和预算经理约翰逊。约翰逊每天都要准备一份手写的摘要，以前是根据电话报告，近几年则是根据计算机的打印结果。依靠直觉和对服装行业非常透彻的了解，约翰逊还编制季节销售预测和根据实际情况对之进行修订。

最近，约翰逊有了一位新助手史密斯，帮他制定销售预测和预算。史密斯取得了MBA学位，并主修过统计分析，而约翰逊只取得过商学学士学位。史密斯建议约翰逊采用几种新方法核对和分析每天的打印数据，但约翰逊对格尔德马克的做法很不以为然，说：“老板不习惯于这种报告形式，一个变化就会把他搞糊涂了。”

随着每天的计算机打印材料越来越详细和分发范围越来越广，约翰逊的地位变得越来越关键。他总是说，数据并没有真正显示出哪种款式领导着时装潮流，而且里面有很多错误。他还援引与销售人员的谈话来证明他的观点。每当史密斯指出摘要中一些不恰当的分类方法时，约翰逊答复说，他是在用通俗的方式报告数据，这样格尔德马克和其他人一看就明白。

当前，最严重的是退货问题，平均有40%的发货被退回。虽然所有的管理者都一致认为退货的原因是由于交货延迟，但对什么造成了交货延迟，大家的看法不一致。有些管理者认为预测不准导致的生产作业计划误差是主要原因；另一些人认为在9个生产中心与发货部门之间缺乏协调是主要原因，因为生产中心分布于各州，而发货中心位于总部所在地，协调起来很困难；还有人认为发运或生产方法效率太低。生产经理认为，顾客给出的交货日期与销售订单上写着的交货日期不一致是主要原因，而生产作业计划是依据销售订单上的日期制订的。销售经理则坚持不好的质量是造成退货的真正原因：顾客不愿意与公司总部人员因产品质量问题而纠缠不清，因此他们干脆在不合格的商品上标明“交货延迟”，这样处理起来简单得多。

为了解决这个难题，格尔德马克雇用了一位有经验的市场分析人员莱文，他有很强的计算机应用背景。莱文被配给了一间私人办公室，并且有权做出他认为必要的改变。于是公司马上就发生了几件新的事情。莱文开始每天发布一份计算机打印的补充摘要，格式与约翰逊的手写摘要不一样。不过内部会计主管极力反对这种新格式，说它不是提供会计工作所需要的分类数据。约翰逊称莱文“是个自高自大、乳臭未干的孩子。”

与此同时，公司又增雇了几位新的设计师，销售人员的提成计划也进行了调整，几位分管地区销售的副总裁也临时下到了基层销售部门。还有，在格尔德马克的支持下，约翰逊将所有部门的预算削减了15%。

大约4个星期以后，所有的改变措施都已付诸实施，但问题却接踵而至：退货率甚至超过了过去的水平；一些老客户中止了他们的订货，纷纷抱怨产品质量太差，交货太不及时，便服公司太不能让人信赖了；9个工厂的绩效也比预定目标下降了15%。此外，还有2位新招聘来的设计师辞职了。约翰逊与莱文之间也出现了矛盾，两人见面不说话；约翰逊开始向他选择的高层管理者分发双日销售摘要报告；计算机服务部门直接向格尔德马克抱怨说，莱文给他们新增加的工作负担太重了，他让他们每天都要编制打印出周、月和季度的最新销售预测报告。

阅读以上资料，回答第24—27题：

24.你认为格尔德马克在便服公司遇到的最大的控制问题是什么？

25.便服公司是否也存在组织沟通问题？如果在便服公司建立管理信息系统，会收到什么样的效益？

26.你认为便服公司会推行全面质量管理吗？如果推行的话，它应当怎么推行？如果不会的话，为什么？

27.“控制的责任最终落在组织的领导者肩上！”你是否同意这种说法？它适用于格尔德马克吗？

参考文献

[1]陈鸿雁.企业管理心理实务[M].北京:北京大学出版社,2012.

[2]冯光福,郭丽.管理学基础[M].北京:化学工业出版社,2009.

[3]程恒堂.管理学基础[M].北京:高等教育出版社,2013.

[4]王凤斌,朱克强.管理学教学案例精选[M].上海:复旦大学出版社,1998.

[5]黄津孚.现代企业管理原理[M].3版.北京:首都经济贸易大学出版社,1999.

[6]罗彪.管理控制——化战略为行动[M].北京:电子工业出版社,2012.

[7]张云河.管理学基础[M].北京:中国人民大学出版社,2013.

[8]张建伟,盛振江.现代企业管理[M].北京:人民邮电出版社,2011.

[9]张春花.管理的常识[M].北京:机械工业出版社,2009.

[10]李兴山.西方管理理论的产生与发展[M].北京:中央党校出版社,2010.

[11]张建华.管理学基础[M].北京:中国人民大学出版社,2012.

[13]于炳贵.领导科学基础[M].济南:济南出版社,2009.

[14]潘云良.现代企业管理[M].北京:中央党校出版社,2011.

[15]蒋贵凰.战略管理与组织行为案例教程[M].北京:清华大学出版社,2013.

[16]http://www.gycc.net/maojing/qygl/

[17]http://wenku.baidu.com/

[18]http://www.baike.com/wiki/